❖ 全国司法院校法学教材 ❖

中国民法

（第三版）

司法部法学教材编辑部　审定

主　编　刘心稳

撰稿人　尹志强　陈冬青

中国政法大学出版社

2012·北京

第三版说明

　　2007 年 8 月，本书曾有一次修订，其主要原因是《物权法》的颁布。今次之修订，则缘于 2009 年 12 月 26 日通过、2010 年 7 月 1 日实施的《中华人民共和国侵权责任法》，以及 2008 年 12 月 27 日《中华人民共和国专利法》的第三次修正、2010 年 1 月 9 日《专利法实施细则》的第二次修订等。

　　对此番修订之部分略说明如下：

　　一、第二编物权法、第三编债权法（不含原第十五章侵权行为法），在内容和文字方面进行了小幅度的整改。

　　二、第四编知识产权法，结合第三次修正之《专利法》和第二次修订之《专利法实施细则》，修改、补充了相关内容。

　　三、根据《侵权责任法》新撰写了侵权责任法部分，将其单独列为第六编。

　　修订分工是：

　　刘心稳，第一编总论、第四编知识产权法，全书的统稿。

　　陈冬青，第二编物权法、第三编债权法、第六编侵权责任法。

　　尹志强，参与全书的修订讨论，提供了具体的修订意见和建议。

　　作者虽力求适合教学需要，但是不足之处在所难免，倘若读者有所指教，不胜感激！

　　中国政法大学出版社阚明旗先生为今次修订和出版付出了辛勤的劳动，特此感谢！

刘心稳

2012 年 2 月 12 日

目 录

第一编 总 论

第二编　物　权　法

第三编　债　法

第四编　知识产权

第五编　继承权

第六编　侵权责任法

第一编 总 论

第一章 民法的概述

■ **学习目的和要求**

　　通过本章的学习，掌握民法的概念，包括民法的调整对象以及民法与其他邻近法律的关系，尤其是与商法的关系；全面理解民法基本原则的功能，熟悉平等原则和意思自治原则的内容，知悉诚实信用原则的内容；了解我国民法的具体表现形式和对人的效力。

第一节 民法的概念

一、民法一词的来源

　　"民法"一词源于古罗马的市民法。在古罗马帝国初期，只存在调整罗马市民之间关系的法律，即"市民法"。随着罗马帝国的不断扩大，以及对外交往的增多，罗马帝国又制定了调整罗马市民与外国人之间以及非罗马市民之间关系的法律，即"万民法"。公元 12 世纪，当罗马法被整理编纂为《查士丁尼国法大全》时，罗马帝国对其境内的所有居民赋予市民权，使市民法与万民法融合。但现代学者仍然认为，罗马法中的市民法为现代民法的语源，而万民法则为国际法的语源。罗马法虽然也具有诸法合一的特点，但其私法部分非常发达，现代民法中大量的术语、概念、基本原则、法理精神都是由罗马法而来。罗马法客观地反映了当时社会经济生活的条件，是"商品生产者社会的第一个世界性法律"。现代资本主义国家的民事立法，都以罗马法作为基础，即使英美法系国家，虽以判例为特点，但在许多制度上也深受罗马法的影响。所以，尽管现在已是 21 世纪初，但研究民法的学者，仍然"言必称罗马"。

　　在我国，多数学者认为"民法"一词源自日本，也有学者认为"民法"在我国古代就已经存在，而非引自东瀛。对此问题目前尚无定论。

二、民法的意义

1. 民法的定义。民法是调整平等主体之间的财产关系和人身关系的法律规范的总称。从这个定义中可以看出：①民法属于私法。所谓私法是与公法相对应的法学理论上的概念。公法是以国家政治利益和社会利益为主要内容，以权力来保证施行的法，如宪法、刑法、行政法等；私法则是以私人利益为内容，以权利为核心的法。所谓平等主体，在我国是指"自然人"和"法人"，也就是私人；平等主体参加的财产关系和人身关系是民事关系，其结果是实现一定的私人利益。②我国民法的调整范围是平等主体之间的财产关系和人身关系。③这个概念是广义民法的概念，是指民法的全体，而非仅为民法典。

2. 广义民法与狭义民法。广义民法是指所有关于民事的成文法和不成文法，也包括商事法律。狭义民法是指除商事法律以外的民法典、其他民事法律、法规，以及不成文的民事法律（习惯法、判例法）。在民商合一的体制下，并无区分广义民法和狭义民法的必要。

3. 实质意义上的民法与形式意义上的民法。实质意义上的民法是指调整平等主体之间的财产关系和人身关系的法律规范的总和。即凡是在性质上属于民事规范的法律都是民法，也就是说，实质意义的民法是指民法的全体。形式意义上的民法是指按照一定的体系编纂，并以法典命名的民事成文法。从我国的情况看，目前还没有形式意义上的民法，但是，实质意义上的民法是存在的。

三、我国民法的调整对象

根据《民法通则》第2条的规定，我国民法的调整对象是平等主体之间的财产关系和人身关系。

1. 平等主体，指参加民事法律关系的处于平等地位的当事人。这里的平等体现在两个方面：①在民事活动中当事人地位平等，任何一方都不得凌驾于另一方之上，彼此之间没有领导和服从的关系。即使当事人在其他关系上存在隶属关系，在民事关系中也不得以此将自己的意志强加给另一方，改变他们的平等地位。②在经济利益上的等价。即在民事活动中双方当事人都应遵循等价交换的原则，不得只享受权利而不承担义务，亦不得无偿剥夺和占有他人的财产，在给他人造成损害时，须以等量财产予以补偿。

2. 财产关系，指人们在产品的生产、分配、交换和消费过程中形成的具有经济内容的关系。作为一种社会关系，财产关系是以财产为媒介而发生的。但是，并非所有的财产关系都由民法来调整，民法调整的财产关系只是发生在平等主体之间的财产关系，例如商品关系等。而如税收关系等则是具有命令和服从性质的关系，这部分财产关系由其他法律调整，不属于民法调整范围。

3. 人身关系，指基于人身而产生的，不具有直接财产内容的社会关系。当然也并非所有的人身关系都由民法来调整，那些具有政治性和行政隶属性的人身关系，如领导与被领导的关系等则不由民法调整。民法只调整平等主体之间的人身关系。如生命健康、姓名、肖像等人身关系。

第二节　我国民法的基本原则

民法的基本原则是指在民事立法和司法中必须遵守的，其效力贯穿民法始终的根本性规则。民法的基本原则具有非规范性和不确定性的特征，所谓非规范性，是指其在整个民法体系中，不具有规范性规定所必须具备的具体、明确的模式和确定的法律效果结构，对具体问题它只具有补充作用；所谓不确定性，是指其规定并没有对权利义务各方的行为模式和法律效果作出确定的、详尽的规定，而是运用模糊概念对某一类问题作出概括性规定，将解决问题的权力授予司法机关，使司法机关具有针对具体情况解决问题的自由裁量权，以克服法律规定的局限性。

根据《民法通则》的规定，我国民法的基本原则主要有以下几项：

一、平等原则

平等原则是指在民事活动中当事人的法律地位平等，任何一方不得把自己的意志强加给对方。

最早提出平等观念的是古希腊的政治家伯里克利，他在雅典阵亡将士国葬典礼上提出了"在公民私权利方面人人平等"的口号。事实上，平等是反封建特权斗争的结果。平等有两种：①实体平等，指不论人的天赋、才能、机遇如何，通过民事活动产生的结果应是均等的；②程序平等或机会平等，指社会向人们提供的机会同等，至于由于人们的天赋、能力等而产生的结果上的差异，程序的平等观认为是正常的。在市场经济条件下，平等必然是程序意义上的平等。当然实体平等或者说结果平等是人类社会最终要实现的目标。

平等原则是民法所调整的社会关系本质的最集中反映，同时也是民法区别于其他部门法的主要标志。在民事法律中，没有平等原则是不可想象的，在绝大多数国家的民法中都没有明文规定该原则，对此，学者称之为无须明文规定的公理性原则。而在我国由于曾长期实行计划经济，平等原则尚不能深入人心，所以，《民法通则》第3条规定："当事人在民事活动中的地位平等。"平等的基本含义主要体现在四个方面：①参加民事活动的当事人，无论是自然人还是法人，无论其所有制性质如何，也无论其经济实力强弱，其在法律上的地位一律平等；②在进行民事活动时，要平等协商，任何人不得把自己的意志强加给另一方；③民事法律关系的主体适用法律同一；④法律对双方提供平等的保护。

贯彻平等原则必须废除特权和身份制度，在民事活动中，特权和身份是与平等相对立的。在我国经济体制改革以前，特权和身份在经济活动中起着重要的作用，目前我国采取市场经济体制，就要求废除特权和身份，使民事主体的地位平等。为此，《民法通则》明确提出了平等原则。但是，这并不意味在实际生活中就能完全贯彻这一原则，也不能说在立法上就已经很完善。事实上，在我国的民事立法中，仍然存在由于身份的不同而有不同待遇的情况。例如，针对所有制形式的不同，人为地将所有权分为国家所有权、劳动群众集体所有权和个人所有权，而把企业分为全民所有制企业、集体所有制企业、私营企业；对国家财产规定"神圣不可侵犯"，而对集体所有的财产和公民个人所有的财产则仅规定"受法律保护"。这些都与平等原则不相协调。

二、意思自治原则

意思自治是指民事主体在不违反强行法的情况下，可以依自己的意愿安排私法关系。意思自治的基本内容是自主参与和自己责任。自主参与即在民事活动中，主体得以自己的意志来进行，不受国家权力和其他当事人的非法干涉。自己责任是自主参与的延伸，民事主体必须对自己的选择结果承担责任。

意思自治原则是市场经济对法律的必然要求。在市场经济条件下，私法关系具有个别化和复杂化的特点，任何他人都不能代替当事人自己进行判断，所以，只有在保障当事人能按自己的意志自由地作出选择的情况下，各种资源的配置才能趋于合理，相反，一切不法干预当事人自由意志的行为，即违反意思自治原则的行为，都是对市场经济基本规则的违背。

《民法通则》第4条规定："民事活动应当遵循自愿……原则。"这是意思自治原则的法律表现形式，"自愿"即意思自治。意思自治原则只能在私法领域才可适用，而且主要在财产关系中适用，在人身关系方面适用的空间不大。因为人格权关系和身份权关系原则上民事主体不得创设，当事人所能自由安排的空间很小。另外，需要特别注意的是，意思自治并非当事人可以任意作为。在民事活动中，当事人也须遵守强行法的有关规定，受到合理的限制，如意思自治不得违背善良风俗和公共利益等。

三、等价有偿原则

《民法通则》第4条规定，民事活动应当遵循等价有偿的原则。所谓等价有偿，是指在民事活动中，民事主体应当按照价值规律的要求进行交换，除法律另有规定或合同另有约定外，不得无偿取得他人财产或者得到他人的劳务。

等价有偿原则的具体要求是：①民事主体从他人处取得利益时，除法律规定可以无偿的以外（如赠与、借用等），都必须支付一定的代价；②双方取得的利益和负担的义务应大体相当，不得显失公平；③当民事主体的利益受到损害而无法恢复原有状况时，加害人应给予与损害价值相当的赔偿。

四、诚实信用原则

诚实信用原则是指民事主体在民事活动中，必须遵守的实事求是、讲求信誉、恪守诺言、兼顾他人和社会利益的原则，也称诚信原则。诚信原则起源于古罗马的一项司法原则，即在审理民事纠纷时要考虑当事人的主观心理和社会所要求的公平正义。后来逐渐扩展为适用于整个民事法律行为。它要求民事法律关系的当事人以诚实、善意的态度行使权利和履行义务，保障法律关系的当事人都能得到自己应得的利益，不得损人利己。当发生特殊情况，即当事人之间的利益关系失去平衡时，法官可依诚信原则，行使公平裁量权，调整双方的利益。这种要求反映出诚信原则在贯彻民法的正义、公平的精神时，随时间、空间的变化而具有的不确定性，以及超越法律条文规范的抽象性。所以，有人将法律规定的诚信原则条款称为"帝王条款"。

诚信原则在各国民法上都有明确的规定，在我国主要体现在《民法通则》第4条和《消费者权益保护法》第4条。前者规定："民事活动应当遵循……诚实信用的原则"；后者规定："经营者与消费者进行交易，应当遵循……诚实信用的原则"。

五、公共利益原则

《民法通则》第7条规定："民事活动应当尊重社会公德，不得损害社会公共利益，……"这是公共利益原则在我国法律中的具体体现。公共利益原则，是指民事主体所从事的民事活动及其效果，必须符合我国社会公认的道德规范和公共利益的要求。这一原则是一种弹性规范，此原则得以确定是因为在市场经济条件下，各个民事主体都有各自不同的利益，如果每一个主体都毫无限制地追求各自的局部利益，势必会影响社会整体利益，立法不可能将纷繁复杂的社会关系都加以规范，但法律又必须对可能出现的问题加以防范，并为司法机关处理这类问题提供法律依据，所以，世界各国法律均对此作出了规定，只是称谓有所不同，比较通用的是"公序良俗原则"，即公共秩序和善良风俗，也就是《民法通则》第7条中的"社会公共利益"和"社会公德"。

六、禁止权利滥用原则

禁止权利滥用原则是指行使民事权利，不得超越其正当界限。一切权利都不是无限的，任何人行使权利超越了正当界限，则构成权利滥用，应承担相应的民事责任。

认定权利滥用，可以从主观、客观两个方面进行判断：在主观方面，行为人有滥用权利的故意或过失，表现为行使权利缺乏正当利益，选择有害方式行使权利，损害大于所取得的利益等；在客观方面，其滥用权利的行为已经造成或可能造成他人或社会的损害。

禁止权利滥用原则是我国宪法规定的一项基本原则，在《民法通则》第7、58条又作出了具体的规定，即民事活动"不得损害社会公共利益"，"恶意串通，损害国家、集体或者第三人利益"的民事行为无效。据此，在行使权利时，任何人都负有不得超越正当界限的义务，违反该义务，将承担损害赔偿的责任。

第三节　民法与邻近法律部门的关系

一、民法与商法

商法，从其本义而言是指调整商人之间有关商事活动的规范体系和司法制度，又称商事法。在形式上，商法指在民法典之外的商法典以及公司、票据、保险、破产、海商等单行法。商法是西欧中世纪的商人在处理他们的法律事务时，逐渐发展起来的独特的法律制度。

在整个私法领域中，从体系上看，有民商合一和民商分立两种。所谓民商分立，是指将调整私法关系中有关商事交易及其他一切商事关系的法律、法规分立出来，成立商法，从而将私法分为民法和商法两个独立部分。如德国、法国、日本等国，都采取民商分立制。所谓民商合一，是指在民法之外，不另立商法，私法关系一并归于民法调整。瑞士、意大利以及中国等国家采取这种制度。

不管采取哪一种体例，各国法律都承认：商法在行为规则上适用民法规则，在其组织规则中又有独立的特征，商法是特别法，民法是普通法。所以，在民商分立制下，不能割断商法与民法在基本原理、基本制度上的共通性，也不能否定商法是民法的特别法的属性；而在民商合一制下，一般也将公司、票据、破产、海商、保险等单行立法，而不是将其都包含在一个民法典中。有关民商合一或民商分立的理论研究已经落后于各国的法律实践。

二、民法与经济法

我国自1979年以来，对经济法的概念、与民法的关系等进行了研讨和争论，但未取得一致意见，以致目前，对什么是经济法及其调整对象、适用范围等都没有定论。从一定意义上说，经济法是国家权力作用于经济生活，由国家行政机关对国民经济实行组织、管理、监督和调节的法律规范的总称，实质上是经济行政法。经济法和民法虽然都调整经济关系，但二者存在着很大的差别：民法调整横向经济关系，即平等主体之间的财产关系，主体之间贯彻意思自治原则；而经济法调整纵向经济关系，即命令者与服从者之间的经济关系，贯彻国家意志先定原则。

三、民法与婚姻法

广义上的婚姻法是调整婚姻关系和家庭关系的法律规范的总称。在严格意义上婚姻家庭关系也属于民事关系。由于婚姻法只调整家庭成员之间的人身关系和财产关系，因此，其调整的人身关系和财产关系具有特殊性。例如，婚姻法调整的财产关系是基于一定的亲属身份而形成的，其中包含养老育幼、相互扶助的精神，而不适用等价有偿、权利与义务相一致等民法的基本原则。多数国家将婚姻和家庭关系的内容作为一编规定在民法典中，但同时也承认婚姻家庭关系有其独立的特征。

四、民法与劳动法

劳动法是调整劳动关系和由劳动关系而产生的劳动保险、劳动福利等社会关系的法律规范的总称。劳动法也调整一定范围的财产关系，例如，职工的工资、劳动保险、劳保福利等，但是这些财产关系是根据按劳分配原则进行的，反映的是劳动关系的本质和特征。而民法所调整财产关系主要是基于商品交换而发生的经济关系，是按照等价交换原则进行的。所以，劳动法和民法所调整的财产关系是有区别的。

第四节 我国民事立法的历史概览

民法是规范平等主体之间的财产关系和人身关系的法律。与其他法律部门一样，民法也是一定经济基础上的上层建筑，是社会生活的法律表现，是规范商品经济的基本法。从罗马法开始，从世界各国的立法历史及现实情况看，民法与一定的商品经济紧密相连，是伴随着商品经济而产生和发展起来的，商品经济越发达、越复杂，对民法的要求就越高，民法就越要健全和完善。在我国古代，一方面，自给自足的自然经济一直占主导地位，商品经济很不发达；另一方面，封建统治阶级实行专制独裁统治，皇帝的权力至高无上，使得调整社会各种关系（包括经济关系）的手段必然是行政命令式的，老百姓只知道权力不知道权利。同时，由于诸法合一，刑民不分，统治者并不重视运用民事手段来调整各种经济关系，而是以刑代民。所以，我国古代的民事法律很不发达。

一、新中国成立以前的民事立法

新中国成立以前，民事立法的发展是非常缓慢的，直到 1911 年，中国历史上的第一部民事法律才得以制定，名曰《大清民律》。该法典分总则、债权、物权、亲属、继承五编，33 章，共 1 569 条。虽然该法典后来由于清政府的灭亡而没有公布实施，但是，这毕竟是中国历史上的第一次民事立法，而且，这次立法是以先进的《德国民法典》为蓝本来制定的，所以，其历史意义是很重大的。1925 年，北洋军阀政府在《大清民律》的基础上编纂完成了《中华民国民律（草案）》，但后来没有公布实施。南京国民党政权成立后，从 1929 年到 1930 年由立法院将民法典起草完成并获通过。该法典采取民商合一制，分总则、债、物权、亲属和继承五编，共 1 225 条。这部民法典是国民党政府的"六法全书"的重要内容，1949 年被中共中央废除，现在在我国台湾地区实行。

二、新中国成立后的民法典制定情况

新中国成立以前，在革命根据地和解放区，就制定了许多涉及民事法律的规章、命令及法规。中华人民共和国成立后，民事立法进入了一个新的阶段，但期间也经历了一段曲折的道路。从 1949 年到现在，曾进行过三次民法典的起草工作。第一次是 1954 年开始到 1956 年完成的征求意见稿，后因 1957 年开始的"反右"斗争而停止。第二次是 1962 年到 1964 年由全国人大常委会组织进行的。这是在纠正了反右斗争的失误的基础上，为贯彻党的八届九中全会上提出的对国民经济进行"调整、巩固、充实、提高"的八字方针，以及毛泽东主席提出的"不仅刑法要，民法也需要。现在是无法无天。没有法律不行。刑法、民法一定要搞"的指示，适应国民经济调整和发展的需要而进行的。但是，这次的草案，体例上只有总则、所有权和财产流转三编，共 24 章 262 条。从内容上看，该草案的字里行间充斥着当时的一些政治口号。这次民法典的起草工作后因文化大革命的开始也被迫停止了。第三次是 1979 年到 1982 年由全国人大常委会组织的由专家、学者和实际工作者组成的起草小组，期间先后完成了四稿，其中，第四稿共 8 编、43 章、465 条。由于当时我国的经济体制改革刚刚开始，很多问题还不明确，制定一部完整的民法典的时机尚不成熟。为此，立法机关决定，先将民法典草稿中那些急需又比较成熟的部分，以单行法律的形式制定出来。实践证明这一决定是可行的，也是符合当时实际情况的。根据这一立法思路，《专利法》、《商标法》、《继承法》等一大批单行的法律、法规分别由全国人大及其常委会、国务院及其部委制定并颁布出台。

三、《民法通则》的制定

当大批分散的民事单行法规一个个制定出来后，其潜在的问题也就逐渐暴露出来了。首先，各单行法规之间相互冲突的地方，应以谁为准；其次，当某一行为各单行法都没有规定时，就会出现"法律真空"。所以，对民事活动共通的问题，如基本原则、主体地位、民事法律行为和代理、民事权利、民事责任以及诉讼时效等进行统一规定就成为十分必要和紧迫的问题。1983 年，全国人大常委会法制工作委员会着手进行《民法通则》的起草工作。1986 年 4 月 12 日在六届全国人大四次会议上通过，并于 1987 年 1 月 1 日起施行。《民法通则》的制定是我国法律史上的一件大事，它不是民法典，但其地位却很重要。《民法通则》规定的是民事活动、民事关系共同遵循的准则，所以，单行的民事法律和单行法中有关民事的规定，都适用《民

法通则》；同时，《民法通则》又是民事方面的基本法律，单行民事法律不能同它的原则相抵触。

随着我国《物权法》的颁布，制定我国民法典的工作又前进了一大步。

第五节　我国民法的渊源

民法的渊源是指民法的表现形式。民法同其他法律规范一样，必须借助于一定的形式表现出来，才能成为具有国家强制力的行为准则。我国民法的渊源主要有以下几种：

一、宪法

宪法是国家的根本大法，具有最高的法律效力。宪法中有关社会主义原则、财产所有制度、公民的基本权利和义务等的规定，都是调整民事法律关系的法律规范，是民法的渊源。

二、民事法律

民事法律是由全国人民代表大会及其常委会制定颁布的民事立法文件，是我国民法的主要表现形式。其中《民法通则》具有特别重要的地位，其他如《合同法》、《物权法》、《专利法》、《商标法》等也都是民法的渊源。

三、国务院及其各部委发布的民事法规、决议和命令

国务院是国家最高行政机关，它可以根据宪法、法律和全国人大常委会的授权，制定、批准和发布法规、决议和命令，其中有关民事部分的法规、决议和命令，是我国民法的重要表现形式。例如，国务院发布的《专利法实施细则》、《商标法实施细则》、《城市私有房屋管理条例》等，都是民法的渊源。

四、地方各级权力机关和行政机关制定的决议、命令、地方性法规、条例等

地方各级权力机关和行政机关依法制定的法律规范中，涉及民事的规范都是民法的渊源。只是这些法规仅在本地区内发生法律效力，对其他地区不能适用。

五、最高人民法院的指导性文件

最高人民法院是我国的最高审判机关，依法有权就审判工作中具体运用民事法律、法令及有关政策作出具有法律效力的解释，通常以"意见"、"批复"等形式出现。例如，《关于贯彻执行〈中华人民共和国民法通则〉若干问题的意见（试行）》（以下简称《民通意见》）等，这些意见和批复对各级人民法院都具有约束力。所以，

最高人民法院的指导性文件也是我国民法的渊源。

六、国家认可的民事习惯

习惯是人们在日常生活中，经过反复适用而形成的一种较为固定的行为方式。我国幅员辽阔、民族众多，各民族都有许多民事习惯，这些习惯中与现行法律、法规及社会公共利益不相抵触的部分，对调整民事关系起着积极的作用，经国家认可后，也可以成为我国民法的渊源。

第六节　我国民法的效力

民法的效力，也称民法的适用范围，是指民事法律规范在何时、何地、对何人发生法律效力。民法的效力包括以下三个方面：

一、民法对人的效力

民法对人的效力，即指民法对哪些人有法律效力。民法上的人包括自然人和法人。我国民法对人的效力主要有以下几种情况：①对居住在我国境内的中国公民和设立在我国境内的中国法人，都具有法律效力。②对于居留在我国境内的外国人、无国籍人和经我国政府准许设立在我国境内的外国法人，原则上具有法律效力，但依法享有外交豁免权的人除外。另外，我国民法中某些专门由中国公民、法人享有的权利，对外国人、无国籍人和外国法人不具有法律效力。③居住在外国的我国公民，原则上适用居住国的民法，而不适用我国民法。但是，依照我国法律以及我国与其他国家缔结的双边协定，或我国参加的国际条约、我国认可的国际惯例，应当适用我国民法的，仍然适用我国民法。

二、民法在时间上的效力

民法在时间上的效力主要指两个方面：

1. 民事法律规范发生法律效力的起止时间，即从什么时间开始生效，到什么时间效力终止。立法上对民事法律规范开始生效的时间，通常有两种做法：一种是在法律文件中明确规定，该法从其通过或公布之日起开始生效；另一种是在民事规范的条文中，单独列举一条说明该规范在公布后的什么时间才开始生效。例如，《民法通则》是1986年4月12日通过的，但该法第156条规定："本法自1987年1月1日起施行"。这种规定是为了让人们在新法生效之前了解该法，并给有关司法机关以准备时间。民事法律的失效时间，法律本身一般都不作规定，而是通过下列方式进行：①自然失效。当某一民事法规规定的任务已经完成后，该法规的效力自然终止；②在公布新的法律时，明确宣布以前的同类法规与其相抵触的部分效力终止；③修改并重新公布实施的法律，并宣布原法律的效力终止。

2. 民法的溯及既往效力，即民法对于其公布实施以前发生的民事关系有无溯及既往的效力。通常情况下，新的民事法律，只适用于该法生效后所发生的民事关系，也就是说，民法原则上没有溯及既往的效力。

三、民法在空间上的效力

民法在空间上的效力，是指民法在什么地域内适用。由于制定法律的机关不同，民事法规在空间上的适用范围也就不同。一般分为两种情况：

1. 凡是由全国人民代表大会及其常委会、国务院及其各部、委等中央机关制定并颁布的民事法规，适用于中华人民共和国的领土、领空、领水，以及根据国际法和国际惯例应当视为我国领域的一切领域。例如，我国的驻外使馆、领馆，我国在境外的船舶、飞机等。

2. 凡是地方各级政权机关所颁布的法规，只在该地区内发生法律效力，在其他地区不发生效力。

从以上两种情况可以看出，我国民法的适用范围以属地法为原则，即凡是在中国领域内发生的民事活动，原则上都适用中国法。

思考练习题

1. 简述平等原则的含义。
2. 简述民法与商法的关系。

第二章　民事法律关系

■ 学习目的和要求

　　理解民事法律关系的概念和特征；掌握民事权利的概念和类型、民事法律事实的分类、正当防卫与紧急避险的要件。通过比较的方法对类似的概念的异同进行分析更有利于对其理解和掌握。

第一节　民事法律关系的概念及特征

一、民事法律关系的概念

　　民事法律关系，是指当事人之间符合民法规范的具有民事权利和民事义务内容的法律关系。民事法律关系是民法调整对象在法律上的具体表现。在现实生活中，人们之间会产生各种各样的关系，而其中符合民事法律规范，具有民事权利和民事义务内容的是民事法律关系。

　　民事法律关系是研究民法的基础，也是解决民事纠纷时首先应考虑的问题。民法学的各部分内容都是从不同角度或以不同的表现形式来阐明民事法律关系的。例如，财产所有关系、债权债务关系、知识产权关系、人身权关系、财产继承权关系等。

二、民事法律关系的特征

　　民事法律关系是法律关系的一种，在法律关系中还有行政法律关系、刑事法律关系等，与这些法律关系相比较，民事法律关系具有以下特征：

　　1. 主体地位的平等性。在民事法律关系中，当事人即主体的法律地位是平等的，无论是自然人还是法人，也无论其行政职务高低，财力大小，属于何种民族，在民事法律关系中，他们都是独立的，互不隶属的，其法律地位是平等的。这与行政法律关系和刑事法律关系中的管理与被管理、命令与服从的关系是不同的。

2. 民事权利和民事义务的对等性。与主体地位的平等性相联系，民事法律关系中的权利和义务是对等的，任何人在享受一定权利的同时应承担相应的义务。在单务合同中，虽然一方只享受权利，或只承担义务，但从整个社会的民事法律关系的联系看，任何民事主体都可以成为权利一方或义务一方。另外，在其享受权利的同时，也负有不得妨碍他人行使权利的义务，这也是民事权利和民事义务对等性的一种表现。而在行政法律关系或刑事法律关系中，就不存在权利和义务对等的情况。

3. 民事法律关系保障措施的补偿性。民事法律关系的当事人地位平等，所以，当一方权利受到侵害时，一方不能惩罚另一方。法律只是保障受到侵害的一方的权益得到补偿。在有违约金的情况下，违约金也只是补偿性的，而不是惩罚性的；在有定金的情况下，定金的丧失，只是对一方期待利益的损失的补偿，而不是对违约一方的惩罚。惩罚只存在于主体地位不平等的法律关系中，例如，行政法律关系和刑事法律关系等。

第二节　民事法律关系的要素

民事法律关系的要素，是指构成民事法律关系必须具备的条件。民法学者把民事法律关系的要素概括为主体、内容和客体，任何民事法律关系都由这三个要素构成。

一、民事法律关系的主体

民事法律关系的主体，是指参加民事法律关系、享受民事权利、承担民事义务的人。民事主体包括：自然人和法人，国家作为整体，在一定的情况下，作为民事法律关系的参加者而成为特殊的民事主体。根据我国《物权法》的规定，国家、集体和私人是物权法律关系的主体。

民事法律关系是发生在人与人之间的关系，所以，一个民事法律关系，至少有两方主体，其中，享有权利的一方是权利主体，承担义务的一方是义务主体。通常情况下，民事主体既是权利主体，又是义务主体。这是由民事法律关系主体的权利义务的对等性所决定的。

在具体的民事法律关系中，主体一方可以是单一的，也可以是多人的。

二、民事法律关系的客体

民事法律关系的客体，是民事权利和民事义务所共同指向的对象。传统的民法理论认为，民事法律关系的客体包括物、行为和智力成果。

1. 物。民法上的物，是指具有使用价值并能为人力所支配的物质实体和自然力。民法上的物是物理上的物，但物理上的物，并不都是民法上的物。关于物的特征、种类等具体问题，在后面物权的有关章节中详细阐述。

2. 行为。指民事法律关系中权利人行使权利和义务人履行义务的活动。例如，演出合同的客体是演出行为，旅客运输合同的客体是运输行为等。行为是债权法律关系的客体，理论上也称"给付"。

3. 智力成果。指人们脑力劳动所创造的成果。如著作、发明、设计等是著作权关系、发明权关系、专利权和商标权关系的客体。

三、民事法律关系的内容

民事法律关系的内容，是指民事主体所享有的民事权利和承担的民事义务。

（一）民事权利

1. 民事权利的概念。民事权利，是指民法赋予当事人为实现其利益所可实施的行为范围，也就是说，民事权利是当事人在法律的保障下，在一定范围内的意思自由。它包含三个方面的内容：①享有权利的人可以在法定的范围内，以自己的意思进行一定的民事活动；②享有权利的人可以要求负有义务的人作出一定的行为，以实现自己的利益，例如，在买卖合同中，买方有权要求卖方交付商品，卖方有权要求买方支付价金；③享有权利的人因他人的行为而使权利不能实现时，有权要求司法机关予以保护。对于民事权利的性质有多种观点，主要包括：利益说、自由说和法力说。

2. 民事权利的分类。民事权利从不同的角度可以划分为很多种类：

（1）根据民事权利的客体所体现的利益性质，可以分为财产权、人身权和知识产权。

财产权，是以财产为客体的权利，是指具有一定物质内容、直接体现某种经济利益的权利。物权、债权、继承权等是财产权。

人身权，是指以自然人和法人的人身性要素为客体的权利。人身权不直接具有经济内容，而与主体的人身紧密相连。人身权包括人格权和身份权，人格权又分为生命权、健康权、身体权、姓名权、肖像权、名誉权、自由权等，身份权又分为亲属权、监护权、亲权等。

知识产权，是指以受保护的智慧成果为客体的权利，包括专利权、商标权和著作权等。

（2）根据民事权利的作用，可以分为支配权、请求权、形成权和抗辩权。

支配权，是指直接支配标的物并享受其利益的权利。这种权利的实现，仅凭权利人自己的意思即可，而无需义务人的积极行为相配合。义务人的义务是容忍、尊重和不干预，表现为不作为。物权、人身权和知识产权是支配权。

请求权，是指权利主体可以请求他人为一定行为或者不为一定行为的权利。在请求权中，权利人不能对权利的标的进行直接支配，而只能请求义务人为一定行为或者不为一定行为。在效力上，同一客体上可以存在两个以上的互不相容的请求权，而且彼此平等，没有优先性。请求权必须依赖于一定的基础权利才能存在。例如，有所谓债权请求权、物上请求权、人格权上的请求权等。应注意的是：债权与请求权是不同的，虽然债权的核心是给付请求权，但债权是基础权利，请求权是基于债权而产生的。在债权清偿期届满前，并不产生给付请求权。同时，债权不仅产生请求权，也可能产生选择权、变更权、解除权等。

形成权，是指依照权利人的单方意思表示，就能使既存的法律关系发生变化的权利。其特点是突破了双方法律关系中非经协议或其他法律上的原因不得变更的传统民法原则。追认权、解除权、撤销权等都是形成权。

抗辩权，是指对抗相对人行使请求权的权利。抗辩权的作用是阻止请求权的效力。当对方行使请求权时，用抗辩权进行"防御"。抗辩权分为一时性抗辩权和永久性抗辩权。一时性抗辩权指可以暂时地阻止请求权效力的抗辩权，又称延期抗辩权，包括同时履行抗辩权、先诉抗辩权和不安抗辩权。所谓同时履行抗辩权，是指在双务合同中，一方当事人享有的在他方当事人未为对待给付时，拒绝给付的抗辩权。所谓先诉抗辩权，是指一般保证的保证人在债权人未就主债务人的财产请求强制执行时，可以拒绝清偿的抗辩权。所谓"不安抗辩权"，是指在双方合同中，应当先履行合同义务的当事人，在出现法定情形时，对后履行义务人的请求权所进行的抗辩。永久性抗辩权是指可以永久地阻止请求权的抗辩权，如诉讼时效抗辩权等。

（3）根据其效力范围，可以分为绝对权和相对权。

绝对权，是指能够请求不特定的任何人不为一定行为的权利。绝对权的义务主体是权利人以外的一切人，所以，又称做"对世权"。如所有权、人身权等都是绝对权。

相对权，是指权利主体仅能向特定的人请求为一定行为的权利。因其义务人是特定的，所以，又称做"对人权"。相对权一般要靠义务人的积极行为才能实现。如债权。

（4）根据民事权利的相互依赖关系，可以分为主权利与从权利、原权与救济权。

在相互有关联的几项权利中，凡是可以不依赖其他权利而独立存在的权利是主权利，凡必须以其他民事权利的存在为其存在前提的权利是从权利。

主权利与从权利是相互对应的，主权利不存在，从权利也就不可能存在。没有从权利，主权利也就无从谈起。例如，在有担保的债权中，担保权利（如抵押权）相对于其所担保的债权而言是从权利，债权是主权利。如果没有债权（主权利），担保权（从权利）就不可能存在。如果仅有债权，没有设置担保，那么区分主、从权利也就没有了意义。

原权与救济权是在有原生和派生关系的几项权利中，以其地位而进行的一种划分。当某一权利受到侵害或有被侵害危险时，产生的保护或恢复受侵害权利的权利是救济权，其中，救济权所要保护或恢复的权利是原权。民法在赋予当事人原权的同时，也赋予其救济权，当原权受到侵害或者有被侵害危险时，救济权开始发生作用。通常如所有权、合同债权、继承权等是原权，而不是基础权的请求权是救济权，如请求停止侵害、恢复原状、支付违约金、赔偿损失、恢复名誉等。

（5）根据权利要件是否齐备，可以分为既得权与期待权。

既得权，是指已经具备全部要件，被当事人实际享有的权利。例如，公民死亡时，其继承人依继承权而实际取得遗产；再如依所有权而消费食物、请求他人履约等。

期待权，是指已经具备权利构成的部分要件，须等其他要件具备时才能实际享有的权利。即期待权是一种将来可能享有的权利。也有人称之为"生成过程中的权利"。例如，我们说，每一个人都有继承权，这只是说继承开始前的继承权，是一种期待权，要使其变为既得权，即实际取得遗产，还须具备被继承人死亡和留有遗产这样的条件。

以上对民事权利的分类，是按照不同的标准进行的，对同一种权利以不同的标准分析会得到多种权利名称，如所有权是财产权，又是绝对权、既得权、原权等，在学习过程中要加以注意。

3. 民事权利的取得。民事权利的取得，是指民事主体通过一定的方式，合法得到某项权利的情形。也称民事权利的发生。

民事权利的取得，从取得的样态看，分为原始取得和继受取得。前者指不以他人既存权利为前提而取得权利的情形，它是权利的绝对发生。例如，依先占而取得物的所有权、以原物所有权而取得孳息物的所有权等。后者指从其他权利人处取得既存权利的情形，又称传来取得，继受取得属于权利的相对发生。在日常生活中，民事权利的取得主要是继受取得。

4. 民事权利的保护。作为法律规范，民法规定民事主体享有权利，当事人可以在法律规定的范围内行使权利，同时，这种规定本身也包含着当权利受到侵害时，可以依法予以保护，这是法律规范强制力的体现。民事权利的保护在于救济权制度，从性质上可以将该制度分为自力救济和公力救济。

（1）自力救济，是指在权利受到侵害时，权利人依靠自己的力量强制他人、保护权利的行为。如反击行凶者而保护自己的人身权，扣留不付费用的用餐者等。

自力救济分为自卫行为和自助行为两种情形：

自卫行为，是指为了防卫或避免自己或他人所面临的侵害，不得已而侵害他人的行为，包括正当防卫和紧急避险。

正当防卫，是指为了使本人或他人的财产或人身权利免遭正在进行的不法侵害，而对侵权行为人采取的必要防卫行为。这种防卫行为是一种合法行为，行为人对给侵权人造成的损害不承担民事或刑事责任。正因为如此，对正当防卫才应规定一定的要件。构成正当防卫应具备以下要件：①须有不法侵害行为存在。对合法行为不得进行防卫，例如，盗窃犯不得以人身权受到侵害而反击公安人员的追捕。②须是针对正在进行的不法侵害。对于已经终了的或自己想象的侵害，不存在正当防卫。

③必须是针对不法侵害人本人的防卫。④防卫不得超过必要的限度。超过必要的限度是防卫过当，就应承担相应的法律责任。判断必要限度的标准，应做到具体情况具体分析，不能一概而论，一般能以较缓和的方法达到防卫目的的，采用激烈的方法就是防卫过当。依据《民法通则》第128条的规定，防卫过当应当"承担适当的民事责任"。一般而言，构成正当防卫，以上四项要件缺一不可，但由于正当防卫是一种需要鼓励的行为，法律不能要求过严。另外，在遭受不法侵害时，也不能要求人们对行为后果有充分的考虑。所以，对正当防卫应放宽条件，一般具备前三项要件即应认定构成正当防卫。对此，新修改的《刑法》已经作出明确的规定。

　　紧急避险，是指为了使本人或他人的人身或财产免受正在发生的侵害，不得已而采取的损害他人权益的行为。紧急避险行为是为避免较大损害的发生，而采取的以较小的损害来保全较大利益的行为，所谓"两害相权取其轻"。所以它也是一种自卫行为，但是它与正当防卫是不同的，正当防卫是对侵害的反击，反击的是侵权行为人；而紧急避险则是逃避侵害，其加害的是无辜的人。紧急避险制度贯彻的是"两害相权取其轻"的法律理念。紧急避险也有四项构成要件：①须有紧迫危险存在，这种危险既包括人的加害行为，也包括事件，如火灾等。②危险须是现实的、紧迫的。③避险行为须是不得已而采取的。如果当时能采取其他方法避免危险，就不能采取紧急避险方式。④避险行为不得超过必要的限度。其标准是其避险所造成的损失是否小于所避免的损失。如果避险所造成的损失超过所避免的损失，则是不允许的。

　　自助行为，是指为了保护自己的权利，对于加害人的自由加以拘束，或对其财产实施扣押、毁损的行为。如暂时扣留乘车不买票的人等。构成自助行为的要件包括：①须自己的权利受到侵害。②须时间紧迫，来不及请求国家有关机关援助。即在当时情况下，如果不实施自助行为，则将导致权利无从实现，或者其实现会相当困难。③须自助行为所使用的手段适于请求权的实现。④须不超过保全请求权的必要限度。

　　在自助行为中，如实施拘束他人自由，或者扣留他人财产的行为，行为人应及时请求国家主管机关依法处理。

　　（2）公力救济，是指通过法定程序，向国家有关机关请求对其权利进行的保护。公力救济的主要程序是民事诉讼和强制执行。如通过给付之诉，使责任人返还原物、恢复原状等。

　　自力救济是在国家管理机器尚不完善时，对自己权利进行保护的一种措施。但由于自力救济是依靠当事人自己的力量来进行的，所以，难免出现弱者权利无法保护和有些人以强凌弱的现象。因此，在国家机器发达完善后，各国都确立了以国家保护，即公力救济为原则，以自力救济为例外的法律制度。

　　（二）民事义务

　　民事义务，是指民事法律关系的当事人一方，依法受有的为满足另一方的利益而应当为某种行为或不为某种行为的拘束。民事义务是当事人必须履行的，它也是与权利相对应的。权利的实现需要义务的履行。

从权利的方面，可以较准确地反映民事法律关系的性质和内容，所以，民法多是从民事权利角度规定和阐述各种民事法律关系，因此，也有人将民法称为权利法。但民事义务毕竟与民事权利是不同的，民事权利不是强制的，主体可以抛弃，而民事义务一旦设定，就不能抛弃。民事义务从形态上分为作为义务和不作为义务。依其他标准可以分为：专属义务和非专属义务；主义务和从义务；法定义务和约定义务；积极义务和消极义务；一般义务和附随义务；等等。

第三节　民事法律事实

一、民事法律事实的概念

民事法律事实，是指法律规定的，能够引起民事法律关系发生、变更和消灭的客观现象。民事法律规范只是民事法律关系发生、变更和消灭的前提，它本身并不能在当事人之间发生具体的民事法律关系。例如，民法规定了租赁关系，指出了产生租赁关系的各种条件，但该规定并不是租赁关系，而只是人们的行为准则。当事人之间要建立租赁关系，就需要有一个客观情况，即订立租赁合同，订立租赁合同这种客观情况就是租赁关系发生的法律事实。

在自然界和人类社会生活中，经常发生着纷繁复杂的客观现象，但并非所有的客观现象都是法律事实。例如，地球绕着太阳转这种客观现象就不是法律事实，而地震、台风、洪水等就可以成为法律事实；人们散步、聊天等不是法律事实，而买卖、致人损伤等行为就是法律事实。也就是说，认定某一客观现象是否是法律事实，要看法律上是否规定它能够引起民事法律关系的发生、变更和消灭。法律上规定能引起民事法律关系发生、变更和消灭的，就是法律事实，否则，就不是法律事实。

由此可以得出民事法律事实具有以下特征：①法律事实是一种客观现象。人们的主观意识不是法律事实，例如，去商店买东西，如果只有买的想法，并没有表达出来，买卖关系不能成立。②法律事实必须能够引起民事法律关系的发生、变更和消灭。③作为法律事实的客观现象必须符合民法的规定。

二、民事法律事实的分类

民事法律事实的种类很多，根据其中是否包含当事人的意志，可以把民事法律事实分为事件和行为两类：

1. 事件，指与人的意志无关的客观事实。例如，人的出生、死亡，自然灾害的发生，时间的经过等，这些事实不直接具有意志性或与人的意志有关，但其一旦发生，便会在一定的主体之间发生、变更或消灭一定的民事法律关系。例如，人的死亡会引起财产继承关系；经过一定的时间，就会使时效完成，从而使原有的法律关系发生、变更或消灭等。

2. 行为，指人的有意识的活动。作为法律事实的行为，根据不同的标准，可以有不同的分类。第一种是以行为的内容和形式是否符合法律的规定，分为合法行为和不法行为。合法行为，是指符合法律规定、受法律确认和保护的行为。不法行为，是指不符合法律要求或违反法律规定的行为，如违约行为、侵权行为、不履行法定义务的行为等。第二种是以行为是否有当事人意思表示，分为表意行为和非表意行为。表意行为，是指行为人通过意思表示，旨在设立、变更或消灭民事法律关系的行为，也称法律行为，这是民事法律关系借以发生、变更和消灭的最普遍、最重要的法律事实。非表意行为，是指行为人主观上并无产生民事法律关系的意思，但法律上规定能够引起某种法律关系的后果的行为。例如，发现埋藏物、拾到遗失物以及侵权行为等。

思考练习题

1. 与请求权相比较，支配权有何特点？
2. 简述紧急避险行为的构成要件。

第三章 自然人

■ 学习目的和要求

　　自然人是民法中非常重要的内容。通过学习本章内容，应掌握自然人与公民的区别；民事权利能力的含义；民事行为能力类型划分的意义；宣告死亡的构成要件；个人合伙的法律特征以及监护人的主要职责。了解个体工商户和农村承包经营户的责任承担内容，了解住所的主要法律意义。

第一节　自然人的含义

　　自然人，是指基于自然生理规律而产生的人。自然人是相对法人而言的法律概念。公民，是指具有一国国籍，并根据该国法律享受权利、承担义务的自然人。

　　《民法通则》在第二章的标题中使用了"公民（自然人）"的表述，给人的感觉是二者相等。实质上"公民"和"自然人"是两个概念。在西方国家的民法中，民事主体只有自然人和法人两种形式。"公民"作为民事主体是前苏联的首创，并为我国所沿袭。从前面二者的定义中可以看出，自然人的范围比公民要大，它不仅包括本国公民，也包括外国人、无国籍人。《民法通则》之所以同时使用这两个概念，其原因有二：①在我国的民事主体中，不仅仅是我国公民，外国人和无国籍人依法也可以从事民事活动，成为我国的民事主体。因此，在规定公民是民事主体的同时，需要使用"自然人"的概念，赋予外国人和无国籍人依法成为民事主体的资格。所以《民法通则》在第8条第2款中规定："本法关于公民的规定，适用于在中华人民共和国领域内的外国人、无国籍人，法律另有规定的除外。"同时，这项规定也体现了在国际私法上适用解决涉外民事法律关系主体问题的冲突规范时所普遍承认的两项原则："国民待遇原则"和"对等原则"。国民待遇原则，是指一国的民事法律赋予外国人与本国人相同的民事主体资格的原则；对等原则，是指两国在处理两国公民在对方国家的民事主体资格问题时，彼此给予相同的待遇的原则。②我国自从继受前苏联在民法上的"公民"概念后，就一直使用它，而很少使用"自然人"这一概念。人们已经习惯并能正确理解"公民"在民法中的含义，为了尊重传统民法的做法，并与国际社会接轨，所以就有了"公民（自然人）"这样的规定。

第二节　自然人的民事权利能力

一、自然人民事权利能力的概念和特征

（一）民事权利能力的概念

民事权利能力，是法律赋予民事主体从事民事活动，享受民事权利和承担民事义务的资格。民事权利能力是自然人取得具体民事权利和承担具体民事义务的前提或可能性，它反映着民事主体在民法上的地位。也就是说，民事权利能力与民事权利是不同的概念：①民事权利能力是民事主体享有权利的一种可能性，不论主体是否参加了民事法律关系，均享有这种资格；而作为民事权利，则只有主体参加到具体的民事法律关系中，才能实际享有。②民事权利能力既包括主体取得民事权利的资格，也包括承担义务的资格；而民事权利则不包含义务的内容。③民事权利能力与主体的人身不可分离，本人既不能放弃也不能转让；而民事权利既可以由主体依法进行转让或抛弃，也可以被依法限制行使或被剥夺。

（二）自然人民事权利能力的特征

自然人的民事权利能力具有以下特征：

1. 权利能力的平等性。《民法通则》第10条规定："公民的民事权利能力一律平等。"这也是宪法中规定的"法律面前人人平等"的具体体现。权利能力平等指人们参与民事活动、设定民事权利的机会平等，以及权利能力的人人平等。机会平等不一定结果也会平等，结果平等是将来进入共产主义社会后才能实现的一种美好的现象，现在还不具备这样的条件。权利能力人人平等指的是公民不分男女、老幼，不论其行政职务高低、财产多寡，身心正常或残疾，其权利能力都是平等的，不存在也不允许存在歧视性的差别。

2. 权利和义务的一致性。在民事权利能力中，既包含享有民事权利的能力，也包含承担民事义务的能力，是权利和义务的统一体。在民事活动中，公民享有民事权利的同时，也必须承担相应的民事义务。

3. 不可转让性。自然人的民事权利能力仅因死亡而消灭，与民事主体的人身不可分离，本人不能转让或抛弃，他人也不得非法加以限制或剥夺。

二、自然人民事权利能力的开始和终止

（一）自然人民事权利能力的开始

《民法通则》第9条规定："公民从出生时起到死亡时止，具有民事权利能力，

依法享有民事权利，承担民事义务。"从这一规定可以看出，我国公民的民事权利能力是从公民出生时开始的。自然人的权利能力因出生而当然取得，无须履行任何法律手续。

出生作为法律事实中的自然事件，是指自然人脱离母体而成为有生命的独立体的事实。在判断出生的具体时间上，有各种各样的主张，如阵痛说、一部露出说、全部露出说、断脐说、初啼说、独立呼吸说等。实质上，所谓"出生"应具备"出"和"生"两个要素，即胎儿有生命的脱离母体。确认的依据是最高人民法院《民通意见》第1条的规定："公民的民事权利能力自出生时开始。出生的时间以户籍证明为准；没有户籍证明的，以医院出具的出生证明为准。没有医院证明的，参照其他有关证明认定。"

民事权利能力是民事主体的能力，胎儿没有出生，就不是民事主体，也就没有民事权利能力。但是，在一般情况下，胎儿是要出生的，所以，对于胎儿这一将来的民事主体的利益必须给予必要的保护。如《继承法》第28条规定："遗产分割时，应当保留胎儿的继承份额。胎儿出生时是死体的，保留的份额按照法定继承办理。"

（二）自然人民事权利能力的终止

死亡是民法上规定的自然人民事权利能力终止的法定事由，也是唯一的原因。自然人一旦死亡，便失去了从事民事活动、参加民事法律关系的可能性和必要性。法律也就没有必要再为其保留民事权利能力。自然人的死亡有两种方式：自然死亡和宣告死亡。关于宣告死亡以后会详细阐述，本节主要阐述自然死亡。

自然死亡，又称生理死亡或绝对死亡，是自然人生命最终结束的客观事实。民法学的权利能力制度，只研究死亡的要件和法律后果，而不研究死亡的原因。不管是什么原因导致主体死亡，其效果都是使民事权利能力终止。关于自然人死亡的时间界限，理论界有争论：有呼吸停止说、心脏停止跳动说及脑死亡说等。严格来讲，确定自然人死亡的具体时间是由一定时期医学发展的水平所决定的，在当时医学上所能确定的死亡标准，就是当时法律上确定的死亡标准。不能单纯地以某一个学说为确定的标准。

自然人死亡，其民事权利能力终止，也就丧失了民事主体的资格，其婚姻关系自然终止，针对他的财产继承就开始。只有法律规定的其生前的某些人身权转变为某种法益或其亲属和社会的某种利益可以继续受到保护。

第三节　自然人的民事行为能力

一、自然人民事行为能力的概念和特征

自然人的民事行为能力，是指自然人通过自己的行为取得民事权利和设定并承

担民事义务的能力。

法律确定自然人具有民事权利能力，但这只是一种可能性，当事人必须具有通过一定的行为，使其变为现实的资格，这种资格就是民事行为能力，它是法律赋予的。法律确认当事人是否有这种能力的标准是其意思能力，即对自己行为性质的认识能力和对行为后果的判断能力。意思能力是人事实上的能力，它不是法律赋予的，它是确定民事行为能力的基础。当事人对自己的行为有正常的认识能力和判断能力的，法律即赋予其民事行为能力，否则，就不赋予其民事行为能力。

自然人民事行为能力具有如下特征：

1. 民事行为能力是由国家法律确认的。当事人是否具有独立从事民事活动的能力，是由法律确认的，而不是按当事人的意愿确定的。

2. 民事行为能力与自然人的年龄和智力状态相联系。如前所述，民事行为能力以意思能力为基础，而意思能力又是在智力发育正常情况下，须达到一定年龄后才能完全具备的。这一特征是民事行为能力与民事权利能力的主要区别之一。

3. 民事行为能力非依法定条件和程序不得限制或取消。民事行为能力是法律赋予的，不管是他人还是其本人，非依法定的条件和程序都不得擅自加以限制、取消或放弃。

二、自然人民事行为能力的分类

如前所述，自然人的民事行为能力，以其意思能力为基础，意思能力又与年龄和智力相联系。所以，确定民事行为能力也应以年龄和智力为标准。而人的年龄是逐步增长的，智力也是逐渐发育健全的，所以，确定民事行为能力也不能简单的区分为"有"和"无"。按照我国民法的分类，民事行为能力分为三种：

1. 完全民事行为能力。完全民事行为能力，是指法律赋予达到一定年龄和智力状态的正常的公民通过自己的独立行为进行民事活动的能力。通常情况下，自然人随年龄的增长，智力也在逐渐发育健全，到成年时，其不仅能够有意识地实施民事法律行为，并且能够理智地判断和理解法律规范和社会共同生活规则的精神，能够估计某一行为的后果。所以，法律赋予其可以独立进行民事法律行为，是完全民事行为能力人。

《民法通则》第11条规定："18周岁以上的公民是成年人，具有完全民事行为能力，可以独立进行民事活动，是完全民事行为能力人。16周岁以上不满18周岁的公民，以自己的劳动收入为主要生活来源的，视为完全民事行为能力人。"这说明在我国，年满18周岁、智力正常的人是完全民事行为能力人。而对16周岁以上不满18周岁的人，如果能够以自己的劳动取得收入，并能维持当地群众一般生活水平的，法律推定其为完全民事行为能力人。这是一种特殊的完全民事行为能力人，其资格构成须同时满足年龄限制和以其劳动收入为主要生活来源两个条件。

2. 限制民事行为能力。限制民事行为能力，是指法律赋予自然人享有的不完全的民事行为能力。

依照《民法通则》第12条和第13条的规定，10周岁以上的未成年人以及不能完全辨认自己行为的精神病人是限制民事行为能力人。限制民事行为能力人可以进行与其年龄、智力、精神健康状况相适应的民事活动，其他民事活动由他的法定代理人代理，或者征得他的法定代理人的同意。10周岁以上的未成年人虽然身体和智力已经发展到一定程度，对社会事物有了一定的识别和判断能力，但毕竟年龄尚小，智力发育尚不成熟，缺乏社会活动经验，不能充分预见其行为的后果。所以，法律只是给予其一定的从事民事活动的自由。而不能完全辨认自己行为的精神病人，由于精神障碍使其也不能像正常人那样认识和判断其行为的性质和后果。为保护其合法权益和他人及社会利益，法律对其行为也应进行一定的限制。具体达到什么程度才算是与其年龄、智力、精神状况相适应，根据《民通意见》第3条的规定："10周岁以上的未成年人进行的民事活动是否与其年龄、智力状况相适应，可以从行为与本人生活相关联的程度、本人的智力能否理解其行为，并预见相应的行为后果，以及行为标的数额等方面认定。"一般情况下，为满足其日常生活需要且数额不大的行为（如购买公共汽车票、日常学习用具等）、只享受权利而不承担义务的行为（如接受赠与等）和接受以自己的行为所取得的人身权利和财产权利的行为（如参加儿童画展并获奖励等）是与这部分人的年龄和智力相适应的行为。该意见的第4条规定："不能完全辨认自己行为的精神病人进行的民事活动，是否与其精神健康状态相适应，可以从行为与本人生活相关联的程度、本人的精神状态能否理解其行为，并预见相应的行为后果，以及行为标的数额等方面认定。"不能完全辨认自己行为的精神病人与未成年人虽都是行为能力欠缺的人，但二者毕竟不同，法律确定的其可以进行民事活动的标准内容也就不会完全相同。

这里需要注意一个问题，当事人自己服用药物或者醉酒后，造成行为失控而为的民事法律行为，一般不应认定无效。原因在于：首先，这种情况是其自己人为造成的，其应对自己的行为负责；其次，这时当事人只是处于一种比平时减弱的辨认、判断和控制自己行为的状态，而不是完全丧失这种能力。例如，在双方均无恶意但喝醉时签订的合同是有效的；服用药物后产生幻觉，将他人打伤，要承担相应的民事责任，甚至是刑事责任等。

3. 无民事行为能力。无民事行为能力，是指当事人不具有以自己的行为取得民事权利、承担民事义务的能力。无民事行为能力的人称无民事行为能力人，在我国分为两种：一是不满10周岁的未成年人；二是不能辨认自己行为的精神病人。

不满10周岁的未成年人，由于年龄太小，还没有民法上的意思能力，即不能正确判断其行为性质和行为后果。为保障他们的利益以及社会经济秩序，法律不赋予其行为能力，禁止他们独立从事民事活动，其所需要进行的民事活动，由其法定代理人代为进行。不能辨认自己行为的精神病人，缺乏对事物的判断能力和自我保护能力，不能正确处理自己的事务，法律赋予其法定代理人享有代为处理其有关事务的权利和义务。

依照我国法律的有关规定，无民事行为能力人、限制民事行为能力人接受奖励、赠与、报酬，他人不得以行为人无民事行为能力、限制民事行为能力为由，主张以上行为无效。

三、自然人民事行为能力的宣告

民事行为能力是自然人参加民事活动，取得民事权利和承担民事义务的能力。对某一行为来说，当事人是否具有民事行为能力是决定该行为是否有效的一个重要判断标准。所以，确定自然人是否具有行为能力或者是否丧失行为能力是一项非常重要的法律制度。

在我国确定某人的行为能力问题，需要经过人民法院依照法定程序进行宣告。世界上绝大多数国家认为，对随着年龄的增长而从无行为能力到限制行为能力，或从限制行为能力到完全行为能力的状态，并不需要通过法律程序加以宣告。对已经达到法定年龄但缺乏正确认识和判断自己行为的能力的，以及原为有行为能力，后来由于某种原因而成为无行为能力或限制行为能力的，都须经过法院的宣告。《民法通则》第19条规定："精神病人的利害关系人，可以向人民法院申请宣告精神病人为无民事行为能力人或者限制民事行为能力人。被人民法院宣告为无民事行为能力人或者限制民事行为能力人的，根据他健康恢复的状况，经本人或者利害关系人申请，人民法院可以宣告他为限制民事行为能力人或者完全民事行为能力人。"从这一规定还可以看出，我国民法规定的行为能力宣告包括两种，即宣告某人是无行为能力人或是限制行为能力人和宣告恢复某人为完全行为能力人或为限制行为能力人。

对于当事人是否患有精神病，按照《民通意见》规定，人民法院应当根据司法精神病学鉴定或者参照医院的诊断、鉴定确认。在不具备诊断、鉴定条件的情况下，也可以参照群众公认的当事人的精神状态认定，但应以利害关系人没有异议为限。人民法院在审理这类案件时，应按照特别程序进行。

第四节 监 护

一、监护的含义和性质

监护，是指对无民事行为能力人和限制民事行为能力人设置专人以保护其人身和财产利益的法律制度。承担监护职责的人称监护人，被保护的一方称被监护人。设置监护的目的，是为了保护无民事行为能力人和限制民事行为能力人的合法权益，同时也是为了维护社会的正常经济秩序。

监护制度起源于罗马法。在罗马法中，对未成年人设置保护人，对精神病人设置照管人。保护人的职责在于保护未成年人的身体，照管人的职责在于照管被照管人的财产。对保护人和照管人总称为监护人。

监护，有人也称之为监护权，《民法通则》第18条第2款规定："监护人依法履行监护的权利，受法律保护。"还有学者将其归入身份权范畴。其实，法律上所谓身份权，是身份关系中的自然人对对方的特定身份的权利，其内容是享有权利的人对他人人身的支配。而监护制度旨在保护被监护人的合法权益，而不是为监护人自己的利益。从另一方面讲，监护的内容在于保护被监护人的身体和财产，这与身份权中的内容在于对人的支配相去甚远。从监护制度的最初设置目的看，监护在罗马法时，被当作一种公职，而不是一种权利。我国《民法通则》中虽然称监护为监护权，但是，作为权利者，其最终体现为利益，在《民法通则》中没有任何一条表明，监护人可以从被监护人那里取得利益，相反，法律却为监护人规定了种种职责。所以，称监护为权利是勉强的，监护应理解为一种职责。

二、监护的设立

依据《民法通则》的规定，监护以两种方式设立，即法定监护和指定监护，并且由于被监护人分为未成年人和精神病人，在监护内容上也分别作了规定。

（一）对未成年人的监护

1. 未成年人的法定监护。对未成年人的法定监护，我国与其他国家规定有所不同，世界其他国家一般规定，在父母双方死亡或无监护能力时，才为未成年人设立监护人，父母对未成年人的保护并非依据法律关于监护权的规定，而是基于亲权。《民法通则》第16条规定："未成年人的父母是未成年人的监护人。"说明未成年人一经出生，其父母对其的监护即发生。对于此点，有学者认为，这里说父母是未成年人的监护人"仅仅是在借用意义上使用而已"。[1]

根据《民法通则》第16条的规定，我国未成年人的法定监护人有以下几种情形：①未成年人的父母为其当然监护人，其监护人资格自未成年人出生时当然取得，无须履行任何程序和手续。②父母双方死亡或没有监护能力的，由有监护能力的祖父母、外祖父母、兄、姐、关系密切的其他亲属、朋友（须是愿意承担监护责任，并经未成年人父、母所在单位或者未成年人住所地的居民委员会、村民委员会同意的）等监护。③没有上述监护人的，由未成年人的父、母所在单位或未成年人住所地的居民委员会、村民委员会或民政部门担任监护人。

2. 未成年人的指定监护。对担任未成年人的监护人有争议时，如几个有监护权的人都要求担任监护人或者相互推诿而不愿意担任监护人时，由有关机关在其近亲属中予以指定。这里的有关机关包括未成年人的父、母所在单位、未成年人住所地的居民委员会或村民委员会、人民法院。有资格作为未成年人指定监护人的近亲属

---

[1] 张俊浩主编：《民法学原理》（上），中国政法大学出版社2000年版，第114页。

包括其父母、兄、姐、祖父母、外祖父母。

（二）对精神病人的监护

对无民事行为能力或限制民事行为能力的精神病人，法律也规定了两种监护，即法定监护和指定监护。

1. 精神病人的法定监护。根据《民法通则》第17条的规定，可以担任精神病人监护人的有：①配偶、父母、成年子女；②其他近亲属；③关系密切的其他亲属、朋友，这部分人担任法定监护人还必须具备以下三个条件，即有监护能力，本人自愿和精神病人所在单位或住所地的居民委员会、村民委员会同意；④精神病人所在单位或住所地的居民委员会、村民委员会、当地的民政部门。

2. 精神病人的指定监护。对担任精神病人的监护人有争议的，也可以由有关机关在其近亲属中指定，其近亲属依次为配偶、父母、子女、兄弟姐妹、祖父母、外祖父母、孙子女、外孙子女。

无论是担任未成年人的监护人还是担任精神病人的监护人，也无论是法定监护人还是指定监护人，都必须要有监护能力。所谓监护能力，是指监督和保护被监护人的人身及财产等合法权益的法律职责的行为能力。具体应依据《民通意见》第11条的规定确定。该条规定："认定监护人监护能力，应当根据监护人的身体健康状况、经济条件，以及与被监护人在生活上的联系状况等因素确定。"

同时，在指定监护人时，上述所列的监护人顺序，应视为指定监护人的顺序。通常情况下，顺序在前者排斥顺序在后者。在前一顺序有监护资格的人无监护能力或者对被监护人明显不利的情况下，也可以从后一顺序有监护资格的人中选择对被监护人有利的人为监护人。被监护人有一定识别能力的，应视情况征求其意见。

三、监护人的职责

监护人的职责，是指监护人依法所应承担的对被监护人的人身、财产和其他合法权益进行保护的职责。主要体现在以下几个方面：

1. 保护被监护人的身体健康。由于被监护人自身的情况限制，其对疾病以及对外界危险的判断力和逃避能力等都受到影响，需要由监护人对其身体健康和人身安全进行保护，防止自然和人为的伤害发生。

2. 照顾被监护人的生活。在日常生活中，监护人要给予被监护人必要的关心、照料和安排，使其能够正常生活，健康成长。

3. 管理和保护被监护人的财产。对被监护人的财产，监护人要尽善良保管人的义务，同时也可以进行必要的经营和处分。非为被监护人的利益，监护人不得处分被监护人的财产。

4. 代理被监护人进行民事活动。无民事行为能力人、限制民事行为能力人的监护人是其法定代理人，其中，无民事行为能力人的全部民事活动都由其监护人代理；而限制民事行为能力人可以进行与其年龄、智力和精神状况相适应的民事活动，其他民事活动则由其监护人代为进行或者征得其监护人的同意。监护人代理行为的目的是要为被监护人取得民事权利和设定民事义务。

5. 对被监护人进行管理和教育。监护人要以正确的方法和健康的内容，引导、教育未成年的被监护人，不仅要为其提供学习的机会，还要在德、智、体等方面对其进行培养和教育，使其成为对国家、对社会有用的人。同时，监护人还要对被监护人进行必要的管束，防止其实施不法行为。

6. 代理被监护人进行诉讼。在被监护人的合法权益受到侵害或者与他人发生争议时，监护人应当为维护被监护人的合法权益进行有关诉讼活动。

与监护人的职责相适应，当有下列情形出现时，监护人要承担损害赔偿的责任：①不履行监护职责，致使被监护人的人身、财产和其他合法权益受到损害的；②监护人因故意或过失，给被监护人造成财产损害的；③在监护关系存续期间，被监护人给他人造成损害的。

四、监护的终止

监护的终止也称监护的撤销，指在发生法定事由时，监护关系消灭的制度。有两种类型：①自然终止。即设定监护的客观情况消失，使得监护的存在已经没有必要，或者监护人自身的情况发生变故，不能再担任监护人时，监护随之终止。例如，未成年人成为成年人；精神病人恢复正常；监护人或者被监护人一方死亡；监护人丧失民事行为能力等。②诉讼终止。指在监护人不履行监护职责或侵害了被监护人的合法权益时，由被监护人的利害关系人或有关单位诉请人民法院依法撤销原设定的监护人。

第五节　宣告失踪和宣告死亡

在社会生活中，由于自然灾害或其他原因，常常发生一些人长期下落不明的现象，这就使得他们的人身或财产的关系长期处于一种不稳定、不确定的状态，势必影响他人的利益，对整个社会也是不利的。为解决这种问题，民法上设立宣告失踪和宣告死亡制度。

一、宣告失踪

（一）宣告失踪的概念

宣告失踪，是自然人下落不明达到法定期间，经其利害关系人申请，由法院宣告其为失踪人的法律制度。

根据《民法通则》第20条第1款的规定，宣告失踪必须具备以下条件：

1. 持续下落不明满2年。即自然人离开自己最后居住地后没有音讯的状况持续满 2 年，战争期间下落不明的，下落不明的时间从战争结束之日起计算。

2. 须由该自然人的利害关系人向人民法院申请。利害关系人包括被宣告人的配偶、父母、成年子女、祖父母、外祖父母、兄弟姐妹，以及与被申请人有民事权利和义务关系的人。

3. 必须由人民法院依法宣告。利害关系人向人民法院提出申请后，人民法院应发出寻找失踪人的公告，公告期间为 3 个月，该期间届满，人民法院根据失踪事实是否得到确定，作出宣告失踪的判决或终结审理的裁决。

（二）宣告失踪的效力

自然人被宣告为失踪人后，引起以下法律效力：设立财产代管人，管理失踪人的财产、代为履行财产义务等。根据《民法通则》第 21 条的规定，有资格作为代管人的人包括失踪人的配偶、父母、成年子女或者关系密切的其他亲属、朋友。对代管人有争议的，由人民法院指定。

代管人的职责是管理失踪人的财产，从代管的财产中支付失踪人所欠的税款和债务以及其他应付的费用等。

（三）宣告失踪的撤销

宣告失踪是对失踪人失踪事实的确认，如果被宣告失踪的人重新出现或确知其下落，即说明他不再是下落不明的人，在这种情况下，人民法院应根据其本人或利害关系人的申请，撤销原宣告。失踪宣告一经撤销，原所设立的财产代管人即应将其代管的财产交还给本人。

二、宣告死亡

（一）宣告死亡的概念

宣告死亡，是指经利害关系人申请，由法院依照法律规定的条件和程序，判决宣告下落不明满一定期限的自然人死亡的法律制度。宣告失踪制度虽然能解决失踪人财产的保护问题，但并不能完全解决因失踪而引起的民事法律关系不确定的问题，所以，法律在确立宣告失踪制度的同时，又确立了宣告死亡制度。

（二）宣告死亡的条件

根据《民法通则》第 23 条的规定，宣告死亡必须具备以下条件：

1. 自然人离开其住所或最后居住地下落不明的状态持续超过了法定期间。该法定期间有三种情况：①在一般情况下，自然人离开自己的住所或最后居所地下落不明满 4 年；②因意外事故下落不明，从事故发生之日起满 2 年；③在战争期间下落不明，从战争结束之日起满 4 年。

2. 必须由利害关系人向人民法院提出申请。所谓利害关系人，是指与被宣告人有一定亲属关系或财产关系的人，包括被宣告人的配偶、父母、子女、兄弟姐妹、祖父母、外祖父母、孙子女、外孙子女，以及其他与其有民事权利义务关系的人。

3. 必须经人民法院依法予以宣告。人民法院在受理后，应发出寻找失踪人的公告，公告期间为 1 年，因意外事故而下落不明的，公告期间为 3 个月。公告期限届满，仍无消息的，即作出该人死亡的宣告。判决宣告之日为其死亡的日期。

需要注意的是，按照我国法律的规定，宣告失踪并不是宣告死亡的必经程序。即自然人在下落不明后，如果符合申请宣告死亡的条件，其利害关系人有权直接申请宣告死亡。

（三）宣告死亡的法律后果

宣告死亡与自然死亡产生同样的法律后果，即以被宣告死亡的人原住所地为中心的一切民事法律关系全部消灭。其婚姻关系自然终止，其配偶可以另行缔结婚姻关系，其财产可以作为遗产按继承程序进行处理。

如果被宣告死亡的人实际上还生存于某一地方，其在当地的法律关系并不因此而受影响，其所实施的民事法律行为，还是有效的。

（四）宣告死亡的撤销

如上所述，被宣告死亡并非绝对是被宣告死亡人确实的死亡，他有可能还生存于世。所以，一旦被宣告死亡的人重新出现，或确实知晓其没有死亡，经其本人或其利害关系人的申请，人民法院应当撤销对他的死亡宣告。死亡宣告被撤销后，本人有权请求他人返还其财产。原物存在的返还原物，原物已经不存在的，应当予以适当补偿。其配偶尚未再婚的，原婚姻关系自然恢复。其配偶已经再婚的，其新婚姻关系并不因此而无效。

三、宣告失踪和宣告死亡的异同

宣告失踪与宣告死亡都是在当事人离开自己的住所，下落不明达到一定期限后，为保护下落不明人的利益和相对人的利益而由人民法院依法对这一事实的宣告。但二者毕竟不同，表现在：

1. 宣告死亡有保护下落不明人配偶、近亲属的人身及财产等利益的目的；而宣告失踪则没有。

2. 宣告死亡的效果在于终止下落不明人以其住所地为中心的人身和财产关系；宣告失踪仅在于为失踪人设立财产代管人。

3. 宣告死亡的法定失踪期间一般为 4 年，特殊情况下为 2 年；而宣告失踪的法定失踪期间为 2 年。

4. 宣告死亡的公告期间为 1 年；而宣告失踪的公告期间为 3 个月。

5. 宣告死亡被撤销后，发生返还财产、恢复婚姻关系等法律效果；而宣告失踪由于并非是其主体资格消灭，所以，没有继承、婚姻关系终结等法律后果，在宣告被撤销后，也就不会发生返还财产、恢复婚姻关系等法律效果。

第六节　户籍与住所

一、户籍

在我国，户籍是确定作为民事主体的公民法律地位的基本法律文件，是居民户口所隶属的管辖区。公民出生后，要依照有关户籍管理规定，到户籍管理机关进行户口登记。户籍簿上记载公民的姓名、出生时间和地点、住所、亲属、婚姻状况以及死亡等事项。从 1984 年开始，我国又推行了居民身份证制度，以证明公民个人的身份。

户籍是一项重要的法律制度，《民法通则》第 15 条规定："公民以他的户籍所在地的居住地为住所。"即户籍对确定公民的住所是非常重要的。

二、住所

（一）住所的概念

住所是法律确认的自然人的中心生活场所。自然人的住所依法只能有一个，即以其户籍所在地的居住地为住所。如果经常居住地与住所不一致，经常居住地视为住所，所谓经常居住地是指连续居住 1 年以上的居住地。渔民或海员住在船舶上的，以船舶的船籍地为住所。

（二）住所的法律意义

住所是自然人进行民事活动的中心场所，因此，住所具有重要法律意义。

1. 住所是决定自然人失踪的空间标准。认定自然人是否失踪，应以其是否离开其住所下落不明为标准。

2. 住所是决定婚姻登记管辖的空间标准。当事人要缔结婚姻关系或解除婚姻关系，须到一方户籍所在地的婚姻登记机关申请办理，通常情况下，户籍所在地就是住所地。

3. 住所是决定个体工商户登记管辖的空间标准。

4. 住所是决定民事诉讼地域管辖的标准和诉讼文书送达的空间标准以及债务清偿地的标准。

5. 住所是决定涉外民事法律关系法律适用的空间标准。如在涉外继承案件中，法定继承中动产适用被继承人死亡时住所地法律等。

6. 在其他法律中，住所也有其重要的法律意义。如在选举、纳税、嫌疑犯的取保候审等方面无一不是以其住所为中心而进行的。

第七节　个体工商户和农村承包经营户

一、个体工商户

（一）个体工商户的概念

依据《民法通则》第26条的规定，个体工商户，是指公民以个人或家庭财产为经营资本，依法经核准登记，在法律允许的范围内以个人名义从事工商业的经营单位。

（二）个体工商户的特征

1. 个体工商户是个体劳动者。这里的"户"既包括个人，也包括家庭。个体工商户的经营资本直接来自个人财产或家庭财产，财产的所有者与经营者、劳动者都不分离，其性质是个体经济范畴。

2. 个体工商户在法律允许的范围内从事工商业经营活动。个体工商户从事的业务范围是工业、手工业、建筑业、交通运输业、商业、饮食业、服务业、修理业等。

3. 个体工商户对外以户的名义独立进行民事活动。个体工商户可以起字号，字号即是其商号，在字号名义下进行的民事活动，都是个体工商户的行为，这与自然人以个人的名义对外进行的民事活动有所不同。

4. 个体工商户必须依法核准登记。即个体工商户须依国务院发布的《城乡个体工商户管理暂行条例》的规定办理工商注册登记后才能成立。

二、农村承包经营户

（一）农村承包经营户的概念

《民法通则》第27条规定："农村集体经济组织的成员，在法律允许的范围内，按照承包合同规定从事商品经营的，为农村承包经营户。"

（二）农村承包经营户的特征

从以上法律规定的定义中可以分析出农村承包经营户的特征：

1. 主体是农村集体经济组织的成员。农村承包经营户是在推行联产承包责任制中，通过承包合同形式，把农民家庭由生活单位变成了生产和生活相结合的单位所产生的。与个体工商户在性质上属于个体经济不同，农村承包经营户是集体经济的一种经营方式的法律表现。

2. 农村承包经营户按照承包合同的规定从事经营活动。农村承包经营户在生产和经营活动中所享有的权利和承担的义务，是根据其与集体经济组织之间订立的承包合同来确定的。

3. 农村承包经营户从事的是商品经营活动。农村承包经营户进行生产经营，除了满足家庭消费的需要外，主要是以商品交换为目的。

三、个体工商户和农村承包经营户的财产责任

根据《民法通则》第 29 条的规定，个体工商户和农村承包经营户的财产责任包括以下方面：

1. 自然人个人出资，独立经营，收益归己的个体工商户和农村承包经营户，其对外所欠债务应以该自然人的个人财产承担偿还责任。

2. 全体家庭成员共同出资、共同经营、共同收益的个体工商户和农村承包经营户，对外所欠债务由家庭共有财产承担清偿责任；如果是由部分家庭成员出资经营和收益的，对外所欠债务由这部分家庭成员对外承担连带清偿责任。

3. 以家庭成员中某一个人的名义申请登记，但实际上是用家庭共同财产出资或收益的主要部分供家庭享用的，其债务由家庭共同财产清偿。

4. 夫妻一方经营，其收益作为夫妻共同财产的，债务应以夫妻共同财产清偿。

第八节　个人合伙

一、个人合伙的概念

个人合伙，是指两个以上的公民按照协议各自提供资金、实物、技术等，合伙经营、共担风险、共享收益的联合体。

合伙是人们在商业活动中为加快财富积累的速度、扩大经营的规模而采取的一种"人的联合"。现在，合伙并没有因为公司法人这一团体的出现而消亡，在市场活动中，合伙一直占据一定地位，有的国家还赋予其具有法人资格的民事主体地位，如法国。表明合伙组织有其独到的作用。

二、个人合伙的法律特征

1. 个人合伙是两个以上的公民的联合体。说明其有团体性。

2. 个人合伙以合伙合同为依据。公民之间只有在平等、自愿的基础上，就合伙的有关问题经过充分协商达成一致协议，并订立书面合伙合同后，才能成立个人合伙。

3. 个人合伙由合伙人共同出资。共同出资是个人合伙成立的物质条件。出资的种类、数量等，由合伙人具体协商。可以是资金、实物、技术，也可以是劳务，数量既可以均等，也可以不均等。合伙时的出资额和合伙中积累的财产共同构成合伙财产，其性质属于共有财产，而且由于合伙人仅限于公民个人，所以，其合伙财产属于个人财产范畴。

4. 合伙人共享利益、共担风险。合伙的目的是通过合伙经营而取得利益，这种利益是各合伙人共同享有的，不能由某一个人独占；同时，各个合伙人对合伙组织的债务，也须由他们按照出资比例或协议的约定，以各自的财产承担无限连带责任，即每个合伙人对合伙组织的全部债务，都负有以自己的全部财产进行清偿的责任，而不管其对合伙出资数额、协议中约定的应承担数额。当然，在偿还了超过自己应承担的债务数额后，其有权就超过部分向其他合伙人追偿。

根据《民法通则》第 30 条的规定，个人合伙必须共同劳动，实际上在现实生活中，有很多人按照约定出资并参加盈余分配，但不参与合伙经营、劳动，这种情况不能说他不是合伙，所以，《民通意见》中对这种情况也视为合伙。

三、个人合伙的成立和终止

《民法通则》第 31 条规定："合伙人应当对出资数额、盈余分配、债务承担、入伙、退伙、合伙终止等事项，订立书面协议。"这说明合伙的成立应当订立合伙协议。协议的内容应包括：

1. 出资数额。合伙协议中应记载的出资，包括全体合伙人的出资总额和各个合伙人的出资数额。其总额反映合伙的经营规模和经济实力，各个合伙人的出资额反映其在合伙中的地位、利益享有和债务分担的比例。

2. 盈余分配。分配的标准原则上按出资比例确定，在协商一致的情况下，也可以平均分配。协议中还应对何时分配，分配方案如何确定等进行规定。

3. 债务的承担。主要规定合伙人之间以何种方式、何种比例承担合伙债务。至于合伙人之间应承担连带责任问题，法律已有明确的规定，合伙人在协议中无权变更。

4. 入伙和退伙。入伙是指在合伙存续期间，非合伙人加入合伙，取得合伙人身份的行为。一般对入伙，合伙协议都应规定，没有规定的，必须经全体合伙人同意。退伙是指合伙人退出合伙组织并丧失合伙人资格的事实。退伙，有约定的按协议处理，没有约定的，原则上应当准许。因退伙给其他合伙人造成损失的，应考虑退伙的原因、理由以及双方当事人的过错等情况，确定其应承担的赔偿责任。合伙人退伙时，对原合伙的债务仍应按协议的约定分担，并应承担连带责任。

5. 合伙的终止。根据《民通意见》，合伙终止时，对合伙财产的处理，有书面协议的，按协议处理；没有书面协议，又协商不成的，如果合伙人出资额相等，应当考虑多数人意见酌情处理；合伙人出资额不等的，可以按出资额占全部合伙额多的合伙人的意见处理，但要保护其他合伙人的利益。

思考练习题

1. 简述自然人的权利能力与民事权利的区别。
2. 简要说明我国法律规定的行为能力的类型。
3. 简述宣告死亡的意义。
4. 简述个人合伙的特征。
5. 简要说明住所的法律意义。
6. 宣告死亡与宣告失踪有何区别？

第四章　自然人的人身权

■ 学习目的和要求

　　通过本章的学习，要了解人身权的概念，掌握姓名权、肖像权、名誉权、隐私权的含义及权利保护的内容，了解人身权损害赔偿的范围，掌握亲属权的内容。

第一节　人身权的概念和法律特征

一、人身权的概念

人身权，是指与民事主体的人身不可分离，以特定的人格和身份利益为内容的权利，包括人格权和身份权。

人身权是与财产权相对应的一项民事权利，财产权是基于财产关系而发生的具有物质内容、并直接体现一定经济利益的权利，而人身权则是基于人身关系而产生的，体现为人格或身份利益，一般没有直接的财产内容。

人身权是民事主体享有的最基本的民事权利，也是现代社会人们赖以生存的不可缺少的社会条件。近代意义上的人身权是在资产阶级革命运动中提出的，是"人权运动"的产物。随着社会的不断发展和进步，人身权将越来越受到人们的重视。在大陆法系国家，民法典对人身权的规定较粗略，英美法系对人身权的保护主要适用侵权行为法。《民法通则》则将人身权专设一章集中规定，在主体制度和民事责任制度中，也有一些规定，这充分说明我国法律对人身权的重视。

二、人身权的法律特征

与财产权相比较，人身权具有下列法律特征：

1. 人身权为专属权。人身权与主体的人身不可分离，随主体的产生而产生，并随主体的消灭而消灭，是身上权。人身权只有权利人本人享有和行使，不得转让或抛弃。

2. 人身权为绝对权。人身权的行使不必借助他人的积极行为，只要他人不加妨碍和侵犯，人身权就可实现。

3. 人身权具有非财产性。人身权以人格和身份利益为内容，并不具有直接的财产内容，不能用金钱来衡量。人身权行使的目的主要是为了满足精神上的需要。当然，这并非说人身权与财产权没有联系。例如，某种人格权的享有会直接影响其财产利益的取得范围，对人格的侵害往往带来其财产损失，如医疗费、误工费等。又如，基于配偶身份而对另一方遗产享有继承权等；法人的名誉权受到损害，会使人们失去对它的信任，造成其财产损失，甚至破产等。

三、《民法通则》中人身权规定的特点

《民法通则》对人身权的规定是在总结历史教训的基础上，根据我国的现实情况作出的，具有以下特点：

1. 赋予人身权极其重要的法律地位。《民法通则》开创性地将人身权专列一节进行集中规定，并在知识产权和民事责任中也有具体的规定，整个《民法通则》共156条，而涉及人身权的条文多达12条，足见其重视程度。

2. 对许多人身权都作了正反两方面的规定。既确立了权利所包含的内容，也规定了法律上应当禁止的行为。例如，在姓名权中既规定了公民享有姓名权，有决定、使用和依照规定改变自己姓名的权利，同时也规定禁止他人干涉、盗用、假冒公民的姓名，使得权利内容明确、具体。

3. 特别重视对家庭、婚姻、老人、儿童、残疾人、妇女和母亲的保护。如第103、104、105条的规定。

第二节　人　格　权

人格权，是指与作为民事主体的要件相联系的专属性支配权。人格权是基于自然人的出生和法人的成立而产生的权利，包括：生命权、健康权、身体权、姓名权、肖像权、名誉权、荣誉权、隐私权等。

一、生命权

生命权，是指自然人以其生命维持和安全利益为内容的人格权利，具体应包括生命安全维持权（如当生命出现危险时，进行正当防卫、紧急避险等）；司法保护权，即请求司法机关予以救济的权利；生命利益支配权，即权利人处分自己生命的权利。生命始于出生，终于死亡，所以，生命权的持续期间也是从出生到死亡。从人格利益角度看，生命是人的最高人格利益，是人的第一尊严。因此，生命权是人

所有权利中最重要的权利，是其他所有权利的基础，没有生命权的人，不享有其他任何权利。

二、身体权

身体权，是指自然人对其肢体、器官和其他组织的安全维护和支配的权利。身体权要保护的是肢体、器官和其他组织的完满状态以及主体对自己身体的支配，例如，对自己身体的部分转让（献血、捐献肾脏等）。身体是自然人成为民事主体的物质基础。

三、健康权

健康权，是指自然人以其器官乃至整体功能利益为内容的人格权。它所保护的不是无疾病状态，而是整体身心的安全运行，功能的正常发挥，即不限于生理健康，也包括心理健康。

身体权与健康权是紧密相连的，但二者的内容并不相同。身体权的客体是身体，健康权的客体是健康。身体权体现的利益是自然人身体组织的完整性，健康权体现的利益是自然人肌体功能的完整性。例如，谩骂他人，使其心理受到创伤的，属于侵害健康权，而不是身体权；而殴打他人致一般性软组织挫伤，经治疗痊愈者，该殴打行为侵害的是身体权，而不是健康权。

《民法通则》将以上三种权利合称为生命健康权。侵害自然人的生命健康权，可以根据侵权行为的性质、情节和危害程度，分别追究行为人的民事责任、行政责任和刑事责任。根据《民法通则》第 119 条以及《民通意见》的有关规定，并参照《国家赔偿法》的规定，侵害公民生命健康权的民事赔偿责任包括以下几方面：

1. 支付丧葬费。当公民生命权受到侵害时，加害人应支付的费用，具体数额根据国家有关规定。

2. 支付死者生前扶养的人必要的生活补助费。受害人生前扶养的人，由于受害人的死亡而得不到扶养，这部分费用也应由侵权行为人负担，标准一般以当地的基本生活水平为准。

3. 赔偿医疗费。医疗费包括诊断费、挂号费、治疗费、化验费、药费、住院费等，这部分费用应以治疗医院的诊断证明和医疗费单据为凭。

4. 赔偿因误工而减少的收入。受害人因身体或健康受到侵害而不能工作的，加害人应赔偿其因不能正常工作而减少的收入，受害人的亲属因对受害人进行专人照顾而减少的收入也应得到赔偿。误工时间从受伤害之日起，到医院诊断书认定其恢复健康或因此而死亡之时止。数额标准，有固定收入的，以其平时工资或平均实际收入标准为准；无固定收入的，按当地国营同行业的平均收入计算。

5. 支付交通费、住宿费等。受害人在去医院治疗或转院过程中所支付的交通费、住宿费等，加害人也应予以赔偿。

6. 赔偿残疾者生活补助费。指由于身体受到伤害，致使受害人残疾的情况下，侵权人所应承担的费用，包括基本生活费和残疾用具费。前者的标准，应根据伤残等级，按当地平均生活标准计算；后者要以医院证明按普及型器具的费用标准计算。

四、姓名权

姓名是自然人之间相互区别的文字符号，其本身包含姓氏和名字两部分。姓名权是自然人依法享有的决定、变更和使用自己姓名并排除他人干涉或非法使用的权利。

姓名权从内容上讲包括命名权、变更权和使用权。

1. 命名权，即自然人决定其姓名的权利，包括姓氏决定权和名字决定权。公民不但可以姓父姓，也可以姓母姓，还可以决定姓其他的姓；公民既可以给自己取正式的名字，也可以取别名、笔名、艺名或其他名字。一般而言，自然人出生后，先由其父母等为其取一个正式姓名，以办理户籍登记，待自己具备行为能力后，他可以继续使用该姓名，或决定取新的姓名，即变更姓名。

2. 变更权，指自然人依法改变自己姓名的权利。其实，变更权属于命名权的自然延伸。自然人有权决定自己的姓名，其内容当然也就包括变更自己的姓名，只是由于权利人在未变更之前，已经以原有的姓名参与了各种法律关系，其姓名的改变可能会影响他人或社会利益。所以，变更姓名必须遵守有关的法律规定，变更正式姓名还须到户籍登记机关办理变更登记手续。

3. 使用权，指自然人依法使用自己姓名的权利。使用权是姓名权的基本内容，不但包括权利人自己使用或不使用自己的姓名（如在自己的作品上不署名），还包括要求他人正确使用自己姓名的权利。

作为权利，姓名权当然可以由权利人自由行使，但是任何权利都不是绝对的，权利人在行使姓名权时，也必须遵守有关规定而受到一定限制。这种限制，主要表现在以下方面：

（1）在正式法律文件上，公民都必须使用其正式姓名，因为如果允许使用其他姓名，就会造成法律关系的混乱，使权利义务主体不明确，从而影响整个社会经济秩序。

（2）公民不得基于不正当的目的而取与他人相同的名字，不得故意造成姓名混乱。由于我国人口众多，在现实生活中，重名重姓在所难免，只要不是故意为制造混乱或损害他人利益而取的姓名，都不属违法。

（3）不得滥用姓名，如基于不正当目的而随意变更姓名等。姓名权在我国得到充分保护，立法上除《民法通则》外，《婚姻法》、《著作权法》、《收养法》等都有相关的规定，在实践中，侵害姓名权主要有以下方式：①干涉他人姓名权的行为，如父母干涉子女姓名权，养父母强迫养子女随其姓氏等。需要注意的是，自然人出生后，一般是父母为其取名，包括正式姓名和乳名，这不是侵权行为，不是干涉姓名权，而是父母行使亲权的表现。②盗用他人姓名行为，指未经他人同意或授权而擅自使用他人姓名，实施有害于他人或社会的行为。例如，以他人姓名签字领取不合法收入等。③假冒他人姓名的行为，假冒即冒名顶替，指使用他人姓名，并冒充该人参加民事活动或其他活动的行为。盗用和假冒都是非法使用他人姓名的侵权行为，但二者有一定的区别：盗用是擅自使用他人姓名，侵权人并以受害人身份进行民事活动；而假冒则是直接使用他人姓名，并以他人身份进行民事活动。④不正确使用他人姓名，指恶意使用他人姓名的行为，例如，恶意使用他人姓名于动物或以他人姓名为文学作品中的反面人物命名，或者对他人姓名中的文字乃至读音进行改动，进而达到奚落他人的目的等，都属不正确使用他人姓名的行为。

另外，需要特别注意，判断某一行为是否侵害了他人姓名权要看实质，因为姓名权的客体是姓名，姓名是由一定的文字符号组成并被称呼的，一个符号或称呼能否成为姓名权的客体，不在于其表现形式，而在于它能否代表某一特定的人。姓名总是与某一特定的个人联系在一起的，所以，只有那些能够代表某人、表现某人的符号才能成为该个人的姓名权客体。例如，某人的别名，只有在该别名使他人能够认为是代表该人时，这个别名才是他的姓名，才能受法律保护，否则，即使该别名被人冒用，也不能被认定为侵权。

五、肖像权

肖像，是指自然人的外部形象通过一定的形式在客观上的再现所形成的作品。肖像是自然人外部形象的客观再现，反映自然人的真实面貌。由于肖像能客观反映肖像人的形象，所以，在法律意义上，肖像体现自然人的人格利益。

肖像权，是自然人对自己肖像所享有的专有权利。从内容上看，肖像权包括制作专有权和使用专有权。制作专有权是指制作肖像的决定权和实施权。肖像人既可以自行制作肖像，如自画像等，也可以委托他人制作，如到照相馆照相、请画家画像等。使用专有权，指肖像权人对肖像的专有使用权。权利人有权以任何合法方式使用自己的肖像，不但包括自己使用，还包括允许他人使用，通过使用从而取得财产上的利益或达到精神上的满足。

侵害自然人肖像权的行为表现在以下方面：

1. 未经许可而制作或使用他人肖像。肖像权作为人格权，体现主体的人格利益，属绝对权。未经他人允许，不得制作或使用他人肖像，否则即构成侵权。

2. 无正当理由地制作、使用他人肖像。对此，也可以反过来理解：如果制作、使用他人肖像有正当理由，为法律所允许，即便未经肖像权人同意，也不构成侵权。这些正当理由也称对肖像权的限制，包括：①国家机关为执行公务而使用公民肖像。如公安机关为通缉犯罪嫌疑人而使用其肖像；司法机关在诉讼活动中作为证据而使用当事人的肖像等。②在公开场合中，为新闻报道目的而使用参加该公开活动的人的肖像。如参加游行、集会、演讲时等。③为本人或社会公共利益而使用其肖像。

如在寻人启事中使用失踪人的肖像；为社会公共利益而对违法或不道德行为人的行为进行曝光等。④特殊人物的肖像权受到一定的限制。如政府官员、知名人士、运动员、艺术家等，他们的活动受到社会的普遍关注，对有些活动，人们也享有知情权，所以，为了报道这些人的活动、事迹而使用其肖像，即使未征得其本人同意，也不构成侵权。⑤为了科学研究或文化教育的目的，而在一定范围内使用他人肖像。

《民法通则》第100条规定："公民享有肖像权，未经本人同意，不得以营利为目的使用公民的肖像。"据此，很多人包括司法部门的工作人员认为侵害肖像权的构成要件是：未经本人同意；以营利为目的。这其实是对该条文的误解。对此，本书以为应从以下两方面理解：①肖像权从内容上来讲包含物质利益和精神利益，但其中的精神利益是主要部分，而物质利益则是其精神利益的派生，物质利益不能掩盖其精神利益。也就是说，不能以肖像权的物质利益是否受损来作为判断肖像权是否受损的标准。例如，在某人的肖像上乱涂乱画，行为人并不具有经济利益或营利目的，但不能说其行为没有侵害他人肖像权。②这一规定可以从逻辑角度理解，即经本人同意，得以营利为目的使用公民的肖像，或者说法律规定的仅仅是未经他人同意，以营利为目的而使用他人肖像是侵权行为，但并未规定，也不能推理出：不以营利为目的，未经他人同意使用他人肖像就不构成侵权。所以，"以营利为目的"不能作为侵害肖像权的构成要件，《民法通则》第100条的规定只是其不周延的表现。

六、名誉权

名誉，是社会对特定的人的思想、品德、才干、财产状况等各方面的一种综合评价。也就是说，名誉是一种社会客观评价，而不是自己对自己的评价，是一般人的评价，而不是某一个人或某一组织的评价。这种评价是一种积极的评价，不一定表现出来，有时只存在于人们的观念中。名誉反映某一特定人的人格，所以，名誉对民事主体来说至关重要。

名誉权，是指民事主体对其名誉所享有的权利，它是民事主体人格权的重要组成部分，其对主体财产等方面的影响也非常大。名誉本身虽非财产，也不能用金钱来计算，但名誉对主体财产利益的影响却不容忽视，特别是对企业法人，名誉（信誉）好的企业，企业效益就好；名誉（信誉）受损，社会评价降低，就会失去原有的经济伙伴，导致企业重大损失。

名誉权具有专属性，表现在名誉权与特定的人身不可分离，主体不能将其转让，不能将其抛弃，该权利也不受他人剥夺，名誉权伴随主体终生。对名誉权的侵害都是针对特定的人，而对某一类人进行污辱、诽谤，不构成侵害名誉权的行为。

同时要注意：侵害名誉权的行为必须为第三人所知悉。名誉是一种社会评价，只有在加害行为使受害人的社会评价受到影响时，才能认定为侵害名誉权行为，不能以受害人自己或加害人的主观愿望为依据。具体来说，对某人实施的行为，如果没有使公众对其评价降低，即使受害人精神上产生了极大痛苦，也不能认定该行为是侵害名誉权的行为；相反，如果针对某人实施的一定行为，客观上造成了受害人的公众评价降低，而受害人自己并未意识到，也应认定该行为是侵害名誉权行为。例如，对某一精神病患者进行的侮辱、诽谤，受害人可能意识不到，但加害人的行为无疑侵害了该精神病人的名誉权，其监护人可就此提起诉讼，以保护被监护人的合法权益。

关于死者有无名誉权问题，目前争论较大，在实务上，人民法院根据最高人民法院的有关司法解释，认定死者享有名誉权。但从民事主体制度的基本原理分析，自然人的民事权利自出生时开始，到死亡时终止，人死后不可能享有民事权利。所以，本书的观点认为死者不能享有名誉权，但对死者进行侮辱、诽谤又属违法行为。如何理解？本书的观点认为，区分"名誉权"和"名誉"这两个概念是解决这一问题的合理途径。名誉权只能是活着的人才能享有，但名誉作为社会评价是生者和死者都有的，人死后不可能把人们对他的评价也带进坟墓。在实际生活中，在有的人死后很长时间内，人们仍然对其进行称赞，这种名誉法律上应当进行保护，否则就会使社会伦理、道德等方面受到冲击，人们就不会为追求好名誉而努力，社会文明和进步就会因此而受到影响。

保护死者名誉并不一定要求死者享有名誉权，权利虽然只有生者享有，但权利的内容——利益，在公民死后仍有所体现，因为利益体现在两个方面：一是个人利益，二是社会利益。对社会利益的保护并不因公民的死亡而撤销。

对侵害公民名誉权的行为，根据《民法通则》第101条的规定，主要表现为侮辱和诽谤两种方式。①侮辱，是指以暴力或者其他方式贬低他人人格，毁损他人名誉的行为。如当众剥光他人衣服，逼迫他人受胯下之辱等，也表现为以书面形式对他人进行侮辱，如写大字报对他人进行谩骂等。②诽谤，是指捏造并散布某些虚假事实，损害他人名誉的行为。它与侮辱的区别在于，诽谤传播的是虚假事实，而且这种捏造和传播很可能使第三者信以为真，而口头或书面形式的侮辱则不具有误导他人的作用。

除此之外，其他行为如宣扬他人隐私而使其名誉受到损害，假冒他人姓名从事违法活动，以及侵害肖像权的同时对他人名誉也造成损害等，这都属于侵权行为竞合，如何保护自己的权利，由当事人自行选择其一即可。

七、荣誉权

荣誉是特定的人从特定的组织依法获得的积极评价。荣誉权是民事主体依法享有的保持自己的荣誉称号，并不受非法剥夺的权利。荣誉权中的荣誉既然是特定组织对特定人的评价，那么，荣誉权就与特定的人身不可分离，是不能转让，也不受非法剥夺的。

荣誉权中的"荣誉"与名誉权中的"名誉"有共同之处：都是社会对某一特定人的评价，在某些方面也有关联，如获得荣誉称号能提高人的名誉，而侵害了荣誉权或荣誉被剥夺，其社会评价就会降低，名誉就会受到影响。但二者毕竟是两种权利，有严格的区别：①取得方式不同。名誉是每个人都有的，名誉权是法律赋予每个民事主体的，其取得不需要任何特殊条件；而荣誉虽然是每个人都可以获得的，如"技术能手"称号，但是它需要经过当事人自己努力，技术熟练，取得一定成绩，并受到有关机关、组织表彰时才能获得。②范围不同。名誉权是每个人都能普遍获得的人身权，而荣誉权不是每个人都能获得的。③内容不同。名誉是社会公众对某一特定人的品德、才干、能力等各方面的综合评价；荣誉是国家机关或社会组织对某一特定公民、法人在某一方面作出突出贡献而授予的"特殊名誉"。④消灭方式不同。名誉是社会公众内心的意思反映，任何人或组织都无法剥夺或限制，名誉权也只有在主体死亡后才能消灭；而荣誉既然是被授予的，当然也可以由有关部门予以剥夺。例如，某人曾荣获"共和国卫士"称号，但他后来又投敌叛国，有关部门就应剥夺其原先获得的荣誉称号。

荣誉权从内容上讲，包括荣誉保持权和利益支配权。前者指对已获得的荣誉称号，权利人具有拥有并保证归自己享有的权利，以及排除他人侵害的权利；荣誉一经取得，当事人即终生拥有，既不能转让，也不能继承，非有法定事由、非经法定程序不得剥夺。后者指荣誉权人对其荣誉中精神利益和物质利益享有的支配权利。精神利益指由于获得荣誉称号而享有的受到尊敬、崇拜及内心满足等精神上、心理上的感觉。荣誉权中的物质利益指在取得荣誉的同时所获得的物质利益，以及根据规定享有的其他物质利益（如不得让"劳模"下岗）。

侵害荣誉权的行为，一般表现为：非法剥夺他人荣誉称号，损坏他人荣誉证书，或非法扣留由于获得荣誉称号而带来的物质利益等。

八、隐私权

隐私，是指自然人个人生活中不愿被他人所知悉的内容。隐私权，是指自然人依法享有的个人生活秘密不受他人侵害的权利，这是一项独立的人格权利。

我国目前在实务上并没有独立的隐私权，《民通意见》第140条规定："以书面、口头等形式宣扬他人隐私"，"造成一定影响的，应当认定为侵害公民名誉权的行为"。这种解释既容易造成名誉权保护的混乱，也使隐私权得不到很好的保护。

隐私权与名誉权存在着多方面的区别：

1. 权利内容不同。名誉权的内容是社会对主体的评价；隐私权的内容是当事人不愿公开的私生活秘密。

2. 在侵害名誉权案件中，加害人得以散布的事实是真实的为抗辩理由提出抗辩；在侵害隐私权案件中，则不能以此为抗辩理由，相反，加害人所披露的事实越真实、越详细，侵害他人隐私权的程度就越严重。

3. 隐私权中包括公开权，即当事人可以将其在某一方面的隐私权抛弃，如模特向画家、摄影师公开身体以供描绘、拍摄等；名誉权中的名誉是公众对某人的一种评价，它不是当事人所能抛弃的。

4. 权利的范围不同。名誉权除自然人外，法人也享有；隐私权只有自然人才具有。

5. 保护的方式不同。名誉权受到损害时，依法可以进行消除影响、恢复名誉等救济；隐私权受到侵害则无法消除影响，也无法恢复。另外，在现实生活中，有时擅自披露他人隐私，并不造成他人名誉受损，甚至可能会使其得到公众的尊重，从而提高其名誉。这时，行为人虽然侵害了当事人的隐私权，但是并没有侵害其名誉权。

侵害隐私权的方式主要有：非法侵入他人住宅、非法对他人行踪进行监视监听、窥视他人私生活、披露他人隐私等。

另外，需要注意的是，公众人物的隐私权范围比普通人要狭窄。这是因为公众人物的日常活动，老百姓有知情权，如政治家的活动、著名人物的活动等，他们的活动与公共利益有很大关系。当隐私权与知情权发生冲突时，应当首先保护公共利益。

侵害姓名权、肖像权、名誉权、荣誉权及隐私权的，依据《民法通则》等的有关规定，侵权人应承担以下责任：停止侵害、排除妨碍（如从橱窗中撤除展览的相片等）、消除影响、恢复名誉（如在公开场合或报刊上进行更正并道歉）、赔礼道歉以及赔偿损失等。这些责任方式既可以单独适用，也可以合并适用。

需要注意的是赔偿损失这一方式。《民法通则》第 120 条第 1 款规定："公民的姓名权、肖像权、名誉权、荣誉权受到侵害的，有权要求停止侵害，恢复名誉，消除影响，赔礼道歉，并可以要求赔偿损失。"据此，可以认定我国民法是承认精神损害赔偿的。精神损害赔偿，是指自然人因其人身权受到侵害，而使其生理上、心理上遭受痛苦时，侵权行为人应承担的经济赔偿责任。目前，我国理论界对此虽争论激烈，但在实务上已经实际适用这一责任方式了。最高人民法院也对此作出了具体的规定，在《关于审理名誉权案件若干问题的解答》第 10 条中规定："公民、法人因名誉权受到侵害要求赔偿的，侵权人应赔偿侵权行为造成的经济损失；公民并提出精神损害赔偿要求的，人民法院可根据侵权人的过错程度、侵权行为的具体情节、给受害人造成精神损害的后果等情况酌定。"

精神损害赔偿与财产损害赔偿是不同的，财产损害可以用其他财产来代替，也可以用金钱来衡量损害的大小，所以，在理解精神损害赔偿的性质时，就不能认为损失多少，赔偿多少。本书的观点认为，从立法精神上分析，精神损害赔偿是一种具有多重含义的民事责任方式，它包含补偿性、抚慰性和对侵权行为人的惩罚性。其中，抚慰性是主要的。正确认识精神损害赔偿的性质是十分重要的。

第三节　身　份　权

一、身份权的概念和特征

身份权，是指自然人在私的关系中，因亲属关系而产生的一种资格，如亲权、配偶权等。身份权是人身权的一种，在人身权中，我国理论界和司法实践部门都对人格权进行了较深入的研究、探讨，但对身份权的研究尚需进一步加强。在《民法通则》以及有关司法解释中，虽然使用了人身权的概念，却没有使用身份权这个概念，在所列举的具体人身权中，也没有一项是属于身份权的。而在司法实践中，有关身份权的案件是很多的，所以，深入开展身份权研究具有重要的意义。

身份权具有如下法律特征：

1. 对主体资格的依附性。身份离不开人格，身份权同样也以一定的主体人格存在为前提。

2. 身份权的内容具有权利与义务的两位一体性。身份权虽然名为权利，但却属于边缘权利，其中含有很多义务成分。有些权利，同时也是义务，如监护权、配偶权等。

3. 身份权的内容与财产有密切的关联性。如基于亲权或亲属权、配偶权等而产生的抚养、继承等。

身份权的内容由于身份权不同而有所不同，但一般应包括以下方面：①基于亲权和亲属权而产生的对未成年人的抚养、教育；②基于亲权、亲属权、配偶权和监护权而产生的扶养、照料；③基于亲属权和配偶权而产生的、对其后事的料理的期待权；④基于配偶权而产生的夫妻精神和生理上的权利和义务。

二、亲属权

亲属权，是指父母与成年子女、祖父母与孙子女、外祖父母与外孙子女，以及兄弟姐妹之间的关系。

父母与成年子女之间的身份权内容包括：父母对无行为能力、限制行为能力人的监护和抚养权；子女对父母的赡养权；父母与子女之间的继承权、相互申请宣告失踪、宣告死亡的权利及财产代管权。

祖父母与孙子女、外祖父母与外孙子女之间的身份内容包括：有负担能力的祖父母、外祖父母对已经失去亲权保护的未成年孙子女、外孙子女有抚养、监护的权利，继承遗产的权利；有负担能力的孙子女、外孙子女对子女已死亡的祖父母、外祖父母有赡养扶助的权利；相互之间有申请宣告死亡和宣告失踪的权利以及财产代管的权利。

兄弟姐妹之间的身份权包括：有负担能力的兄、姐对已失去亲权保护的未成年弟、妹有抚养、监护的权利；由兄、姐抚养长大的、有负担能力的弟、妹对丧失劳动能力、孤独无依的兄、姐有扶养的义务；兄弟姐妹相互之间有继承权，申请宣告死亡、宣告失踪的权利及财产代管权。

在实际生活中，侵害亲属权的行为是违反法律规定的义务或阻碍权利人行使权利的行为。

三、亲权

亲权，是指父母对未成年子女的身心抚养、教育、监护和财产管理的权利。父亲和母亲都是未成年人的亲权人。亲权的具体内容包括：父母对子女身心上的养育教化权、奖惩权、财产管理权以及姓名设定权、住所决定权、代理权、离婚后未与子女共同生活的父或母对子女的探望权等。

侵害亲权行为，一般是亲权人不履行法定义务，也有第三人干涉亲权、非法剥夺他人亲权的行为。亲权与其他权利不同，它虽非天生，但却是基于父母子女这种自然产生的关系而产生的，法律只是对这种权利进行确认和保护，任何人、任何组织非依法律不得剥夺该项权利。

四、配偶权

配偶权，是指夫妻之间相互享有的身份权。主要内容有：同居权、贞操请求权（夫妻互有要求对方保持贞操的权利）、感情联络权、生活互助权、离婚权、扶养权、继承权、监护权、死亡、失踪宣告申请权、财产代管权等。侵害配偶权是违反民法及婚姻法等的有关规定，损害配偶应享有的各种权利的行为。

思考练习题

1. 简述名誉权与隐私权的联系和区别。
2. 肖像权的主要内容是什么？
3. 我国法律规定的侵害生命权的民事法律后果有哪些？
4. 简述亲属权的内容。
5. 名誉权和荣誉权有何不同？

第五章 法 人

■ 学习目的和要求

　　掌握法人的概念、法人财产的归属、法人成立的要件、法人的主要类型和法人终止的原因。了解法人的机构和法人的能力。

第一节　法人的概述

一、法人的概念

　　法人是具有民事权利能力和民事行为能力，依法独立享有民事权利和承担民事义务的组织。法人是相对自然人的另一类民事主体，现代意义上的法人概念是教会法学者在解释教会拥有世俗财产的合理性时创立的。他们想象在团体成员的多数人之外还有抽象的人格存在，认为该人格就是法人。它与自然人一样，能够享有财产所有权。

　　现代法人制度是民商法中的重要制度，它在社会经济生活中具有重要的地位，法人具有自然人无法具有的作用。法人可以通过吸纳大量的自然人而聚集巨额资本；法人不因其成员人格的消灭而消灭，具有长期存在性和稳定性；由于法人采取有限责任制，所以，它又具有分散风险的作用。由于法人的团体性，使其有条件采纳多人之智慧，又由于法人与自然人成员在财产和人格上都分离，使得其所有者与经营管理者也可以分离，这样，就可以由专门具有管理才能的人员对法人进行管理。

二、法人与个人合伙

　　法人与个人合伙作为民事主体都具有团体性，其形成目的都是为了扩大生产经营规模，节约成本，创造更大的效益，而且有的国家已经将合伙作为法人来对待，如法国，1978 年修改的《法国民法典》将隐名合伙之外的民事合伙和商业合伙赋予法人资格。但是，大多数国家仍然严格区分合伙和法人。法人与合伙的区别主要有以下方面：

1. 法人一般须经登记才能成立；合伙只需各个合伙人协商一致，订立合伙协议即可成立。

2. 法人的目的具有长久性；合伙经营具有暂时性，合伙多是因某一事项而进行合伙，在该事项完成后，合伙即告终止。

3. 法人必须具备特定的名称，这是其成立的必备要件；而对合伙组织的名称法律并无强制要求。

4. 法人必须具有自己的组织机构，是超个人的单一体；合伙仅为个人的集合。

5. 法人的财产归法人本身；合伙的财产属于全体合伙人共同共有。

6. 法人的债务，仅以法人所有的财产为担保；合伙的债务，除合伙财产外，各合伙人还须以自己的全部财产负无限连带责任。

7. 合伙是基于合伙人之间的人身信任而成立的，所以，各个合伙人之间彼此熟悉、了解；法人的成员不必具备这种条件，甚至彼此可以不认识。

第二节　法人成立的条件

任何团体要成为法人，都必须符合法定的条件，依照法定的程序进行。根据《民法通则》第 37 条的规定，法人的成立必须具备以下条件。

一、依法成立

依法成立就是依照法律规定而成立。法人是法律赋予其民事主体地位的团体，其成立必须符合法律的规定。所谓依法成立：①指法人的目的、宗旨、组织机构、经营范围、方式等的合法；②指其成立的审核和登记程序要合法，需要有关部门批准的必须依法取得批准后才能成立。

二、有必要的财产或经费

必要的财产或经费是法人独立进行民事活动，承担民事义务的物质保障。所谓"必要的财产或经费"是指与法人开展的各项业务相适应的一定数量的财产或经费。

三、有自己的名称、组织机构和场所

法人的名称是一法人区别于另一法人的标志，在社会交往中法人以自己的名称进行活动。法人对已经注册登记的名称享有专用权。企业法人的名称与其信誉紧密相连，具有良好信誉的企业的名称是其无形资产，所以，企业的名称权尤其应当保护。《企业法人登记管理条例》第 10 条规定："企业法人只准使用一个名称。企业法人申请登记注册的名称由登记主管机关核定，经核准登记注册后在规定的范围内享

有专用权。"

法人的组织机构是对内管理法人事务、对外代表法人从事民事活动的机构。法人具有团体性，这就要求有一定的机构来承担管理和对外交往的职责。法人的组织机构包括法人的权力机关、执行机关和监督机关。法人的意志是通过其机关而形成、表示和实现的，因此，法人机关的行为，就是法人的行为，法人对其机关的行为后果负责。在法人的机关中，最主要的是法人的执行机关中的法定代表人。

法人的法定代表人，是指依照法律或法人的章程的规定，代表法人行使职权的负责人。根据我国有关法律的规定，法人的法定代表人是法人内部的正职行政负责人，如厂长、经理、董事长等；没有正职行政负责人的，由主持法人工作的副职人员担任，如副厂长、副经理等；没有明确正副职的，由主持法人工作的行政负责人担任。法人的法定代表人有权代表法人对外行使职权，也有义务正确地组织、领导法人的经营活动，遵守法律和政策，否则，就要承担法律责任。根据《民法通则》第49条的规定，企业法人有下列情形之一的，应追究企业法人及其法定代表人的法律责任：

1. 超出登记机关核准登记的经营范围从事非法经营的。
2. 向登记机关、税务机关隐瞒真实情况，弄虚作假的。
3. 抽逃资金、隐匿财产逃避债务的。
4. 解散、被撤销、被宣告破产后，擅自处理财产的。
5. 变更、终止时不及时申请办理登记和公告，使利害关系人遭受重大损失的。
6. 从事法律禁止的其他活动，损害国家利益或者社会公共利益的。

法定代表人的法律责任形式，包括行政处分、罚款，构成犯罪的，依法追究刑事责任。

法人的场所，是法人从事生产经营活动的地方。法人可以同时有多个场所，且可以在不同的地点。需要注意的是，法人的场所与住所是不同的，法人也必须有自己的住所，其住所是其在登记机关登记的主要办事机构所在地。法人的住所只能有一个。其住所的意义与自然人住所的意义相同。

四、能独立承担民事责任

法人是有独立人格的民事主体，对自己的行为应当承担法律责任。法人的财产与其成员的财产在法律上是分开的。所以，法人能够独立承担民事责任，即法人的创立人和法人内部成员对法人的民事责任不予负担；其他法人也不予负担。通常情况下，民事责任是财产责任，所以，所谓独立民事责任实质是指财产责任独立。能独立承担民事责任，在很大程度上，取决于法人的必要财产或经费。法人的民事责任能力与独立的财产是联系在一起的。

第三节　法人的民事权利能力和民事行为能力

一、法人的民事权利能力

与自然人一样，作为民事主体，法人也具有民事权利能力。法人的民事权利能力，是指法人享有民事权利和承担民事义务的资格。

法人，由于具有团体性以及与自然人自然属性上的差异，其民事权利能力也与自然人不同，主要表现在：

1. 法人不能享有某些属于自然人固有的因年龄、亲属关系等而产生的权利义务。法人可以享有名称权、名誉权，但不能享有以肉体为前提的人格权，如肖像权、生命权、身体权、健康权等，法人虽然可以通过受遗赠取得死者的遗产，但不能像自然人那样享有继承权。

2. 法人的民事权利能力受法律、行政命令及其章程、目的的限制，而自然人的民事权利能力则具有一般性，他可以享有不违反法律的任何权利，承担不违反法律的任何义务。法人的活动范围受到其设立目的的限制，设立的目的不同决定了法人的民事权利能力也不同，而自然人的民事权利能力都是相同的。

3. 法人的民事权利能力于法人成立时发生，于法人依法被撤销或解散时终止；而自然人的民事权利能力则始于出生，终于死亡。

二、法人的民事行为能力

法人的民事行为能力，是指法人以自己的行为取得民事权利和承担民事义务的资格。与自然人相比，法人的民事行为能力具有如下特点：

1. 法人的民事行为能力与其民事权利能力是同时发生、同时消灭的。法人一经成立，即产生民事权利能力和民事行为能力，并在法人存续期间始终存在。自然人的民事权利能力始于出生，终于死亡，但其民事行为能力则受到年龄、智力、精神状况的限制，既不是与民事权利能力同时发生，也不是同时消灭。

2. 法人的民事行为能力与其民事权利能力在范围上是一致的。法人能够以自己的行为取得民事权利和承担民事义务的范围，不得超出其民事权利能力所限定的范围。自然人的民事行为能力和民事权利能力不具有这个特点，其民事行为能力因年龄和精神状况的不同分为：完全民事行为能力、限制民事行为能力和无民事行为能力，而其民事权利能力则是相同的。

3. 法人的民事行为能力是由其机关来实现的。法人具有团体性，其民事行为能力由其法定代表人、其他工作人员实现，当然，法人也可以通过代理人进行民事活动。而自然人的民事行为能力则是靠自己来实现的。

第四节　法人的分类

法人根据不同的标准，可以有不同的分类。

一、传统民法上法人的分类

1. 公法人和私法人。公法人与私法人的划分是学者将法律分为公法和私法的直接产物，划分标准有多种多样。一般而言，"综合说"更为可取。根据该说，认定公法人和私法人应综合多种因素考虑：凡依国家意思设立、目的事业由法律直接规定、并有强制性规定、人事由国家任免、不得擅自设立和解散的是公法人；而由私人设立、内部关系平等、经营私法事业、可以由社员大会决定而解散的是私法人。

2. 社团法人和财团法人。这是根据成立的基础不同而对法人进行的划分。凡是以人的集合为成立基础的是社团法人；凡是以捐助的财产为基础而成立的是财团法人。这也是传统民法对法人进行的最重要的分类。社团法人与财团法人的区别有以下方面：①成立的基础不同，已如前述。②设立人地位不同。社团法人的设立人，在法人成立时，成为社员；而财团法人的设立人，不成为其成员。③设立行为不同。社团法人的设立行为属于合同行为，而且为生前行为；财团法人的设立行为则为单方行为，并可以遗嘱方式实施。④有无意思机关不同。社团法人有自己的意思机关，而财团法人则没有该机关。⑤目的事业不同。社团法人的目的可以是公益的也可以是营利的；而财团法人只能是为公益事业，不得营利。另外，二者在设立、变更和国家管理上也有所不同。

3. 营利法人、公益法人和中间法人。这是对社团法人进行的分类，社团法人依其目的事业有无营利性，分为以上三种。营利法人是以分配利益于其成员为目的的法人，如各种公司；以公益事业为目的的法人是公益法人；以公益为目的，同时又以营利为目的的法人是中间法人。中间法人是指那些不宜归入营利法人，又不能归入公益法人的社团法人，如合作社、商会等。

二、《民法通则》中对法人的分类

《民法通则》将法人分为企业法人和非企业法人。

企业法人，是指以营利为目的，独立从事商品生产和经营活动的法人。根据所有制性质和投资方式的不同，企业法人又分为全民所有制法人、集体所有制法人、中外合资经营企业法人、中外合作经营企业法人和外商独资企业法人。除此之外，还有普通企业法人和联营企业法人的划分。

非企业法人又包括：机关法人、事业单位法人和社会团体法人。机关法人是指有独立财政预算经费的各级国家机构以及人民团体的县级以上领导机构。有独立的财政预算经费的国家机构即是机关法人。事业单位法人是指国家机构和人民团体之外，从事非商业、有固定从业人员和独立财产的组织，包括学校、科研院所、医院、剧团、报社、电视台等。社会团体法人指群众性人民团体，它不得从事以营利为目的的经营性活动。社会团体中，具备法人条件者，经依法核准登记，即成为社会团体法人。

第五节　法人的设立、变更和终止

一、法人的设立

法人的设立即法人的创设行为。法人除必须具备本章第二节规定的成立条件外，还须进行设立。世界上法人的设立有多种原则，主要包括：①特许主义，即法人的设立必须依据特别立法或国家元首的许可。这种原则盛行于 17 世纪～19 世纪的欧洲，由于它对法人设立持限制的态度，现代各国已经很少采用。②许可主义，指设立法人须依据法律规定的要件并经行政主管机关审核批准才能成立。③准则主义，指把法人的成立要件通过法律加以规定，只要设立行为符合该条件，无须经行政机关的许可，而仅向登记机关进行登记，法人即可成立。④放任主义，也称自由设立主义，指法人的设立仅凭当事人的意思即可，国家不加以干涉。⑤强制设立主义，指国家对某些事业领域强制设立法人，如组建工会等。

我国对不同的法人，设立的原则也不同。例如，机关法人、事业单位法人是依据宪法规定设立的，应认定采取的是特许设立主义；而有限责任公司则是准则主义。但是，我国法人的设立不采用放任主义，无论什么法人都不得自由设立，而且通常情况下，法人的设立都须经过登记（机关法人及法律规定不需要登记的事业单位法人和社会团体法人除外）。

二、法人的变更

法人的变更，是指法人在性质、组织机构、经营范围、财产状况及名称、住所等方面的重大改变。《民法通则》第44条规定："企业法人的分立、合并或者有其他重要事项变更，应当向登记机关办理登记并公告。"具体法人的变更，包括以下方面：

1. 法人的分立。法人的分立是一个法人分裂设立为两个以上法人的法律行为。又分为创设式分立和存续式分立。前者是解散原法人，而分立为两个以上的新法人；后者是原法人继续存在，只是从中又独立出一个或多个新的法人。

因创设式分立而消灭的法人的权利和义务，由分立后的新法人概括承受；而存续式分立的法人的权利和义务，应依据分立合同的约定或章程的规定承担。

2. 法人的合并。法人的合并，是指两个以上的法人，无需清算而归并为一个法人的法律行为。合并分为创设式和吸收式两种：创设式合并是两个以上的法人归并为一个新法人，原有的法人均告消灭的合并方式；吸收式合并是指一个以上的法人归并于其他法人，归并后只有一个法人存续的合并方式。

因法人合并而消灭的法人的权利和义务概括地由新设立或继续存续的法人承受。

3. 法人的组织性质变更。法人成立后，其组织形式、性质可能会因各种各样的情况而发生变化，如由集体企业变成私营企业、由有限公司变成无限公司等。这种变更，凡依法须经登记者，必须办理登记手续。

4. 其他事项的变更。登记设立的法人，其登记事项发生变化，也应申请办理变更登记，如名称、代表机关、注册资金、住所等的变更。

三、法人的终止

法人的终止，指法人丧失了法律上的人格。

（一）法人终止的原因

依据《民法通则》第 45 条的规定，法人终止的原因主要包括以下方面：

1. 依法被撤销。法人可以因为原设立任务的完成、设立期限届满，或者因经济发展的需要进行必要的调整等原因而被撤销，也有因法人进行违法活动而被有关机关撤销的。法人一经撤销即丧失民事主体资格。

2. 解散。法人的解散为法人终止的原因。解散分为法院或主管机关宣告解散和法人自行解散。当法人的目的和行为违反法律、公共秩序或善良风俗时，可以由法院或主管机关宣告予以解散。法人自行解散的，也需要向有关国家机关申请，申报解散的原因及财产、债权、债务处理情况，经审查批准后方可解散。

3. 依法宣告破产。法人经营不善，资不抵债时，依照有关法律规定，由人民法院依照法定程序宣告其破产。

4. 其他原因。前三项是《民法通则》所列举的法人终止的主要原因，"其他原因"是为补充上述列举，这是立法技术上的问题，以防止"挂一漏万"。

（二）法人终止后的清算

清算，是指对终止的法人的业务和财产进行清理，并依照法定程序对其债务进行清偿。法人终止必须进行清算，并停止清算以外的活动。清算由清算组织进行。在我国企业法人解散时，其清算组织由主管机关或人民法院组织有关机关和有关人员组成。清算组织的职权是对内清理财产，处理法人的有关事务，对外代表法人了结债权债务，在法院起诉和应诉。如果清算法人的财产不足以清偿债务，清算组织应申请宣告破产。清算终止后，法人最终归于消灭。当然，清算组织还应在指定的报刊上进行公告。

思考练习题

1. 简述法人与个人合伙的区别。
2. 法人的法定代表人在何种情况下对法人的行为承担法律责任？
3. 简述法人成立的要件。
4. 社团法人和财团法人的主要区别表现在哪些方面？

第六章 民事法律行为

■ 学习目的和要求

　　民事法律行为是民法中非常重要的制度，它对合同、遗嘱等知识的学习影响甚大。通过本章的学习，应该掌握民事法律行为的概念和特征、各种分类的意义，理解法律行为的成立和生效，掌握附条件法律行为中条件的特征、无效民事行为和可撤销民事行为的概念和法律后果。

第一节　民事法律行为概述

一、民事法律行为的概念

　　根据《民法通则》第 54 条的规定，民事法律行为，是指公民或者法人设立、变更、终止民事权利和民事义务的合法行为。

　　"法律行为"是《德国民法典》的首创，它将一切基于意思表示而使民事权利得、失、变更的规律统一由"法律行为"加以说明。此后的大陆法系国家都承袭了这一概念。我国在此基础上，又创立了"民事行为"和"民事法律行为"两个概念，用于说明具备和缺乏有效要件的行为的不同。

二、民事法律行为的法律特征

　　民事法律行为具有以下法律特征：

　　1. 民事法律行为以意思表示为基本要素。意思表示，是指民事主体将设立、变更或消灭一定民事法律关系的内在意思以一定的方式表示于外部的行为。意思表示是民事法律行为的基本构成要素，没有意思表示就没有法律行为。但是，意思表示并不等于法律行为。民事法律行为在多数情况下，需要由双方当事人意思表示一致时才能成立；有的民事法律行为除了当事人意思表示一致外，还必须要交付实物才能成立，如货物运输合同等。即使只有当事人一方意思表示就能成立的民事法律行为，也应将意思表示理解为法律行为的构成要素，而不能将二者混淆。

2. 民事法律行为是以设立、变更、终止民事权利和民事义务为目的的行为。任何有意识的活动，都是有一定目的的活动，都能引起一定的后果，但民事法律行为不是要达到一般的目的，而是要设立、变更、终止某种民事权利和民事义务关系，并能引起行为人预期的法律后果。在现实生活中，如邀请朋友看电影、去饭馆吃饭等，并没有希望产生某种民事权利义务关系，所以，就不是民事法律行为；有的虽然产生一定的权利义务关系，但并不是行为人所预期的或正好相反，如侵权行为所引起的赔偿对方损失的结果等。这些都不是民事法律行为。

3. 民事法律行为是一种合法行为。从本质上说，民事法律行为是一种合法民事行为。因为，只有合法行为，才能得到国家法律的确认和保护，才会产生行为人预期的目的。为非法目的而进行的行为，不是民事法律行为。所谓合法，既包括形式合法，也包括内容合法。

三、民事法律行为的分类

从不同角度，按不同标准，民事法律行为可分为若干种类：

（一）单方法律行为与双方法律行为

这是根据民事法律行为的成立，是取决于一方还是双方的意思表示所作的划分。单方法律行为，是指仅由一方当事人的意思表示就能成立的法律行为，例如，订立遗嘱、放弃债权、免除债务、无权代理的追认等。这些行为，不需要他人同意，就能发生行为人预期的法律后果。双方法律行为，是指须由双方当事人的意思表示相一致才能成立的民事法律行为，如合同等。民法上，又把双方法律行为分为合致行为和对应行为。前者是指双方当事人所追求的具体目标是一致的，如合伙等；后者是指双方当事人所追求的具体目标是不一致的，而是相对应的，如买卖合同中，卖方的具体目标是取得价金，买方的具体目标则是取得商品。

（二）有偿法律行为与无偿法律行为

这是以一方当事人的民事法律行为是否要求对方给予相应的报偿为标准而进行的划分。有偿法律行为，指一方当事人为对方承担某种民事义务时，有权要求对方承担相应的义务的民事法律行为，即要求对方给予报偿。现实生活中，大多数法律行为是有偿的。无偿的民事法律行为，指一方当事人为对方承担某种民事义务时，并不要求对方承担相应的民事义务的民事法律行为，如赠与合同、无息贷款合同等。

（三）诺成性法律行为与实践性法律行为

这是根据民事法律行为的成立是否以交付实物为条件进行的划分。诺成性民事法律行为，指一方当事人的意思表示（要约）经对方承诺（也是意思表示）后，即告成立的民事法律行为。即一旦双方当事人意思表示相一致，就能发生民法上的法律效力，如买卖、租赁等都是诺成性民事法律行为。实践性民事法律行为，是指除了双方当事人意思表示相一致外，还要交付实物才能成立的民事法律行为，又称要物法律行为，如借贷。

（四）要式法律行为与不要式法律行为

以民事法律行为的成立是否必须依照某种特定的形式为标准，可以将其分为要式法律行为和不要式法律行为。要式法律行为，是指必须履行某种特定的形式才能成立的民事法律行为。如法人之间的经济合同，除及时清结者外，"应当采用书面形式"；私有房屋买卖，不仅要有书面协议，还须到房屋主管机关办理登记手续才能生效。不要式法律行为，指不需要履行某种固定形式就能成立的民事法律行为。即行为人究竟采取何种形式，由其自由选定。

（五）主法律行为与从法律行为

这是依彼此关联的民事法律行为中，某行为能否独立存在为标准进行的划分。主法律行为，是在彼此关联的行为中，无需相关行为存在即能成立的法律行为。从法律行为，是在彼此关联的行为中，必须以相关行为为前提的行为。例如，在借贷合同与担保借款人履行债务的保证合同之间，借贷合同是主法律行为，保证合同是从法律行为。从法律行为以主法律行为为前提，主法律行为如不成立、无效或被撤销，从法律行为也不成立、无效或被撤销。

四、民事法律行为的形式

民事法律行为的形式，就是进行民事法律行为时，行为人所采用的方式。依我国法律的规定有以下几种方式：

（一）明示形式

行为人主动、明白、直接地把内在的意思表示于外部的形式。分为口头形式和书面形式两种。

1. 口头形式。用语言进行意思表示的法律行为形式。包括面对面地交谈、电话交谈等。凡是法律不要求必须以书面形式进行的法律行为，都可以采取口头形式进行。其优点是简便易行，直接迅速。缺点是没有文字根据，一旦产生争议，不易取得确实的证据。因此，口头形式一般只适用于价额不大，或即时清结的法律行为。

2. 书面形式。以文字进行意思表示的法律行为形式。包括一般书面形式和特殊书面形式（公证、鉴证、审核、登记等），法律规定必须用书面形式的民事法律行为，以口头形式进行的无效。

（二）默示形式

行为人并不直接表示其内在的意思，只是根据其某种行为（作为、不作为）按逻辑推理的方法或按生活习惯，推断其内在意思表示的形式。默示的形式也包括两种：

1. 作为的默示形式。行为人进行了某种积极行为，根据这种行为，可以推断出行为人的内在意思。如租赁合同期限届满，承租人继续支付租金并租用房屋，而出租人继续收取租金的，即可推定双方同意延长租期。

2. 不作为的默示形式。行为人没有任何积极行为，但从其沉默就可以推断其内在意思。只是这种推断必须要有法律的明确规定，才可以作为意思表示的一种形式。例如，依《继承法》规定，继承开始后，继承人放弃继承权的，应当在遗产处理前，作出放弃继承的意思表示，没有表示的，视为接受继承。又如，在买卖合同中，买方收货后，在规定的时间内，对产品的数量、质量不提出异议，就认定交付的货物符合合同约定等。

第二节　民事法律行为的有效要件

根据《民法通则》第55条的规定，民事法律行为应当具备下列条件：

一、行为人具有相应的民事行为能力

民事行为能力是民事主体以自己的行为，参加民事活动，享受民事权利，承担民事义务的资格。民事法律行为是要设立、变更或消灭民事法律关系的行为，没有民事行为能力的主体，不能正确判断自己行为的性质和后果，就不能独立实施民事法律行为，所以，民事行为能力是民事法律行为的首要条件。"相应的民事行为能力"指行为能力与其所进行的民事法律行为要相适应。如完全民事行为能力人，可以独立进行法律允许的一切民事活动；10周岁以上的未成年人可以进行与其年龄、智力相适应的民事法律行为，其他民事活动，由其法定代理人代理，或征得其法定代理人的同意。法人在进行民事法律行为时，也须在法定活动范围内或在核准登记的经营范围内实施，否则，其行为无效。

二、行为人意思表示真实

所谓意思表示真实，是指行为人的外部表示与其内心的真实意思相一致。实际生活中，造成行为人意思表示不真实的主要有两种情况：①由于相对人的威胁、欺诈或乘人之危，使行为人在违背真实意思的情况下而成立民事行为；②由于行为人自己对该行为的重大误解，使其行为与其内在意思不一致。对意思表示不真实的行为，根据不同的情况，应当认定为无效或可撤销。

三、不违反法律和社会公共利益

民事法律行为是合法行为，所以，不违反法律和社会公共利益是民事法律行为的有效条件。不违法指行为的内容和形式都不违法，如不得买卖禁止流通物；买卖房屋必须到主管机关办理登记手续等，违反这些规定的行为无效。社会公共利益是法律的本质要求，行为人违背社会公共利益的行为也是无效的。

第三节　附条件的民事法律行为和
附期限的民事法律行为

一、附条件的民事法律行为

（一）概念

附条件的民事法律行为，是指在民事法律行为中，规定了一定的条件，并把该条件的成就与否作为确定当事人民事权利和民事义务发生法律效力或失去法律效力的根据的民事法律行为。例如，甲有一房，经协商以 20 000 元卖给乙，但甲同时提出，待他获准调至丙地工作时，房屋买卖才正式成交，乙也同意。这就是一种附条件的法律行为。甲是否获准调至丙地工作，直接影响该法律行为的效力，是所附条件。

（二）所附条件的特点

民事法律行为中所附的条件，是一种特定的法律事实，它既可以是某种自然现象，也可以是人的某种行为，还可以是某种特定的事件。但并非任何自然现象或任何行为都可以作为条件，作为所附的条件必须有下列特点：

1. 条件应当是将来发生的事实，具有未来性。已经发生的事实，不得作为民事法律行为所附的条件。

2. 条件应是可能发生的或可能不发生的事实，具有或然性。如果是肯定能发生或肯定不能发生的事实，就不能作为民事法律行为所附的条件。但是，如果当事人把根本不能发生的事实作为条件时，如何认定？这时应认定该民事法律行为为不附条件的法律行为，因为其所附“条件”是无效的。同时，《民法通则》第60条规定：“民事行为部分无效，不影响其他部分的效力的，其他部分仍然有效”。

3. 条件应当是当事人选定（商定）的事实，具有非法定性。法律规定的或基于行为性质所决定的事实，不能作为民事法律行为所附的条件。如在保险合同中规定：当当事人出现事故时，保险公司就赔偿其多少保险费。这里的“当事人出现事故”是保险合同本身性质决定的必须规定的条件，所以，在保险合同中，这种事实就不能作为所附条件。

4. 条件应当是合法的事实。违法的事实，不能作为民事法律行为所附条件。例如，某合伙组织规定，入伙须以走私10辆汽车成功为条件。某甲如果能在5月1日前走私10辆汽车成功就可以成为合伙人。这个条件就是不合法的。

（三）所附条件的分类

从不同的角度可以把条件分为两组：一组是延缓条件和解除条件；另一组是积极条件和消极条件。

1. 延缓条件，是指民事法律行为中所确定的民事权利和民事义务，要在所附条件成就时发生法律效力的条件。如周日天晴即租公共汽车春游，这里的"周日天晴"即是延缓条件。这时，双方的权利义务处于停止状态，在条件成就时才能生效。所以，延缓条件又称停止条件。

2. 解除条件，是指民事法律行为中所确定的民事权利和民事义务，在所附条件成就时，就失去法律效力的条件。即附解除条件的民事法律行为是已经发生法律效力的行为，当事人已经开始享受权利，承担义务，当所附条件成就时，其权利义务即失去效力。例如，某甲将自行车借与某乙，双方约定，甲的儿子要用自行车时，某乙即还车。这里的"甲的儿子要用自行车"即是解除条件。

3. 积极条件，是指把某种事实的发生作为条件，又称肯定条件。例如，某甲与某乙约定，如果某乙考上大学，某甲即送其一台收录机。这里的"某乙考上大学"即是积极条件。

4. 消极条件，是指把某种事实的不发生作为条件，又称否定条件。还如上例，双方约定，如果某乙考不上大学，某乙送某甲一台收录机。这里的"某乙考不上大学"即是消极条件。

上述两组条件可以联系起来运用。成为积极的延缓条件、消极的延缓条件、积极的解除条件、消极的解除条件。

附条件的民事法律行为一旦成立，对当事人双方都有约束力，任何一方不得为了自己的利益，恶意促成所附条件成就或恶意阻碍条件成就，而应听任事物的自然发展。否则，恶意促成条件成就的，视为条件不成就；恶意阻碍条件成就的，视为条件已经成就。

二、附期限的民事法律行为

（一）概念

附期限的民事法律行为，是指在民事法律行为中，指明一定的期限，并把该期限的到来作为当事人的民事权利和民事义务发生或消灭的前提的民事法律行为。如在买卖合同中规定，自合同成立后，1个月内付完全部货款，否则，供货方可以终止合同。期限可以是一定的时间，也可以是一段时间。

期限和条件都是当事人约定的对民事法律行为的某种限制，但二者又有不同特点。条件的成就与否，是当事人所不能预知的，它将来可能发生，也可能不发生；而期限则是当事人可以预知的，期限是必然要到来的。

（二）所附期限的分类

期限以其作用的不同可以分为延缓期限和解除期限。

1. 延缓期限，是指在民事法律行为中规定的期限到来之前，该民事法律行为所确定的民事权利和民事义务不发生法律效力；待期限到来时，其民事权利和民事义务始发生法律效力。发生法律效力是指权利人才开始有权请求义务人履行义务。因此，延缓期限又称始期。如某甲答应给某乙 50 万元，但同时提出到 10 月 1 日某乙才能来取款。这里的"10 月 1 日"即是延缓期限。

2. 解除期限，是指在民事法律行为中规定的期限到来时，该民事法律行为所确定的民事权利和民事义务的法律效力即行消灭的期限，又称终期。例如，租赁合同中规定的"某年某月某日"到期，这里的"某年某月某日"就是终期。

第四节　无效民事行为

一、无效民事行为的概念

无效民事行为，是指不具备或不完全具备民事法律行为的有效条件，因而不能产生行为人预期的民事法律后果的行为。

无效的民事行为在法律上当然无效，它不需要任何人的主张，而且根据《民法通则》第 58 条的规定，无效的民事行为，从行为开始起就没有法律约束力。但无效的民事行为也是一种民事行为，不能说无效的民事行为没有任何法律效力。它也能产生一定的法律后果，只是不能产生行为人进行民事行为时所预期的后果。例如，某甲私自倒卖黄金给某乙，甲是希望得到价金，乙是希望得到黄金，但由于黄金是限制流通物，甲和乙私下交易，属于内容违法，标的物和价金被依法收缴，双方预期的结果都未达到，因为这是一种无效的民事行为。

二、认定无效民事行为的依据

根据《民法通则》第 58 条的规定，具备下列七项中的任何一项，即属于无效民事行为：

1. 无民事行为能力人实施的民事行为。不满 10 周岁的未成年人和不能辨认自己行为的精神病人，以及法人超出经营范围实施的行为是无效民事行为。

2. 限制民事行为能力人依法不能独立实施的行为。限制民事行为能力人只能从事与其年龄、智力相适应的民事法律行为，其他行为必须由其法定代理人代为进行，或征得其法定代理人的同意。否则，其实施的行为无效。

3. 一方以欺诈、胁迫的手段或者乘人之危，使对方在违背真实意思的情况下所为的民事行为。

民事法律行为的有效条件之一，是行为人的意思表示真实。而欺诈、胁迫和乘人之危都是由于一方的故意，使对方当事人意思表示不真实而为的民事行为。

欺诈行为具有以下特点：①有欺诈的故意，目的是使对方陷入错误认识而同他进行民事行为；②有欺诈行为，如捏造虚假情况，或隐瞒真实情况等；③受欺诈一方因欺诈行为而陷入错误认识，并基于这种错误认识进行民事行为，如卖假药行为。

胁迫，是指一方当事人或第三人向对方或其亲属预告危害，使其发生恐惧心理，并基于这种恐惧心理而作出违背其真实意思的民事行为。它具有以下特点：①用来胁迫的危害行为是违法的，如威胁对方，不答应签协议就把你绑起来。②用来胁迫的事实必须是重大的，并足以造成被胁迫人的恐惧。如甲、乙一般朋友关系，甲为让乙签订一个对乙不利的协议，即威胁说不签就断绝朋友关系，这种威胁，不构成民法上的胁迫。③用来胁迫的事实必须是可能发生的，不能发生的事实不能构成胁迫事实，如对无子女的对方恐吓说不签协议就把你儿子杀了，该威胁对当事人不会产生恐惧心理，这种胁迫就不能发生。④胁迫与受胁迫人所为行为有因果关系。胁迫既可以针对被胁迫人本人，也可以针对其亲属，如甲以揭露乙的妻子的隐私相威胁，迫使乙将一幅名画送给他，乙的赠与行为是因害怕甲揭露其妻子的隐私，二者之间有因果关系。

乘人之危，是指一方当事人利用另一方当事人的某种紧迫需要或者处于某种危难状态，迫使对方在违背自己真实意思的情况下所进行的民事行为。例如，甲妻得病住院急需一笔钱，乙乘机以低于合理价格一半的价格购买甲的房屋。甲本不愿意出售该房屋，但迫于急需用钱抢救爱妻，不得已违心将房屋卖给乙，乙的行为即是乘人之危。

需要注意的是：根据我国《合同法》的规定，因受欺诈、受胁迫或危难被乘而订立的合同是可撤销的合同，而非无效的合同。

4. 恶意串通，损害国家、集体或者第三人利益的民事行为。

5. 违反法律或者社会公共利益的民事行为。民事法律行为从本质上说是合法行为。凡形式、内容违反法律规定或者损害了社会公共利益的行为，均属无效行为。

6. 经济合同违反国家指令性计划的行为。我国实行社会主义市场经济的制度，但在某些方面还使用指令性计划。指令性计划关系整个国家的国计民生，其具有法律的强制性和约束力，因此，签订合同时，必须严格遵守，不得违背，否则即是无效民事行为。

7. 以合法形式掩盖非法目的的民事行为，即规避法律的行为。例如，为了逃避法院的执行，故意将财产赠与他人。

第五节　可变更或可撤销的民事行为

一、可变更或可撤销的民事行为的概念

可变更或可撤销的民事行为，指行为人对行为有重大误解，或者双方当事人的经济利益明显不公平，一方当事人有权请求人民法院或者仲裁机关予以变更或撤销的民事行为。

这种民事行为不是当然无效，而必须由当事人向法院或仲裁机关请求裁定。因为这种行为在变更或撤销之前仍然有效，所以，又称相对无效民事行为。

二、种类

根据《民法通则》第59条的规定，可变更或可撤销的民事行为包括以下两种：

（一）重大误解民事行为

重大误解的民事行为，指行为人对于民事行为产生错误的理解，并基于这种错误理解而为的民事行为。具体包括：①对行为性质的误解，如把买卖误解为赠与行为；②对标的物的误解，如把复制品当作原件；③对价金的误解，如将10 000元误认为1 000元；④对当事人的误解，如把某甲当作某乙。

民法上的误解仅限于对行为内容的误解，不包括对行为动机的误解，而且这种误解须是重大的，是由于行为人的过失造成的。

（二）显失公平的民事行为

显失公平的民事行为，是指在双方、有偿的民事行为中，对一方当事人明显有利，而对另一方有重大不利的民事行为。它具有以下特点：①行为结果对一方当事人有重大不利，而另一方则获得显然超过了正常情况下所能获得的利益（暴利）；②不利一方当事人所为民事行为并非是其本意，例如，由于屈服于对方权势、缺乏经验或过于轻率等；③这种不公平是法律所不允许的，或者是当时社会所公认的不公平。

三、可撤销的民事行为与无效民事行为的区别

可撤销的民事行为在被撤销后，与无效的民事行为一样也具有自始无效的后果，但二者毕竟不同，主要表现在：

1. 无效的条件不同。无效民事行为是不附带任何条件的，既不论当事人是否主张，也不论当事人之间是否有争议，该行为都是无效的，是绝对无效；而可撤销的民事行为是相对无效，是有条件的无效，当事人提出申请并经法院或仲裁机关认可是该行为无效的前提条件。

2. 无效的时间不同。无效的民事行为从行为开始时起，就不发生法律效力，对当事人就没有约束力；可撤销的民事行为在被撤销之前，已经发生了法律效力，对当事人就有了约束力，只有在被撤销后，才丧失法律上的效力。当然，可撤销的民事行为在撤销后具有追溯力，追溯到行为开始。

另外，根据《民通意见》，可变更或可撤销的民事行为，自行为成立时起超过1年当事人才请求变更或撤销的，人民法院不予保护。无效的民事行为，则没有这种时间限制。

3. 主张无效的人不同。无效的民事行为，双方当事人或与该民事行为有利害关系的人都可以主张无效，人民法院或仲裁机关在受理的案件中发现属于无效范围的，

也可以主张确认其无效；而可撤销的民事行为，只有享有撤销权的当事人（通常是因该行为而蒙受不利的一方）才可主张无效，其他人不享有撤销权。

另外，在可撤销的民事行为中，如果属于部分无效的，没有被撤销的部分继续有效。

四、无效民事行为和被撤销的民事行为的法律后果

民事行为被撤销或被确认无效后，都不再发生法律效力，对当事人不具有约束力。凡是尚未履行的，"义务"一方当事人有权拒绝履行，享有"权利"一方则无权要求义务人履行，正在履行的应当中止。对已经全部履行或部分履行的，应按照下列规则处理：

1. 返还财产。根据《民法通则》第 61 条的规定，民事行为被确认为无效或被撤销后，当事人因该项行为所取得的财产，应返还给受损失的一方。这里包括双方返还和一方返还两种情况。民事行为被确认为无效或被撤销后，原来因该行为所取得的财产即失去了合法根据，就应当返还给对方，否则，即是不当得利。

2. 赔偿损失。根据《民法通则》第 61 条的规定，在无效民事行为和被撤销的民事行为中，有过错的一方应当赔偿对方因此所受的损失，双方都有过错的，应当各自承担相应的责任。

3. 追缴财产。指双方当事人恶意串通，实施民事行为损害国家的、集体的或者第三人的利益的，应当追缴双方取得的财产，收归国家、集体或返还第三人。

思考练习题

1. 简述民事法律行为的法律特征。
2. 区别有偿的法律行为与无偿的法律行为的意义是什么？
3. 民事法律行为的生效要件包括哪些？
4. 无效民事行为的后果与可撤销民事行为的后果有何不同？
5. 附条件法律行为与附期限法律行为有何区别？

第七章　代　　理

■ 学习目的和要求

　　通过本章的学习，能够区别与代理相似的几个概念，明确代理的适用范围，了解代理的分类，掌握复代理的内容，了解代理权的限制。特别要掌握表见代理的构成要件，了解代理权消灭的原因。

第一节　代理的概念及法律特征

一、代理的概念

　　代理，是指行为人根据本人的授权或者法律的规定，以本人的名义实施民事法律行为，而行为的后果归属于本人的行为。

　　代理是一种至少有三方（被代理人、代理人、第三人）参加的民事法律关系。例如，甲接受乙的委托，在乙授权的范围内，以乙的名义，同丙订立合同。在这种代理关系中，甲是代理人，乙是本人，称为被代理人，丙是第三人。实质上甲签订的合同是乙和丙之间的合同。

　　代理制度是社会经济生活的产物，由于社会经济生活的发展，人的活动范围逐渐广阔，社会关系日趋复杂，人们对生产、生活资料的采购、商品的销售，已经无法做到事事躬亲，而且也不可能样样精通，为此将部分事务委托他人代为办理在所难免，因此代理制度便应运而生。代理使主体不仅可以利用自己的能力和知识参与民事活动，而且可以利用他人的能力和知识，这就大大增强了主体的活动能力，同时也大大降低了交易成本。

二、与代理相似的几个概念

　　1. 传话，指帮助民事主体实施民事行为而传达意思，或代本人接受意思表示。它与代理的区别是：传话者无权决定意思表示的内容，不能决定民事法律行为是否成立；而代理是由代理人直接作出意思表示，其表示内容，由代理人决定。

2. 法人代表的行为。法人在进行民事活动时，不但可以通过其法定代表人进行，还可以通过代理人进行。无论通过谁，其法律效果均直接归属于法人。二者的区别在于：代表人是法人本身的机关，不是独立的主体，而代理人是独立主体，法人与代表人的关系是法人内部的关系，法人与代理人之间的关系是两个平等主体之间的关系。

3. 居间。居间是一种合同关系，居间在我国解放前称为掮客、扦手、跑合人等。居间人为委托人报告签订合同的机会或充当签订合同的媒介，而由委托人给付报酬。它与代理人的区别在于，居间人不得代委托人订立合同，而仅仅是在双方之间斡旋，促成合同的订立。

4. 行纪。行纪也是一种合同，行纪人受委托人委托，以自己的名义为委托人实施民事行为并收取报酬。它与代理的区别在于，行纪人是以自己的名义为委托人实施民事行为，其法律效果依行纪合同，间接地归属于委托人，因此，理论上又称其为"间接代理"。行纪人必须具有特殊身份，依法经核准登记后才能从事行纪活动。如信托商店、我国的外贸代理等。

三、代理的法律特征

1. 代理人在代理权限范围内实施代理行为。这里包含三层意思：①代理人须有代理权，代理权的产生或因委托，或因法定，或因指定。没有授权的属于无权代理。②法律规定或当事人约定只能由本人实施的行为，不得代理，如婚姻登记、遗嘱公证等。③代理人在进行代理行为时，有独立的意思表示，可视具体情况而决定表示内容，这与传达人、居间人相区别。

2. 代理人以被代理人的名义进行代理行为。代理人只有以被代理人的名义进行民事活动，其行为后果才能由被代理人承受，如果其以自己的名义进行民事活动，就不是代理，而是自己所为之行为，这一点使代理与行纪相区别。

3. 代理主要是实施法律行为。即代理主要是为被代理人设立、变更、消灭一定民事法律关系，如代签合同、代为诉讼等。不具有法律意义的行为，如代人算账、代人抄写等只能是一种事实行为，它不与第三人之间产生权利义务关系，不是代理。

4. 代理行为的后果直接由被代理人承担。代理的目的是为被代理人进行民事活动，代理人行为的效力当然归属被代理人，包括设定的权利归被代理人享受，义务归被代理人负担，也包括代理人的行为给他人造成的损害由被代理人赔偿，在正常情况下，代理人与第三人之间，不因代理行为而产生权利和义务关系。

第二节　代理的种类

代理的种类按照不同的标准可以有多种划分。

一、根据代理权来源的不同分为委托代理、法定代理、指定代理

1. 委托代理，是指基于被代理人的委托授权而发生的代理。又称意定代理，是最常见、最广泛适用的一种代理形式。

委托代理一般是在委托合同的基础上，由被代理人直接授权给代理人的。需要注意的是，委托合同与授权是两个概念。有时，尽管委托合同成立了，但是合同中没有明确的授权条款，代理权仍不发生。如某甲是某企业的法律顾问，有委托合同，但企业如想让某甲代为实施有关民事法律行为，仍需要具体授权给某甲。

2. 法定代理，是指根据法律的直接规定而发生的代理关系。法定代理主要是为无行为能力人、限制行为能力人设置的代理，一般是基于一定的亲属关系或某种隶属关系而产生的，其确定带有强制性。法定代理不需要被代理人的授权（而且一般被代理人也无授权能力），但是，作为第三人仍然有权要求代理人证明其代理资格。

3. 指定代理，是指根据人民法院或有关单位的依法指定而发生的代理。如法院为无民事行为能力人指定监护人，以代理其进行民事活动，又如为失踪人指定财产代管人等。严格来讲，指定代理也是法定代理。

二、根据代理权限的大小分为一般代理和特别代理

1. 一般代理，是指代理范围及于代理事项的全部的代理。如在委托书中约定代理人对所委托事项全权代理。

2. 特别代理，是指代理权限被限定在一定范围或一定事项的某些方面的代理。如在委托律师进行买卖合同的谈判时，委托书中写明律师的权限是只谈判合同条款而不能代签合同，就属于特别代理。

三、依据代理人人数分为单独代理和共同代理

单独代理，是指在某一项代理中，代理人为一人的代理；共同代理是指在某项代理中，代理人为两个以上的人的代理。

四、根据代理人是否就所代理事项再委托他人代理分为本代理和再代理

本代理，是指基于被代理人的委托而发生的代理关系。再代理，是指由代理人将其代理权再委托给他人的代理关系。再代理也称复代理、转委托。

在再代理中，代理人只有在特殊情况下，为了被代理人的利益，才能转委托。根据我国有关法律的规定，转委托要求事先征得被代理人的同意或事后得到追认，否则，代理人要对自己的转委托负责。因为代理是一种人身信任关系，代理人信任的人，被代理人不一定信任，何况代理的法律后果是由被代理人来承受的。所以，法律对转委托作了严格限制。

转委托的特殊情况是指代理人有急病等情况，自己不能办理代理事项，与被代

理人又不能取得联系，如果不及时委托他人代理，就会给被代理人造成损失。在再代理中，再代理人仍然是被代理人的代理人，而不是原代理人的代理人，其权限也不得超过原代理人。

第三节　代理权的行使

代理权，是指代理人能够以被代理人的名义为意思表示或接受意思表示，其效果直接归属于被代理人的资格。代理权的行使，是指代理人在代理权限范围内完成代理事项的各种活动。根据我国法律的规定，代理权的行使必须遵守以下原则：

一、代理人应在代理权限范围内行使代理权

代理人只有在代理权限范围内进行的代理行为，才能由被代理人承担法律后果，超越代理权限所为的行为，除被代理人追认的以外，对被代理人不发生法律效力，而由代理人承担责任。被代理人知道代理人超越代理权为民事活动不加制止的，由代理人和被代理人承担连带责任。

二、代理人应为维护被代理人的利益而行使代理权

代理人的职责就是为被代理人服务，所以，代理人应从被代理人利益出发，本着对被代理人最有利的原则行使代理权。也只有在为了被代理人的利益的情况下，才能转委托。代理人不履行职责而给被代理人造成损害的，应当承担民事责任。

三、代理人不得滥用代理权

代理人不得以被代理人的名义与自己或自己代理的其他人进行民事活动，前者称自己代理，后者称双方代理。在自己代理的情况下，代理人同时为代理关系中的代理人和第三人，意思表示双方实际上只由一人实施，很难保证不发生代理人为自己利益而牺牲被代理人利益的情况。所以，法律禁止自己代理。双方代理，指同一个代理人，同时代理双方当事人为法律行为。在这种情况下，无法实现双方为各自的利益而进行的讨价、还价过程，代理人最终总是要倾向于一方，所以，法律也予以禁止。

第四节　无权代理

一、无权代理的概念

无权代理，是指没有代理权而以他人名义进行代理活动的民事行为，包括无代

理权的代理、超越代理权限的代理和代理权终止后的"代理"行为。

二、无权代理的法律后果

无权代理是无效行为，"被代理人"对所谓的代理行为不承担责任。但如果"被代理人"对此行为予以追认，则会使无权代理成为有权代理，就应当对该代理行为承受相应的法律后果；如果被代理人知道他人以本人名义实施民事行为而不作否认的，视为其同意他人代理。

无权代理人所实施的行为，如果不能得到"被代理人"的追认，又不能证明自己有代理权，则应对自己的行为承担责任，对该行为所造成的相对人的损失负赔偿责任，如果因无权代理行为而造成"被代理人"损失的，无权代理人也应负赔偿责任。

三、表见代理

（一）表见代理的概念

行为人虽无代理权，但其所具有的一定的表征，足以使相对人客观上能够相信其有代理权而与其为民事行为，该民事行为的后果直接由被代理人承担的，称为表见代理。

表见代理在代理制度中起协调本人和相对人利益的作用，有利于维护交易安全。我国民法是否规定了表见代理，学者之间有争论。一般认为，《民法通则》第65条第3款的"委托书授权不明的，被代理人应当向第三人承担民事责任，代理人负连带责任"是关于表见代理的规定。

（二）表见代理的构成要件

1. 代理人无代理权，即代理人在实施代理行为时，并无本人的授权，或虽有授权，但并未授权其可实施超出特定授权范围的行为。如果代理人对所实施的行为有代理权，当然不发生表见代理。

2. 该无权代理人有被授予代理权的外表或假象。如果无权代理人以被代理人名义实施法律行为，没有任何迹象表明其被授权，那么就不存在表见代理问题，即表见代理的成立须有"外表授权"的存在。如合同的签订人持有被代理人的介绍信签订合同、使用被代理人的合同专用章或盖有印章的空白合同书签订合同等，即属于有被授予代理权的外表或假象。

3. 相对人有正当理由相信该无权代理人有代理权。这是与第二个条件相联系的一个要件，因为虽有外表授权的存在，但相对人还是不相信，那么，仍然不构成表见代理，而是狭义的无权代理。

4. 相对人基于信任而与该无权代理人成立法律行为。这是判定是否表见代理的最终标准，虽然有以上三个要件，但最终相对人并未与其就所谓代理内容成立法律行为，那么，也不构成表见代理。

（三）常见的表见代理产生的原因

1. 因授权表示而产生的表见代理。被代理人以直接或间接的意思表示，表明授予他人代理权，但事实上并未授权，在此情况下，相对人有理由相信其为有权代理人，而与之为民事行为。

2. 因代理授权不明而产生的表见代理。被代理人在授予代理权时，未明确代理权限，或未将指明的代理权限有效告知相对人，致使相对人善意无过失地相信代理人的越权代理为有权代理，而与之为民事行为。

3. 因代理关系终止后未采取必要的措施而产生的表见代理。被代理人在代理关系终止后，应将此事实以适当的方式，有效地通知相对人。如果因为被代理人的原因，使相对人不知代理关系终止，而与原代理人为民事行为，则构成表见代理。

（四）表见代理的法律后果

表见代理成立后，产生类似有权代理的法律后果。被代理人承担代理行为所带来的法律后果，即享受其权利，承担其义务。当然，被代理人有权要求无权代理人赔偿因无权代理而给其造成的损失。

第五节　代理关系中的连带责任

连带责任是指责任方为两人以上时，每一个责任人应就共同责任向相对人负全责的责任形式。根据《民法通则》的规定，在代理关系中有四种连带责任：

一、委托书授权不明所产生的连带责任

《民法通则》第65条第3款规定："委托书授权不明的，被代理人应当向第三人承担民事责任，代理人负连带责任。"以此可以看出，由于委托书授权不明而引起的连带责任，是有主次区别的。通常情况下，被代理人想委托他人做什么，其应作出明确的意思表示，代理人只能依据被代理人的授权而为代理行为。所以，委托书授权不明主要是被代理人的责任，代理人在代理权不明的情况下，也有义务要求被代理人进一步明确，而不能凭想当然去为代理活动，否则，对其所进行的代理行为也应负相应的法律责任。根据上述规定，由于委托书授权不明，给第三人造成损失的，首先由被代理人承担责任，然后再由代理人承担连带责任。

在复代理中，如果委托代理人委托不明，给第三人造成损失的，首先由被代理人承担民事责任，再向委托代理人追偿，转托代理人有过错的，应负连带责任。

二、恶意串通所产生的连带责任

《民法通则》第66条第3款规定："代理人和第三人串通、损害被代理人的利益的，由代理人和第三人负连带责任。"代理人和第三人为了各自不正当的目的而"串

通"，其行为本身由于违反了民事法律行为的有效条件，所以是无效的。而且代理人与第三人，对被代理人的损失来说，有共同的恶意和侵害行为，其目的是以损害被代理人的利益为代价，来为自己谋取不正当利益，这完全违背了代理制度的宗旨，实质上是不具有代理性质的共同侵权行为，对被代理人造成损失的，理应承担连带赔偿责任。

三、因无权代理而产生的连带责任

当第三人明知行为人没有代理权，却仍然与之为民事活动时，对他人利益造成的损失，行为人和第三人应承担连带责任。

四、因违法行为所产生的连带责任

对此，《民法通则》第 67 条规定了两种情况：①代理人知道被委托代理的事项违法仍然进行代理活动的；②被代理人知道代理人的代理行为违法而不表示反对的。在这两种情况下，应按双方共同侵权对待，由他们向第三人承担连带责任。

第六节　代理的终止

代理的终止，是指代理人与被代理人之间代理关系的消灭。在不同类型的代理中代理终止的原因有共同的，也有不同的。

一、代理终止的共同原因

在各种代理中都能引起代理终止的原因，归纳起来包括两种：

1. 本人死亡。代理是为被代理人利益而设立的，如果被代理人（本人）死亡，就会出现没有代理行为后果承受者的局面，所以，代理关系会因本人死亡而消灭。

2. 代理人死亡或丧失民事行为能力。代理是由代理人以被代理人名义进行民事法律行为的行为，其最基本的要求是代理人必须是完全民事行为能力人，如果代理人已经死亡或丧失民事行为能力，其代理资格就不存在了，自然也就不能以被代理人名义代理被代理人进行民事活动。

二、委托代理的终止

根据《民法通则》第 69 条的规定，委托代理终止的原因还有以下原因：

1. 代理期间届满或代理事务完成。如果代理是有期限的，在期限到来之时，代理关系自然终止；而如果委托代理的事务已经完成，代理也就没有继续存在的必要，代理关系也自然终止。这是委托代理终止的最常见、最正常的原因。

2. 被代理人取消委托或代理人辞去委托。委托代理是建立在被代理人和代理人相互信任的基础上的，它可以因任何一方的意思表示而终止，如果被代理人撤回委托或代理人辞去委托都会引起委托代理的终止。

3. 作为被代理人或代理人的法人终止。法人终止与自然人死亡一样，都是导致法律人格丧失的事实，法人终止也使代理关系终止。

三、法定代理或指定代理的终止

除因代理终止的共同原因外，法定代理和指定代理还可以因下列原因而终止：

1. 被代理人取得或恢复民事行为能力。设立法定代理和指定代理是为保护无民事行为能力人和限制民事行为能力人的合法权益。一旦他们因长大成人或恢复健康而成为完全民事行为能力人，那么，也就没有必要再为其指定代理人或规定代理人。

2. 指定代理的法院或者指定单位取消其指定。

3. 因其他原因引起被代理人与代理人之间的监护关系消灭。例如，收养关系解除、监护人不履行监护义务而撤销其监护等。

需要注意的是，被代理人死亡后，下列情况下的代理行为仍然有效：①代理人不知道被代理人死亡而为代理行为的；②委托书中约定待某一代理事项完成后代理关系终止，而在被代理人死亡时，该事项尚未完成，代理人得继续其代理活动；③被代理人的继承人全体承认的代理行为。

思考练习题

1. 代理有哪些法律特征？
2. 什么是滥用代理权，其后果如何？
3. 论表见代理的构成要件。
4. 简述代理消灭的原因。

第八章 诉讼时效和期间

■ 学习目的和要求

　　本章的主要内容是时效，要掌握时效的法律意义，诉讼时效与取得时效、除斥期间的区别，诉讼时效的种类；掌握诉讼时效的中止、中断和延长的适用；了解期间的计算方法。

第一节　诉讼时效的概念和种类

一、时效的概念

　　时效，是指一定的事实状态经过一定的期间，即发生一定法律后果的法律制度。时效是一种时间对民事权利的效力的规定，但它不是因时间的自然流逝而发生的，而是在法律规定的期间内必须自始至终、持续存在着一定的事实状态才发生的。时效是一种法律事实，由于它不包含人的因素，所以属于"事件"类的法律事实。

　　法律关于时效的规定属于强制性规范，任何人都必须遵守，双方当事人不得就时效的长短进行协商。

　　时效分为取得时效和消灭时效。前者是指占有他人财产达一定期间，即取得该项财产所有权的时效，又称占有时效。德国、法国、奥地利、日本等国都有规定，我国法律不承认占有时效。后者又称诉讼时效，我们将在下文详细阐述。

二、诉讼时效的概念

　　诉讼时效，是指在法定期间内不行使权利的权利人丧失胜诉权的法律制度，又称消灭时效。

　　法律规定诉讼时效的意义在于：①有利于社会经济的稳定。实际生活中，经常有权利人对权利久不行使的情况，如债权人长期不请求义务人履行而使财产长期处于不稳定状态。由于诉讼时效是消灭时效，权利人在一定期间内如果不及时行使权利，就会丧失法律保护。所以，诉讼时效制度能督促权利人及时行使权利，稳定社会经济。②有利于司法机关对案件的调查取证，从而及时、正确地审理案件。

三、诉讼时效的效力

诉讼时效的效力，是指时效期间届满后所引起的法律后果。对此，各国立法规定不尽相同。一般包括四种：①实体权利本身消灭，如日本等；②诉权消灭，实体权利仍然存在，如法国等；③实体权利和诉权均不消灭，但义务人可依时效取得拒绝履行的抗辩权，如德国、我国台湾地区等；④权利人的胜诉权消灭，而其起诉权和实体权并不消灭，我国即采用此种制度。

根据《民法通则》的规定，在诉讼时效期间届满后，权利人虽然在程序上可以起诉，但其丧失了要求人民法院强制义务人履行义务的权利，所以，法院可以已过诉讼时效为由裁定驳回起诉。但是，权利人的实体权利并没有消灭，义务人自愿履行的，权利人仍然有权接受，并不构成不当得利。债务人履行义务后，也不得以不知时效期间届满为由要求返还。

四、除斥期间

除斥期间，是指某种权利预定存在的期间，权利人在此期间不行使权利，预定期间届满，便发生该项实体权利消灭的法律后果。例如，《继承法》第 25 条第 2 款规定："受遗赠人应当在知道受遗赠后 2 个月内，作出接受或者放弃受遗赠的表示。到期没有表示的，视为放弃受遗赠。"这里的"2 个月"即是除斥期间，该期间届满，权利人不行使权利，其权利即告消灭。

除斥期间和诉讼时效一样，也是一定的事实状态经过一定的期间而发生一定的法律后果，但这两种制度又存在很大的差异：

1. 法律后果不同。除斥期间届满的法律效力是某项实体权利消灭；而诉讼时效期间届满，只消灭胜诉权，不消灭实体权利。

2. 适用的条件不同。除斥期间届满，法院可依职权主动适用有关规定，无需当事人提出主张，义务人自愿履行的，也可以请求法院追回；诉讼时效届满后，债务人自愿履行的，不能再要求返还。例如，按《破产法》规定，债权人自公告之日起 3 个月内申报债权，逾期不报的，视为自动放弃债权。这里的"3 个月"是除斥期间，过期不申报的，其实体权利消灭。破产人不能对该债权人履行债务，否则，人民法院有权追回。

3. 期间不同。除斥期间是一个不变期间，法律规定多长时间就固定为多长时间，不能变动；而诉讼时效则可因各种原因中止、中断甚至延长。

五、诉讼时效的种类

（一）普通诉讼时效

普通诉讼时效也称一般诉讼时效，是指由民法典规定的统一时效期间的诉讼时效。普通诉讼时效适用于法律没有特别规定的一切民事法律关系。世界上各个国家对此规定差异很大，如《法国民法典》和《德国民法典》规定为 30 年，《苏俄民法典》规定为 3 年，根据《民法通则》第 135 条的规定，我国的普通诉讼时效期间为 2 年。

（二）特别诉讼时效

由民事基本法或特别法就某些民事法律关系规定的短于或长于普通诉讼时效期间的时效。例如，《民法通则》第 136 条规定："下列的诉讼时效期间为 1 年：①身体受到伤害要求赔偿的；②出售质量不合格的商品未声明的；③延付或者拒付租金的；④寄存财物被丢失或者损毁的。"

（三）最长诉讼时效

根据《民法通则》第 137 条的规定，从权利被侵害之日起超过 20 年的，人民法院不予保护。其中的 20 年即是最长时效期间，它也适用于一切民事法律关系，但它与普通诉讼时效的不同在于起算时间不同：普通诉讼时效从权利人知道或应当知道其权利被侵害之日起计算，而最长诉讼时效是从权利被侵害之日起计算的。

第二节　诉讼时效的中止、中断和延长

一、诉讼时效的中止

诉讼时效的中止，是指在诉讼时效进行中，由于出现了法定事由而暂时中止诉讼时效进行的法律制度。中止是暂时停止计算已经开始的诉讼时效，待阻止时效计算的事由消除后，诉讼时效期间继续计算，暂停的那段时间不计入诉讼时效期间。

诉讼时效中止须满足两个条件：①出现法定中止的事由，包括不可抗力和其他使当事人不能行使请求权的障碍。不可抗力是当事人"不能预见、不能避免并不能克服的客观情况"。其他障碍一般理解为，除了不可抗力外当事人无法左右的事由，如权利人死亡、还没有找到继承人等。②中止的事由存在于诉讼时效期间的最后 6 个月内。包括在 6 个月前发生的但持续到最后 6 个月内的情况。

二、诉讼时效的中断

诉讼时效的中断，是指在诉讼时效进行中，因一定事由的发生，阻碍时效进行，致使以前经过的时效期间统归无效，从中断事由消失时起，其诉讼时效重新计算的制度。根据《民法通则》的规定，在下列情况下，诉讼时效中断：

1. 当事人提起诉讼。这使实体权利不行使的事实状态被打破，从而使诉讼时效中断。当然，当事人提起诉讼后未被受理，或请求被驳回，或当事人自己撤诉等，并不使诉讼时效中断。

2. 权利人提出要求或义务人同意履行义务。自权利人向义务人提出要求或义务人表示同意履行义务时起，诉讼时效中断。

三、诉讼时效的延长

诉讼时效的延长，是指人民法院对已经完成的诉讼时效期间，如果当事人有特殊理由，可以给予适当延长的法律制度。诉讼时效的延长不仅可以适用于普通诉讼时效和特殊诉讼时效，而且也适用于最长诉讼时效。这是为了充分保护当事人的合法权利，对诉讼时效的中止、中断的补救。

第三节　期　间

一、期间的概念

期间，是指由某一时期持续达到另一时期的时间。例如，从某日到某日其中经过的时间。时间是永续的，但人们的法律关系在时间上的存在是有限的，民法对民事法律关系在时间上的有限性的规定，就是民法上的期间。同时，民法规定的时间上的效力，并非因时间在一般情况下的自然流逝而发生，而是要与法定的事实状态相联系。

二、期间的计算方法

期间的计算方法按以下标准进行：

1. 期间按公历年、月、日计算，以小时计算的按自然计算法进行。

2. 期间开始的时间，以小时为单位计算的，从规定时开始；以年、月、日计算的，开始的当天不计入，而从下一天开始计算。例如，从 5 月 1 日起 10 天，那么，5 月 1 日这一天并不计入期间，而是从 5 月 2 日零时开始计算，到 5 月 11 日 24 点。

3. 期间的最后一天是法定休息日的，以休息日的次日为期间的最后一天。最后一天的截止时间为当日的 24 时，有业务时间的，停止业务活动的时间为截止时间。

4. 期间不是按日历连续计算的，而是以每月 30 天，每年 365 天计算。如约定在 3 年内服务 3 个月，即指在 3 年内服务 90 天，而如果每年 2 月份去服务 1 个月，则会少服务 6 天。

5. 民法上所称"以上"、"以下"、"以内"、"届满"包括本数，而所称"不满"、"以外"不包括本数。

思考练习题

1. 诉讼时效与除斥期间有何区别?
2. 诉讼时效的中止、中断应具备哪些条件?

第二编　物　权　法

第九章　物权总论

■ **学习目的和要求**

　　物权是静态财产权，是民法中的一项重要财产性权利。物权法调整的是平等主体之间的财产归属关系，规范财产的归属和利用。物权法的内容，依传统民法的体例分为物权总论和物权分论两部分，物权分论又细分为所有权、用益物权、担保物权、占有四部分。本章涉及物权总论的相关制度和知识，包括物、物权概述、物权变动、物权的民法保护四节内容。从物权的客体——物入手，分析阐述了物的种类、物权的特征、物权的类型、物权法的基本原则、物权变动的原因、物权的效力等重要问题。难点是公示及公信原则。通过本章的学习，掌握民法上物的概念和种类；掌握物权的概念、特征及分类；理解物权法的基本原则；理解物权的效力；掌握物权变动的原因、物权变动的原则；运用物权的相关理论分析解决实务问题。

第一节　物

一、物的含义

　　物，是指能够满足人们的需要且人们能够支配或控制的物质实体或自然力。

　　作为物权客体的物，与物理学上所称之物在外延上并不完全一致。民法上的物都具有物理属性，但物理学上的物却并不都是民法上的物。

　　物在民法中具有重要的地位。绝大多数民事法律关系都和物有着密切的联系。如物权关系，直接以物为客体；知识产权关系的客体以物为载体；债权关系虽以行为为客体，但仍与物紧密相连，如以物之交付为客体的债权关系。可以说，物是民事法律关系最普遍的客体。

二、物的特征

（一）客观物质性

客观物质性，即物必须是客观存在的物质实体或自然力。易言之，物须为具备物质形体的有体物。

《物权法》第2条规定："本法所称物，包括不动产和动产。法律规定权利作为物权客体的，依照其规定。"学界通说认为，所有权的客体原则上应限于有体物，他物权的客体则可包括有体物和作为无体物的权利。

（二）可支配性

能够被民事主体支配的物质实体和自然力（如电、热、声、光、气、磁力、无线电频谱等）才是民法上的物。无法支配的物，民事主体便无从以其为客体或为物质条件进行民事活动。如日、月、星辰等，非人力所能支配，故不能成为民法上的物。

（三）可使用性

可使用性，即能够满足人们生活的需要。物须能够满足民事主体的物质利益或精神需求，可供民事主体使用。也就是说，物必须对人有价值。此价值，不以经济价值或物质利益为限，还应包括精神价值，如情感价值、文化价值等。诸如亲人的相片、画像，挚爱亲朋的往来书信等，虽不具有经济价值，但却富含情感价值，因此亦可成为民法上之物。

（四）特定性

特定性，指物须具有可以被特别认定的性质。因为物权是对物支配权，其客体如不特定就无从支配，而且在物权变动时，也无法登记和交付，也就不能成为物权的客体。就生活实际情形而言，在物权人支配范围内的物，也总是与其他物区别开来的具体而特定之物。当然，在现代民法中，物之特定性已趋于缓和，即只要求在物权实现时具有特定性即可。

（五）独立性

传统民法要求作为物权客体之物须独立成一体。所谓"物须独立成一体"，是指物应能独立地满足人们的需要。物之独立性既是物权人直接支配标的物的需要，又是物权公示的需要。不过民法中物之独立性的衡量标准，并非是物理学意义上的，而应是社会的一般观念上的、交易上的、法律上的。一个物即使不具有物理学意义上的独立性，但在交易上被认为具有独立性，法律也可以确认其为物权的客体。比如，已划定界限、四至分明并单独注册的地块虽与其他土地连成一片，但具有独立的法律意义，可单独作为物权的客体。同理，与土地相连的房屋、树木、庄稼，一幢楼房中的各个单元，亦可成为物权的客体。

三、物的分类

依不同的标准，可将民法上的物作不同的分类。以明确不同的物的不同属性和不同特点，把握法律对不同的物的不同要求。

（一）动产与不动产

依物能否移动或移动后是否损害其价值为标准划分。

动产，是指能够移动且移动后不至于损害其价值的物。如冰柜、桌椅等。

不动产，是指不能移动或虽可移动但移动后有损其价值的物。如土地、附着于土地的建筑物及其他定着物、建筑物的固定附属设备等。

《民通意见》第186条规定："土地、附着于土地的建筑物及其他定着物、建筑物的固定附属设备为不动产。"《担保法》第92条规定："本法所称不动产是指土地以及房屋、林木等地上定着物。本法所称动产是指不动产以外的物。"

动产与不动产划分的法律意义在于：

1. 物权变动的公示方法不同。动产物权的变动，通常以交付作为公示方法。而不动产物权的变动，通常以登记作为公示方法。

2. 审判管辖不同。不动产纠纷适用专属管辖，即一律由不动产所在地法院管辖。涉外不动产纠纷的处理适用不动产所在地法。动产纠纷的管辖则不受此限。

（二）禁止流通物、限制流通物、流通物

依物是否可以流通、可以在何范围流通为标准划分。

禁止流通物，是指法律明令禁止流通的物。禁止流通物主要有：国家专有的物资、土地、矿藏、水流、淫秽出版物等。

限制流通物，是指法律对流通范围和程度有一定限制的物。限制流通物主要有：①按指令性计划购销的物资，必须按计划流通；②黄金、白银，只能由国家规定的专营机构经营，自然人之间不得买卖；③外币，只能在特定的场合使用；④公民收藏的文物，只能出售给国家规定的文物收购部门；⑤麻醉药品、毒品、运动枪支，只能由国家允许的专门机构购售；⑥国营企业法人闲置的固定资产或因关停并转需要转让的资产，转让时应取得上级主管机关的同意；⑦法律规定的其他限制流通物。

流通物，是指法律允许在民事主体之间自由流通的物。流通物包括禁止流通物和限制流通物之外的一切物。

此划分的法律意义在于：民事主体违反限制流通物、禁止流通物的有关规定的行为无效，当事人要承担相应的法律责任。

（三）特定物与种类物

依物是否具有独立特征或是否被权利人指定而特定化为标准划分。

特定物，是指具有独立特征或被权利人指定，不能以其他物替代的物。包括独一无二的物和从一类物中被指定而特定化的物。前者如一件文物、一幅古画；后者如从数台电视机中挑选出来的某一台电视机。

种类物，是指具有共同特征和同样经济意义并可以用度量衡计算的可替代之物。如同一型号的水泥、同一规格的钢材等。

此划分的法律意义在于：

1. 适用范围不同。有些合同的标的物只能是特定物，如财产租赁合同、使用借贷合同等；而有些合同的标的物只能是种类物，如金钱借贷合同。

2. 标的物所有权转移时间不同。种类物的转让，通常以物的交付时间为所有权转移时间；特定物的转让，可以物的交付为所有权转移的标志，也可以按照法律规定确定所有权转移的时间。

3. 标的物在交付前灭失的责任不同。特定物在交付对方当事人之前灭失的，可以免除义务人实际交付原物的义务，由有过错的当事人承担损失；种类物在交付前灭失的，义务人应交付同等种类物。

（四）主物与从物

依两个独立存在的物在用途上客观存在的主从关系为标准划分。

主物，是指独立存在，在与同属一人所有的其他独立物结合使用中起主要作用的物。

从物，也称"附属物"，是指独立存在，在与同属一人所有的其他独立物结合使用中处于附属地位、起辅助和配合作用的物。如灯与灯罩，灯是主物，灯罩是从物。从物必须具备三个要件：①必须不是主物的构成成分；②须对主物起辅助作用；③须与主物同属一人所有。

此划分的法律意义在于：在法律无相反规定或合同无相反约定时，主物所有权转移时，从物所有权也随之转移，即对主物的处分及于从物。此乃"从随主"原则的具体体现，目的在于物尽其用。

（五）可分物与不可分物

依物能否分割为标准划分。

可分物，是指可以分割且分割后不损害其经济用途或改变其性质的物。如面粉、布匹等。

不可分物，是指按照物的性质不能分割或分割后将损害其原有用途或降低其经济价值的物。如一台电视机、一匹马等。

此划分的法律意义在于：

1. 有利于确定共有财产的分割方法。分割共有财产时，对可分物可以采取实物分割的方式；对不可分物只能采取变价分割或作价补偿的方式。

2. 便于明确多数人之债的债权债务。数人共享一个债权或共负一个债务，标的物为可分物的，债权人可以享有按份债权，债务人可以负有按份债务；标的物为不可分物的，债权人之间是连带债权，债务人之间是连带债务。

（六）原物与孳息物

依两物之间存在的产出与被产出的关系为标准划分。

原物，是指依其自然属性或法律规定产生新物的物。如生蛋的母鸡、产生利息的存款本金。

孳息物，是指由原物产生的新物。包括天然孳息和法定孳息。天然孳息，是指原物依自然规律产生的物，如鸡蛋。法定孳息，是指原物依法律规定产生的物，如存款利息、租金。

此划分的法律意义在于：除法律另有规定或合同另有约定外，孳息归原物所有人所有；转让原物时，孳息收取权一并转移。

（七）消耗物与不消耗物

依物能否反复使用为标准划分。

消耗物，指仅能供权利人一次性使用的物。如食品、燃料、金钱等。

不消耗物，指能够供权利人反复使用的物。如房屋、汽车等。

此划分的法律意义在于：消耗物可以作为消费借贷、买卖等转移所有权的合同的标的物；而不消耗物不仅可以作为转移所有权类合同的标的物，而且可以成为使用借贷、租赁等合同的标的物。

（八）有主物与无主物

依物在一定期限内是否有所有人为标准划分。

有主物，是指所有人明确的物。如某人的汽车。

无主物，是指在一定期限内没有所有人或所有人不明的物。如抛弃物。"所有人不明"，是指事实上无法明确所有人。因而，讼争之物不属所有人不明之物。

此划分的法律意义在于：解决无主物的归属，以使物尽其用。

（九）单一物、合成物与集合物

依物的构成单元为标准划分。

单一物，是指独立成一体的物。如一匹马。

合成物，指数个单一物结合为一体的物。如钻戒。合成物的各个组成物能够独立为一体，而且相互间没有主、从关系。合成物事实上是二个以上独立物的结合体，在作为权利标的时，被法律或交易观念视为一个物。

集合物，是指多个的单一物或合成物集合为一体作为权利标的，在交易上和法律上当作一物对待的物的总体。如中国政法大学图书馆的全部藏书。

此划分的法律意义在于：明确单一物、合成物、集合物在作为权利标的时，在法律观念上都是一个完整的物，且一物之上只有一个所有权。

（十）定着物与附着物

依物对它物的粘连程度为标准划分。

定着物，是指固定于地上或地下、不能移动的物，如房屋等建筑物。定着物不是它所定着的物的一部分，也不是从物，而是独立的物。

附着物，是指附着于其他物上、可以与所附着之物分离，但分离之后不能正常发挥其用途的物，如室内安装的吊灯。

此划分的法律意义在于：定着物属于不动产，适用不动产法律；附着物有的是动产，有的在法律上视为不动产。

（十一）特殊种类的物

1. 货币。货币，是充当一切商品的等价物的特殊商品。在民法上，货币属于动产、种类物、可消耗物，具有高度的替代性，其价值通过票面数额表示，是法定的支付手段、流通手段和结算手段。我国的法定货币是人民币，包括纸币和铸币。

货币的所有权与占有不能分离，与其他物的区别在于：

（1）占有货币的人即被推定为货币的所有权人。

（2）丧失货币的占有，不存在作为物上请求权的返还请求权，仅存在不当得利返还请求权。

（3）货币所有权的让与是事实行为，以移转占有为条件，无论让与人有无行为能力，该让与行为均为有效。

（4）货币进行借贷时，借用人即时取得对货币的所有权，贷与人并不间接占有该货币，而仅对借用人享有债权。

2. 证券。证券有广义和狭义之分。

广义的证券，是指在特制的专用纸单上记载一定的文字，表明一定财产权利或法律事实的书据。包括：

（1）票证，即以专用纸卡、纸单等记载财产权的书据。如车票、船票、机票、门票。票证是代表一定财产权的特制物，行使票证上表明的权利，须持有票证。

（2）证书，即证明某种权利或法律事实的书据。如出生证、死亡证、房产证、结婚证等。证书只证明权利或法律事实的发生、变更和消灭，不代表它所证明的权利或事实。证书与其所证明的权利或事实是两个独立存在的事物，二者可以分离，且分离之后互不影响。如结婚证毁损，不影响夫妻间的权利义务。

（3）单据，即收取金钱或货物的书据。如发票、现金收据、提单、仓单、运单。

（4）特种格式合同书。如保险单。

（5）有价证券，即代表一定财产权利的书面凭证。如债券、票据、提单、仓单、股票等。

狭义的证券，仅指有价证券。它具有以下法律特征：

（1）证券直接代表财产权利，券面所记载的财产价值，就是证券本身的价值。要取得证券上的财产权，就必须取得证券。

（2）证券上权利的行使，离不开证券。证券是代表财产权的书据，本身属于特定物。持券人须持有证券，方能行使证券上的权利，离开证券，即无法表明权利的存在，也就无从行使权利。

（3）证券权利的转移，仅以证券的交付为要件。证券属于动产，动产所有权的转移，除法律另有规定外，以动产的交付为要件。持券人转让证券权利，只须交付证券即可。

（4）证券的债务人是固定的，债权人则可因证券的转让而变更。证券具有流通性，持券人可以转让其所持有的证券。谁持有证券，谁便享有证券所载权利，成为债权人。

（5）证券上的债务，是"无条件给付"券面载明财产的义务。无条件给付，是指债务人履行证券义务，交付财产时，除有权收回证券外，不得向持券人提出任何对价性条件，只能是单纯给付。

有价证券的主要类型：

（1）票据，是指出票人依法签发的、由自己无条件支付或委托他人无条件支付一定金额给收款人或持票人的有价证券。包括本票、汇票、支票。

本票，又叫"期票"，是出票人签发的，承诺自己在见票时无条件支付确定的金额给收款人或持票人的票据。

汇票，是出票人签发的，委托付款人在见票时或在指定日期无条件支付确定的金额给收款人或持票人的票据。我国有商业汇票和银行汇票两种汇票。

支票，是出票人签发的，委托办理支票存款业务的银行或其他金融机构在见票时无条件支付确定的金额给收款人或持票人的票据。我国有现金支票、转账支票、定额支票三种支票。

（2）债券，是指国家或企业依法发行的、约定在到期时还本付息的有价证券。包括公债券和企业债券。国库券即为一种公债券。

（3）股票，是指股份有限公司依法发行的、表明股东权利的有价证券。

（4）提单，是指货物承运人接受承运货物后签发给托运人的货运单据。它既是货物运输合同成立的证书，又是承运货物的物权凭证。

3. 外汇。外汇，是指以外币表示的、可以用作国际清偿的支付手段和资产。包括外国货币、外币有价证券、外币支付凭证、特别提款权、欧洲货币单位及其他外汇资产。外汇作为一种特殊的物，其在性质和私法上的地位，与本国货币和有价证券相同，差别在于我国对外汇有特别的行政管理。[1]

4. 尸体、活体器官、死体器官、血液、精子、卵子。尸体、活体器官、死体器官、血液等，这些物体在不违背公序良俗的特定条件下，可以成为民事法律关系的客体。如捐献眼角膜、肾脏，献血等。

第二节　物权概述

一、物权的含义

物权，是指权利人直接支配特定物，而享受其利益的排他性财产权。

---

〔1〕　参见《中华人民共和国外汇管理条例》。

《物权法》第 2 条规定："本法所称物权，是指权利人依法对特定的物享有直接支配和排他的权利，包括所有权、用益物权和担保物权。"

1. 物权是一种财产权，以直接就物享受利益为内容。权利人享有物的归属，可就物的使用价值而为物的利用，也可就物的交换价值而设债的担保。

2. 物权以特定物为标的。该特定物可以是权利人合法所有的自有物，也可以是权利人根据法律、合同所支配的他人的物。物权的标的物在内容、范围上均须确定，否则，将因物的归属不明、利用无度而导致社会生活陷于混乱。

3. 物权是支配型财产权。财产权依其作用分为请求型和支配型两种。物权人通过直接对标的物实施取得利益的各种行为，来实现其对物的财产利益。因此，物权是一种支配型财产权。

4. 物权分为自物权和他物权两种。自物权，是指权利人在法律规定的范围内按照自己的意志支配自有物的物权。自物权的类型只有一种，即所有权。

他物权，是指权利人根据法律或合同而支配他人之物的物权。他物权因设立目的的不同而分为用益物权和担保物权两类。

二、物权的性质

物权是法律调整物的归属和利用关系的结果，表现为人支配物的权利。但这是否意味着物权所体现的是人与物的关系呢？对此问题，理论上存在三种观点：

1. 对物关系说，认为物权是人直接支配物的财产权，是人与物的关系。

2. 对人关系说，认为物权是可以对抗一般人的财产权，是人与人的关系。

3. 折衷说，认为物权的积极方面是人对物的支配权，是人与物的关系；而消极方面是排除他人干涉的权利，是人与人的关系。此说为目前通说。

物权关系同其他法律关系一样，是一种人与人之间的具有权利义务内容的意志关系，是人与人之间针对物之支配而发生的权利义务关系。在这种关系中，权利主体享有以自己的意志支配某物从而取得某物利益的权利，而义务主体则负有不侵害某物，不妨碍权利主体对该物进行支配的义务。二者共同构成物权的完整内容。

三、物权的特征

物权与其他相关权利比较，具有如下法律特征：

（一）物权是对物的支配权

这是物权在作用方面的特征。物权的作用是保障权利人能够对标的物全面支配或限定支配，从而直接享受物的效益。对物进行支配，不是物权人的目的而是物权人的手段，物权人的目的在于通过对物的支配而取得物之利益。

"享受物的效益"，通常表现在两个方面：①利用物的使用价值满足生产经营和日常生活的需要；②利用物的交换价值进行信用担保，取得生产、生活所急需的货币资金。

"支配"，是指依权利人的意思，对标的物加以管领处分，即实施取得利益的各种行为。物权以物为支配对象，以直接支配标的物为其内容。

"直接"，是指物权人对于标的物的支配，无须他人意思或行为的介入即可获得实现。

（二）物权是排他性财产权

这是物权在效力方面的特征。物权的排他性表现在两个方面：

1. 物权具有直接排除不法妨碍的效力。当物权人行使权利遇到不法妨碍时，可以凭借物权直接请求妨碍人排除妨碍或消除可能发生妨碍的因素。

2. 一物之上不能同时存在两个以上互不相容的物权。如某人对某物享有所有权，就排除其他任何人同时再对该物享有所有权。

值得注意的是，物权的排他性并不排除下列情况：①多人共享同一物权。如共有。②一物之上有所有权和他物权同时存在。如 A 在自有物上为 B 设定了抵押权。③一物之上有互不影响的数个他物权同时存在。④法律针对物权所规定的限制。如禁止权利滥用原则、相邻权的发生等。

（三）物权是对世权

这是物权在效力范围方面的特征。物权的权利主体是特定的，而义务主体是不特定的。物权对除权利人之外的任何人都有约束力。物权人得要求世间一切他人对其标的物的支配状态予以尊重，一切人均负有不得侵害该直接支配状态的义务。

（四）物权是绝对权

这是物权在实现方式方面的特征。物权的实现，无需义务人为积极行为进行协助，仅由权利人对标的物进行直接支配即可。物权义务人所负担的是不作为的义务，即不得对物权人实施非法干预。物权是法定权利，其内容、效力均由强制性规范所规定。因此，物权人能够在合法范围内无限制条件地、绝对地实现其权利。

四、物权法的基本原则

物权法的基本原则，是贯穿于整个物权制度中的物权立法思想和适用物权规范的根本准则。

（一）一物一权原则

一物一权，是指一个标的物上只能存在一个所有权，不允许有互不相容的两个以上的物权同时存在于同一标的物上。

一物一权的立法思想，是保障物的所有人能够按照自己的意思独占性地、全面地支配自有物，能最终地处分自有物。这样的结果，能够确定一定物质财富的所有关系，不致因对物的所有关系不确定而造成社会混乱。

一物一权中的"一物"，是指法律观念上的一个标的物，既可是单一物，也可以是合成物或集合物，而不是指客观事实上的一个独立物。物权的客体应具有特定性和独立性。而这种特定性和独立性的衡量标准，不是物理上的，而应是法律上的。

一物一权具有相对性，即一物一权并不排除在同一标的物上同时设立所有权和他物权，也不排除在同一标的物上同时设立两个以上不相冲突的他物权。

（二）物权法定原则

物权法定，是指物权的种类、内容均由法律规定，不得由当事人自由创设。

物权法定原则的内容：

1. 物权的种类不得创设，即当事人不得创设法律未规定的新类型的物权。此谓"类型强制"。

2. 物权的内容不得创设，即当事人不得创设与物权的法定内容相悖的物权内容。此谓"内容固定"。

（三）公示、公信原则

1. 公示原则。公示原则，是指物权的存在与变动均应当具备法定的公示方式的原则。

公示，是将物权的存在与变动状态以法定方式公开向社会公众显示，以使公众知晓。

物权存在的公示，为物权的静态公示。按各国物权法的规定，"占有"是动产物权存在的公示方式，国家不动产物权登记簿上所作的"登记"记载是不动产物权存在的公示方式。物权变动的公示，为物权的动态公示。按各国物权法的规定，"交付"是动产物权变动的公示方式，变更"登记"是不动产物权变动的公示方式。

依我国《民法通则》和《物权法》的相关规定，物权的变动公示的，产生相应的法律效力，并受法律保护；不公示的，不能发生相应的法律效力。申言之，如果物权的变动不具备法定的公示方式，便不能发生物权变动的效果。但是，法律另有规定的除外。

除法律另有规定者外：①对于动产物权的变动而言，以交付标的物为生效要件；但是，我国法律规定，允许当事人就动产所有权的变动采用约定的方式，即"所有权保留的买卖"。②对于不动产物权的变动而言，以完成登记为生效要件；对于不动产物权的存在而言，以登记记载为其权利存在的证明。

2. 公信原则。公信原则，是指物权的存在与变动因公示而取得法律上的公信力，即法律推定动产的占有人对其占有的动产享有物权，不动产的登记名义人享有登记于其名下的不动产物权。即使公示的物权名义人不是真正的物权人，善意受让人基于对公示的信赖，仍能取得物权的原则。

公信，是指公示所产生的物权存在与变动的效力的可信赖性，即产生使"公众信赖"的效果。此信赖性是法律所赋予的，旨在保护以公示方式取得物权的善意第三人。

依公信原则，物权的存在与变动公示的，即发生权利存在与变动的效力。即使公示有瑕疵，善意受让人也不负返还义务。申言之：

（1）对动产物权而言，动产占有人按公示方式转让动产物权的，受让人不知道且无义务知道其无处分权的，取得了标的物的占有，就取得了物权。原所有人无权要求新物权人返还标的物，而只能对无处分权的占有人行使赔偿请求权。

（2）对不动产物权而言，不动产经登记而转让物权的，受让人不知道且无义务知道登记有瑕疵的，办理完登记手续就取得了物权。原所有人无权要求新物权人返还该不动产，只能要求无处分权的出让人或登记机关承担相应责任（返还不当得利或赔偿损失）。

（四）区分原则

对于区分原则，在我国民法学界存在两种不同的解释：①赞成德国物权行为独立性理论的学者将其解释为物权行为与债权行为相区分的原则；②不赞成德国物权行为独立性理论的学者将其解释为物权变动与其原因行为相区分的原则。

按第二种观点解释我国物权法上的区分原则，其内容是：

1. 交付或登记是物权变动的形式要件。若当事人仅有合意，而其合意不具有交付或登记的形式，则不能发生物权变动的法律效果，其合意只能拘束当事人双方，不能对抗第三人。

2. 合同的成立与有效，均不以标的物的交付或登记为条件，也不发生物权变动的法律效果。合同依法成立后仅在当事人之间产生设定债权债务关系的法律效果。

3. 在交易关系中，如果当事人不依交易合同的要求实施交付或者登记，即构成合同之债的不履行，依法应当承担违约责任。

《物权法》颁布后，第二种解释成为主流观点。《物权法》第15条规定："当事人之间订立有关设立、变更、转让和消灭不动产物权的合同，除法律另有规定或者合同另有约定外，自合同成立时生效；未办理物权登记的，不影响合同效力。"

五、物权的种类

（一）传统民法学中的物权种类

传统民法学中的物权种类包括：所有权、地上权、地役权、永佃权、典权、抵押权、质权、留置权以及矿业权、渔业权等准物权。

（二）我国现行民法中的物权种类

根据我国《民法通则》及其他相关法律的规定，我国现行民法中的物权种类包括：所有权、使用权（国有土地使用权、国有自然资源使用权）、经营权、承包经营权（土地承包经营权、自然资源承包经营权）、典权、抵押权、质权、留置权以及林木采伐权、采矿权、渔业权、狩猎权、先买权等准物权。

《物权法》中规定的物权（含准物权）种类包括：所有权；自然资源使用权、土地承包经营权、建设用地使用权、宅基地使用权、地役权；抵押权（含最高额抵押权）、质权、留置权；探矿权、采矿权、取水权、渔业权（水产养殖权和捕捞权）。

（三）我国现行民法中的准物权

准物权，是指经特许设立的，性质和要件相似于物权并准用《物权法》相关规定的取得物权的财产权。

1. 林木采伐权 (《森林法》及其实施细则)。林木采伐权, 是指依照法定程序取得的采伐林木获取收益的权利。

林木采伐权的取得, 以采伐申请人取得采伐许可证为要件; 林木采伐权的行使, 以采伐许可证规定的内容为准。

审核发放采伐许可证的部门, 是申请人所在地的县级以上林业主管部门。

2. 采矿权 (《民法通则》、《矿产资源法》)。采矿权, 是指依照法定程序取得的采挖国有矿产并进行使用、收益和处分的权利。

采矿权须经国家主管部门批准并颁发采矿许可证, 方能取得。矿产资源属国家专有物, 国家对采矿权的批准与授予, 采用分级颁发许可证的方法。

采矿权不得买卖、出租、不得用作抵押。

3. 渔业权 (《渔业法》)。渔业权, 是指依法定程序取得的在国有水面、滩涂从事水产养殖业或在内水、近海从事捕捞业, 从而获取收益的权利。包括水产养殖权和捕捞权。

水产养殖权的取得, 须向水面、滩涂所在地的县级以上人民政府申请养殖许可证。

捕捞权的取得, 须向县级以上人民政府渔业行政主管部门申请捕捞许可证。

4. 狩猎权 (《野生动物保护法》)。狩猎权, 是指依照法定程序取得的猎捕、捕捞野生动物, 进行使用、收益的权利。

狩猎权的取得, 须向县级以上有关主管部门申请相应的特许猎捕证或狩猎证。

5. 先买权 (《民法通则》及其意见、《物权法》)。先买权, 指当事人依照法律的具体规定而享有的、在同等条件下对标的物能够优先购买的权利。

享有先买权的人称先买权人。先买权人通常是标的物的共有人或合法占有人。先买权对标的物的所有权有一定的限制力。在所有人出卖标的物时, 先买权人在同等条件下得较他人优先购买, 出卖人不得拒绝。否则, 先买权人得请求法院保护。

先买权的发生, 以标的物上存在共有关系、长期共用关系及租赁关系为前提。因此, 先买权主要包括: 按份共有人的先买权; 不动产长期共用人的先买权; 承租人的先买权; 其他合法占有人的先买权。

六、物权的分类

(一) 自物权与他物权

依权利人是对自有物享有物权还是对他人所有之物享有物权为标准划分。

自物权, 是指权利人依法对自有物享有的物权。所有权是唯一的自物权种类, 自物权就是所有权。自物权人在合法范围内能够依自己的意思直接对标的物进行全面的、自主的支配, 并有权排除他人的干涉。自物权因此被称为"完全物权"。

他物权, 是指权利人根据法律的规定或合同的约定, 对他人所有之物享有的物权。所有权之外的一切物权均为他物权。他物权人仅得于特定范围内对标的物进行支配。他物权人支配标的物时，除不得违反法律关于物权的一般性规定外，还要受到设定他物权的合同或具体法律规定的限制，受到标的物上所有权的制约。同时，他物权的存在对所有权也是一种限制。因此，他物权也被称为"不完全物权"、"限制物权"、"定限物权"。

划分的法律意义在于：认识不同的物权有不同范围的支配力，不同物权人的权利范围也不相同；有利于正确处理所有权人与他物权人之间的关系，公平保护所有权人与他物权人的合法利益，充分发挥物质财富在生产和生活中的效用，促进商品经济的发展，满足人们的物质需求。

（二）动产物权与不动产物权

依物权标的是动产还是不动产为标准划分。

动产物权，是指以动产为标的的物权。

不动产物权，是指以不动产为标的的物权。

划分的法律意义：二者的成立要件、效力及得丧变更的法律要求有所不同。

1. 二者的公示方法、成立要件不同。为强化不动产的管理，各国对不动产物权的设立、转让、消灭均建立相应的登记制度；而对动产（车、船等交通工具除外）则未设登记制度。动产物权的享有和变动的公示方法是占有和交付；不动产物权的享有和变动的公示方法为登记。动产物权变动的生效要件是交付；不动产物权变动的生效要件是登记。

2. 二者所受限制不同。由于动产物权的得丧变更对社会公共利益影响不大，因此法律对动产物权一般都没有特别的限制；而不动产物权的得丧变更直接关系社会公共利益，法律多设有种种限制。特别是对以土地为客体的不动产物权，无论是其享有还是行使，法律的限制都较为严格。比如，我国对土地实行公有（全民所有或集体所有），禁止私人取得土地所有权。即使允许土地私有的国家，对私人土地所有权通常也都规定了一系列的限制。另外，不动产物权的行使也受法律的诸多限制。比如，受民法所规定的相邻权制度的限制、受行政管理法规的种种限制、受国家强制征收的限制等。

（三）主物权与从物权

依物权是否具有独立性为标准划分。

主物权，是指不从属于其他权利而独立存在的物权。如所有权、土地承包经营权、建设用地使用权、宅基地使用权等。

从物权，是指从属于其他权利、并为所从属的权利服务的物权。如抵押权、质权、留置权、地役权等。

划分的法律意义在于：主物权能够独立存在；而从物权的存在须以它所从属的权利的存在为前提，主权利消灭时，从物权也随之消灭。例如，债权消灭时，为其设定的担保物权随之而消灭。

（四）用益物权与担保物权

依他物权设立的目的为标准划分。

用益物权，是指以实现对标的物的使用和收益为目的而设立的他物权。意在取得标的物的使用价值。如土地承包经营权、地役权、建设用地使用权、宅基地使用权等。

担保物权，是指为担保债务履行而在债务人或第三人的特定物上设立的他物权。意在取得标的物的交换价值。如抵押权、质权、留置权等。

划分的法律意义在于：明确不同的他物权，因设立目的不同，权利内容也就不同：用益物权人仅得对标的物进行使用和收益，不得处分标的物；担保物权人仅于债务人不履行债务时，得以担保物折价抵债或变卖担保物从其所得价款中优先受偿。

（五）登记物权与非登记物权

依物权的变动是否须经登记为标准划分。

登记物权，是指物权的变动须经登记机关登记才能产生相应法律效力的物权。不动产物权多为登记物权。

非登记物权，是指物权的变动无须登记即可产生相应法律效力的物权。动产物权多为非登记物权。

划分的法律意义在于：二者的成立要件和变动方式不同。登记物权以登记为公示方法，其变动须经登记始生效力。非登记物权以物之占有为公示方法，其变动无须登记，只须交付即产生效力。

（六）普通物权与准物权

依物权得以产生的法律依据之不同为标准划分。

普通物权，是指由民法所规定的物权。

准物权，是指由矿业法、渔业法等特别法所规定的、具有物权性质的财产权，如矿业法所规定的探矿权、采矿权，渔业法所规定的捕捞权、养殖权等。

划分的法律意义在于：准物权由特别法所规定，且其取得与行使受行政限制。对于准物权应当首先适用相关特别法的规定，只有特别法对相关内容没有规定时，才适用民法的规定。

七、物权的效力

物权的效力，是指法律赋予物权的强制性作用力。

物权的效力反映了法律保障物权人能够对标的物进行支配、并排除他人干涉的程度和范围，是物权进一步发挥作用的结果。物权具有如下效力：

（一）物权的支配力

物权的支配力，是指法律赋予物权的、保障物权人对标的物直接为一定行为并享受其利益的作用力。

完全物权有完全的支配力，在合法范围内，物权人能够依自己的意思自由支配标的物；不完全物权具有不完全的支配力，物权人只能在法律规定或合同约定的范围内，对他人之物享有一定的支配权。

（二）物权的优先力

物权的优先力，是指法律赋予物权的、得优先于一般债权而行使的作用力。

在同一标的物上，物权与一般债权同时存在时，物权的效力强于债权，原则上物权优先于一般债权而行使。但法律另有规定或当事人另有约定者除外。

物权优先力的表现：

1. 物权破除债权。就债权的特定标的物成立物权时，该物权可基于其优先效力而破除债权，使已成立的债权不能实现。在这种情况下，债权人不能请求物权人交付原债的标的物，只能请求原债务人承担违约责任（"买卖不破租赁"例外）。

2. 优先受偿权。享有担保物权的债权人可就担保物优先于其他债权人受清偿；债务人破产时，其财产上设有担保物权的，担保物权人得将担保物从破产财产中别除而优先受偿（别除权）；债务人破产时，非属于债务人所有之物，所有人得取回该物（取回权）；当担保物被其他债权人申请强制执行时，担保物权人得向法院提出执行异议。

3. 优先购买权。所有人出卖所有物时，就该物与所有人存在物权关系的人在同等条件下可优先购买。如按份共有人的优先购买权优于承租人的优先购买权。

（三）物权的妨害排除力（物上请求权效力）

物权的妨害排除力，是指法律赋予物权的、排除他人妨害以恢复权利人对物正常支配的圆满状态的效力。该效力从权利角度可称为"物上请求权"、"物权请求权"、"妨害排除请求权"。

物上请求权，是指物权的圆满状态受到妨害或有被妨害的危险时，物权人为恢复其物权的圆满状态可以请求妨害人为一定行为或不为一定行为的权利。该权利以物权的存在为发生前提，其作用在于排除对标的物支配所存在的种种妨害。它的内容包括：停止侵害请求权、排除妨碍请求权、消除危险请求权、恢复原状请求权和返还原物请求权等诸项具体权利。

（四）物权的追及效力

物权的追及效力属于物权的妨害排除力，是妨害排除力的具体体现。

物权的追及效力，是指物权的标的物无论辗转落入何人之手，除法律另有规定外，物权人皆可追及其物，向占有人主张权利，请求返还的效力。

物权追及效力的表现：

1. 当标的物由无处分权人转让给第三人后，除法律另有规定外，物权人有权向第三人请求返还原物。

2. 当抵押人擅自转让抵押物给第三人后，抵押权人得追及抵押物之所在行使抵押权。

对物权追及效力的限制：①善意第三人的即时取得（善意取得）；②善意第三人

的时效取得（我国现行民法未规定取得时效）；③物权未按法定方式公示，不得对抗善意第三人（未登记抵押权）；④物权登记的公信力（错误登记的物权不得对抗善意第三人）。

第三节　物权的变动

一、物权变动的含义

物权变动，是指物权的设立、变更和终止的运动状态。

物权的设立，是指民事主体依法设立新的物权。为自己设立物权，称为"物权的取得"；为他人设立物权，称为"物权的设定"。物权的设立导致物权与特定的主体相结合，产生一个新的物权，故又称"物权的发生"。

物权的变更，是指物权的标的、内容的部分改变。如标的物数量的增减、权利范围的扩充或缩减等。

物权的终止，是指物权归于消灭。即物权与特定的主体相分离，包括绝对消灭和相对消灭。

二、物权变动的原因

物权的变动作为物权法上的一种民事法律效果，同其他民事法律效果一样，也是由一定的民事法律事实所引起。

物权变动的原因，是指引起物权发生、变更、终止的法律事实。主要包括：

1. 法律行为。如基于买卖、互易、赠与、遗赠等受让物权（交付或登记）及设定或变更、终止他物权的各种法律行为。

2. 法律行为之外的法律事实。如时效、先占、添附、继承、无主物的取得、标的物消费、标的物灭失及混同等。

3. 公法上的原因。如公用征收、没收、罚款等。

三、物权变动的原则

物权变动的原则，是指设立、变更、终止物权所必须遵循的基本规则。包括公示原则和公信原则。

（一）公示原则

公示原则，是指物权变动应当具备法定公示方式的原则。

依公示原则，物权变动公示的，产生权利变动的效力，即发生物权取得、变更、终止的后果，并受法律保护；不公示的，不能发生物权变动的效力。但是，法律另有规定的，依其规定。比如地役权，不登记的，也能生效，只是没有对抗第三人的效力。

（二）公信原则[1]

公信原则，是指物权变动公示的，即取得法律上的公信力，即使标的物的出让人事实上无处分权，善意受让人基于对公示的信赖，仍能取得物权的原则。

公信，是指公示所产生的物权变动效力的可信赖性。即产生使"公众信赖"的效果。此信赖性是法律所赋予的，旨在保护以公示方式取得物权的善意第三人。

依公信原则，物权变动公示的，即发生权利变动的效力，即使公示有瑕疵，善意受让人也不负返还义务。

四、我国物权变动的立法

《民法通则》第72条规定："财产所有权的取得，不得违反法律规定。按照合同或其他合法方式取得财产的，财产所有权从财产交付时起转移，法律另有规定或者当事人另有约定的除外。"

《物权法》第6条规定："不动产物权的设立、变更、转让和消灭，应当依照法律规定登记。动产物权的设立和转让，应当依照法律规定交付。"

《物权法》第9条规定："不动产物权的设立、变更、转让和消灭，经依法登记，发生效力；未经登记，不发生效力，但法律另有规定的除外。"

《物权法》第14条规定："不动产物权的设立、变更、转让和消灭，依照法律规定应当登记的，自记载于不动产登记簿时发生效力。"

《物权法》第15条规定："当事人之间订立有关设立、变更、转让和消灭不动产物权的合同，除法律另有规定或者合同另有约定外，自合同成立时生效；未办理物权登记的，不影响合同效力。"

《物权法》第23条规定："动产物权的设立和转让，自交付时发生效力，但法律另有规定的除外。"

依《民法通则》和《物权法》的相关规定，我国物权变动立法的基本内容如下：①不动产物权的变动，以登记为生效要件，但法律另有规定的除外；②动产物权的变动，以交付为生效要件，但法律另有规定的除外。

"法律另有规定"是指以下情形：

1. 《物权法》第9条第2款："依法属于国家所有的自然资源，所有权可以不登记。"

2. 《物权法》第24条规定："船舶、航空器和机动车等物权的设立、变更、转让和消灭，未经登记，不得对抗善意第三人。"（登记仅作为对抗要件）

3. 《物权法》第25条规定："动产物权设立和转让前，权利人已经依法占有该动产的，物权自法律行为生效时发生效力。"（简易交付）

---

[1] 关于公信原则的其他内容，请见本书第97~98页。

4.《物权法》第 26 条规定："动产物权设立和转让前，第三人依法占有该动产的，负有交付义务的人可以通过转让请求第三人返还原物的权利代替交付。"（指示交付）

5.《物权法》第 27 条规定："动产物权转让时，双方又约定由出让人继续占有该动产的，物权自该约定生效时发生效力。"（占有改定）

6.《物权法》第 28 条规定："因人民法院、仲裁委员会的法律文书或者人民政府的征收决定等，导致物权的设立、变更、转让或者消灭的，自法律文书或者人民政府的征收决定等生效时发生效力。"

7.《物权法》第 29 条规定："因继承或者受遗赠取得物权的，自继承或者受遗赠开始时发生效力。"

8.《物权法》第 30 条规定："因合法建造、拆除房屋等事实行为设立或者消灭物权的，自事实行为成就时发生效力。"

9.《物权法》第 127 条规定："土地承包经营权自土地承包经营权合同生效时设立。"

10.《物权法》第 158 条规定："地役权自地役权合同生效时设立。"

（一）不动产登记

不动产登记，是指经权利人申请，由登记机构将申请人申请的登记事项记载于不动产登记簿的事实。

不动产登记的内容就是关于不动产的各种物权变动的登记，所以，不动产登记又被称为不动产物权登记。《物权法》第 10 条规定："不动产登记，由不动产所在地的登记机构办理。"

1. 登记机构的职责：

（1）查验申请人提供的权属证明和其他必要材料。

（2）就有关登记事项询问申请人。

（3）如实、及时登记有关事项。

（4）法律、行政法规规定的其他职责。

申请登记的不动产的有关情况需要进一步证明的，登记机构可以要求申请人补充材料，必要时可以实地查看。

2. 不动产登记的类型：

（1）变动登记。指登记机构就不动产物权的设立、变更、转让和消灭等事项进行的登记。

（2）预告登记。指在当事人所期待的不动产物权变动所需要的条件缺乏或者尚未成就时，即权利取得人只对未来取得物权享有请求权时，法律为保护这一请求权而为其进行的登记。该登记又称"预登记"、"预先登记"。预告登记制度旨在保全一项将来发生的不动产物权变动，为德国民法所创立。我国《物权法》第 20 条规定了预告登记。

预告登记后，未经预告登记的权利人同意，处分该不动产的，不发生物权效力。预告登记后，债权消灭或者自能够进行不动产登记之日起 3 个月内未申请登记的，预告登记失效。

（3）更正登记和异议登记。权利人、利害关系人认为不动产登记簿记载的事项错误的，可以申请更正登记。不动产登记簿记载的权利人不同意更正的，利害关系人可以申请异议登记。《物权法》第 19 条规定了更正登记和异议登记，该条还规定：不动产登记簿记载的权利人书面同意更正或者有证据证明登记确有错误的，登记机构应当予以更正。登记机构予以异议登记的，申请人在异议登记之日起 15 日内不起诉，异议登记失效。异议登记不当，造成权利人损害的，权利人可以向申请人请求损害赔偿。

（二）动产交付

交付，是移转标的物占有的行为。

交付包括现实交付和观念交付。

现实交付是移转标的物直接占有的行为。《物权法》第 23 条规定的"交付"即是指现实交付。

观念交付是移转标的物间接占有的行为。《物权法》第 25 条、第 26 条、第 27 条分别规定了下列三种观念交付：

1. 简易交付。动产物权的受让人或其代理人因合同业已占有出让人的出让物的，出让人与受让人或其代理人形成物权转让合意时，交付即为完成。

2. 指示交付。出让人出让的动产被第三人占有的，出让人将返还请求权让与受让人，并告知占有人向受让人交付该动产，交付即完成。也称"返还请求权的让与"。

3. 占有改定。出让人在转让物权后，仍需要继续占有出让的动产的，由出让人与受让人订立合同，使出让人由原来的所有人的占有改变为非所有人的占有，而受让人已取得物权，只是将占有权交予出让人行使一定时间，在约定期限届满时，出让人再按约定将该动产交还受让人直接占有。

第四节　物权的民法保护

一、确认请求权

当物权归属不明或对物权是否存在发生争执时，当事人可以向法院提起诉讼，请求确认物权。因为，当几个人就一项财产的所有权或他物权发生争执时，就会使真正的物权人的物权处于不稳定状态，影响其正常行使物权。只有通过法院或其他有权确认物权的国家机关在法律上重新明确物权人的物权，排除其他人的争执后，真正的物权人才能正常地行使其物权。

请求确认物权，包括请求确认所有权和请求确认他物权。请求确认所有权的争执通常发生在物之真正所有人与非所有人之间；请求确认他物权的争执，则通常发生在他物权人与所有人或他物权人与其他人之间。

确认物权是保护物权的一种独立方法，通常不能在当事人之间解决，只能由有权确认物权的国家机关（行政主管部门和法院）解决。在某些情况下，确认物权还是对物权予以其他法律保护的前提。

二、排除妨碍请求权

当他人的行为非法妨碍物权人行使物权时，物权人可以请求妨碍人排除妨碍，也可请求法院责令妨碍人排除妨碍。由于请求排除妨碍的事实依据是他人行为构成了对物权人行使物权的妨碍，即对物进行使用、收益的妨碍，因此，排除妨碍之请求，不仅直接占有物的所有人可以提出，而且直接占有物的用益物权人也可以提出。

请求排除妨碍，既包括请求除去已构成的妨碍，也包括请求防止可能出现的妨碍。前一种请求于存在实际妨碍时提出，旨在除去已存在之妨碍，称"请求除去妨碍"；后一种请求于可能出现妨碍危险时提出，旨在预防可能的妨碍，称"请求防止妨碍"。

三、恢复原状请求权

当物权的标的物因他人的侵权行为而损坏时，如果能够修复，物权人可以请求侵权行为人加以修理以恢复物之原状。请求恢复原状旨在恢复物的圆满状态。该请求可以由物之所有人基于物之所有权提出，也可以由物之合法占有人与使用人提出。因为这些人对所有人负有维持其物的完整性的义务。

请求恢复原状，须具备下列条件：

1. 须有财产损坏的事实存在；

2. 须财产的损坏系出于他人的违法行为，包括故意损坏财产的行为和因使用不当而致财产损坏的行为。对于财产在使用中的自然磨损，除非使用人为非法使用人或法律另有规定，所有人不得请求使用人修理；

3. 须损坏的财产有修复的可能。

四、返还原物请求权

当物权的标的物被他人非法占有时，物权人或合法占有人可以依照法律的规定请求不法占有人返还原物，或请求法院责令不法占有人返还原物。

返还原物的请求，在特定情况下会受到《物权法》上善意取得等特别制度的限制。

五、赔偿损失请求权

当物权人因他人的侵害行为而遭受经济损失时，物权人可以直接请求侵害人赔偿损失，也可以请求法院责令侵害人赔偿损失。

物权人赔偿损失的请求可以单独提出，也可以在行使物上请求权时一并提出。申言之，当侵害人的行为致物权标的物毁损灭失，使物权人不能行使物上请求权时，物权人可以单独提出损害赔偿请求；当物权人采用排除妨碍、恢复原状、返还原物等方法仍不能挽回其所受损失时，其可以在行使物上请求权的同时，请求侵害人赔偿其余损失。

赔偿损失的请求既可以由物的所有人提出，也可以由物的合法占有人提出。当赔偿损失由合法占有人提出时，其所受赔偿金在扣除自己应得部分后，其余部分应作为不当得利返还给物的所有人。

前述五种请求中，除请求确认物权必须以诉讼方式向法院或有权确认物权的国家机关提出外，其余四种请求均既可以向侵权人提出，也可以通过诉讼的方式向法院提出。当这些请求以诉讼方式向法院提出时，分别为确认之诉（请求确认物权）、物权之诉（请求排除妨碍、请求恢复原状、请求返还原物）、债权之诉（请求赔偿损失），后两者属于给付之诉。

思考练习题

1. 物权法中区分动产与不动产的法律意义何在？
2. 简述物权的概念、特征、类型。
3. 简述物权的效力。
4. 简述物权法的基本原则。
5. 简述物权的公示方法。
6. 如何理解物权变动的生效要件？

第十章 所 有 权

■ **学习目的和要求**

　　所有权是自物权唯一的类型，是最充分、最自由的物权。本章即是所有权的相关制度和知识。包括所有权概述、所有权的取得和消灭、共有、建筑物区分所有权、相邻权五节内容。重点是所有权的特征、权能、所有权的各种取得方式。难点是善意取得的适用条件及建筑物区分所有权。通过本章的学习，掌握所有权的概念、特征、权能；掌握所有权的各种取得方法；理解和掌握善意取得的适用条件；理解按份共有与共同共有的区别；了解相邻关系及其各种类型；运用所有权理论分析解决实务问题；正确理解建筑物区分所有权。

第一节 所有权概述

一、所有权的含义

　　我国《民法通则》第71条采用列举的方式规定："财产所有权是指所有人依法对自己的财产享有占有、使用、收益和处分的权利。"《物权法》第39条亦采用了列举式规定："所有权人对自己的不动产或者动产，依法享有占有、使用、收益和处分的权利。"

　　所有权，是指所有人依法对自有物享有的占有、使用、收益、处分的权利。

　　所有权是所有人在法定限度内对物最充分、最完全的支配。所有权的内容包括人对物和人对人两个方面的权利：

　　1. 人对物的权利，是指人对物的全面支配的权利，包括占有、使用、收益、处分几项具体的权利，属于原权，是所有权的核心内容，属于所有权的积极内容。

　　2. 人对人的权利，是指所有人排除他人非法干预的法定权利，包括返还请求权、妨害排除请求权、妨害预防请求权、恢复原状请求权等权利，属于救济权，是所有人基于对特定范围内财产的权利而产生的对非所有人的权利，属于所有权的消极内容。

可见，人对人的权利是人对物的权利得以充分、自由地行使的法律保障。

二、所有权的特征

（一）所有权具有自权性

物权分为自物权和他物权。所有权是唯一的自物权，与他物权相比，所有权意味着权利人可以直接地、不经任何中介地和无条件地占有、使用、收益和处分其物的权利。即所有权是对自有物所享有的物权。而他物权则是对他人之物所享有的物权。

（二）所有权具有完全性

所有权是所有人对其所有物全面支配的最完全、最充分的物权。所有人具备全面支配物的一切可能性，除了法律和公序良俗，不受任何限制。因此，所有权归结为完全物权。同时，所有权又是他物权的权源，他物权均派生于所有权。他物权设定后，仅在一定范围内，以一定方式对物进行支配，并不具有所有权的全部内容，因而仅为限制物权。

（三）所有权具有整体性

所有权集占有、使用、收益、处分于一身，即一切权能归于一身。但所有权又不是占有、使用、收益、处分几项权能在量上的简单相加，而是一个整体的权利。占有、使用、收益、处分只是从不同的角度表现了所有人可自由支配其物的各种可能性以及权利的概括性。所有权的整体性使之不能在内容或时间上加以分割。在所有物上设定用益物权或担保物权，并不是让与所有权的一部分，而是创设一个新的、独立的物权。他物权在具有所有权的某项权能时，并不能说他物权有了部分所有权。

（四）所有权具有恒久性

法律不限制所有权的存续期限，当事人在取得所有权时也无须设定其存续期限。因此说所有权具有恒久性。而他物权是有期限的，只能在法定或约定的期限内有效存续，期限届满权利便消灭，如土地承包经营权、建设用地使用权、地役权。

（五）所有权具有弹力性

所有权权能的全部或一部，可以通过设定他物权的形式或其他形式与作为整体的所有权相分离，但所有人并不因此而丧失其对物的所有权，只是在行使所有权时受到一定的限制。所有权权能的分离只是暂时的和有条件的，所有权之上的限制或负担一旦消除，分离出去的权能即恢复原位，所有权即可恢复其圆满状态。所有权的这种弹力性，有利于财产经济效益的充分发挥。

三、所有权的权能

所有权的权能，是指所有人为实现其对所有物的利益，于法律规定的范围内可以对其所有物采取的各种措施和手段。所有权最主要、最常见的权能包括占有、使用、收益和处分。

（一）占有权能

占有权能，是指实际掌握、控制物的权能。行使占有权能并不是所有权的最终目的，而是所有权人对物行使使用权能的前提。占有通常被认为是拥有所有权的最明显的标志。占有权能是所有权最基本的一项权能，通常属于所有人。所有人可依其占有权能合法地占有所有物。当所有人的占有被他人侵夺时，所有人可基于其占有权能向占有的侵夺人提起返还原物之诉。占有权能还可以与所有人分离而属于非所有人，并且这种分离并不消灭所有权。非所有人取得的占有权能同样受法律保护。

（二）使用权能

使用权能，是指依照物的性能和用途对物加以利用，以实现权利人对物之利益的权能。使用权能是所有权的一项重要权能，拥有所有权的目的，正是为了对物加以利用，实现物之使用价值。使用是所有权人实现其对物利益的最主要方式。使用权能通常由所有人享有，但也可以与所有人分离而由非所有人享有。

（三）收益权能

收益权能，是指获取物之孳息的权能。利用物的自然属性可以获得天然孳息；依一定法律关系的存在可以获得法定孳息。

收益权能也可以同所有人分离而由非所有人享有。《物权法》第 116 条规定："天然孳息，由所有权人取得；既有所有权人又有用益物权人的，由用益物权人取得。当事人另有约定的，按照约定。法定孳息，当事人有约定的，按照约定取得；没有约定或者约定不明确的，按照交易习惯取得。"

（四）处分权能

处分权能，是指依法对物进行处置，决定物之法律命运的一项权能。具体表现为所有人变更、消灭其物或对物的权利的行为。处分权能被认为是拥有所有权的根本标志。

处分包括事实处分和法律处分。事实处分指对物进行变更、消灭的行为，如拆除房屋、改造桌椅等；法律处分指变更、消灭对物的权利的行为，如出卖电视机、以私有房屋设立抵押权等。

事实处分与法律处分的区别：

1. 法律处分是法律行为，事实处分是事实行为。

2. 法律处分引起对物的权利的各种变动，事实处分则引起物的形态变更或消灭。

3. 法律处分针对物的价值，旨在获取一定的货币价值，事实处分针对物的使用价值，旨在满足生产、生活的需要。

所有权是由上述权能有机结合而组成的完整的权利。四项权能均可依所有人的意思或所有人意思之外的原因而与所有权发生适当的分离，分离的结果，可以形成他物权，也可以形成债权。四项权能在所有权的行使以及所有人利益的最终实现的过程中，发挥着不同的作用。但是，每一项权能都从一个侧面表现了所有权最本质的属性——对自有物的支配。所有权绝非这四项权能的简单相加，而是它们有机结合所构成的一个完整的权利。

四、我国《物权法》中规定的所有权的类型

《物权法》第五章是关于国家所有权、集体所有权、私人所有权的规定，该分类是依所有权主体进行的划分。现有各国立法例均无此分类，可以说，《物权法》第五章当属最具中国特色的部分。三类所有权，就权利内容而言，无实质性差别，只是在主体及标的物范围上存在一定差异。

（一）国家所有权

1. 国家所有权的主体。国家所有权的主体是国家，具有明确性、唯一性和统一性。

2. 国家所有权的标的。国家所有权的标的具有广泛性，包括城市的土地、矿藏、水流、海域、森林、山岭、草原、荒地、滩涂等自然资源，野生动植物资源，无线电频谱资源，文物，国防资产，铁路、公路、电力设施、电信设施和油气管道等基础设施等。其中，有些财产是专属于国家所有的，如矿藏、水流、海域、城市的土地、国防资产、无线电频谱资源等。

3. 国家所有权的行使。国家作为所有权人行使所有权，需要有相应的意思形成及表示机构。《物权法》第45条第2款规定，除法律另有规定外，国有财产由国务院代表国家行使所有权。

（二）集体所有权

1. 集体所有权的主体。农民集体所有的不动产和动产，属于"本集体成员集体"所有；城镇集体所有的不动产和动产，依照法律、行政法规的规定由"本集体"享有占有、使用、收益和处分的权利。

2. 集体所有权的标的。除专属于国家所有的物之外，其他种类的物原则上都可以成为集体所有权的标的。

3. 集体所有权的行使。农民集体所有权由"本集体成员集体"或者其代表、代理人行使；城镇集体所有权由"本集体"或者其代表、代理人行使。

（三）私人所有权

1. 私人所有权的主体。广义的"私人"包括自然人、法人和其他社会团体；狭义的"私人"仅指自然人。

2. 私人所有权的标的。法律未禁止私人所有的财产，均可成为私人所有权的标的，包括合法收入、房屋、生活用品、生产工具、原材料等。

3. 私人所有权的行使。私人所有权由所有权人或者其代理人行使。

第二节　所有权的取得和消灭

一、所有权取得的概念和方式

所有权的取得，是指所有权因一定的法律事实的存在而与特定主体相结合的事实。所有权的取得方式，依是否以他人所有权为前提划分为两类：

（一）原始取得

原始取得，又称"固有取得"、"绝对发生"，是指非依他人既存的权利而是基于法律规定直接取得所有权。包括先占、生产、收益、孳息、添附、无主物和罚没物的法定归属、动产的善意取得、没收等方式。

（二）继受取得

继受取得，又称"传来取得"、"相对发生"，是指基于他人既存的权利而取得的所有权。其方式主要是法律行为。

二、不动产所有权的取得

（一）依法律行为而取得

1. 双方法律行为。如基于买卖合同、赠与合同、互易合同而为的变更"登记"。

2. 单方法律行为。如受遗赠。

（二）依法律行为以外的事实而取得

1. 继承。包括遗嘱继承和法定继承。

2. 建造。如房屋的建造、围海造田、树木的栽种。

3. 法院判决、强制执行以及公用征收、没收等行政行为。

《物权法》第9条规定："不动产物权的设立、变更、转让和消灭，经依法登记，发生效力；未经登记，不发生效力，但法律另有规定的除外。"

三、动产所有权的取得

（一）依法律行为而取得

1. 双方法律行为。如基于买卖合同、赠与合同、互易合同而为的"交付"。

2. 单方法律行为。如受遗赠。

（二）依法律行为以外的事实而取得

1. 继承。包括遗嘱继承和法定继承。

2. 法院判决、强制执行。

3. 公用征收、没收、罚款。

4. 收取孳息。

除法律另有规定或当事人另有约定外，孳息所有权由原物所有人取得。

5. 所有人不明的埋藏物、隐藏物的归属。埋藏物，是指埋藏于土地之中不易从外部发现的物。隐藏物，是指隐藏于土地之外的其他包藏物中的物。

我国《民法通则》第79条规定，所有人不明的埋藏物、隐藏物，归国家所有。接收单位应当对上缴的单位或个人，给予表扬或者物质奖励。《物权法》第113、114条规定：自发布招领公告之日起6个月内无人认领的，归国家所有。

6. 无人认领的遗失物、漂流物或者失散的饲养动物的归属。遗失物，是指所有人或合法占有人偶然丧失占有之物。漂流物，是指所有人不明，漂浮于江、河、湖、海、溪等水面上的物品。失散的饲养动物，是指脱离所有人控制而走失的饲养的家禽、家畜等。

我国《民法通则》第79条规定，拾得遗失物、漂流物或者失散的饲养动物，应当归还失主，因此而支出的费用由失主偿还。可见，我国法律明确规定遗失物、漂流物、失散的饲养动物的所有权归属于失主。

超过招领期限而无人认领的遗失物、漂流物、失散的饲养动物，即作为无主财产归国家所有。《物权法》第113、114条规定：自发布招领公告之日起6个月内无人认领的，归国家所有。

7. 无人继承遗产的归属。我国《继承法》第32条规定，无人继承又无人受遗赠的遗产，归国家所有；死者生前是集体所有制组织成员的，归所在集体所有制组织所有。

8. 先占。先占，是指以所有的意思，占有无主动产而取得其所有权的法律事实。

先占须符合下列要件：①标的物须为无主动产。即占有之时，该物不属于任何人所有。包括自始无主和原为有主后被抛弃之物。②标的物须为非法律禁止占有之物。③须以所有的意思占有标的物。此"所有的意思"，并非取得所有权的意思，而是指将占有的动产归于自己管领支配、据为己有的意思。因此，先占属于事实行为，先占人不限于完全行为能力人。

9. 添附。添附，是指不同所有人的物因结合或因加工形成不可分割的物或具有新质的物，从而引起所有权变动的法律事实。

因添附而形成的新物，由于恢复原状之不可能或经济上的不合理而由一所有人取得或数所有人共同取得该物所有权，并由取得所有权的人对于他方因此所受的损失予以补偿。添附包括附合、混合、加工三种形式：

（1）附合，是指不同所有人的物因结合形成难以分割之物，非毁损不能分离或分离于经济上不合理，从而发生所有权变动的法律事实。包括动产与不动产的附合和动产与动产的附合两种情形。

动产与不动产附合时，由不动产的所有人取得该动产的所有权。如以甲之砖修乙之房，由乙取得砖之所有权。

动产与动产附合时，由原物价值较大的一方取得新物的所有权。若原物价值相当，则发生共有。

（2）混合，是指不同所有人的动产因相互混杂或交融，难以识别或识别于经济上不合理，从而发生所有权变动的法律事实。混合而成的新物，由原物价值较大的一方取得所有权。若原物价值相当，则发生共有。

（3）加工，是指对他人之物加以制作或改造，使之成为具有更高价值之物，而发生所有权变动的法律事实。加工物所有权的归属，依加工所生成的新物价值是否大于原物价值而定：新物价值大于原物者，由加工人取得新物；否则，由原物所有人取得新物。

10. 善意取得。动产的善意取得，也称"即时取得"，是指无权处分他人动产的占有人，在不法将其占有的动产转让给第三人后，若该第三人在取得该动产时系出于善意，即取得该动产的所有权，原所有权人不得要求其返还。

善意取得的构成要件：①须标的物为法律允许流转的动产。②须受让人（第三人）有偿取得。③须自无处分权人处取得占有。④须受让人取得占有为公然和善意。所谓公然，即非隐秘；所谓善意，是指无过失地不知出让人无处分权或无过失地相信出让人有处分权。⑤须标的物系依其所有人的意思而由无处分权人占有。即无处分权人占有的是"委托物"而非盗赃物和遗失物等"脱离物"。正是由于所有人本人使非法出让人取得了标的物的合法占有，后者非法出让标的物，与所有人对其信任不无关系，故由所有人承担这一风险是合理的。

值得注意的是，前述内容是传统民法关于善意取得制度的规定，我国《物权法》第106条所规定的善意取得制度已突破了传统的做法，将不动产也纳入了善意取得的适用范围，且适用条件也相对宽松。依该条规定，善意取得的适用条件为：①受让人受让该不动产或者动产时是善意的；②以合理的价格转让；③转让的不动产或者动产依照法律规定应当登记的已经登记，不需要登记的已经交付给受让人。

根据《物权法》第107条的规定可以看出，我国《物权法》也是将遗失物排除在善意取得制度的适用之外的。由此，我们可以推断《物权法》还是默认传统善意取得制度适用条件的第五项的，即"须标的物系依其所有人的意思而由无处分权人占有"。

四、所有权的消灭

所有权的消灭，是指所有权与特定主体相分离的事实。包括绝对消灭和相对消灭两种情况。

绝对消灭，即所有权与其主体分离，而他人亦未取得该权利。如标的物灭失。

相对消灭，即所有权与其主体分离，而由他人取得该权利。如所有人死亡、抛弃所有权、出让所有权等。

（一）所有权因法律行为而消灭

1. 所有权的抛弃。即以消灭自己的所有权为目的而作出的单方意思表示。

2. 所有权的出让。即旨在消灭自己的所有权而使他人取得该所有权的行为。如基于买卖合同、赠与合同、互易合同而为的"交付"或"登记"。

（二）所有权因法律行为以外的事实而消灭

1. 作为所有人的自然人死亡或法人终止。

2. 标的物灭失。

3. 判决、强制执行、罚款、没收、纳税等。

4. 动产因添附于他人的不动产或动产，依法由他人取得动产所有权。原所有权即消灭。

第三节 共 有

一、共有的概念和特征

共有，是指两个以上的人对同一物共同享有一个所有权的法律状态。

其中所有权的共同享有者，称共有人；标的物称共有物。

1. 共有关系的权利主体是两个以上的人，即共有关系为多元主体。

2. 共有关系的客体是一项特定的财产。共有物可以是一个单一物（如一台电脑）、也可以是一个合成物（如一枚钻戒）、还可以是一个集合物（如某图书馆的全部藏书）。

3. 共有是所有权的联合，而不是一种独立的所有权类型。共有的所有权，在形态上是一个，其所有权是一个而不是多个。只有同一个所有权由多数人享有，才成立共有。

4. 共有的内容是各共有人对共有物共享权利、共负义务，各主体的权利、义务是平行的，而不是对应的。每个共有人的权利均及于共有物的全部。

5. 共有分为按份共有和共同共有两种形态。

《物权法》第八章是对共有制度的规定。共有可以基于当事人的意思而成立，如依合同约定而成立，也可以基于法律的规定而成立，如夫妻财产共有、家庭财产共有、遗产分割前全体继承人对遗产的共有、添附物的共有等。

对所有权以外的其他物权的共有，构成准共有。如共同享有用益物权、担保物权的权利状态。

二、按份共有

（一）按份共有的含义

按份共有，又称"分别共有"，是指共有的所有权在量上得析分为份额，共有人按各自确定的份额享有所有权的共有形态。

按份共有中，所有权仅为一个且在量上得析分为份额，各共有人依其确定的份额享有共有权。《民法通则》第 78 条规定："按份共有人按照各自的份额，对共有财产分享权利，分担义务。"《物权法》第 94 条规定："按份共有人对共有的不动产或者动产按照其份额享有所有权。"

（二）按份共有的效力

1. 共有人内部依份额享有共有权。各共有人对于共有权的享有，如实施保存行为和利用行为，以其份额为依据；对共有物所生义务的分担，也以份额为依据。但各共有人对共有物实施改良行为和处分行为，应依全体共有人一致的意思。当不能形成共同意思时，则依份额占多数的共有人的意思。《物权法》第 97 条规定："处分共有的不动产或者动产以及对共有的不动产或者动产作重大修缮的，应当经占份额 2/3 以上的按份共有人或者全体共同共有人同意，但共有人之间另有约定的除外。"《物权法》第 102 条规定："……偿还债务超过自己应当承担份额的按份共有人，有权向其他共有人追偿。"

按份共有中的"份额"是对所有权"量"的分割，而不是对所有权"质"的分割。每一按份共有人无论其份额大小，其共有权均及于共有物的全部，且在质上没有分别。

2. 各共有人对共有物有分割请求权。分割，是指共有人以消灭共有关系为目的而分出其份额的行为。

共有人约定不得分割共有的不动产或者动产，以维持共有关系的，应当按照约定，但共有人有重大理由需要分割的，可以请求分割；没有约定或者约定不明确的，按份共有人可以随时请求分割。

3. 共有人享有优先购买权。当共有人中有人转让其份额时，在同等条件下，其他共有人有优先购买权。

4. 共有人可在其份额上设定担保物权。如按份共有人可在其份额上设定抵押权。

5. 共有人享有物上请求权。即当共有物受到妨害时，各共有人可单独或共同行使物上请求权。

6. 共有人对外享有连带债权、承担连带债务。因共有的不动产或者动产产生的债权债务，在对外关系上，共有人享有连带债权、承担连带债务，但法律另有规定或者第三人知道共有人不具有连带债权债务关系的除外。

三、共同共有

（一）共同共有的含义

共同共有，是指数人对同一物平等和不分份额地共同享有所有权的共有形态。

共同共有中，共有的所有权为一个，各共有人平等地、不分份额地享有共有权。《民法通则》第 78 条第 2 款规定："共同共有人对共有财产享有权利，承担义务。"《物权法》第 95 条规定："共同共有人对共有的不动产或者动产共同享有所有权。"

共同共有以共同关系的存在为前提。共同关系，是指基于共同目的而形成的关系。如家庭关系、夫妻关系。共同关系不存在，共同共有也就不存在。在共同关系存续期间，任何共有人都不得请求划分其共有权的份额，不得请求分割共有物。

（二）共同共有的效力

1. 对共有物的处分行为，只有在全体共有人意思一致的情况下，才发生对外效力。部分共有人擅自处分共有物的行为应认定无效（从理论上说，定位于效力待定更为妥当），但法律保护第三人的善意取得。各共有人可以单独或共同地享有物上请求权。《物权法》第 97 条规定："处分共有的不动产或者动产以及对共有的不动产或者动产作重大修缮的，应当经占份额 2/3 以上的按份共有人或者全体共同共有人同意，但共有人之间另有约定的除外。"

2. 在共同共有关系存续期间，共同共有人原则上无分割请求权，也无优先购买权。共有人约定不得分割共有的不动产或者动产，以维持共有关系的，应当按照约定，但共有人有重大理由需要分割的，可以请求分割；没有约定或者约定不明确的，共同共有人在共有的基础丧失或者有重大理由需要分割时，可以请求分割。

3. 共有人对外享有连带债权、承担连带债务。因共有的不动产或者动产产生的债权债务，在对外关系上，共有人享有连带债权、承担连带债务，但法律另有规定或者第三人知道共有人不具有连带债权债务关系的除外。

四、共有物的分割

共有物在分割时，应依其性质，采取相应的分割方式。

1. 实物分割。适用于可分物的分割。

2. 变价分割。适用于共有物不能分割或分割有损其价值并且各共有人都不愿意取得共有物的情形。将共有物变卖，分割其价金。

3. 作价分割。适用于不可分之共有物归属于共有人中的一人或数人的情形。取得共有物的共有人对其他共有人应得之份额，用货币给以补偿。

第四节　建筑物区分所有权

一、建筑物区分所有权的概念

建筑物区分所有权，是指由区分所有建筑物的专有部分所有权、共有部分的共有权以及对建筑物进行共同管理的成员权三者构成的特别所有权。

我国《物权法》称之为"业主的建筑物区分所有权"。

建筑物区分所有权为现代民法一项重要的不动产物权制度，它与多层建筑物出现后数人区分享有同一建筑物的现象相联系。《物权法》第六章专章规定了该不动产物权制度，这也是我国民事立法首次规定该制度。

二、建筑物区分所有权的特征

1. 复合性。建筑物区分所有权是由三项权利构成的特别所有权，有别于单一的不动产所有权。

2. 专有部分所有权的主导性。在构成建筑物区分所有权的三项权利中，专有部分所有权具有主导性：①区分所有人取得专有部分所有权即取得共有部分共有权及成员权；②专有部分所有权的大小决定共有权及成员权的大小；③区分所有权成立登记时，只登记专有部分所有权，而共有权及成员权并不单独登记。

3. 一体性。即构成建筑物区分所有权的三项权利具有一体性，不可分离。在发生权利变动时，须一体变动。

4. 主体身份的多重性。建筑物区分所有权人集所有权人、共有人、成员三重身份于一身。

5. 建筑物区分所有权的客体是兼有独立用途部分和必要共同设施的建筑物。

三、建筑物区分所有权的类型

1. 纵切型区分所有权。如联排别墅。共用部分较为单纯，通常只有分户墙。

2. 横切型区分所有权。如多层建筑。共用部分除分户墙外，还有屋顶、楼梯、走廊等。比纵切型复杂些。

3. 混合型区分所有权。如上下、左右分套所有的建筑物。此类型最为常见。

四、建筑物区分所有权的内容

（一）专有部分所有权

专有部分所有权，系空间所有权，是区分所有人对专有部分得自由占有、使用、收益及处分的权利。专有部分，指在构造上能明确区分，具有排他性且可独立使用的建筑物部分。

构成专有部分须具备两个条件：①构造上的独立性，即"物理上的独立性"。各区分所有部分有客观明确的事实区分；②利用上的独立性，即"功能上的独立性"。各区分所有的部分须与一般独立的建筑物相同，具有能满足一般生活目的之独立功能。

（二）共有部分共有权

共有部分共有权，是建筑物区分所有人依照法律或管理规约的规定，对区分所有建筑物之共有部分所享有的占有、使用及收益的权利。

共有部分包括建筑物专有部分之外的其他部分，如楼梯、电梯、屋顶、地下室等；还包括建筑物的附属建筑物和附属设施，如物业用房、配电室、车位、车库、道路、绿地、排水设备、消防设备、燃气管线、电缆、光缆等。

(三) 成员权

建筑物区分所有人的成员权，指建筑物区分所有人（业主）基于一栋建筑物的构造、权利归属及使用上的密切关系而形成的、作为建筑物管理团体之一成员所享有的权利。

业主可以设立业主大会，选举业主委员会。业主大会与其事务执行机构——业主委员会属于《民事诉讼法》第49条所规定的"其他组织"（非法人团体），具有诉讼能力，可以以自己名义提起诉讼。业主大会或者业主委员会的决定，对业主具有约束力。成员权通过业主大会行使，包括表决权、参与制定规约权、选举及解任管理者的权利等。

《物权法》第76条规定："下列事项由业主共同决定：①制定和修改业主大会议事规则；②制定和修改建筑物及其附属设施的管理规约；③选举业主委员会或者更换业主委员会成员；④选聘和解聘物业服务企业或者其他管理人；⑤筹集和使用建筑物及其附属设施的维修资金；⑥改建、重建建筑物及其附属设施；⑦有关共有和共同管理权利的其他重大事项。"

第五节 相邻权

一、相邻关系的含义

相邻关系，是指相毗邻的不动产的占有人之间，一方占有人的支配力与他方占有人排他力相互冲突时，为调和其冲突而由法律直接规定的权利义务关系。具体言之，相邻关系，就是不动产相邻各方在对各自所有或使用的不动产行使所有权或使用权时，因相互间依法应当给予便利或接受限制而发生的权利义务关系。包括土地相邻关系、水流相邻关系、建筑物相邻关系等。《物权法》第84条至第92条对相邻关系作出了明确规定。

1. 相邻关系的主体是两个以上的不动产的所有人或使用人。

2. 相邻关系基于不同主体所有或使用的不动产地理位置的毗邻而发生。相邻关系是法律直接规定的，而不是当事人约定的。不同主体的不动产在地理位置上的毗邻是引起相邻关系发生的法定条件，不具备此条件便不能产生相邻关系。此处的"毗邻"包括"毗连"和"邻近"两种情形。

3. 相邻关系的基本内容是相邻一方要求他方为自己行使不动产所有权或使用权给予必要便利的权利和他方应当给予必要便利的义务。此处的"必要便利"是指非从相邻方得到此便利，就无法正常行使不动产所有权或使用权，这是法律所作的底限要求。

4. 相邻关系的客体是相邻方在行使不动产所有权或使用权时互相给予便利所追

求的利益。

二、相邻权的含义

相邻权，是指相毗邻的不动产的所有人或使用人为行使其所有权或使用权的必要，而对他方不动产所有权或使用权之行使依法予以限制的权利。

一方相邻权的行使，构成对他方的限制。然而此种限制只要是在法律规定的限度之内，他方即得容忍。法律之所以规定相邻权，目的在于平衡各方利益。

三、相邻权的类型

（一）关于土地的相邻权

1. 邻地通行权，是指无适宜的通道与公共道路联络的土地占有人，可以从邻人的土地上通行的权利。由此造成邻人损失的，应予适当赔偿。

2. 邻地管线安设权，是指土地占有人在必要情况下，得通过邻人土地安设管线的权利。

3. 邻地使用权，是指土地占有人在自己土地与他人土地相邻接的边缘修建房屋或其他建筑物，有利用邻人土地之必要时，得使用邻人土地的权利。

4. 邻地环境保护权，是指对于来自邻地的环境污染，得请求邻人停止侵害、排除和防止妨害、恢复原状和赔偿损失的权利。

5. 邻地安全保护权，是指相邻一方在其土地上施工或其土地上之竹木根枝的延伸危及对方土地使用安全时，对方得请求排除危险、恢复原状及赔偿损失的权利。

（二）关于水流的相邻权

1. 相邻水流使用权。相邻各方在共同使用同一自然水流时，应当依其自然形成的流向，按照由远至近、由高到低的原则依次使用。任何一方为自身利益擅自改变流向或堵截水源，以致影响他方正常的生产、生活的，他方得请求排除妨碍、恢复原状和赔偿损失。

2. 相邻水流排放权。自然排水，土地占有人应承受；人工排水，需利用邻人土地的，邻人应允许，但排水方应对邻人土地采取必要的保护措施。因排水而造成邻人损害的，邻人得请求停止侵害、恢复原状和赔偿损失。

（三）关于建筑物的相邻权

1. 相邻通风、采光权。相邻各方营造房屋和其他建筑物，应与邻人的房屋保持适当的距离，不得妨碍邻人的通风、采光。

2. 相邻通行权。建筑物范围内历史形成的通道，邻人有继续通行的权利，不得堵塞。

3. 相邻环境保护权。相邻各方可能产生有害气体的设施，应与邻人的生产、生活建筑物保持安全距离，并应采取预防和应急措施。相邻各方不得以持续的噪音、震动等妨碍邻人。

思考练习题

1. 简述所有权的概念、特征、权能。
2. 简述所有权的取得方式及所有权消灭的原因。
3. 简述善意取得的构成要件，并举一例说明。
4. 简述相邻关系和地役权的区别。
5. 比较按份共有与共同共有的差异。
6. 如何理解所有权权能分离的积极意义？
7. 什么是建筑物区分所有权？其法律特征如何？
8. 简述所有权的民法保护方法。

第十一章　用益物权

■ 学习目的和要求

　　他物权，是对他人所有物予以支配的物权。他物权依设立目的的不同分为用益物权和担保物权。本章是关于用益物权的相关制度和知识。包括用益物权概述、使用权、土地承包经营权、地役权四节内容。重点是建设用地使用权、土地承包经营权。通过本章的学习，掌握用益物权的概念、特征；了解传统民法上用益物权的类型和我国《物权法》中用益物权的类型；了解建设用地使用权和土地承包经营权的内容；运用用益物权理论指导实践。

第一节　用益物权概述

一、用益物权的概念和特征

　　用益物权，是指对他人所有之物，于一定范围之内，得为使用、收益的定限物权。《物权法》第117条规定："用益物权人对他人所有的不动产或者动产，依法享有占有、使用和收益的权利。"

　　（一）用益物权是一种定限物权

　　用益物权与所有权相比，于时于量皆有一定限度。用益物权除要受法律关于物权的一般性规定的限制之外，还要受设定该用益物权的法律或合同的限制，乃至来自所有权人方面的限制。用益物权人只能在一定范围内对标的物为占有、使用、收益。另外，用益物权的存在，对所有权也构成一定的限制——即所有权人不得妨碍用益物权人行使其用益物权。

　　（二）用益物权是以使用、收益为目的的定限物权

　　物具有交换价值和使用价值两种属性，用益物权是就物的使用价值为单方面利用的物权。用益物权人的目的在于取得标的物的使用价值，即对标的物为使用和收

益。此点有别于担保物权。

（三）用益物权的享有和行使以对物之占有为前提

用益物权人只有对标的物予以占有，才有对标的物为使用、收益的可能。用益物权的目的在于标的物的使用价值，标的物价值形态发生变化，直接影响用益物权人的权利，此点与担保物权不同。用益物权的目的决定了用益物权人对物实际占有的必要。

（四）用益物权是一种独立的物权

用益物权一旦产生，即可独立存在，不必依赖于所有权之外的其他权利。此点与担保物权的从属性和不可分性不同。但地役权例外。

传统民法上用益物权的客体仅限于不动产，就是说，用益物权是不动产物权。而我国《物权法》第 117 条的规定，将用益物权的客体扩展为不动产和动产。其后以四章分别规定了土地承包经营权、建设用地使用权、宅基地使用权和地役权四种用益物权，并未规定动产用益物权的类型。《物权法》第 117 条的规定为动产用益物权留有余地，为法律的解释和发展提供了空间。

二、用益物权的种类

（一）传统民法中的用益物权

传统民法中的用益物权主要包括地上权、地役权、永佃权、典权。

1. 地上权。是指为营造建筑物或种植树木而长期使用他人土地的权利。

建筑物或树木长期存在的特点，决定地上权具有长期性或永久存续性。在地上权存续期间，地上权人对土地享有占有、使用、收益的权利。地上权可以转让，也可以继承。设定地上权可以有偿，也可以无偿。

2. 地役权。是指为实现自己所有或使用的土地的利益而使用他人土地的权利。其中，提供便利的土地为供役地；接受便利的土地为需役地。

地役权是需役地的所有者或使用者享有的一项权利，具有从属性和不可分性，与需役地的所有权或使用权不可分离。需役地的所有人或使用人不得将需役地的所有权或使用权让与他人而保有地役权，也不得将地役权让与他人而保有需役地的所有权或使用权。设立地役权可以有偿，也可以无偿。

3. 永佃权。是指支付佃租而永久地在他人的土地上耕作或畜牧的权利。

我国解放以后，实行土地公有制，使永佃权成为历史概念。

4. 典权。是指支付典价、占有他人不动产而为使用、收益的限制物权。其中，支付典价而占有他人不动产者，为典权人（承典人）；取得典价而提供自己的不动产于他人用益者，为出典人；该项不动产为典物。典权是我国特有的物权种类。

典权的标的限于不动产，故属不动产物权。典权人须支付典价方能占有他人不动产而为用益。典权是有期限物权，典权期限允许当事人自由设定，但其设定不得逾越法律限制的范围。典权期限届满，出典人可以用原典价回赎典物。

（二）我国现行民法中的用益物权

在《物权法》颁布之前，我国的《民法通则》、《农村土地承包法》、《城市房地产管理法》等法律已经初步建立起了用益物权体系。此外，我国《矿产资源法》、《渔业法》、《水法》及《野生动物保护法》还规定了采矿权、渔业权、取水权和狩猎权等准物权。

我国《物权法》于第三编规定了四类主要的用益物权：土地承包经营权、建设用地使用权、宅基地使用权、地役权。该部分内容分别在下文详述。另外，《物权法》第122、123条还宣示性地规定了海域使用权、探矿权、采矿权、取水权、养殖权和捕捞权等准物权。

第二节　使　用　权

一、使用权的概念和特征

使用权，是指对国家或集体所有的土地、自然资源依法享有的使用和收益的权利。此类用益物权规定于《民法通则》第80、81条及《物权法》第118条。

1. 使用权的客体有法定范围。依《民法通则》及相关法律的规定，使用权的客体限于土地及森林、山岭、草原、荒地、滩涂、水面等自然资源。矿藏、地下埋藏物不能成为使用权的客体。

2. 使用权的内容有法定限度。使用权的内容就整体而言，限于使用和收益两种权能；就个体而言，每一项使用权的具体内容都有法定限度，使用权人须按设立权利的法定目的、用途及存续时间，对标的物进行使用和收益，不得随意改变。

3. 使用权的取得须履行法定程序。依现行法律的规定，土地、自然资源的拟使用人，须按法定程序，向有关主管机关提出申请，经县级以上人民政府登记造册，核发使用证，才能取得使用权。变更使用权的，须履行变更登记手续。

4. 使用权的行使附随法定特殊义务。《民法通则》、《物权法》等相关法律均明文规定，使用权人负有对标的物管理、保护和合理利用的义务。

5. 使用权的存续时间长久。

二、建设用地使用权

建设用地使用权，是指按照法律的具体规定，对国家所有的土地享有的占有、使用和收益的权利。该权利可以在土地的地表、地上或者地下分别设立，权利人得在国有土地之上建造建筑物、构筑物及其附属设施。

（一）建设用地使用权的取得

建设用地使用权人，必须向县级以上地方人民政府土地管理部门提出建设用地使用权登记申请，由县级以上地方人民政府对其建设用地使用权予以登记造册，建设用地使用权自登记时设立。登记机构应当向建设用地使用权人核发建设用地使用权证书，确认使用权。

建设用地使用权的取得方式：

1. 依出让方式取得。工业、商业、旅游、娱乐和商品住宅等经营性用地以及同一土地有两个以上意向用地者的，应当采取招标、拍卖等公开竞价的方式出让。

采取招标、拍卖、协议等出让方式设立建设用地使用权的，当事人应当采取书面形式订立建设用地使用权出让合同。

2. 依划拨方式取得。依划拨方式取得建设用地使用权，是无偿的，法律严格限制以划拨方式设立建设用地使用权。依划拨方式设立的建设用地使用权不能转让、出租、抵押，并且仅限于下列用地：①国家机关用地和军事用地；②城市基础设施用地和公益事业用地；③国家重点扶持的能源、交通、水利等项目用地；④法律、行政法规规定的其他用地。

3. 依让与行为取得。如通过转让、互换、出资、赠与或抵押等方式取得建设用地使用权。

4. 依继承取得。

（二）建设用地使用权的出让

建设用地使用权的出让，是指国家以土地所有者的身份，用出让合同的方式，将建设用地使用权在一定年限内让与建设用地使用者，向建设用地使用者依法收取建设用地使用权出让金的法律行为。

国家有偿出让建设用地使用权的行为，是为受让人设定他物权的行为。该行为是法定要式行为，受让人在支付全部出让金后，依照国家法律规定办理登记，领取建设用地使用权证书后方取得建设用地使用权。建设用地使用权自登记时设立。

建设用地使用权出让的生效要件：

1. 须订立建设用地使用权出让合同。该合同一般包括下列条款：①当事人的名称和住所；②土地界址、面积等；③建筑物、构筑物及其附属设施占用的空间；④土地用途；⑤使用期限；⑥出让金等费用及其支付方式；⑦解决争议的方法。

2. 受让人须在出让合同签订后 60 日内，支付全部出让金。

3. 出让人须按合同规定，提供出让的土地使用权。

4. 须依法定程序登记。

（三）建设用地使用权的转让

建设用地使用权转让，是指建设用地使用权人在其权利有效年限内，将其受让的建设用地使用权依法转让给第三人的法律行为。包括建设用地使用权的出售、交换和赠与等行为。

取得建设用地使用权的受让人，不仅可以对所使用的土地进行开发、利用和经营，还可以在不超出权利有效年限的条件下，将建设用地使用权转让、互换、出资、赠与或者抵押。个人取得建设用地使用权的，其建设用地使用权可以继承。受让人行使土地使用权时，应按出让合同的规定和城市规划的要求，开发、利用、经营土地，并不得擅自改变出让合同规定的土地用途。

建设用地使用权的转让，是原建设用地使用权人将其享有的未到期的建设用地使用权，有偿或无偿地转让给受让人。即受让人是在转让人的建设用地使用权剩余的有效年限内，受让建设用地使用权。

转让建设用地使用权，须转让人无不得转让的法律限制，且须订立书面转让合同，并依法办理过户登记手续。

（四）建设用地使用权的出租

建设用地使用权出租，是指建设用地使用权人将其依法取得的建设用地使用权随同地上建筑物、其他附着物一起出租给承租人使用，承租人向出租人支付租金的法律行为。

建设用地使用权出租，是出租人将建设用地使用权租给承租人使用一定年限，出租人并不因此失去建设用地使用权，而只是自己不直接使用土地。租赁合同期满而建设用地使用权未到出让合同年限时，出租人有权收回建设用地使用权，自己直接使用土地。

出租建设用地使用权，须出租人无法定不得出租的情况，且须在法律和建设用地使用权出让合同规定的范围内，订立租赁合同，并依法办理登记。

（五）建设用地使用权的抵押

建设用地使用权抵押，是指建设用地使用权人为担保自己或他人的债务履行，与债权人书面约定，不转移土地占有和建设用地使用权而将建设用地使用权作为担保财产，当债务人不履行债务时，债权人能够处分其建设用地使用权，并从价款中优先受偿的法律行为。

建设用地使用权抵押时，其地上建筑物、其他附着物随之抵押。同样，如果以地上建筑物、其他附着物抵押时，其使用范围内的建设用地使用权亦随之抵押。此即"房随地走，地随房走"。

以建设用地使用权抵押的，当事人须依法律和建设用地使用权出让合同的规定，订立书面抵押合同，且须依法定程序办理抵押登记。非经登记，不能发生抵押效力。

（六）建设用地使用权的消灭

1. 建设用地使用权消灭的原因。建设用地使用权除可因物权消灭的一般原因消灭外，还可因下列特殊原因而消灭：

（1）建设用地使用权期限届满未续期。

（2）建设用地使用权的收回。

（3）建设用地使用权的抛弃。

（4）建设用地使用权的撤销。

（5）建设用地使用权的混同。即土地所有权与建设用地使用权同归一人所有。

（6）建设用地使用权的客体——土地灭失。

2. 建设用地使用权消灭的法律后果。《物权法》第150条规定："建设用地使用权消灭的，出让人应当及时办理注销登记。登记机构应当收回建设用地使用权证书。"

三、国有自然资源使用权

国有自然资源使用权，是指对国有的森林、山岭、草原、荒地、滩涂、水面等自然资源享有的使用、收益的权利。

（一）国有森林资源使用权

国有森林资源使用权，是指对国有森林资源享有的使用、收益的权利。

森林资源，包括国有林区、竹林、林木、林地及林区内的野生动物和植物。

国有森林、林木使用权，表现为对森林或林木的利用和收益。国有林地使用权，表现为使用林地营造竹、木林，并对营造的竹、木林进行利用和收益。

使用国有森林资源的，须经县级以上地方人民政府登记造册，核发证书，确认使用权。

（二）国有草原资源使用权

国有草原资源使用权，是指对国有草原资源享有的使用、收益的权利。

草原资源，包括国有草地、草山、草原植被。

国有草原资源使用权具体表现为放牧权、打草权、野生经济植物收获权、草地使用权等。

使用国有草原资源的，须经县级以上地方人民政府登记造册，核发证书，确认使用权。

（三）国有滩涂、水面使用权

国有滩涂、水面使用权，是指对国有的滩涂、水面享有的使用、收益的权利。

我国《民法通则》、《渔业法》对国有滩涂、水面使用权作了具体规定。根据《渔业法》的规定，县级以上地方人民政府根据国家对水域利用的统一安排，可将规划用于养殖业的国有水面、滩涂确定给全民所有制和集体所有制单位从事养殖生产，核发养殖使用证，确认使用权。

四、宅基地使用权

（一）宅基地使用权的概念和特征

宅基地使用权，是指自然人（主要是农村居民）依法享有的，在集体所有的土地上建造住宅及其附属设施的权利。

宅基地使用权人对批划给自己建造住宅的集体所有的土地享有占有、使用的权利。

1. 宅基地使用权的主体，限于农村集体经济组织成员。

2. 宅基地使用权的客体，限于集体所有的土地。

3. 宅基地使用权的内容，是为依法建造、保有个人住宅、庭院而对批划的集体所有的土地进行占有、使用的权利。

4. 宅基地使用权的取得遵循"一户一宅"原则，即一户只能拥有一处宅基地。

5. 宅基地使用权用途唯一。宅基地使用权人只能在宅基地上建造住宅及其附属设施。

6. 宅基地使用权无偿取得。

7. 宅基地使用权的存续无期限限制。

8. 宅基地使用权的流转受限制。

（二）宅基地使用权的取得

1. 宅基地使用权的取得程序。宅基地使用权的取得，必须依法履行行政审批程序：使用权人提出申请——土地所有人同意——行政审批。

农村居民建房需要宅基地，应当使用原有的宅基地和村内空闲地，且须经乡级人民政府批准；使用耕地的，经乡级人民政府审核后，报县级人民政府批准。

2. 宅基地使用权的取得方式。

（1）基于法律的直接规定。法律承认既存的宅基地使用权，并通过登记等方式将其确立为长期稳定的权利，赋予其物权性质。具体做法是，将土改时所确定的宅基地所有权改变为使用权；凡是当地宅基地已经统一规划过的，按所规划后确定的社员宅基地的使用权处理；凡是经过合法手续已进行调整的，按调整的决定处理。可见，在我国建立宅基地使用权制度之后，对当时现存的农村居民建房占用宅基地的情形，除有擅自占地、乱占耕地等违法情事之外，法律直接赋予农村居民宅基地使用权。

（2）集体经济组织依法无偿分配。农村集体经济组织负有为其成员提供基本生活保障的义务，在其成员存在实际的居住需求时，集体经济组织应为其成员设定宅基地使用权，供其建造并保有房屋及其附属设施。

土地是不可再生的重要的稀缺资源，为了避免农村集体经济组织滥批宅基地，造成土地资源浪费和占用耕地，法律对宅基地无偿分配的条件进行了严格的限制，对宅基地的面积规定了上限，而且要求集体经济组织的分配决定需要通过相关政府的审批。

（三）宅基地使用权的内容

宅基地使用权人的主要权利：

1. 为保有住宅而长期使用宅基地的权利。

2. 在宅基地空闲处修建其他建筑物、设施的权利。

3. 在宅基地空闲处从事种植以为收益的权利。

4. 依法转让房屋所有权时一并转让宅基地使用权的权利。

宅基地使用权人的主要义务：

1. 按批准的用途使用宅基地。

2. 按批准的面积建房、造院。

3. 服从国家、集体统一规划。

（四）宅基地使用权的消灭

宅基地使用权因下列原因而消灭：

1. 宅基地被征收。

2. 宅基地使用权人放弃宅基地使用权。

3. 宅基地灭失。

《物权法》第154条规定："宅基地因自然灾害等原因灭失的，宅基地使用权消灭。对失去宅基地的村民，应当重新分配宅基地。"

《物权法》第155条规定："已经登记的宅基地使用权转让或者消灭的，应当及时办理变更登记或者注销登记。"

第三节　土地承包经营权

一、土地承包经营权的概念和特征

土地承包经营权，是指依承包合同，对集体所有或国家所有由集体使用的耕地、林地、草地以及其他用于农业的土地享有的，占有、使用和收益的权利。

1. 土地承包经营权的主体，限于从事农业生产的集体组织或公民个人。

2. 土地承包经营权的客体，是集体所有或国家所有由集体使用的耕地、林地、草地以及其他用于农业的土地。

3. 土地承包经营权的内容，是依承包合同取得的对耕地、林地、草地以及其他用于农业的土地直接进行占有、使用和收益的权利，有权从事种植业、林业、畜牧业等农业生产。

4. 土地承包经营权依承包合同而产生，权利存续有具体期限。

《物权法》第127条规定："土地承包经营权自土地承包经营权合同生效时设立。"

《物权法》第126条规定："耕地的承包期为30年。草地的承包期为30年至50年。林地的承包期为30年至70年；特殊林木的林地承包期，经国务院林业行政主管部门批准可以延长。"

对于"四荒"土地，即荒山、荒沟、荒丘和荒滩，法律允许以招标、拍卖、公开协商等方式设立承包经营权。

二、土地承包经营权的效力

（一）土地承包经营权人的权利

1. 对承包的土地享有经营自主权，他人不得非法干涉。

2. 对承包的土地享有占有、使用、收益的权利。

3. 有权依照《农村土地承包法》的规定，将其土地承包经营权采取转包、出租、互换、转让或者其他方式流转。转让，应经发包方同意；转包、出租、互换或者其他流转方式，应当报发包方备案。土地承包经营权的流转不得改变土地所有权的性质和土地的农业用途，流转的期限不得超过承包期的剩余期限，受让方须有农业经营能力，在同等条件下，本集体经济组织成员享有优先权。

4. 有权获得因承包地被征收所得的补偿。

5. 优先权和优先承包权。通过家庭承包取得的土地承包经营权的流转，在同等条件下，本集体经济组织成员享有优先权。以其他方式承包农村土地，在同等条件下，本集体经济组织成员享有优先承包权。

6. 法律、行政法规规定的其他权利。

（二）土地承包经营权人的义务

1. 须按承包合同约定的用途，合理地对标的物进行使用、收益，不得擅自改变用途。

2. 须保持地力，即对标的物连续增加投入，以维持和提高自然资源的生产率。不得进行破坏性利用、掠夺式收益或荒弃。

3. 须依承包合同向发包人交付约定的费用，包括实物和款项。

三、土地承包经营权的消灭

土地承包经营权消灭的原因：

1. 承包地的收回。在土地承包经营合同约定的承包期限届满之前，发包人有权在发生特定事由时将土地承包经营权提前收回，使土地承包经营权归于消灭。《物权法》第131条规定："承包期内发包人不得收回承包地。农村土地承包法等法律另有规定的，依照其规定。"

2. 土地承包经营权人自愿交回土地。

3. 土地承包经营权的期限届满。

4. 承包地被征收。

5. 承包地灭失或使用价值丧失。

6. 承包方死亡无继承人或者继承人放弃继承。

7. 土地承包经营权转让给他人。

第四节　地　役　权

一、地役权的概念和特征

地役权，是指为自己土地的便利而使用他人土地的一种用益物权。

其中，提供便利的土地称"供役地"，享受便利的土地称"需役地"。须注意的是，在地役权关系中，"需役地"与"供役地"不以相互毗邻为必要，即使不相毗邻，亦可成立地役权。

1. 地役权是存在于他人土地上的物权。供役地的所有权或使用权因地役权的存在而受限制。

2. 地役权具有从属性。地役权虽是一种独立的权利，但它是以需役地的所有权或使用权的存在为前提的，不能离开需役地而存在。其从属性表现在：

（1）地役权从属于需役地所有权或使用权，不得与需役地分离而单独转让。

（2）地役权不得从需役地分离出来而成为其他权利的标的，如以地役权设定抵押。

3. 地役权具有不可分性。即地役权为不可分割的权利。其不可分性表现在：

（1）在需役地被分割时，地役权为分割后的各部分的利益仍然存在。不过，如果地役权的行使按其性质只关系到需役地的一部分的，则分割后地役权仅在该部分存在。

（2）在供役地被分割时，地役权就分割后的各部分仍然存在。但地役权的行使按其性质只关系到供役地的一部分的，则分割后地役权仅在该部分有效。

4. 地役权是为需役地的便利而设定的物权。此处的"便利"常常表现为：在供役地上通行的便利、在供役地上安装设施的便利、自供役地汲水的便利、向供役地排水的便利、眺望（禁止在供役地上建设高层建筑）的便利等。

5. 地役权的享有不以对土地的占有为要件，此点与其他用益物权不同。

二、地役权的取得

1. 基于法律行为而取得。

（1）地役权的设定。设立地役权应以书面形式订立地役权合同，地役权自地役权合同生效时设立。

（2）地役权的让与。

2. 基于法律行为以外的事实而取得。

（1）法律的直接规定。

（2）继承。

三、地役权人的权利和义务

1. 供役地的使用权。
2. 转让地役权。
3. 设置必要附属设施和实施必要附属行为的权利。
4. 物权请求权。
5. 工作物的取回权。
6. 维护设置的义务。
7. 支付费用的义务。
8. 恢复原状的义务。
9. 按约定的目的和方法合理使用供役地。

四、供役地人的权利和义务

1. 设置使用权。
2. 费用请求权。
3. 地役权使用场所及方法的变更请求权。
4. 地役权合同的法定解除权。
5. 容忍及不作为义务。
6. 维持设置费用的分担义务。

五、地役权的消灭

1. 土地（需役地或供役地）灭失。
2. 混同，即需役地与供役地使用权同属于一人所有。
3. 抛弃。
4. 地役权的目的不能实现。如汲水地役权因供役地上水源枯竭而消灭。
5. 供役地权利人依法解除地役权合同。
6. 地役权期限届满。

六、地役权与相邻权

相邻权与地役权都是与不动产有关的权利，均属于物权范畴，且均表现为对他人不动产的利用，从而使他人不动产之权利受到限制。但二者存在差异：

1. 权利产生的方式不同。相邻权基于法律的直接规定而产生；地役权则基于当事人之间的约定而产生。
2. 权利性质不同。相邻权是对相邻不动产所有权的限制或扩张，不是一项独立的物权类型，是对不动产所有权行使的限制或扩张，属于自物权范畴；地役权是为自己土地的利益而使用他人土地的权利，是一项独立的物权，属于用益物权范畴。

3. 对不动产权利限制或扩张的程度不同。相邻权作为法定权利，是法律对不动产相邻关系进行最低限度调节的结果，其对不动产所有权的限制和扩张程度较小；而地役权作为当事人双方超越相邻权限度而约定的权利，其对土地所有权的限制和扩张的程度较大。

4. 权利取得的对价不同。相邻权作为法定权利，其取得和行使通常是无偿的；而地役权作为约定权利，其取得通常是有偿的。

5. 权利的存续期限不同。相邻权无期限限制，与相邻不动产所有权或使用权相伴存在；而地役权通常有期限限制。

思考练习题

1. 简述我国现行民法中所规定的用益物权的类型。
2. 简述用益物权的概念和特征。
3. 简述建设用地使用权、土地承包经营权、地役权的概念和特征。
4. 比较地役权与相邻权的异同。

第十二章 担保物权

■ **学习目的和要求**

　　他物权依设立目的的不同分为用益物权和担保物权。本章是关于担保物权的相关制度和知识，包括担保物权概述、抵押权、质权、留置权四节内容。重点是三种担保物权。通过本章的学习，掌握担保物权的概念、特征；了解担保物权的分类；掌握抵押权的概念、特征；掌握抵押权设定的法律要求；掌握抵押登记制度；掌握质权的概念、特征；了解权利质权的客体范围；掌握留置权的成立要件；运用担保物权理论分析解决实务问题。

第一节　担保物权概述

一、担保物权的概念和特征

　　担保物权，是指以确保债务履行为目的，于债务人或第三人的特定物或权利上所设定的一种定限物权。包括抵押权、质权和留置权。

　　担保物权以取得标的物的交换价值为目的。在债务人不履行到期债务或者发生当事人约定的实现担保物权的情形，担保物权人（债权人）可以凭借其担保物权处分担保物并就价金优先受偿。

　　（一）担保物权具有从属性和附随性

　　担保物权是为确保债权的实现而设立的，其存在以债权的存在为前提，随债权的转移而转移，并随债权的消灭而消灭。因此，担保物权是一种从权利，而被担保的债权则为主权利。

　　（二）担保物权具有不可分性

　　担保物的分割、部分灭失或转让，被担保债权的分割或部分转让，均不影响担保物权，担保物权人仍然能够完整地行使其担保物权。

担保物权人在债权未得到全部清偿前，得就担保物之全部行使其担保物权。担保物的一部分灭失时，其他部分仍担保债权的全部。担保物因分割而属于不同的人所有时，各部分仍各自担保债权的全部。

（三）担保物权具有物上代位性

担保物灭失、毁损，而受有赔偿金时，该赔偿金即为担保物的代替物。担保物权人得就该赔偿金行使其权利。担保物权不以物之利用为目的，而是以取得物之交换价值为目的，属于价值权。因此，担保物灭失、毁损，而代替该担保物的交换价值如尚存在时，该担保物权即移转于该代替物之上。《物权法》第174条规定："担保期间，担保财产毁损、灭失或者被征收等，担保物权人可以就获得的保险金、赔偿金或者补偿金等优先受偿。"

二、担保物权的分类

我国现行的《担保法》和《物权法》中规定了三种担保物权，即抵押权、质权、留置权。

为便于了解不同担保物权的特点，可依不同标准对担保物权作如下分类：

（一）法定担保物权与意定担保物权

依担保物权发生的原因为标准划分。

法定担保物权，是指基于法律的规定而于一定条件下当然发生的担保物权。如留置权即是。法定担保物权的产生，须符合严格的条件，适用范围很小。

意定担保物权，是指基于当事人的约定而成立的担保物权。一般抵押权和质权即是。意定担保物权的适用范围比法定担保物权的适用范围要广泛。

（二）优先性担保物权与占有性担保物权

依担保物权的主要效力及担保设定时担保物的占有状态为标准划分。

优先性担保物权，是指以支配担保物的交换价值，确保债务优先受偿为主要效力的担保物权。此类担保物权不需移转担保物的占有于债权人，担保人仍保有担保物的使用价值，得为使用、收益。抵押权即是。

占有性担保物权，是指以占有担保物，迫使债务人清偿债务为主要效力的担保物权。此类担保物权须移转担保物的占有于债权人，在担保物权存续期间，担保人不得为使用、收益。留置权、质权即是。

（三）动产担保物权、不动产担保物权与权利担保物权

依担保物的属性为标准划分。

动产担保物权，是指以动产为担保物的担保物权。

不动产担保物权，是指以不动产为担保物的担保物权。

权利担保物权，是指以权利为标的物的担保物权。如权利抵押权，权利质权等。

（四）登记担保物权与非登记担保物权

依担保物权的成立是否须登记为标准划分。

登记担保物权，指以登记为成立的生效要件的担保物权。如不动产抵押权。

非登记担保物权，是指无须登记即可成立的担保物权。如留置权、质权。

（五）固定财产担保物权与非固定财产担保物权

依担保物权成立时，担保标的物的范围是否固定为标准划分。

固定财产担保物权，是指以范围固定的财产为标的物而成立的担保物权。

非固定财产担保物权，指以内容常变动的财产为标的物而成立的担保物权。如浮动抵押权。

第二节　抵　押　权

一、抵押的概念和特征

抵押，是指债务人或第三人以担保债务清偿为目的，不转移占有地就自己的财产为债权人设定担保物权的行为。

1. 抵押是一种物权行为。抵押行为直接发生物权变动的后果，即为债权人设定了担保物权。

2. 抵押是在债务人或第三人的特定财产之上为债权人设定担保物权的行为。抵押人可以是债务人，也可以是第三人；抵押财产可以为债务人所有，也可以为第三人所有。

3. 抵押的成立无需移转抵押物的占有。

二、抵押权的概念和特征

抵押权，是指债权人对债务人或第三人提供的、不移转占有的担保财产享有的变价处分权和就卖得的价金优先受偿权的总称。

在抵押权关系中，提供担保财产的债务人或第三人，称抵押人；享有抵押权的债权人，称抵押权人；抵押人提供的担保财产，称抵押物。抵押权行使的前提是债务人不履行到期债务或者发生当事人约定的实现抵押权的情形。

1. 抵押权是物权。当债权届期而未受清偿时，抵押权人得对抵押物进行变价处分，该处分无须抵押人的介入，体现为抵押权人对物的直接支配。

2. 抵押权为担保物权。抵押权是以抵押物的交换价值确保债权实现而设立的物权，其设立目的不在于对标的物为使用、收益，其具有从属性、附随性、不可分性及物上代位性。

《物权法》第 192 条规定："抵押权不得与债权分离而单独转让或者作为其他债权的担保。债权转让的，担保该债权的抵押权一并转让，但法律另有规定或者当事人另有约定的除外。"

3. 抵押权为意定担保物权。抵押权是债务人或第三人就其特定物为债权人设定的担保物权。抵押权产生于抵押人与抵押权人之间的抵押合意。

4. 抵押权是不移转抵押物占有的担保物权。抵押人在其特定物上为债权人设定抵押权之后，仍可保有抵押物之占有，且可为使用、收益。

5. 抵押权是以对抵押物变价处分权和就卖得的价金优先受偿权为内容的担保物权。当债务届期未履行时，抵押权人得以合法方式拍卖、变卖抵押物，并就卖得的价款优先受偿。

三、抵押权的设定

（一）抵押合同

抵押权依抵押合同而设定。依《担保法》第 38 条、《物权法》第 185 条的规定，抵押人和抵押权人应当以书面形式订立抵押合同。可见，抵押合同为法定要式合同。抵押合同的书面形式，既可是单独存在的抵押合同，也可是债权合同中约定的抵押条款。

抵押合同，是指债权人与债务人或第三人签订的以债务人或第三人的特定财产为债权人设定抵押权的合同。其内容包括：

1. 被担保债权的种类、数额。

2. 债务人履行债务的期限。

3. 抵押财产的名称、数量、质量、状况、所在地、所有权归属或使用权归属。

4. 担保的范围。

5. 当事人认为需要约定的其他事项。

须注意的是，抵押合同中不得约定绝押条款。所谓绝押条款，是指当事人在抵押合同中约定，当主债权已届清偿期而未获清偿时，抵押物的所有权即转归债权人所有的条款。禁止"绝押条款"，旨在保护债务人及债务人的其他债权人的利益。

（二）抵押物

抵押物，是抵押人提供的用于担保债权人债权得以实现的特定财产。包括不动产、不动产用益物权及动产。依我国《担保法》的规定，抵押物须符合以下条件：①须是具有独立交换价值且可流通之物；②须为不消耗物；③须是权属明晰且抵押人有权处分之物；④须不属法律禁止抵押之物。

《物权法》对抵押物的范围作了限制性规定，既从正面列举了可以抵押的财产，又从反面规定了不能抵押的财产。

《物权法》第 180 条规定可以抵押的财产包括：

1. 建筑物和其他土地附着物。

2. 建设用地使用权。

3. 以招标、拍卖、公开协商等方式取得的荒地等土地承包经营权。

4. 生产设备、原材料、半成品、产品。

5. 正在建造的建筑物、船舶、航空器。

6. 交通运输工具。

7. 法律、行政法规未禁止抵押的其他财产。

抵押人可以将前款所列财产一并抵押。

《物权法》第 184 条规定的不得抵押的财产包括：

1. 土地所有权。

2. 耕地、宅基地、自留地、自留山等集体所有的土地使用权，但法律规定可以抵押的除外。

3. 学校、幼儿园、医院等以公益为目的的事业单位、社会团体的教育设施、医疗卫生设施和其他社会公益设施。

4. 所有权、使用权不明或有争议的财产。

5. 依法被查封、扣押、监管的财产。

6. 法律、行政法规规定不得抵押的其他财产。

（三）抵押登记

抵押登记的目的在于公示。我国《担保法》和《物权法》对抵押登记采取双轨制，即依抵押财产的不同而作不同规定，采取法定登记（强制登记）和自愿登记并存的做法。

法定登记（强制登记）的抵押财产包括：

1. 建筑物和其他土地附着物。

2. 建设用地使用权。

3. 以招标、拍卖、公开协商等方式取得的荒地等土地承包经营权。

4. 正在建造的建筑物。

以上述财产抵押的，应当办理抵押登记。采取登记生效要件主义，抵押权自登记时设立。

自愿登记的抵押财产包括：

1. 生产设备、原材料、半成品、产品。

2. 正在建造的船舶、航空器。

3. 交通运输工具。

4. 其他可以抵押的财产。

以上述财产抵押的，采取登记对抗要件主义，抵押权自抵押合同生效时设立，未经登记，不得对抗善意第三人。

四、抵押权的效力

（一）抵押权所担保债权的范围

抵押权为意定担保物权，其所担保的债权范围在设定时应明确约定，并经登记公示。若无约定，抵押权所担保的债权范围应包括：主债权及利息、违约金、损害赔偿金和实现抵押权的费用。

（二）抵押权所及标的物的范围

抵押权所及标的物的范围，我国《担保法》和《物权法》无明文规定，依《最高人民法院关于适用〈中华人民共和国担保法〉若干问题的解释》（以下简称《担保法解释》）的规定，抵押权应及于标的物本身各部分、从物、从权利、孳息、标的物的加工物、附合物、混合物。

（三）抵押权人的权利

1. 变价处分权。债权届期而未获清偿时，抵押权人得依法定程序拍卖、变卖抵押物，实现抵押物的交换价值。

2. 优先受偿权。抵押权人就抵押物卖得的价金，优先于无担保物权的债权人受领清偿。

3. 保全抵押物价值权。当抵押人的行为足以使抵押物价值减少时，抵押权人有权要求抵押人停止该行为；当抵押物的价值减少时，抵押权人有权要求抵押人恢复抵押物的价值或提供与减少的价值相当的担保。

（四）抵押权的优先效力

抵押权的优先效力，指的是抵押财产卖得的价款应优先清偿抵押权人的债权，清偿后有剩余的，才能清偿债务人的其他债权人的债权。

1. 重复抵押时，抵押权的优先顺序。

《物权法》第 199 条规定：

（1）抵押权已登记的，按照登记的先后顺序清偿；顺序相同的，按照债权比例清偿。

（2）抵押权已登记的先于未登记的受偿。

（3）抵押权未登记的，按照债权比例清偿。

2. 抵押权、质权、留置权并存时，各担保物权的优先顺序。

《担保法解释》第 79 条规定，同一财产法定登记的抵押权与质权并存时，抵押权人优先于质权人受偿。同一财产抵押权与留置权并存时，留置权人优先于抵押权人受偿。

《物权法》第 239 条规定：同一动产上已设立抵押权或者质权，该动产又被留置的，留置权人优先受偿。

（五）抵押权的保全效力

抵押权的保全效力，即保全抵押财产价值的效力。

1. 当抵押人的行为足以使抵押物价值减少时，抵押权人有权要求抵押人停止该行为。抵押人的行为可能是积极的作为，也可能是消极的不作为。

2. 当抵押物的价值因抵押人的原因而减少时，抵押权人有权要求抵押人恢复抵押物的价值或提供与减少的价值相当的担保。

3. 当抵押权人请求恢复抵押物的价值或提供相当担保遭到拒绝时，抵押权人可以请求债务人提前清偿债务，抵押权人也可以提前实行抵押权。

（六）抵押权的物上代位效力

抵押权为价值权，重在就标的物的价值优先受偿。因此，当抵押物的价值形态发生改变时，并不影响抵押权的存在，抵押权之行使可以追及到变化后的价值形态之上。即当抵押物灭失而使抵押人获得赔偿请求权时，此赔偿请求权为原抵押物的对价，抵押权人的担保物权可就此请求权而继续存在。当抵押物的灭失而使抵押人获得赔偿请求权或赔偿金时，抵押权人的担保物权得就该赔偿请求权或赔偿金而继续存在的法律效力，在理论上称之为"抵押权的物上代位效力"。该效力发生的条件如下：

1. 须发生抵押物灭失。该情形包括：

（1）抵押物因第三人的侵权行为而毁损灭失。

（2）抵押物因保险事故而毁损灭失。

（3）抵押物被公用征收。

（4）抵押物因添附而使抵押人丧失抵押物的所有权。

2. 须因抵押物的灭失而使抵押人获得赔偿请求权或赔偿金。

（七）抵押权的追及效力

抵押权人得追及抵押物的所在而行使抵押权的效力，称"抵押权的追及效力"。

1. 在抵押物有偿转让场合。《物权法》第191条规定：抵押期间，抵押人经抵押权人同意转让抵押财产的，应当将转让所得的价款向抵押权人提前清偿债务或者提存。转让的价款超过债权数额的部分归抵押人所有，不足部分由债务人清偿。抵押期间，抵押人未经抵押权人同意，不得转让抵押财产，但受让人代为清偿债务消灭抵押权的除外。

2. 在抵押物无偿转让场合。根据《担保法解释》第68条的规定，抵押物的无偿转移，包括赠与、继承和遗赠，对抵押权不产生影响。即抵押权对抵押物的受赠人、继承人、受遗赠人具有追及效力。

3. 在抵押物出租场合。《物权法》第190条规定："订立抵押合同前抵押财产已出租的，原租赁关系不受该抵押权的影响。抵押权设立后抵押财产出租的，该租赁关系不得对抗已登记的抵押权。"

五、抵押权的消灭

抵押权因下列原因而消灭：

1. 主债权消灭。

2. 抵押权实现。又称抵押权实行，是指抵押权人在债务履行期届满而未获清偿时，经法定程序以抵押物折价或以拍卖、变卖该抵押物所得价款受偿。

抵押权实现的方法包括拍卖、变卖或折价归抵押权人所有。

《物权法》第195条规定："债务人不履行到期债务或者发生当事人约定的实现

抵押权的情形，抵押权人可以与抵押人协议以抵押财产折价或者以拍卖、变卖该抵押财产所得的价款优先受偿。协议损害其他债权人利益的，其他债权人可以在知道或者应当知道撤销事由之日起1年内请求人民法院撤销该协议。抵押权人与抵押人未就抵押权实现方式达成协议的，抵押权人可以请求人民法院拍卖、变卖抵押财产。"

3. 抵押物因不可归责于任何人的事由而灭失。

4. 抵押权人放弃抵押权。

5. 主债权的诉讼时效届满。

《物权法》第202条规定："抵押权人应当在主债权诉讼时效期间行使抵押权；未行使的，人民法院不予保护。"

六、特殊抵押

特殊抵押，是指在主体、客体、内容方面或成立方面存在某些特殊性的抵押。对于特殊抵押，在法律适用上，应优先适用法律有关特别规定，无特别规定的，适用民法有关抵押权的一般规定。

（一）最高额抵押

最高额抵押，是指抵押人与抵押权人约定，在预定的最高债权额限度内，以抵押物对一定期间内连续发生的债权所作的担保。

最高额抵押适用于在一定期限内预定借款总额的连续借款合同及预定交易总额的连续商品交易合同或劳务提供合同。最高额抵押可以简化手续，方便当事人，有利于资金融通。

最高额抵押与一般抵押比较，具有下列特征：

1. 所担保债权的确定程度不同。一般抵押权所担保的实际债权额是完全确定的；而最高额抵押权所担保的实际债权额是不确定的，是一个未定数额，只是对一定时间段内连续发生的债权数额作出一定的预测，而据此设定抵押额。

2. 所担保债权发生的时间不同。一般抵押权的设定与债权同时产生，是为已经发生的债权设定的担保，目的在于保障债的实际履行；最高额抵押权所担保的债权通常是将来发生的债权，即设定最高额抵押权时，主债务合同尚未发生，或者尚未实际发生。

3. 抵押权的附随性不同。一般抵押权具有附随性，随所担保债权的移转而移转；最高额抵押担保的债权确定前，部分债权转让的，最高额抵押权不得转让，即最高额抵押权并不随着债权的移转而发生移转，但当事人另有约定的除外。

（二）共同抵押

共同抵押，又称"总括抵押"、"聚合抵押"，是指为同一债权的担保于数个不动产、不动产用益物权或动产上设定的抵押。

作为共同抵押的数个不动产、不动产用益物权、动产可以是一个抵押人的财产，也可是不同抵押人的财产，但通常是不同抵押人的财产。

1. 分配式共同抵押。分配式共同抵押，是指担保同一债权的数个不动产、不动产用益物权或动产对被担保的债权进行分配，各自担保一定的债权额。

对分配式共同抵押，债权人只能按各自的担保额对各个抵押物分别受偿。各抵押人只须就自己财产所担保的债权额为清偿，即可消灭自己财产上的抵押权。分配式共同抵押的设定，需各抵押人与债权人在抵押合同中明确约定各抵押财产所担保的债权额，否则视为连带式共同抵押。

2. 连带式共同抵押。连带式共同抵押，是指数个不动产、不动产用益物权或动产对被担保债权不分配担保额，每一不动产、不动产用益物权或动产都担保全部债权的实现。

属于同一人所有或属于不同人所有的数项财产为同一债权设定抵押而未约定各自担保的债权份额或担保顺序时，都成立连带式共同抵押。

（三）财团抵押

财团抵押，是指以企业之财团为标的而设定的抵押。包括浮动式财团抵押和固定式财团抵押两种形式。

1. 浮动式财团抵押，为英美法系国家所采用。《物权法》第181条采用，特点是：

（1）列入抵押财团范围的财产为企业的全部财产，包括固定资产与流动资产，现有财产与将来取得的财产。

（2）作为财团抵押人的企业对抵押财产的使用、收益及处分不受抵押权的影响。

（3）抵押财团中的财产不固定，在抵押权实行前一直处于不断增减变化的浮动状态，直到抵押权实现时才固定下来。

2. 固定式财团抵押，为大陆法系国家所采用。特点是：

（1）列入抵押财团范围的财产限于企业现有的固定资产，随企业经营而变化的流动资产不列入抵押财团的范围。

（2）抵押成立时，作为抵押标的物的财团即由财团财产目录加以固定，企业以后新增固定资产须列入财团目录才能成为抵押标的物。

（3）企业对财团中财产的处分受严格限制，非经抵押权人同意不得脱离财团。

财团抵押与普通抵押的区别：普通抵押的标的物是抵押人的个别财产；而财团抵押的标的物是由抵押人的各个不动产、动产或其他财产权利集合而成的财团，或者说综合财产。

《物权法》第181条规定："经当事人书面协议，企业、个体工商户、农业生产经营者可以将现有的以及将有的生产设备、原材料、半成品、产品抵押，债务人不履行到期债务或者发生当事人约定的实现抵押权的情形，债权人有权就实现抵押权时的动产优先受偿。"

可见，我国《物权法》所规定的浮动抵押的客体限于动产，主体限于企业、个体工商户、农业生产经营者。

第三节 质 权

一、质权的概念和特征

质权，是指债权人于债务人不履行债务时，得就债务人或第三人移转占有而供担保的特定动产或权利变卖的价金优先受偿的权利。包括动产质权和权利质权。

在质权关系中，享有质权的债权人称为质权人；将特定动产或权利移转质权人占有而供债之担保的债务人或第三人，称为出质人；出质人移转给债权人占有的、以供债权担保的动产或权利，称为质押财产或质物。

质权具有以下特征：

1. 质权是担保物权，具有从属性、附随性、优先性等特点。

2. 质权是移转担保财产占有的物权。质权的成立与生效以移转质押财产之占有于债权人为必要。

3. 质权的标的是动产或所有权之外的可转让的财产权。质权的成立以移转质物的占有为必要，因此，质物须为便于移转占有且具担保价值之物。如动产、债券、股票及知识产权中的财产权等，皆适于出质。

4. 质权除具有优先受偿的效力之外，还有留置效力。因质物移转于质权人占有，质权人可以留置质物，以促使债务人及时履行债务。

二、动产质权

（一）动产质权的含义

动产质权，是指债权人为担保其债权而占有由债务人或第三人移交的动产，并得就其变卖的价金优先受偿的权利。

动产质权的标的物应为动产，该动产须具有财产价值并可依法定程序变卖。动产质权的最终目的在于变卖出质人移交占有的动产，并就卖得的价金优先受偿。因而无财产价值的动产或不能依法定程序变卖的动产，不能成为动产质权的标的物。

（二）动产质权的设定

动产质权依当事人之间的质押合同而设定。质押合同为法定要式合同，即应为书面形式。

质押合同的内容包括：被担保的债权种类、数额；债务人履行债务的期限；质押财产的名称、数量、质量、状况；担保的范围；质押财产交付的时间。

质押合同中，禁止当事人签订"流质条款"。

质权自出质人交付质押财产时设立。

质权可以继承取得，也可以善意取得。

（三）动产质权的效力

1. 质权所担保之债权的范围。包括主债权及利息、违约金、损害赔偿金、质押财产的保管费用和实现质权的费用。当事人另有约定的，从其约定。

2. 质权人对质押财产的权利行使范围。质权人对质押财产的权利行使范围及于质押财产本身、质押财产之从物、孳息物、质押财产因附合、混合、加工而成的添附物、因质押财产毁损灭失所获之赔偿金。

3. 质权人的权利。质权人的权利主要有：①占有、留置质押财产；②优先受偿；③收取孳息，当事人另有约定者除外；④转质，限于原质权的范围之内；⑤保全质权的权利即排除对质权的各种妨害的权利；⑥物上代位权。

4. 质权人的义务。质权人的义务主要有：①妥善保管质押财产；②于债务人到期清偿债务后返还质押财产；③返还超过债权数额的质押财产拍卖、变卖价款。

（四）动产质权的消灭

动产质权消灭的原因有：①债权消灭；②质权实现；③质权的抛弃与质押财产返还；④丧失对质押财产的占有；⑤质物灭失且无替代物；⑥混同。

三、权利质权

（一）权利质权的含义

权利质权，是指以所有权、用益物权以外的可转让的财产权为出质财产的质权。

权利质权的设定与消灭，适用动产质权的相关规定。但法律有特别规定的，从之。

（二）权利质权的客体

权利质权以权利为客体，但并非任何权利都可以作为权利质权的客体。可以作为权利质权客体的权利应具备下列条件：

1. 须为财产权利。

2. 须是可以转让的财产权利，即可以通过市场交易实现价值的财产权利。

3. 须是依法适于设定权利质权的财产权利。物权实行法定主义，何种财产权利可以设定质权须由法律予以规定。

《物权法》第223条规定债务人或者第三人有权处分的下列权利可以出质：

1. 汇票、支票、本票。

2. 债券、存款单。

3. 仓单、提单。

4. 可以转让的基金份额、股权。股权出质受一定的限制，且股权质权的效力仅及于股权中的资产受益权等财产权，不及于股权中的非财产权。

5. 可以转让的注册商标专用权、专利权、著作权等知识产权中的财产权。

6. 应收账款。应收账款是债权人因向债务人提供商品或服务而收取的价款。

7. 法律、行政法规规定可以出质的其他财产权利。

（三）出质权利准占有[1]的移转

权利质权由当事人签订权利质押合同而设立。权利质押合同为要式、要物合同。

动产质押，以质物的交付，即质物占有的移转为成立的要件。

权利质押，以权利的交付，即出质权利准占有的移转为成立的要件。

出质权利准占有的移转方式：

1. 交付出质权利的权利凭证。对于记名有价证券，交付证券时还须背书载明"质押"字样，否则不能对抗证券权利之义务主体及其他第三人。

2. 质押登记。以基金份额、股权、知识产权及应收账款出质，均须登记。以基金份额、证券登记结算机构登记的股权出质，须向证券登记结算机构登记。以其他股权出质，须向工商行政管理部门登记。以知识产权出质，须向专利权、注册商标专用权、著作权主管部门登记。以应收账款出质，须向信贷征信机构登记。

（四）权利质权的实行

1. 依法处分入质的权利。通过拍卖、变卖、折价等方式处分入质的权利，从所得价款中优先受偿。

2. 依法行使入质的权利。这是债权质权行使的主要方式。质权人可就行使入质债权所得财产直接优先受偿。

3. 收取入质权利的收益。以公路桥梁、公路隧道、公路渡口等公用建筑设施的经营收益权出质的，依法收取出质人的经营收益，是这种权利质权实行的唯一方式。

4. 收取入质权利的法定孳息。

第四节　留　置　权

一、留置权的概念和特征

留置权，是指债权人合法占有债务人的动产，当债务人不履行与该动产有关的债务时，得留置该动产的担保物权。

其中债权人称为留置权人；被留置的动产称为留置财产。

留置权的特征如下：

1. 留置权属于担保物权。留置权旨在以留置财产的交换价值，担保债权的实现，当债务人逾期不履行债务时，债权人得变卖留置财产并从卖得的价款中优先受偿。故留置权属于担保物权，具有从属性、不可分性、物上代位性。

---

[1] 权利没有一定的形体，不能像对有形物那样具体地占有，只能在观念上抽象地占有。民法理论称这种占有为"准占有"。

2. 留置权以债务人的特定动产为标的物。

3. 留置权的产生以债权人合法占有留置财产为前提。

4. 留置权所担保的债权与留置财产属于同一法律关系，但企业之间留置的除外。

5. 留置权是法定担保物权。留置权基于法律的规定而当然发生，非当事人依约设定。

二、留置权成立的法律要件

留置权是法定担保物权，其成立必须具备法律规定的条件：

（一）须债权人合法占有债务人的动产

如承运人依运输合同占有托运人的货物，保管人依保管合同占有委托人交付保管的物，承揽人依承揽合同占有定作人的动产，无因管理人占有被管理人的动产等。

（二）须债权的发生与该项动产有牵连关系，但企业之间留置的除外

即债权人享有的债权，与其负担的物之返还义务是同一项债的内容。

（三）须债权已届清偿期而未获清偿

因为债务人是否履行债务，只有当债务履行期限届至时方能认定。

下列情形，不成立留置权：

1. 留置违反公序良俗。如扣留身份证、户口簿、毕业证等。

2. 留置与其承担的义务相抵触。如运输合同的承运人在发运地留置货物。

3. 当事人双方在合同中明确约定不得留置财产的。

三、留置权的效力

（一）留置权所担保债权的范围

凡与留置财产有牵连关系而生的债权，均得为留置权担保的范围。包括原债权及利息、迟延利息、违约金、损害赔偿金、实现留置权的费用、保管留置财产所支出的必要费用等。

（二）留置权标的物的范围

留置权标的物的范围及于留置财产本身、留置财产之从物、孳息、留置财产因灭失所得之赔偿金。

（三）留置权人的权利

1. 留置所占有的债务人的动产。

2. 收取留置财产所生的孳息，以充抵债权。孳息包括天然孳息和法定孳息。

3. 留置标的物所支出必要费用的求偿权。

4. 变价处分权，即变卖留置财产并从价款中优先受偿的权利。

（四）留置权人的义务

1. 妥善保管留置财产。

2. 催告义务。留置权人变价处分权的行使须先行催告，未经催告，不得径行变

卖留置财产。债务人在催告期内仍不履行债务，债权人方可行使变价处分权。催告期可由当事人在合同中约定，且应当不少于 2 个月。

3. 留置物返还义务。留置权人于债权消灭或留置权消灭后，须将留置物返还于债务人。

（五）担保物权并存时的效力冲突解决

《物权法》第 239 条规定：“同一动产上已设立抵押权或者质权，该动产又被留置的，留置权人优先受偿。”

四、留置权的消灭

留置权因下列原因而消灭：

1. 债权消灭。
2. 留置权实现。
3. 留置权人丧失对留置物的占有。
4. 留置物的灭失。
5. 债务人另行提出担保。

思考练习题

1. 何谓“绝押条款”？《物权法》禁止“绝押条款”的理由是什么？“绝押条款”的禁止与以抵押物折价实现抵押权是否矛盾？
2. 比较抵押权与质权的异同。
3. 比较用益物权与担保物权。
4. 简述抵押权的概念、特征、客体。
5. 简述质权的概念、特征、类型、客体。
6. 简述留置权的概念、适用条件。
7. 简述担保物权的意义和法律特征。

第十三章 占 有

■ **学习目的和要求**

　　占有，是物权法上的一项重要制度。本章是关于占有制度的相关知识，包括占有概述、占有的效力两节内容。重点是占有的概念、性质、占有的法律效力。通过本章的学习，领会和掌握占有的概念、性质；理解占有的各种分类；了解占有的取得、消灭；掌握占有的效力；运用占有理论分析实务问题。

第一节　占有概述

一、占有的概念

　　占有，是人对物有事实上的管领力的事实。

　　其中，对物为管领之人，称占有人；被管领之物，称占有物。

　　占有制度的功能在于维持对物的事实支配秩序，也即在于对占有的保护，以维护社会秩序的安宁。在《物权法》之前，我国的法律、法规没有明文确立占有制度，但在某些领域已经存在类似占有制度的规定，另外实践中也存在一些性质不甚明确的占有事实。

　　导致占有发生的具体法律关系可以归纳为两类：一类是有权占有，主要指基于合同等债的关系而产生的占有，如承运人对托运物、保管人对寄存物、承揽人对工作物、承租人对租赁物等的占有；另一类是无权占有，发生于占有人对不动产或者动产的占有无正当法律关系的情形，如原法律关系被撤销或者无效时占有人对占有物的占有、借用或租用他人之物到期不还等所发生的占有。《物权法》对有权占有和无权占有皆予以规定，填补了我国民事立法的空白。《物权法》第 241 条是对有权占有的规定，第 242～245 条是关于无权占有的规定。《物权法》第五编关于占有的规定共有 5 个条文，其中 4 个条文是关于无权占有的规定，应当说无权占有是《物权法》第五编规定的重点。

（一）占有的性质

关于占有的性质，主要有三种学说：

1. 事实说。该说认为，占有是一种事实。对占有的这种外表形态，不需要考虑占有人主观态度和意思如何，占有的取得完全有赖事实行为，故违法行为也可以取得占有，法律行为无效，不影响占有的转移。此说为目前通说。

2. 权利说。该说认为，占有是一种权利。权利的要素有二，一为利益，二为法律保障。由法律赋予之力，即可理解为一种权利。占有是某人持有某物的事实，该事实状态是受法律保护的，因而能排斥第三人的干涉，形成一种权利。

3. 权能说。该说认为，占有是所有权的一项权能。

占有性质的确定，涉及法律对占有施加保护的根据。如果认为占有是一种事实，则法律将对一切占有加以保护而不论占有人是否有占有权，除非有人能够证明他享有比占有人更高的权利，因此，关于占有的诉讼不涉及真实权利是否存在，而仅涉及占有的侵害和妨害；如果认为占有是一种权利，按照权利的取得须合法的原则，凡以非法手段或途径取得的占有，当然不能受法律的承认和保护。因此，占有人请求法院保护时，须证明其享有合法的占有权。

（二）占有的构成要件

关于占有的构成，有主观说和客观说两种观点：占有主观说认为，占有不仅需要事实上的管领，还须具备占有的意思；占有客观说认为，占有是依纯客观的事实支配状态而成立，占有的意思无必要。

1. 占有的客观要件。即须有占有人的占有行为存在。只要依一般社会观念足以认定一定的物已具有属于某人实力支配之下的客观关系，如对于物已有确定与继续的支配关系，或已处于可以排除他人干涉的状态，即可认定有事实上的管领力。

（1）对物的支配须是现实的。即主体的支配力正及于物，如现实的掌握物、控制物，对物进行使用、收益等。

（2）对物的支配须是确定的。即对物的支配是明确的、肯定的，且具有一定的稳定性。

（3）对物的支配须具备一定的外观，为人所认识。即可以凭借外部的空间关系、时间关系和法律关系予以确认。

2. 占有的主观要件。即须占有人主观上有占有的意思。

占有作为一种事实，除须具备客观要件外，还须具备主观要件。

二、占有的分类

（一）有权占有与无权占有

依有无占有的权源为标准划分。

有权占有，又称正权源占有，是指基于本权即基于法律上的原因而为的占有。

无权占有，又称无权源占有，是指非基于本权或者说是欠缺法律上原因的占有。此分类的意义在于：

1. 有权占有人可拒绝他人为本权的行使，而无权占有人遇有本权人请求返还占有物时，有返还义务。

2. 因侵权行为占有他人之物，不产生留置权的法律效果。

（二）善意占有与恶意占有

依无权占有人是否知其无占有的权源为标准划分。

善意占有，指占有人不知其无占有的权源而误信其有正当权源且无怀疑的占有。

恶意占有，指占有人明知其无占有的权源，或对其是否有权源虽怀疑而仍为之的占有。

此分类的意义在于：

1. 善意取得须以善意受让为要件。

2. 恢复义务因善意占有与恶意占有而有所不同。

（三）公然占有与隐秘占有

依占有的方式或占有的表现形态为标准划分。

公然占有，指依物的性质而为一般的占有，即占有状态无避免他人发现的意思。如佩戴珠宝出入社交场所。

隐秘占有，指恐他人知晓而藏匿，不公示于众的占有。如小偷将赃物藏匿。

此划分的意义在于：取得时效的要件须为公然占有。

（四）和平占有与强暴占有

依占有的手段为标准划分。

和平占有，指以合法手段而为的占有。如通过赠与而取得占有。

强暴占有，指以法律禁止的手段而为的占有。如抢夺他人财物。

此分类的意义在于：取得时效的要件须为和平占有。

（五）自主占有与他主占有

依占有人是否具有所有的意思为标准划分。

自主占有，指以所有的意思为占有。如买受人对标的物的占有。

他主占有，指不以所有的意思为占有。如借用人对借用物的占有。

此分类的法律意义在于：取得时效、先占及占有物毁损灭失时占有人的赔偿责任范围等，均对自主占有和他主占有有不同的具体要求。

（六）直接占有与间接占有

依占有人在事实上是否直接占有其物为标准划分。

直接占有，指占有人事实上占有其物，即直接对物有事实上的管领力。如质权人、保管人对质物、保管物的占有。

间接占有，指基于一定法律关系而对事实上占有其物之人有返还请求权的占有。如出质人、寄托人对质物、保管物的占有。

此分类的法律意义在于:

1. 间接占有不能独立存在,而直接占有可以独立存在。
2. 对占有的保护,有时仅限于直接占有人。
3. 使动产的交付得依占有改定而进行,便于物的交易。

三、占有的取得

占有的取得,指占有人获得对于物的事实上的管领。

（一）占有取得的类型

占有的取得分为原始取得和继受取得两类。

1. 占有的原始取得。占有的原始取得,指非基于他人既存的占有而取得的占有。如先占。

占有的原始取得不以合法为必要,也不以行为人有行为能力为必要。

2. 占有的继受取得。占有的继受取得,指基于他人既存的占有而取得的占有。

占有的继受取得的发生原因,主要有占有的让与和占有的继承。

（二）占有取得的法律原因

1. 因法律行为而取得,如买卖。
2. 因事实行为而取得,如建造房屋、先占。
3. 因自然事件而取得,如树上果实落入邻人院内。
4. 因侵权行为而取得,如抢夺他人财物。
5. 因占有的推定而取得。

四、占有的消灭

占有的消灭,是指对物丧失事实上的管领力。

（一）占有的确定丧失

占有的确定丧失,指占有因占有人确定地、永久地丧失其对于物的事实上的管领力而消灭。如标的物毁损灭失。

（二）占有的推定丧失

占有的推定丧失,指因占有人不行使权利或不能再行使权利的同类情形,而推定其丧失对于物的事实上的管领力而消灭。

第二节　占有的效力

占有的效力,是指法律依据占有的事实而赋予占有人所实施的一定行为在一定情形下产生的法律后果。

一、占有的权利推定效力

占有的权利推定，是指如果占有人对占有物有占有的事实，则其在占有物上所行使的权利，应推定其为适法并享有此权利。

例如，占有人在其占有物上行使所有权时，即推定其有所有权。如果他人对此有异议，则由异议人负举证责任。

二、占有的事实推定效力

占有的事实推定包括下列主要情形：

1. 对于占有，推定为以所有的意思或为自己占有。

2. 对于占有，推定为善意、公然、和平占有，对此，占有人无须举证。他人如欲推翻，则须举证。

3. 经证明前后两时为占有的，则推定其前后两时之间为继续占有，对此，占有人无须举证。他人如欲推翻，则须举证。

三、占有的权利取得效力

1. 基于取得时效而取得占有物的所有权（《物权法》未规定取得时效）。

2. 基于善意取得制度而取得占有物的所有权或占有物上的其他权利。

四、占有的保护效力

（一）占有保护请求权

占有保护请求权，是指占有人在占有被侵害时，得请求侵害人恢复其圆满状态的权利。包括占有物返还请求权、占有妨害排除请求权、占有妨害防止请求权。

其中，占有物返还请求权的除斥期间为 1 年，自侵占发生之日起算。

（二）自力救济权

自力救济，指占有人依靠自身力量保护其占有。

自力救济权包括自力防御权和自力取回权。

自力防御权，指占有人对于侵夺或妨害其占有的行为，得以己力进行防御的权利。

自力取回权，指占有人在其占有完全被侵夺或妨害后，可以己力恢复原有状态的权利，即占有人可取回其物。

（三）不当得利返还请求权

占有作为一种利益，自然可成为不当得利的客体。

（四）损害赔偿请求权

侵害占有可能发生的损害主要有：

1. 使用收益的损害。如车位被侵占而无法停车。

2. 支出费用的损害。如占有物被侵夺而毁损，致占有人无法向恢复请求权人请求偿还其对占有物所支出的费用而受到的损害。

3. 责任损害。如占有人因占有物被第三人侵夺而致使毁损灭失，对恢复请求权人应负损害赔偿责任。《物权法》第245条规定："因侵占或者妨害造成损害的，占有人有权请求损害赔偿。"

（五）善意占有人的必要费用偿还请求权

依各国立法例，占有人对于恢复占有物请求权人享有因占有其物而自行支出费用的偿还请求权，并且区分善意占有和恶意占有，所得请求偿还费用的范围有所不同。占有人自行支出的费用分为必要费用和有益费用两种。善意占有人可以请求偿还必要费用和有益费用；而恶意占有人只能请求偿还必要费用。若占有人支出的费用，既非必要也非有益，则不得请求偿还。但占有人得在返还前于不损害占有物的前提下取回。

我国《物权法》第243条仅规定了善意占有人的必要费用偿还请求权，而对善意占有人可否要求有益费用的偿还，以及恶意占有人可否要求必要费用的偿还未予规定。

五、占有人的义务

在有权占有的情况下，当事人双方多会对因使用而导致不动产或者动产的损害责任作出约定。通常，因正常使用而导致不动产或者动产的损耗、折旧等，由所有权人负担，因为有权占有人所支付的价金包括对不动产或者动产因正常使用而发生损耗的补偿。但当这一问题发生于无权占有的情形时，责任的确定则相对要复杂。

无权占有分为善意占有和恶意占有。关于恶意占有人对被占有的不动产或者动产的使用损害应当承担赔偿责任，各国立法例均无异议；但关于善意占有人是否承担赔偿责任，存有争议。国外立法多规定，善意占有人对被占有物因使用而发生的损害，不承担损害赔偿责任。之所以如此规定，其逻辑判断在于，法律对于占有赋予了几种法律效力，其一就是权利推定效力，占有人于占有物上行使的权利，推定其适法并享有此权利，而善意占有人在使用占有物时即被法律推定为物的权利人，具有占有使用的权利，因此，对于使用被占有物而导致的损害，不应承担赔偿责任。我国《物权法》借鉴了国外立法的规定：

《物权法》第242条规定："占有人因使用占有的不动产或者动产，致使该不动产或者动产受到损害的，恶意占有人应当承担赔偿责任。"

《物权法》第244条规定："占有的不动产或者动产毁损、灭失，该不动产或者动产的权利人请求赔偿的，占有人应当将因毁损、灭失取得的保险金、赔偿金或者补偿金等返还给权利人；权利人的损害未得到足够弥补的，恶意占有人还应当赔偿损失。"

思考练习题

1. 试述占有的概念及构成要件。
2. 如何理解占有的性质？
3. 简述占有的分类及其意义。
4. 简述占有的效力。

第三编 债 法

第十四章 债权总论

■ **学习目的和要求**

债权是民法上与物权并列的另一类财产权，债权是动态财产权。债权法调整的是平等主体之间的财产流转关系，旨在保障不同地域、不同时间的财产让渡得以实现。债权法的内容很多，依大陆法系的传统体例，将债权法分为债权总论与债权分论两部分。债权分论又析分为意定之债（合同之债）和法定之债两部分。

本章是关于债权总论的相关制度和知识，由债的意义、债的发生原因、债的类型、债的效力、债的移转、债的保全、债的担保、债的消灭八节内容构成。本章八节内容均须重点学习和掌握。

通过本章的学习，掌握债的概念、本质和债的三要素；掌握债的各种类型及分类标准、分类意义；了解债的主要发生原因；了解债权的效力、债务的效力及债务违反的样态和法律后果；把握债权让与和债务承担的要件；掌握债权人代位权与撤销权的适用条件；掌握债的各种担保方式；了解债的消灭原因；能够运用债的原理分析实务问题。

第一节 债的概述

一、债的概念

债，是指特定当事人之间，得请求为特定行为的财产性民事法律关系。

《民法通则》第84条规定："债是按照合同的约定或者依照法律的规定，在当事人之间产生的特定的权利和义务关系。"在债的法律关系中，当事人一方对他方有请求其为特定行为的权利，即债权，享有债权的当事人谓债权人；他方负有为满足债权人的请求而为特定行为的义务，即债务，负有债务的当事人谓债务人。

债的关系自权利方面而言，为债权关系；自债务方面而言，为债务关系。因此，债的关系也称为债权债务关系。

二、债的构成要素

任何民事法律关系皆包含三个要素，债属于民事法律关系之一种，亦包含三要素。

（一）债的主体

债的主体，是指参加债的法律关系的当事人，包括债权人和债务人。债权人和债务人可以是单数，也可以是复数。当债权人或债务人一方或双方为数人时，他们之间的债称为多数人之债。债的主体无论是单数还是复数，均须为特定之人。

债权人与债务人具有利益上的对立性。一方享有的权利，即构成另一方的义务。债权人的利益通过债务人的不利益才能得到实现。依债的双方主体之间权利义务的享有和分担情况，可以将债分为两类：一类是双方当事人间互为给付，即互为债权人和债务人。如买卖关系中，买方和卖方互为对方的债权人和债务人。基于标的物的交付，买方是债权人，卖方是债务人；基于价款的支付，则卖方是债权人，买方是债务人。此类债被称为"对待给付之债"。另一类是一方当事人只享有权利，另一方当事人只承担义务。如赠与合同、侵权行为之债。

（二）债的内容

债的内容，即债权和债务，二者负载于同一特定行为，具有互依、共生和对应关系。

债权为请求特定人为特定行为（作为或不作为）的权利。具有如下特征：

1. 债权是财产权。债的关系是建立在债权人和债务人之间的一种利益关系，这种利益关系或直接表现为财产性质，或最终与财产有关。债权就是在交换或分配各种利益时产生的、以财产或可评价为财产的利益为主要内容的民事权利。民法上的财产权，除债权外，还有物权和知识产权。

2. 债权是请求权。请求权，是指根据权利的内容，得请求他人为一定行为或不为一定行为的权利。请求权的特点在于，权利人欲实现其利益，须借助于他人的行为。债是特定人之间的法律关系，债权的实现有赖于债务人的协助，即债权人只能通过请求债务人为特定行为来实现自己的利益。所以就权利的作用方式而言，债权属于请求权，此与物权属支配权不同。债权人既不能直接支配债务人应给付的特定物，也不能直接支配债务人的给付行为，更不能直接支配债务人的人身。

3. 债权是对人权。对人权非指债权人对债务人的人身享有支配权，而是指债权人只能请求负有特定义务的特定之人为一定的行为或不为一定的行为。在债的法律关系中，债权债务仅存在于特定的当事人之间，债权人只能向债务人主张权利，请求其向自己履行债务。债务人以外的一切他人，因与债权人之间不存在权利义务关系，故债权人不得向其主张债权。此与物权属对世权的性质不同。

4. 债权是相对权。债权的实现须借助于债务人的行为的协助，此与物权属绝对权的性质不同。

5. 债权具有相容性。在同一标的物上可以同时成立两个以上内容相同的债权。易言之，债权不具有排他性。而物权采取"一物一权主义"，具有排他效力，即同一标的物上不得有互不相容的数个物权存在。债权的相容性根源于其请求权性质，而物权的排他性则根源于其支配权性质。

6. 债权具有平等性。数个债权人对于同一个债务人，先后发生数个普通债权时，其效力一律平等，无优劣之分，受偿机会均等。而物权（主要指担保物权）具有优先性，即生效在先的物权优于生效在后的物权。债权的平等性根源于其请求权的性质。

7. 债权的类型既可以法定（侵权行为之债、不当得利之债），也可以约定（合同之债）。而物权的类型及效力须依法定，此即物权"法定主义"原则。

8. 债权具有期限性。

债务，是依当事人的约定或法律的规定而必须向他人为特定行为的义务。债务人的特定行为包括作为和不作为。具有如下特征：

1. 债务具有特定性。一切义务皆有确定的内容，债务也不例外。债务人所负担的债务并非漫无限制，其范围在意定之债（合同之债）由双方当事人约定；在法定之债则由法律规定或由法院裁判确定。每一项具体的债务，都有明确的内容及标的，或给付金钱、或交付财物、或提供劳务、或转让权利等。且债务一经依法成立，非依法律规定或当事人约定，不得随意更改。

2. 债务具有期限性。不存在无限期的永久债务。在移转标的物的债中，债务因履行而消灭。在具有期限规定的债中，债务因期限届满而消灭。债务还可因当事人的死亡或终止而消灭。当债务人未按期履行债务时，还可因时效的完成而失去法律拘束力。

3. 债务的履行具有强制性。债务作为法律义务，常与责任相伴。责任为对债务履行的担保，是强制实现债务的手段。债务人不履行时，法律得以强制方法以求满足债权。正由于此种责任附加于债务关系，债务关系才具有拘束力。责任的担保作用只有在债务不履行时才得以体现。

（三）债的客体

债的客体，即债权债务共同负载的特定行为，该特定行为在民法理论上称之为"给付"。因此，也可以说债的客体是"给付"。如交付财物、支付金钱、移转权利、提供劳务、提交成果以及不作为等各种具体行为。

作为债的客体，给付须合法、确定、适当、可能。

第二节　债的发生

债的发生，是指债权债务在相对的当事人之间产生。

任何民事法律关系的发生、变更和消灭皆须以一定的法律事实为根据。债作为民事法律关系的一种，其发生亦须一定的法律事实，这些能够引起债的关系发生的法律事实，即是债的发生原因，亦称债的发生根据。

根据我国《民法通则》第84条的规定，立法上将债的发生原因分为了两大类，一类是合同约定，另一类是法律的直接规定。其中后者包括不当得利、无因管理和侵权行为。《民法通则》体例上的特别之处在于，将合同、不当得利、无因管理三者规定于第五章第二节，而将侵权行为规定于第六章第三节。

一、合同

合同，是平等主体的自然人、法人或其他组织之间以设定、变更或消灭债权债务关系为目的的双方法律行为。

合同是当事人对利益交换条件和方式的设计，是当事人之间的法律。合同一旦有效成立，即在当事人之间产生特定的权利义务关系。合同是人们获得物质资料和精神产品，满足生产、生活需要的重要手段，民事主体的大量民事活动多是通过订立合同的方式实现的，合同是债发生的最常见最重要的原因。

因合同而引起的债具有如下特点：①由双方当事人的法律行为引起；②基于双方当事人自由意思表示的一致而成立；③双方当事人意思表示的内容相向；④合同之债具有任意性。合同之债的发生及其内容，皆由当事人合意予以确认。

二、侵权行为

侵权行为，是指不法侵害他人财产和人身，因而行为人须依法就所发生的损害承担责任的致害行为。

依《民法通则》及《侵权责任法》的规定，侵权行为发生后，因侵权行为受到损害的人，有请求加害人赔偿损失的权利，加害人有赔偿受害人损失的义务，即在加害人和受害人之间产生以损害赔偿为内容的债权债务关系。此种债权债务关系的发生直接基于法律的强行规定，与当事人的意思无关。

因侵权行为而引起的债具有如下特点：①由不法致害行为引起，该不法致害行为表现为侵害民事主体的合法权益；②由加害人的单方行为引起，与受害人的意思和行为无关，受害人只是被动地受到侵害；③属于法定之债，其发生、构成要件、内容均由法律明确规定，且不得预先以约定免除加害人的赔偿责任；④侵权行为之债的内容主要为赔偿损害、补偿受害人的损失，但不以财产性责任为限，还包括非财产性责任。

三、不当得利

不当得利，是指没有法律上的根据，使他人受损而取得的利益。

"没有法律上的根据"，包括自始没有根据和有根据而后根据消灭两种情况。

依照《民法通则》第92条的规定，不当得利的得利人应将所得利益返还给利益受损人，利益受损人对得利人有返还利益的请求权。于是，在受损人与得利人之间产生以返还不当得利为标的的债权债务关系。

因不当得利而引起的债具有如下特点：①由一方当事人取得不当利益的事实而引起。该事实可因得利人的行为产生，也可因受损人的行为产生，还可因第三人的行为产生，甚至可因自然事件而产生。②属于法定之债，直接基于法律规定而当然发生。不当得利属于一种事实，而非法律行为，故不以当事人的意思为根据。只要不当得利的事实发生，受损人即可依法律之规定向得利人主张返还不当得利。

四、无因管理

无因管理，是指没有法律规定或当事人约定的义务，而为他人管理事务的行为。

在无因管理中，管理他人事务的人称管理人，事务被管理的人称本人。

无因管理行为属于事实行为，而非法律行为。管理人虽须有管理他人事务的意思，但该意思无须表示，也无须以设立民事法律关系为目的，只要有为他人管理事务的事实，即可发生无因管理之债的效力。

依照《民法通则》第93条的规定，管理人有权请求本人偿付其因无因管理而支出的必要费用，本人也有义务偿付此费用。于是，在管理人与本人之间产生以给付管理费用为标的的债权债务关系。

因无因管理而引起的债具有如下特点：①由管理人的管理行为引起。管理行为为事实行为而非法律行为。无因管理的成立，虽以管理人具有管理他人事务的意思为条件，但管理人无须将该意思表示出来，也不要求管理人以设立民事法律关系为目的而管理他人事务。②被管理的事务，可以是事实行为，如饲养他人走失的羊；也可以是法律行为，如代他人出售水果。③属于法定之债。实施了无因管理行为，管理人即可依法律规定向本人主张债权。管理人债权的取得、本人债务的负担及无因管理之债的内容，均由法律直接规定。

五、缔约过失

缔约过失，是指在合同成立前的缔约过程中，缔约人一方所具有的、导致合同不成立、无效或被撤销并因此使对方遭受损害的过失。

当事人于缔约之际，因自己的过失导致合同不成立、无效或被撤销的，应赔偿对方因此而遭受的损害；遭受损害的一方也有权请求有过失的一方赔偿。于是在受损害方与过失方之间产生以赔偿信赖利益损害为标的的债权债务关系。

因缔约过失而引起的债具有如下特点：①缔约过失发生于合同订立过程中；②缔约一方当事人有过失；③缔约一方当事人的过失致使合同不成立、无效或被撤销；④缔约一方当事人的过失行为造成对方当事人信赖利益损失。

我国《民法通则》第61条规定："民事行为被确认为无效或者被撤销后，当事人因该行为取得的财产，应当返还给受损失的一方。有过错的一方应当赔偿对方因此所受的损失。"该条规定在学理解释上被认为是关于缔约过失的规定。我国《合同法》第42、43条采取类型化的方法确认对缔约过失造成的损害负损害赔偿责任，从而在立法上明确肯定了信赖利益的合法性和可救济性。依《合同法》第42、43条的规定，缔约过失的类型主要有下列几种：

1. 当事人一方假借订立合同，恶意进行磋商致合同不成立的缔约过失。
2. 因当事人一方缔约时的欺诈致合同无效的缔约过失。
3. 当事人一方泄露或不正当使用缔约时获悉的对方商业秘密的缔约过失。
4. 违反诚实信用原则的其他缔约过失。

第三节　债的类型

一、单一之债与多数人之债

依债的主体的人数为标准划分。

单一之债，是指债权人和债务人各为一人的债，也称单数主体之债。

多数人之债，是指以同一给付为标的，债权人或债务人一方为数人或双方均为数人的债，也称复数主体之债。

区分单一之债和多数人之债的意义在于：单一之债的债权人和债务人各为一人，债的当事人间的权利义务关系比较简单；而多数人之债的当事人间的权利义务关系比较复杂，除存在外部的债权债务关系外，在多数债权人或多数债务人的内部尚存在内部关系，因此较之单一之债要复杂得多。

多数人之债因其复数主体，与单一之债比较，在各主体之间发生两个方面的特殊效力：①在外部关系上，各债权人与各债务人，在如何行使债权或如何履行债务方面，发生各债权人或各债务人的整体对外效力；②在内部关系上，多数债权人中之一人受领债权，或多数债务人中之一人履行债务时，在多数债权人或多数债务人之间发生对内效力。

二、按份之债与连带之债

依多数人之债中多数债权人或多数债务人的内部关系为标准划分。

（一）按份之债

按份之债，是指以同一可分给付为标的，各债权人或各债务人按各自确定的份额分享债权或分担债务的多数人之债。其中，各债权人享有的份额债权，称按份债权；各债务人负担的份额债务，称按份债务。

按份之债的成立须具备下列条件：①债的一方或双方当事人为数人；②给付基于同一发生原因；③债的标的可分；④债权或债务由数个债权人或债务人分享或分担；⑤数个债权人的债权份额或数个债务人的债务份额，于债成立时即已确定。

按份之债中，就一个债权人或一个债务人发生的事项，对于其他债权人或债务人不发生效力，对整个债的关系也不发生独立效力。所以，按份之债实质上是数个独立之债。

（二）连带之债

连带之债，是指以同一给付为标的，各债权人或各债务人之间具有连带关系的多数人之债。所谓连带，是指就多数债权人或多数债务人中一人发生效力的事项，对于其他债权人或者债务人也发生同样的效力。各债权人均得请求债务人为全部债务的履行，各债务人均负有为全部履行的义务，且全部债权债务因一次全部履行而归于消灭。其中，具有连带关系的数个债权人为连带债权人，他们所享有的债权为连带债权；具有连带关系的数个债务人为连带债务人，他们所负担的债务为连带债务。

连带之债的成立须具备下列条件：①须债的一方或双方当事人为数人；②须债的标的为同一；③须当事人之间的数个债具有同一目的；④须多数债权人之间或多数债务人之间存在连带关系。所谓连带关系，是指就多数债权人或多数债务人中一人发生效力的事项，对于其他债权人或者债务人也发生同样的效力。例如，债权人之一受领了债务人的全部给付，其他债权人的债权即归消灭。

连带债务在强化债权人权利的同时，加重了债务人的义务。因此，《民法通则》第87条规定，发生连带债务，须有当事人的约定或法律的规定。否则，多数人之债以按份债务处理。实践中，由于债务人约定加重自己责任的情况毕竟不多，因此，连带债务的发生多来自法律的强行规定。依我国现行法律的规定，发生连带债务的情形主要有下列几种：①个人合伙债务；②法人联营债务；③连带责任保证；④共同侵权责任；⑤代理中的连带责任，包括委托代理授权不明时的责任、代理人与第三人恶意串通损害被代理人利益时的责任、第三人明知他人无权代理仍与其实施民事行为造成他人损害时的责任、代理人与被代理人相互知道对方违法而不表示反对时的责任等。

三、可分之债与不可分之债

依多数人之债的标的是否可分为标准划分。

（一）可分之债

可分之债，也称"分割之债"或"联合之债"，是指以同一可分给付为标的，其债权可分享或其债务可分担的多数人之债。其中，数个债权人分享同一可分给付之债权，称可分债权；数个债务人分担同一可分给付之债务，称可分债务。

所谓可分给付，是指可分为数个而又无损其性质或价值的一个总给付。如粮食或酒类作数量分割后给付，价值不受影响。

可分之债对外，以各债权人平均分享债权或各债务人平均分担债务为原则，法律另有规定或当事人另有约定者除外。

可分之债对内，各债权人享有按份债权，各债务人负有按份债务，法律另有规定或当事人另有约定除外。

（二）不可分之债

不可分之债，是指以同一不可分给付为标的的多数人之债。其中，以同一不可分给付为请求标的的复数债权，称不可分债权；以同一不可分给付为履行标的的复数债务，称不可分债务。

不可分之债因给付的不可分性，决定了其债权、债务的不可分性。不可分债权的请求和不可分债务的履行，原则上适用连带之债的规定。

四、法定之债（狭义的法定之债）与意定之债

依债之设定及其内容是否允许当事人自由决定为标准划分。

（一）法定之债（狭义）

法定之债，是指债的发生及其内容均由法律直接加以明确规定的债。包括侵权行为之债、无因管理之债、不当得利之债及缔约过失之债。

法定之债的发生由法律直接规定，不问当事人有无发生债的关系的意思表示，只要法律规定的事由出现，债的关系当然发生。法定之债的内容由法律直接规定，在法律规定的事由出现时，当事人之间的债权债务依法律的规定确定。

（二）意定之债

意定之债，是指债的发生及其内容完全由当事人依其自由意思而决定的债。如合同之债。

意定之债的发生及内容完全依当事人的自由意思，但当事人的自由意思不得违背法律的强行性规定以及公序良俗，即当事人的意思自由是有"限度"的。

五、简单之债、选择之债与任意之债

依债的标的可否选择为标准划分。

（一）简单之债

简单之债，是指债的给付标的只有一宗，当事人只能按照该种标的给付的债。

在简单之债中，当事人对债的给付标的没有选择余地，债权人仅能请求债务人

依确定的惟一给付履行债务，债务人也只能就该标的履行债务。因此，也称不可选择之债或单纯之债。

（二）选择之债

选择之债，是指在数宗给付中，当事人可选择其中之一作为给付标的的债。选择之债可因法律行为而产生，如当事人在运输合同中约定在陆路、水路、铁路等运输方式中选择；也可因法律的规定而产生，如《消费者权益保护法》规定，对商品存在缺陷的，消费者可在更换、修理、退货等几种给付中选择。

在选择之债中，可供选择的数宗给付须是内容相异、并列待选的，即地位平等。数宗给付在选择之债成立之时既已确定，但债务人并不负履行全部给付的义务，而只需在数宗给付中选择其中之一为履行，此即选择之债的给付特定。给付特定的方法有合同、给付选择和给付不能三种：

1. 依合同而特定，即双方当事人依合意从数宗给付中选择一宗为债的标的。

2. 依给付选择而特定，即依一方当事人的意思表示从数宗给付中选择一宗为债的标的。选择权属于形成权。债权人享有选择权的，称选择债权；债务人享有选择权的，称选择债务。除当事人有约定或法律有特别规定外，选择权原则上归债务人，这样有利于债务的顺利履行。

3. 因给付不能而特定，在可供选择的数宗给付中，因给付不能而仅余一宗给付时，即发生给付特定，选择之债成为简单之债。

（三）任意之债

任意之债，是指债权人或债务人可以用原定给付之外的其他给付来代替原定给付的债。如当事人双方约定，债务人应交付冰箱一台，但可以一台洗衣机代替。任意之债中，代替原定给付的其他给付，称代用给付；得以代用给付代替原定给付的权利，称代用给付权。任意之债依代用给付权的归属，可分为债权人任意之债和债务人任意之债。

六、一时之债与持续之债

依债的给付方法为标准划分。

（一）一时之债

一时之债，是指只须一次行为即可完成给付的债。

一时之债的债务人在给付时，没有一次完成，即为瑕疵给付，须承担债务不履行的责任。

（二）持续之债

持续之债，是指须有持续性给付为标的的债。

持续性给付，是指内容和范围受债的存续时间左右的给付，给付义务随时间的经过而陆续履行。如定期交房租、保管人在保管合同存续期间对寄存物所为的保管。

七、自然之债与法定之债（广义的法定之债）

依债有无执行力划分。

（一）自然之债

自然之债，是指虽为法律认可，但却不受强制执行力保护的债。从债务角度言，即称自然债务。如诉讼时效届满的债务、超出遗产价值的债务。

自然债务，债务人不履行的，法院不得强制其履行。但债务人自愿履行的，债权人仍有权受领。

（二）法定之债（广义）

广义的法定之债，是指依约定或法律规定产生的受强制执行力保护的债。

八、实物之债、货币之债、利息之债、劳务之债、智慧成果之债与损害赔偿之债

依债的给付标的为标准划分。

（一）实物之债

实物之债，是指以实物作为给付标的的债。

实物之债可分为特定物之债与种类物之债。

1. 特定物之债。特定物之债，是指以特定物为给付标的的债。也称特定之债。特定物之债的标的物，在债发生时即已确定，因此，债务人履行债务时须交付特定之物；债权人也只能请求债务人给付特定物。仅在特定物因灭失而不存在时，方可免除交付原物的义务。但若特定物的灭失是因可归责于债务人的事由而引起，则债务人须负损害赔偿责任。当事人对于特定之物所有权的转移时间，除法律有强行规定之外，可自行约定。

2. 种类物之债。种类物之债，是指以未加特定的种类物为给付标的的债。也称种类之债。种类之债，因在债发生时标的物尚未确定，只有交付时才被特定化，所以，标的物于交付前发生灭失的，不免除债务人交付实物的义务，债务人须以同等的种类物履行债务。种类物相互之间的可代替性决定种类物之债通常不发生给付不能。除法律另有规定或当事人另有约定外，种类物之债的标的物所有权自交付时起转移，标的物毁损灭失的风险亦自交付时起转移。

（二）货币之债

货币之债，又称金钱之债，是指以给付一定数额的货币为标的的债。

货币之债不仅发生于借贷合同之中，在买卖合同、租赁合同、运输合同等有偿合同，及不当得利、无因管理、侵权行为之债中也会发生货币之债。

货币之债是一种特殊的种类之债，具有如下特点：

1. 货币之债不发生给付不能。债务人一时无力给付，可延期或分期给付。

2. 货币之债只发生给付迟延。给付迟延发生，债权人可直接请求损害赔偿或请求支付违约金，而无须证明债务人对迟延具有过失。

3. 货币之债不发生不可抗力免责。

（三）利息之债

利息之债，是指以给付利息为标的的债。

利息，是使用他人货币而给付的对价。利息是主债权的收益，属于法定孳息。

利息之债是以给付本金为标的的主债的从债。利息之债的存在以主债的存在为前提条件，主债发生变更、消灭，其效力及于利息之债。

（四）劳务之债

劳务之债，是以债务人提供劳务为标的的债。

劳务，是通过债务人的作为体现出来的服务，其既可通过一定的物化结果体现，如成衣制作等技术性服务；也可没有物化结果而以满足特定需求的服务来体现，如诉讼代理等专业性服务。

劳务之债的债务，其给付具有人身性，一般须由债务人亲自履行，未经约定不得由第三人代为履行；发生给付不能时，不得强制履行，只能转化为损害赔偿之债以为救济。

（五）智慧成果之债

智慧成果之债，是以著作物、专利、商标和技术秘密、技术诀窍等智慧成果为给付标的的债。

智慧成果是脑力劳动产品，属于"无体物"，其交换价值由知识产权法规定。智慧成果是知识产权的客体，其财产属性是法定的，未经许可而分享构成侵权。

（六）损害赔偿之债

损害赔偿之债，是指以恢复或补偿他人所受损害为标的的债。

损害赔偿之债发生的原因有两类：

1. 依法律规定而发生。主要包括因侵权行为所生之损害赔偿、因债务不履行所生之损害赔偿、因法律行为的无效或被撤销所生之损害赔偿以及因无权代理或代理权滥用所生之损害赔偿等。

2. 依合同约定而发生。主要是依保险合同而发生，当约定的保险事故发生时，即在保险人与受益人之间发生损害赔偿之债。

第四节 债的效力

债的效力，是指债的关系发生后，为了实现债的内容而由法律所赋予的作用力。债的效力由债法直接规定。其中，对债权人的效力，称债权的效力；对债务人的效力，称债务的效力。

一、债权的效力

债权的效力，是指债权在债的关系中所具有的作用。

债权的效力一般认为包括请求力、执行力和保持力三项。

（一）债权的请求力

债权的请求力，是指债权人依其债权请求债务人履行债务以实现债权的效力。债权的请求力是债权的最主要的效力。

（二）债权的执行力

债权的执行力，是指债务人不履行债务时，债权人得请求法院通过执行程序强制债务人履行以实现其债权的效力。

在债的关系运行时，法律赋予债权人的请求力，尚不足以确保债务人自动依债的内容履行债务。故法律于请求力之外，再赋予债权以执行力，为债权提供硬性的公力救济。

（三）债权的保持力

债权的保持力，是指债权人得保持所受领给付的效力。

债权人依债权而受领债务人的履行，具有法律上的原因，因此债权人得永久保持因履行而发生的利益。

通常，债权都具有上述三项效力，但对具体的某项债权，如其通过请求力即可实现给付利益的，就无须发生执行力了。只有债权请求力不足以保障其给付利益实现时，才需要发生执行力。另外，有些债权虽不具有请求力与执行力，但仍具有保持力，如诉讼时效届满的债权。债务人一经履行，即不得以债权已过诉讼时效为由而请求返还。

二、债权人的受领迟延

债权人怠于行使债权的情形，民法上称之为受领迟延。

受领迟延，又称债权人迟延，是债权人对债务人已提出的给付，未受领或未为给付完成提供必要协助的事实。

（一）受领迟延的构成要件

1. 须有履行上需要债权人协助的债务。债务履行需要债权人协助，是受领迟延的前提条件。债务履行无须协助的，债务人可自行完成，自无发生受领迟延的可能。如不作为债务。债务履行须债权人协助的，若债权人不协助，则债务将无法履行或不能达到履行的效果。只有这种债务才有发生受领迟延的可能。如货物交付。

2. 须债务人已按债的内容提出给付。提出给付，是指债务人已完成履行债务所必需的一切行为，使债权人处于可以受领的状态。如债务人按给付的时间、地点、内容等做好各项准备。

3. 须债权人未予受领。未予受领，包括不能受领和拒绝受领。不能受领，是指基于债权人自身原因，客观上无法受领。如没有准备好受领设备；拒绝受领，是指债权人客观上能够受领而不肯受领的事实。包括明示拒绝受领和不予提供协助两种情况。

（二）受领迟延的法律后果

1. 减免债务人的责任。

2. 使债权人承受不利的后果。具体而言，受领迟延一旦发生，即导致债权请求力减损，债务人责任减轻等一系列法律后果。如债务人注意义务减轻、停止支付利息、孳息返还范围缩小、危险负担转移、费用赔偿产生及债务人得自行消灭债务等。上述这些法律后果均对债权人不利。

三、债务的效力

债务的效力，是指债务满足债权的效果。

债权为请求权，债权人的利益要通过债务人履行债务的行为才能得到满足。因此民法对债务的效力的规定皆是围绕着满足债权这一目标来设计的。债务的效力是以给付义务为核心的一系列义务，即义务是复数的，不是单一的。法律通过规范债务人的行为，使其按照法律规定或当事人之间的约定，全面履行所负担的债务，使债权得以圆满实现。为此，通常认为，给付是债务最主要的效力。

（一）给付义务

给付，是指债务人以满足债权为目的所实施的特定行为。给付是债务人所负的最主要的义务。

债的内容不同，对债务人的给付要求就不同。因此，债务人应当严格按照债的内容为给付，以充分满足债权。如买卖合同，卖方应将货物交付给买方，买方应将价款交付给卖方。又如货物运输合同，承运人应按托运人的要求，将货物运送到目的地，托运人应按约定向承运人支付运费。

（二）附随义务

附随义务，是指根据诚实信用原则，依债的关系发展情形所发生的对相对人的告知、照顾、保护等义务。例如，旅馆对旅客人身和财产安全的保障义务、承运人对遇险旅客的救助义务。

根据债的性质、目的及交易习惯，在债的关系发展的不同阶段，会产生不同内容的附随义务。如注意义务、告知义务、照顾义务、说明义务、保密义务、忠实义务及不作为义务等。

附随义务并非自始确定，而是随着债的关系的发展，于个别情形要求当事人有所作为或不作为，以维护对方的利益。此类义务不受债的种类的限制，在任何债的关系中均可发生。

（三）前合同义务与后合同义务

依合同义务发生的时间为标准划分。

前合同义务，指当事人为订立合同而接触时发生的说明、告知、注意等义务。

前合同义务是法定义务，违反前合同义务，则构成缔约过失。

《合同法》第42、43条明文规定了四项前合同义务，即不得恶意磋商、禁止缔约欺诈、不泄露并禁止使用商业秘密以及其他违背诚实信用行为。

后合同义务，指合同之债消灭后，当事人为了维护给付效果或为了协助相对方终了善后事务所负担的作为或不作为义务。后合同义务可基于法律规定产生，亦可基于当事人约定而产生。

（四）不真正义务

不真正义务，是指债权人对自己利益的维护照顾义务。

《民法通则》第114条规定："当事人一方因另一方违反合同受到损失的，应当及时采取措施防止损失的扩大；没有及时采取措施致使损失扩大的，无权就扩大的损失要求赔偿。"该规定中，受损方所承担的采取措施防止损失扩大的义务，即为不真正义务。

在法律上，当事人本不负有不损害自己权利的义务，但因其过失造成损失扩大，基于公平原则，则应依其过失程度使之承受减免赔偿额的不利益。对于不真正义务，相对人通常不得请求履行，违反它亦不发生损害赔偿责任，仅使负担该义务的一方当事人遭受权利减损或丧失的不利益。

四、不履行债务及其效力

不履行债务，亦称债务违反，是指债务人未依债务的内容给付以满足债权的状态。

债务人全面、正确地履行债务，是债务效力的最主要的表现，也是债务人的最主要的义务。违反此种义务，即应承担相应的法律后果。

不履行债务的情形主要有四种：给付不能、给付拒绝、不完全给付、给付迟延。

（一）给付不能

1. 给付不能的含义。给付不能，是指实现给付的内容为不可能。

是否给付不能，应依社会观念判定。凡社会观念认为债务事实上已无法强制执行，即属于给付不能。即使给付尚有可能，但给付人不得不付出不适当的代价，或冒生命危险，或因此而违反更重大的义务，依照诚实信用原则，也应认为属给付不能。

2. 给付不能的类型。

（1）事实不能与法律不能。

事实不能，是因自然法则而使给付不能，如标的物被洪水冲走而无法交付。

法律不能，是因法律上原因而使给付不能，如应当交付的标的物被没收。

（2）自始不能与嗣后不能。

自始不能，是指在债成立之时给付即为不能。

嗣后不能，是指债成立后发生的给付不能。

不履行债务，仅研究嗣后不能，因为自始不能约定之债不成立。

（3）主观不能与客观不能。

主观不能，指因债务人自身的原因导致的不能，如演员声带嘶哑而无法演唱。

客观不能，指因债务人以外的原因导致的不能，如约定交付进口汽车，事后国家政策变更禁止汽车进口等。

（4）永久不能与一时不能。

永久不能，是在债务的整个履行期间给付不能。

一时不能，是在债务履行的一部分期间内给付不能。

（5）全部不能与部分不能。

全部不能，是给付的全部发生不能。

部分不能，是给付的一部分发生不能。

（6）可归责的给付不能与不可归责的给付不能。

可归责的给付不能，是因可归责于债务人的事由所导致的给付不能。

不可归责的给付不能，是因不可归责于债务人的事由所导致的给付不能。

3. 给付不能的效力。因不可归责于债务人的事由所致给付不能的法律后果：

（1）免除债务人的给付义务，且不承担债务违反的责任。全部不能的，免除全部给付义务；部分不能的，免除部分给付义务。

（2）债务人应及时向债权人告知给付不能或需要延期给付或部分给付的理由，并取得有关的证明。否则，使债权人因此受到损失或使损失扩大的，债务人仍应负赔偿责任。

（3）给付不能系由第三人的行为造成或者灭失的标的物已经加入保险的，债权人得请求债务人让与对第三人的损害赔偿请求权和对保险人的保险金给付请求权或交付所受领的赔偿物。

（4）在双务合同之债中，债权人亦免除对待给付的义务。

因可归责于债务人的事由所致给付不能的法律后果：

（1）对于全部给付不能，债务人无须履行原定给付义务，但须负损害赔偿责任；对于部分给付不能的，债务人对不能履行的部分负损害赔偿责任，对其他部分仍应按原定的给付履行；但其他部分的履行，对债权人因无利益而成为不必要时，债权人可拒绝受领该部分给付，而请求全部不履行的损害赔偿。

（2）债权因合同而发生的，债权人可因债务人的给付不能行使解除权解除合同并请求损害赔偿。

（二）给付拒绝

1. 给付拒绝的含义。给付拒绝，又称"履行拒绝"，是指债务人在债成立后履行期届满之前，能为给付而明确地表示不为给付的意思表示。

给付拒绝以给付尚可能为前提，且债务人拒绝给付须无合法理由。若不能为给付，则属于给付不能问题。若债务人拒绝给付有合法理由，如同时履行之抗辩、以期限未到、条件不成就为由的拒绝履行、对诉讼时效完成的债务的拒绝履行等，则不构成给付拒绝。

《合同法》第108条，在履行期限届满之前"当事人一方明确表示或者以自己的行为表明不履行合同义务的"违约形态，即是对给付拒绝的法律规定。

2. 给付拒绝的构成要件。

（1）须存在合法的债务。

（2）须给付为可能。

（3）须债务人有拒绝给付的表示。

（4）拒绝给付须无合法理由。

3. 给付拒绝的效力。

（1）履行期已届至但尚未届满前的给付拒绝，债权人有选择权，得请求债务人负强制履行或不履行债务责任，后者包括违约金、损害赔偿。

（2）履行期届至前的给付拒绝，债权人得拒绝受领，若系双务合同，根据《合同法》第94条第2项的规定，债权人可直接行使解除权而解除合同。

（三）不完全给付

1. 不完全给付的含义和类型。不完全给付，是指债务人没有完全按债务的内容所为的给付。包括瑕疵给付和加害给付两种。

（1）瑕疵给付，是指给付不符合规定或约定的条件。如数量不足、品种不符、地点不妥、时间不宜、方法不当等。

（2）加害给付，又称"积极侵害债权"或"不良给付"，是指造成债权人履行利益以外的其他损害的瑕疵给付。如购买的电视机爆炸炸伤消费者。《合同法》第112条规定："当事人一方不履行合同义务或者履行合同义务不符合约定的，在履行义务或者采取补救措施后，对方还有其他损失的，应当赔偿损失。"

2. 不完全给付的法律要件。

（1）须债务人虽然为给付，但给付不完全，即给付没有完全按债务的内容进行。

（2）须可归责于债务人，即造成不完全给付的原因在于债务人。

3. 不完全给付的效力。

（1）尚可补正的不完全给付，债务人须将其补正为完全给付。如补正之给付已过清偿期，债务人就补正之给付，负给付迟延的责任。对于加害给付，债务人除须补正外，还须负损害赔偿的责任。补正的给付对债权人已无利益时，债权人可拒绝受领，改由债务人承担损害赔偿责任。

（2）不能补正的不完全给付，债务人应负损害赔偿责任。其中包括对加害给付所造成的积极损害的赔偿。

（四）给付迟延

1. 给付迟延的含义。给付迟延，也称"债务人迟延"，是指对履行期届满且能给付的债务，因可归责于债务人的事由而未为给付所至的迟延。

给付迟延若不可归责于债务人，则债务人不承担迟延责任。

2. 给付迟延的要件。

（1）债务已届履行期。对于给付有确定期限的，债务人自期限届满之时起，负迟延给付的责任；对于给付无确定期限的，经债权人请求并催告，债务人仍未履行的，自催告之时起，负迟延责任；若催告有法定或约定期限的，债务人自期限届满时起负迟延责任。

（2）给付须可能。

（3）须有可归责于债务人的事由。倘无可归责于债务人的事由而给付迟延，债务人不负迟延责任。

3. 给付迟延的效力。

（1）债务人须对因迟延所造成的损害予以赔偿。

（2）债务人须对迟延中所发生的不可抗力所造成的损害予以赔偿。此乃对债务人的加重责任，通常情况下，不可抗力是债务人的免责条件，但在迟延中因不可抗力而导致的损害，与债务人不按时履行债务有关，故应由债务人承担赔偿责任。

（3）债务人须对原定给付予以赔偿，也称"替补赔偿"。即当迟延后的给付对债权人无利益时，债权人可以拒绝受领原定给付或解除合同，并可请求赔偿因债务人不履行原定给付所蒙受的损失。

（4）债务人在赔偿迟延所造成的损失后，尚须接受强制履行。

（5）对金钱债务的特殊效力：金钱债务只有迟延赔偿，不发生替补赔偿和不可抗力赔偿；金钱债务的迟延给付所造成的损失，由债务人偿付迟延利息；在给付迟延中，如逢货币贬值，债务人应赔偿此损失。《合同法》第63条规定，对于执行政府定价或指导价的物品或服务，因迟延给付期间涨价的，按原价履行；降价的按新价履行。

（五）不履行债务的效力

此处仅论述前四者的一般效力：强制履行和损害赔偿。

1. 强制履行。强制履行是各种债务不履行形式都适用的一般效力。

强制履行，是由法院运用国家强制力，迫使债务人履行债务，以实现保护民事权利之目的的行为。它是对债权的救济，也称"司法救济"、"公力救济"。

强制履行的方式：

（1）直接强制履行。直接强制履行，是指不问债务人的意思如何，依国家强制力，直接实现债务内容的执行。如直接处分债务人的财产、解除债务人的占有。"行为债务"不适用直接强制履行，此乃体现法律对人格权的尊重。

（2）间接强制履行。间接强制执行，是指以债务人的费用，由债权人或第三人代债务人实现债务内容的履行。多用于行为债务的履行。依法定或约定，或依习惯，对于无须债务人亲自履行的行为债务，得采用间接强制履行。如出租人不履行修缮房屋之义务，法院得委托他人或雇人修缮，而费用由出租人承担。

2. 损害赔偿。因不履行债务而致损害的，债务人负损害赔偿的责任。

（六）不履行债务之损害赔偿的范围

根据《合同法》第113条的规定，不履行债务之损害赔偿的范围包括实际损失和预期利益等履行利益的损失。

实际损失，是现实财产的减少，也称直接损失。

预期利益，是指缔约时双方可以预见到的履行利益，也称可得利益、间接损失。

第五节　债的移转

一、债的移转概说

债的移转属于债的变更的范畴。债的变更有广狭二义。广义的债的变更，是指债的关系在同一性保持不变的情况下，其部分要素发生的变化。包括债的主体、内容或客体的变更。狭义的债的变更，仅指债的内容或客体的变更。现代民法所称债的变更多指狭义而言，而将债的主体的变更称为债的移转。

我国《民法通则》仅第91条规定了债的移转，而《合同法》则于第五章"合同的变更和转让"中对债的移转予以专章规定。

债的移转，是指在不改变债的内容或客体的前提下，债的主体发生的变更。即债权或债务在不同的民事主体之间的转移，转移的结果是债权或债务由第三人予以承受，该第三人成为新的债权人或债务人，代替了原债权人或债务人。债的移转包括债权让与、债务承担两种情形，前者为债权人变更，后者为债务人变更。

债的移转原因主要有三类：①法律行为，包括单方法律行为和双方法律行为，前者如遗赠；后者如债权让与合同和债务承担合同。②法律规定，如依《继承法》，在法定继承中，被继承人的全部债权债务均由法定继承人概括承受。③法院或仲裁机构的裁决。

二、债权让与

（一）债权让与的含义

债权让与，是指在不改变债的内容的前提下，债权人将其债权移转于受让人的民事法律行为。受让人取得让与的债权后，成为新的债权人，原债权人退出债的关系，由新的债权人接替其地位。

移转债权，除通过债权让与的方式外，还可基于法律的直接规定，如继承、合同上地位的概括承受、连带债务人和保证人清偿债务后的代位求偿及保险人的代位求偿。债权让与中，债权的移转是由债权人与受让人约定的，因此须以合同的方式为之。

（二）债权让与合同

债权让与合同，是由债权人与受让人订立的以债权让与为内容的合同。

债权让与合同属于诺成合同，自双方意思表示一致时成立，并产生让与债权之债权债务关系。

债权让与合同的生效要件：

1. 须有有效债权的存在。此乃债权让与的前提条件。以不存在或无效的债权让与他人，即构成给付不能，受让人因此而受到损害，让与人应予以赔偿。

2. 须债权人与受让人就债权让与达成合意。

3. 须让与的债权具有可让与性。并非所有的债权均可作为让与的标的，对于法律所禁止或限制让与的债权，债权人不得自由让与。

4. 法律对债权让与有特别规定或当事人对债权让与有特别约定的，债权让与须依该特别规定或特别约定。

（三）债权让与的限制

1. 依债权性质不得让与的债权：

（1）基于特定身份的债权，如亲属间的扶养请求权、抚恤金请求权、人身伤害之损害赔偿请求权、离退休金请求权等。

（2）基于当事人间的特别信任而产生的债权原则上不得让与。如雇佣、委托、借用、租赁中的债权。

（3）属于从权利的债权不得单独让与。如保证、定金债权。

（4）行为债权不得让与。如演出、不作为债权等。

2. 依当事人约定不得让与的债权。债权人与债务人于债成立之时或债成立以后，可以约定不得让与债权，但其约定不得违反法律的强行性规定。

我国民法对此未予规定。通说认为，当事人之间有此约定的，其约定有效，债权不得让与，但此种约定不能对抗善意第三人。

3. 依法律规定不得让与的债权。如《担保法》第61条规定，最高额抵押的主合同债权不得转让；《合同法》第272条规定，建设工程合同债权不得让与。

（四）债权让与对债务人生效的要件

债务人虽不是债权让与合同的当事人，但让与之债权作为对人权，最终要经由债务人履行才能实现，即债权让与的结果关涉债务人的利益，债权让与合同生效后，债务人须向受让人履行债务。

我国《合同法》第80条第1款规定："债权人转让权利的，应当通知债务人。未经通知，该转让对债务人不发生效力。"依此规定，债权让与以通知债务人为对债务人生效的要件，即采取让与通知原则。未经通知的债权让与对债务人不发生效力，债务人向原债权人为清偿的，其清偿有效。

但《合同法》规定的让与通知原则，是对一般债权而言的，如果有法律特别规定或依交易习惯允许自由转让的，则不以通知为对债务人生效的要件。如铁路客运合同，允许旅客自由转让客票，而无须通知承运人即对其生效。反之，如果法律规定或当事人约定，让与债权须经债务人同意的，那么，让与债权通知债务人后，尚须经债务人同意，始能生效。

（五）债权让与的效力

债权经有效让与，即在让与人、受让人和债务人之间发生一系列法律效果。

1. 在让与人与受让人之间：①债权及从权利由让与人处移转于受让人；②让与人应将有关债权的证明文件全部交付于受让人，以使受让人得完全行使所受让之债权；③让与人应将有关主张债权的一切必要情况告知受让人，如债务履行期、履行方式、履行地点等；④让与人对让与的债权负瑕疵担保责任。

2. 在债务人与受让人之间：债务人收到债权让与通知后，即应当将受让人作为债权人。受让人取代原债权人而成为新债权人，债务人应向受让人履行债务。凡债务人得对抗原债权人的一切抗辩，均得对抗受让人，以保护债务人不因债权让与而受损害。

3. 在让与人与债务人之间：让与人与债务人，因债权让与而完全脱离关系。让与人不得再受领债务人的给付，债务人也不得再向让与人履行原来的债务。

三、债务承担

（一）债务承担的概念

债务承担，是指在不改变债的内容的前提下，债务人将其债务移转于第三人的民事法律行为。

债务承担有广义和狭义之分。广义的债务承担，包括由第三人替代债务人的地位承受其债务和第三人加入债的关系而与债务人共同负担债务两种情形。前者称为免责的债务承担，后者称为并存的债务承担或债务加入。狭义的债务承担，仅指免责的债务承担。民法上所研究的债务承担，系指狭义的债务承担。

（二）债务承担的要件

1. 须有可移转的债务。债务承担，须有有效债务的存在，且此债务具有可移转性。依法律规定、或当事人约定、或依债的性质不得移转的债务，不得移转于第三人。如给付扶养费债务、公法上的债务、行为债务等，不得移转于第三人。

2. 须有以债务移转为内容的合同。债务承担须以合同方式为之。该合同可由债务人与第三人签订，也可由债权人与第三人签订。两种合同的生效要件不同，由债务人与第三人订立的债务承担合同，须经债权人同意方能有效。

（1）债务人与第三人订立债务承担合同。债权的实现有赖于债务人的信誉、履约能力及财产状况。债务人与第三人订立债务承担合同，由第三人承担债务，对债权的安全影响重大，故此种债务承担合同非经债权人同意，对债权人不发生法律效力。此乃各国民法的通则，目的在于保护债权人的利益不受债务人与第三人之间的债务承担合同的影响。

（2）债权人与第三人订立债务承担合同。债权人与第三人订立债务承担合同，于合同成立时债务移转于第三人。该第三人成为债务人，原债务人脱离债的关系，不再向债权人负担债务。此种债务承担合同无须征得债务人的同意，但应通知债务人，以免债务人因不知情而重复履行。

（三）债务承担的效力

1. 债务人脱离债的关系，而由承担人取代债务人的地位，成为债权人的新的债务人，直接向债权人履行债务及其他义务。

2. 债务人得对抗债权人的一切抗辩事由，承担人也得对抗债权人。但承担人不得以对抗债务人的事由对抗债权人。《合同法》第 85 条规定："债务人转移义务的，新债务人可以主张原债务人对债权人的抗辩。"

3. 从属于主债务的从债务，移转至承担人。如利息债务、违约金债务等。《合同法》第 86 条规定："债务人转移义务的，新债务人应当承担与主债务有关的从债务，但该从债务专属于原债务人自身的除外。"

4. 由第三人为债权设定的担保债务，非经第三人同意，并不当然移转。若第三人不同意，则该担保债务因债务承担而消灭。

第六节　债的保全

债权作为请求权和对人权，只能向债务人请求履行，即主要是从债务人的财产中获得满足，原则上不涉及第三人。债的关系成立后，债务人就其债务，原则上应以其全部财产负责，即以债务人的全部财产作为实现债权的保证，这一全部财产即成为债的一般担保，法律上称其为"责任财产"。债务不履行时，该责任财产将成为强制执行的标的。债的关系成立后，责任财产的减损，对债权能否实现关系重大，当责任财产因债务人与第三人的行为而发生不当减损，影响债权实现时，为了维持债务人的责任财产并确保债权人的利益，法律赋予债权人两项权利，即债权人的代位权和撤销权，允许债权人凭借这两项权利对债务人与第三人的行为予以一定的干预，排除对债权的危害，以此对债权资以救济。该制度即为债的保全，又因涉及第三人，亦被称为"债的对外效力"。

保全，即是保持债务人责任财产完整不使其受不当损失的意思。

一、债权人代位权

（一）债权人代位权的含义

债权人的代位权，是指债权人为了保全其债权不受损害，而以自己的名义代债务人行使其对第三人权利的权利。

债的关系成立后,如果债务人怠于行使对第三人的权利,使其本应增加的财产没有增加,从而危害债权人债权实现时,法律即允许债权人代为行使债务人对第三人的权利,使债务人的财产得以增加,以此确保债权人债权的实现。

(二)债权人代位权的构成要件

1. 须债务人怠于行使其权利。指债务人对于应行使的权利,能行使而不行使。其不行使的原因如何及债务人主观上有无过错在所不问。债务人已行使权利,虽其行使方法不当或其结果并非有利,债权人也不得再行使代位权。不适于代位行使的权利,债权人也不得行使代位权。关于"怠于行使"权利的含义,依《最高人民法院关于适用〈中华人民共和国合同法〉若干问题的法解释(一)》(以下简称《合同法解释(一)》)第13条的解释,是指债务人未以诉讼或仲裁方式主张债权。

2. 债权人须有保全债权的必要。法律创设代位权制度的唯一目的,就是为了保障债权的实现。当债权人认为债权有受侵害、得不到保障的危险时,即可依法行使代位权。有无保全的"必要",应以债务人和保证人的财产以及其他财产是否不能或不足以清偿债务为标准。

3. 须债权已届满履行期。履行期届满前的债权,有无不能实现的危险,尚难预料,故债权人只能在债权已届满履行期时,才能行使代位权。

(三)债权人代位权的行使

1. 代位权行使的方法,依《合同法》第73条的规定,须以诉讼方式为之,不得以私力请求。

2. 代位权行使的范围,以保全债权的必要为限。即代位行使债务人权利所获的价值,应与所需保全的债权的价值相当。超出保全债权的范围时,应分割债务人的权利行使。不能分割行使的,方可行使全部权利。

3. 代位行使的权利,以非专属于债务人的财产权利为限,债务人的人身权利和专属于债务人的财产权利,不得代位行使。专属于债务人的财产权利,是指须由债务人亲自行使才发生法律效力的财产权。依《合同法解释(一)》第12条解释,专属于债务人的债权包括:基于亲属关系而发生的扶养、抚养、赡养、继承等给付请求权;专属于自然人的人身损害赔偿请求权、人寿保险金请求权;禁止让与的养老金、抚恤金等救济金请求权;禁止扣押的劳动报酬请求权等。

(四)债权人代位权行使的效力

在规定有代位权的大陆法系民法,根据债权平等原则,多规定债权人代位权行使的法律后果,应归属于债务人。债务人对第三人的请求权或有关的权利因债权人代位权的行使而归于消灭,所获财产应归入债务人的责任财产之中,作为债务人之总债权的担保。此即所谓的"入库规则"。行使代位权的债权人不得直接以此财产受偿。债务人不主动履行债务时,债权人可请求强制履行而受偿。

《合同法》对此未作出明确规定,但《合同法解释(一)》第20条却规定,债权人行使代位权的效果,是次债务人(第三人)直接向债权人清偿。据此,行使代位权的债权人获得"优先受偿权"，这一司法解释与传统做法不同。

二、债权人撤销权

（一）债权人撤销权的含义

债权人撤销权，是指债权人请求法院撤销债务人危害债权实现的行为的权利。

撤销权因须经司法程序实现，故罗马法上称其为"废罢诉权"。当债务人与第三人的行为导致债务人的责任财产不当减少，因而害及债权人利益，使债权有不能实现的危险时，法律即赋予债权人以撤销权，用以恢复债务人的责任财产，使债权实现得到保障。

（二）债权人撤销权的构成要件

1. 须有债务人减少其财产或增加其财产负担的行为。如赠与、放弃债权、为他人提供担保等。对债务人以对待给付为目的的有偿行为及债务人的身份行为不得行使撤销权。

2. 须债务人的行为害及债权。即债务人的减损责任财产的行为，将导致债权不能得到满足。如果债务人的行为虽致其责任财产减少，但尚存的财产仍足以清偿其债务，就不存在对其债权的危害，债权人便不得行使撤销权。

3. 须债务人的行为在债权成立后所为。在债权成立前，债务人的行为并不发生危害债权的可能性，债权人只能对债权成立后的债务人行为行使撤销权。

4. 对于有偿行为，须债务人于行为之际存有恶意，《合同法》第74条对有偿行为规定了"债务人以明显不合理的低价转让财产，对债权人造成损害，并且受让人知道该情形"的限定条件；对于无偿行为，则无主观要件，但公益性无偿行为，应以"恶意"为要件。

（三）债权人撤销权的行使

债权人中的任何人均得行使撤销权，可单独行使，也可共同行使。

1. 撤销权的行使，应由债权人以自己的名义，通过诉讼的方式为之。诉讼时，如果行为为债务人的单方行为，则以债务人为被告；如果行为为双方行为，则应以债务人与相对人为共同被告；兼有财产返还请求的，则以债务人、相对人及受益人为共同被告。

2. 撤销权应自债权人知道或应当知道撤销事由起1年内行使，但自债务人行为发生之日起5年内不行使的，撤销权消灭。

（四）债权人撤销权的效力

1. 债务人的行为，因债权人撤销权的行使而被视为自始无效。

2. 债务人的行为被撤销后，第三人因该行为取得的财产，应返还债务人。不能返还的，应折价赔偿。第三人已向债务人支付对价的，可依不当得利请求债务人返还。

3. 行使撤销权的债权人，有权请求第三人返还财产，但就收取的财产并无优先受偿权。而应将收取的财产加入债务人的责任财产，作为全体债权的一般担保。因行使撤销权而支出的一切费用，债权人得对债务人及有过错的第三人求偿。

第七节　债的担保

债的担保，是指对已成立的债权债务关系，以第三人的信用或在特定财产上设定财产负担的方式来确保债权实现的制度。

债的担保，分为信用担保和财产担保两类。其中，信用担保，也称人保，是指以第三人的信用确保债权的实现。其实质是把履行债务的主体及其财产范围，由债务人扩及第三人，从而增加了债权人受偿的机会。信用担保的具体方式只有一种，即保证。财产担保，是指以债务人或第三人的特定财产确保债权的实现。该特定财产一旦成为担保财产，其所有人对其权利的行使即受一定的限制。其实质是让用作担保的财产退出交易领域，使债权的实现免遭不测的风险。财产担保的具体方式有下列四种：抵押、质押、留置、定金。

债的上述五种担保方式中，抵押、质押和留置三种担保方式中债权人对担保财产享有的抵押权、质权和留置权作为担保物权已列入物权编论述，故本节仅论及保证和定金两种债的担保方式。

一、保证

（一）保证的含义

保证，是指第三人与债权人约定，当债务人不履行债务时，由第三人按约履行或承担连带责任的担保方式。该第三人即为保证人，俗称"保人"。保证人原则上应以其全部财产作履行债务的担保。

保证是债权人与保证人之间的一种合同关系，保证为担保主债而成立，故其是一种从债。

（二）保证设立的条件

1. 须主债务有效存在。保证作为一种从债，须以主债务的有效存在为其存在的条件。当主债务无效、被撤销或解除时，除当事人另有约定外，保证亦不发生效力。但债务人因主债务无效、被撤销或解除所负担的返还财产或赔偿损失的债务，仍属有效存在的主债务，保证人对该债务仍需负保证责任。

2. 保证人须具有法定资格。依我国《担保法》第 7 条的规定，保证人须是具有代为清偿债务能力的公民、法人或其他组织。企业法人的分支机构在获得法人的书面授权时，可以作保证人。国家机关以及以公益事业为目的的事业单位、社会团体不得作保证人。可见，法律对保证人的行为能力有特殊要求。

3. 保证合同的订立须采书面形式。可以由保证人与债权人单独订立，也可以由保证人在债权人与债务人的主合同中写明其保证责任。保证合同的主要条款，依我国《担保法》第 15 条的规定，应包括被保证的主债权的种类和数额、债务人履行债务的期限、保证的方式、保证担保的范围、保证的期间及双方认为需要约定的其他事项等。

（三）保证的范围

保证债务的范围应依约定确定，但其最大范围一般不得超出全部债务的范围。当事人对保证范围没有约定或约定不明确的应推定保证范围及于全部债务。

在保证期限内，保证债务随主债务的减少而减少，当主债务增加时，非经保证人同意，保证的范围不随之扩大。

《物权法》第 176 条规定："被担保的债权既有物的担保又有人的担保的，债务人不履行到期债务或者发生当事人约定的实现担保物权的情形，债权人应当按照约定实现债权；没有约定或者约定不明确，债务人自己提供物的担保的，债权人应当先就该物的担保实现债权；第三人提供物的担保的，债权人可以就物的担保实现债权，也可以要求保证人承担保证责任。提供担保的第三人承担担保责任后，有权向债务人追偿。"

（四）保证的期限

保证作为附延缓条件的法律行为，应自主债务清偿期届满之日起生效。保证的期限可由当事人在保证合同中约定。如保证合同未约定该期限的，保证期间为主债务履行期届满之日起 6 个月；约定不明的，保证期间为主债务履行期届满之日起 2 年。

（五）保证的方式

保证的方式有两种，即一般保证和连带责任保证。

1. 一般保证，是指当事人在保证合同中约定，只有在债务人不能履行债务时，保证人才代为履行的保证方式。在一般保证，保证人享有先诉抗辩权。

先诉抗辩权，又称"检索抗辩权"，是法律基于保证的从属性和补充性而设立的专属于一般保证的保证人的一种抗辩权。依先诉抗辩权，在主债务之纠纷未经审判或仲裁，并就主债务人的财产申请强制执行而未得到满足前，保证人得拒绝债权人的清偿请求。只有在法院对债务人的财产强制执行后仍不能使债权人的债权得到满足时，保证人才履行保证债务。

依《担保法》第 17 条的规定，一般保证的保证人于下列情形不得行使先诉抗辩权：

（1）债务人住所变更，致使债权人要求其履行债务发生重大困难的。

（2）人民法院受理债务人破产案件，中止执行程序的。

（3）保证人以书面形式放弃先诉抗辩权的。

2. 连带责任保证，是指债务人在债务履行期届满时未履行债务的，债权人既可以请求债务人履行债务，也可以请求保证人履行保证债务的保证方式。在连带责任保证中，保证人与债务人负连带清偿责任，不享有先诉抗辩权。只要主债务履行期届至时，债务人未履行债务，不问其原因如何，也不论债务人有无履约能力，债权人均可不请求执行债务人的财产，而直接向保证人请求履行保证债务。

关于保证的方式，当事人应在合同中明确约定。当事人在保证合同中没有约定保证方式或约定不明确的，依我国《担保法》第19条的规定，保证人应承担连带保证责任。

（六）保证的效力

1. 在债权人与保证人之间的效力。

（1）保证债权的效力。债权人在主债务已届履行期而未履行时，发生请求保证人履行债务的效力。保证债权请求力的范围，不仅及于主债务，还及于主债务的负担，如违约金、赔偿金等。

（2）保证债务的效力。主债务人对债权人享有或负担的各种权利义务，原则上对保证人也发生效力。

（3）同一债务之上有两个以上的保证人时，多数保证人相互之间应负连带保证责任，但保证人与债权人约定承担按份保证责任的，保证人仅就约定的份额负担保证责任。

2. 在保证人与债务人之间的效力。保证人代主债务人履行债务后，即取得债权人对主债务人的债权。保证人得以自己的名义，就其代替履行的债务，向主债务人追偿。

（七）共同保证

共同保证，是指数人为共同担保同一债务人的履行而为的保证。共同保证的保证人为两个以上的复数的人，因此，在共同保证中发生保证人之间保证责任如何分配的问题。《担保法》第12条规定："同一债务有两个以上保证人的，保证人应当按照保证合同约定的保证份额，承担保证责任。没有约定保证份额的，保证人承担连带责任，债权人可以要求任何一个保证人承担全部保证责任，保证人都负有担保全部债权实现的义务。已经承担保证责任的保证人，有权向债务人追偿，或者要求承担连带责任的其他保证人清偿其应当承担的份额。"

（八）保证的消灭

保证因下列原因而消灭：

1. 主债务消灭。保证系从债务，主债务消灭，保证亦随之消灭。

2. 主债务承担。保证是以信用作担保，故主债务人更换时，非经保证人同意，保证归于消灭。

3. 保证期间届满。债权人于主债务履行期届满而在约定或法定的保证有效期内未行使保证请求权的，或债权人未经保证人同意而允许债务人延期履行的，保证于保证期限届满时终止。

4. 保证合同解除。依法律规定或债权人同意，解除保证合同，保证归于消灭。

二、定金

（一）定金的含义

定金，是合同的一方为确保合同的履行而预先向他方交付的金钱或其他替代物。

（二）定金合同的成立

1. 定金合同成立的时间。定金之债是从债，其成立以主债的有效存在为前提。定金合同是实践合同，依我国《担保法》的规定，定金合同从交付定金之日起生效。

2. 定金的给付标的。原则上定金以金钱为给付标的，但当事人有特别约定的，也可以给付替代物作定金。如农副产品购销合同中的买受人可以用化肥、农药等物品代替定金。

3. 定金的数额。定金的数额，应于主债务的给付价值内，由当事人约定。但不得超过法律规定的限额。依我国《担保法》第91条的规定，定金的数额不得超过主合同标的额的20%。

（三）定金的效力

1. 证约效力。给付定金后，如无相反证据，主合同视为成立。定金具有证明主合同成立的效力。

2. 充抵价金和返还效力。主债履行后，定金作为从债即告消灭。给付定金的当事人一方，可请求接受定金的当事人一方返还其定金或以定金充抵应付之价金。

3. 利益填补效力。给付定金的一方不履行债务的，无权要求返还定金；接受定金的一方不履行债务的，应当双倍返还定金。此乃定金的解约效力和利益填补效力。即一方得以定金的抛弃而解约，他方未获履约利益而得以取得定金作为补偿。

4. 替代赔偿金的效力。根据《合同法》第114条和第116条的规定可以推导出定金具有替代赔偿金的效力。

第八节　债的消灭

债的消灭，是指债权债务客观上不存在，也称债的终止。

同债的发生一样，债的消灭也必然由一定的法律事实引起，这些法律事实便是债消灭的原因。引起债消灭的法律事实有：清偿、抵销、提存、免除、混同。

一、清偿

清偿，是指能达到消灭债权效果从而实现债之目的的给付行为。

清偿是债消灭的最主要和最常见的原因。

（一）清偿人

清偿人，是指依债务的内容向受领清偿人进行清偿的人。清偿一般应由债务人为之，但不以债务人为限。清偿人包括：

1. 债务人。包括债务人本人、连带债务人、保证债务人。

2. 债务人的代理人。除法律规定、当事人约定或性质上须由债务人本人亲自履行的债务外，债务的清偿可由债务人的代理人为之。

3. 第三人。债务清偿的目的在于满足债权。通常债务由债务人本人清偿，但如果第三人的清偿能使债权人得到满足，且对债权人并无不利时，第三人的清偿应为有效，债权人无正当理由不得拒绝。债务人并不因第三人的代位清偿而退出原有的债权债务关系，第三人的清偿不符合债的要求时，仍然由债务人对债权人承担债务违反的责任。

（二）受领清偿人

受领清偿人，是指有权接受清偿利益的人。包括：

1. 债权人。

2. 债权人的代理人。

3. 债权受领证书的持有人。

（三）清偿标的

清偿标的，即给付的内容。各种债的内容并不一致，可以是交付物、交付金钱、提供劳务、移转权利、完成工作等。

债的清偿，应以全部清偿为原则，只有依债的具体内容为清偿，才能发生清偿的效力。部分清偿或不符合债的内容的清偿，构成瑕疵给付，债权人有权拒绝受领。

债务人原则上应以债的原定给付为清偿，不得以他种给付代替。但债务人若以他种给付代替原定给付为清偿，并经债权人同意的，也可以发生债之清偿的效力。此种清偿称作"代物清偿"。

代物清偿，是指以他种给付代替原定给付的清偿。债权人一旦受领代物清偿，债的关系即告消灭。代物清偿与清偿具有同等效力。代物清偿须具备下列要件：

1. 须原有债权债务存在。

2. 须以他种给付代替原定给付，该他种给付与原定给付须属不同种类。

3. 须经当事人合意。

（四）清偿地

清偿地，是指清偿人为给付行为的地点，又称履行地。

清偿地的确定方法：

1. 可由双方合意选择确定清偿地。当事人的合意，可在合同订立时完成；也可在合同成立后、债务履行前为之。

2. 可依给付的性质确定清偿地。如不动产给付，应以不动产所在地为清偿地。

3. 双方没有约定或约定不明确的，可依法律规定的下列准则确定清偿地：

（1）给付金钱的，以债权人所在地为清偿地。

（2）其他给付，以债务人的所在地为清偿地。

（五）清偿期

清偿期，是指债务人应当履行债务的时间，也称履行期。

清偿期的确定，当事人有约定的，从其约定；当事人未约定或约定不明确的，应依法律的规定。如我国《民法通则》第 88 条第 2 款第 2 项规定："履行期限不明确的，债务人可以随时向债权人履行义务，债权人也可以随时要求债务人履行义务，但应当给对方必要的准备时间。"

（六）清偿费用

清偿费用，是指清偿债务所需的必要费用。通常包括运送费、包装费、汇费、登记费、通知费等。

清偿费用，除法律有特别规定或当事人有特别约定外，由债务人承担。但因债权人变更住所或其他行为而致清偿费用增加时，增加的费用由债权人承担。

二、抵销

抵销，是指两人互负债务时，各以其债权充当对他方债务的清偿，从而使互负的债务在对等数额内相互消灭的意思表示。

抵销依发生根据的不同，可分为法定抵销与合意抵销。前者是依法律规定以当事人一方的意思表示所作的抵销，此抵销由法律规定其构成要件；后者是由互负债务的债务人经合意而发生的抵销，此抵销可不受法律规定的构成要件的限制，当事人只须就抵销达成合意即可发生法律效力。

（一）法定抵销

法定抵销，是指两人互负同种类给付，且债务均届清偿期时，使债务按对等数额相互消灭的一方意思表示。其中用作抵销的债权，称主动债权；被抵销的债权，称被动债权。法定抵销的要件如下：

1. 须双方债权债务的存在。抵销以在对等数额内使双方债权消灭为目的，故以双方互享债权、互负债务为必要前提。只有债务而无债权或只有债权而无债务，均不能发生抵销。

2. 须双方债权均届清偿期。债权届清偿期，抵销方可进行。未届清偿期的债权，债权人尚不能请求履行，故不能主张抵销。否则，无异于强迫债务人抛弃期限利益为期前清偿。但已届清偿期的主动债权抛弃期限利益与未届清偿期的被动债权抵销的，应为有效。

3. 须抵销的债务为同种类给付。债的目的在于满足当事人的需要，同种类的给付，经济目的同一，以此债权抵销彼债权，双方皆可达到目的，获得满足。如果双方互负的债务种类不同，经济目的也就不同。如许抵销，则难免使一方或双方当事人的目的难以实现。因此，用于抵销的债务须属同一种类。适于抵销的债务，以金钱和种类物居多。

4. 须债权债务依其性质或法律规定得为抵销。并非所有的债权债务皆可抵销，下列债权债务不得为抵销：

（1）性质上不得抵销的。依债的性质，非清偿不能达债之目的者，不得为抵销。如以行为、智力成果为给付标的的债权债务。

（2）法律规定不得抵销的。如禁止强制执行的债务、受国家计划约束的债务、因侵权行为所生的债务等。

（3）当事人特别约定不得抵销的。

5. 须抵销的债权债务在对待的当事人之间存在。供抵销的债权，须是当事人自己所享有的债权，债务人不得以第三人的债权抵销他方的债权。

（二）合意抵销

当事人之间互负的债务，可依订立抵销合同而消灭。抵销合同的要件及效力，可由当事人自由商定，而不受法定抵销之构成要件的约束。如法定抵销要件中的须双方债务均届清偿期及双方互负债务须为同种类给付等，当事人可商定予以排除。

（三）抵销的方法

在法定抵销，抵销须有主动债权人向被动债权人为抵销的意思表示。主动债权人依法律得为抵销的权利，即抵销权，属于形成权，故其抵销的意思表示不得附条件或期限，否则为无效。抵销的意思表示一经抵销权人作出，即发生法律效力，无须对方当事人同意。

在合意抵销，抵销须有主动债权人与被动债权人的抵销意思表示的一致。抵销于双方达成合意时生效。

（四）抵销的效力

1. 双方对等数额的债权债务因抵销而归于消灭。双方债权债务数额不等时，尚未抵销的部分，债权人仍有受领的权利，债务人仍有清偿的义务。

2. 抵销生效时，双方债权债务的消灭效力溯及到抵销权发生之时，即双方当事人的债权债务得为抵销之时。自得为抵销之时起，就消灭的债务不再发生支付利息的债务及迟延责任，就一方当事人所发生的损害赔偿责任及违约金责任因抵销而归于消灭。

三、提存

提存，是指因债权人的原因债务人将无法清偿的标的物交给有关部门保存以消灭债的行为。

债务的履行通常需要债权人的协助。如果债权人无正当理由而拒绝受领或不能受领，债权人虽应负受领迟延的责任，但债务人仍不能免除债务，仍处在债务的约束之下，不利于财产关系的稳定。为解决这一问题，民法创设了提存这一消灭债务的方法。

（一）提存的原因

1. 债权人无正当理由而拒绝受领。

2. 债权人因可归责于自己的事由而不能受领。

3. 受领人不能确定。如债权人死亡后，不知谁是继承人。

4. 债权人下落不明。

（二）提存的主体

提存涉及三方当事人，即提存人、提存部门和债权人。

1. 提存人，须是债务人及其代理人。

2. 提存部门，是指同意接收提存物而为保管，并应债权人的请求将提存物发还债权人的部门。一般为债务清偿地的法院或仲裁机关指定的提存场所，如银行、仓库等。在我国有公证提存，公证处为主要的提存部门。

3. 债权人。债的关系因提存而归于消灭，提存物的所有权因提存而移转于债权人，债权人只能请求提存部门返还提存物，不得再请求债务人履行债务。

（三）提存的客体

提存的客体，即提存的标的物，是债务人依债的内容应当交付的标的物。

提存的标的物，以适于提存者为限。一般为有体物，如金钱、有价证券、动产等。对不宜保存或长期保存将有损价值的提存物，应由债务人将其变卖，以金钱形态提存。

（四）提存的方法

提存首先由提存人向提存部门提交提存申请书，此申请书应记载提存的原因、标的以及债权人的姓名、住址等。然后由提存人向提存部门交付提存物。提存部门收到提存申请及提存物后，应向提存人交付提存证书，提存证书与清偿受领证书有同等的法律效力。

（五）提存的效力

提存涉及三方当事人，发生三方面的效力：

1. 在提存人与提存部门之间。提存人依法将标的物提交于提存部门，提存部门依照法律的规定，负有保管提存物的义务。提存人与提存部门之间的关系可准用保管合同的规定。

2. 在债务人与债权人之间。提存与清偿具有同等的效力，提存后，债权人与债务人之间的债权债务关系当然消灭，债权人对债务人的给付请求权因提存而消灭。提存物的所有权自提存之日起移转于债权人，在提存期间，提存物的风险责任由债权人承担。提存的费用也由债权人负担。

3. 在债权人与提存部门之间。债的标的物提存后，债权人得随时请求提存部门交付提存物，并应承担提存的费用。债权人在法律规定的期限内不行使对提存物的请求权，债权人的权利即消灭。依《合同法》第104条的规定，债权人领取提存物的权利，自提存之日起5年内不行使而消灭，提存物在扣除提存费用后归国家所有。

四、免除

免除，是指债权人以消灭债为目的而抛弃债权的意思表示。债务人的清偿义务因债权人抛弃债权而得以免除。

（一）免除的要件

1. 债权人须有处分能力。免除是债权人抛弃债权的行为，属于处分行为，因此，需要债权人具有处分该项债权的能力。

2. 免除须以意思表示的方式进行。债权是存在于特定人之间的请求权而非支配权，所以抛弃债权不得以事实行为进行，而须有抛弃的意思表示。免除作为法律行为，适用法律行为的规定，可以附条件，也可以附期限。

3. 免除应以合同方式、交付免除证书的方式或交还债权证书的方式进行。

（二）免除的效力

免除可使债的关系绝对消灭。债务全部免除的，债的关系全部消灭；债务一部免除的，仅该部分消灭。

主债务因免除而消灭，从债务也随之消灭。

免除不得损害第三人的利益；否则，免除无效。

五、混同

（一）混同的含义

混同，是指债权债务归于同一人的法律事实。

债的关系须有债权人和债务人同时存在方能成立，当债权人与债务人合为一人时，不符合债应具备的要素，债因而消灭，债权债务也就当然消灭。如企业合并、继承皆可发生混同。

（二）混同的效力

债的关系因混同而绝对消灭。消灭的效力不仅及于主债，而且及于从债。但债权已成为他人权利的标的时，为保护第三人的利益，即使发生混同的事实，债的关系也不消灭。如债权成为质权标的时，即使债权债务发生混同，为保护质权人的利益，债权并不因混同而消灭。

思考练习题

1. 简述债的概念、要素与本质。
2. 简述债权的特征。
3. 简述债的发生根据。
4. 合同、侵权行为、无因管理、不当得利的法律要件各不相同，为何大陆法系民法将它们统一规定于债法当中？

5. 简述债的消灭的一般原因。

6. 试述债权实现的法律保障。

7. 比较连带债权与按份债权的区别。

8. 简述债权的效力与债务的效力。

9. 简述债的保全和债的担保的各种方式。

10. 简述债权让与和债务承担的概念、生效条件及法律效力。

第十五章　不当得利之债与
无因管理之债

■ 学习目的和要求

　　本章涉及两类法定之债的知识。包括不当得利之债、无因管理之债两节内容。重点是不当得利的构成要件、类型、法律效力，无因管理的构成要件、法律效力。通过本章的学习，掌握不当得利的概念、构成要件、类型、法律效力；掌握无因管理的概念、构成要件、法律效力；运用不当得利和无因管理的理论分析解决实务问题。

第一节　不当得利之债

一、不当得利的概念和性质

不当得利，是指没有法律上的根据，使他人受损而取得的利益。

不当得利因没有法律上的根据，故虽属既成事实也不能受法律的保护。《民法通则》第 92 条规定："没有合法根据，取得不当利益，造成他人损失的，应当将取得的不当利益返还受损失的人。"基于此项法律规定，在得利人与受损人之间便产生了以利益返还为内容的债权债务关系，即不当得利之债。其中，得利人为债务人，负有返还不当得利的义务；受损人为债权人，享有请求得利人返还不当得利的权利。

不当得利能引起不当得利之债的发生，因此是一种法律事实。不当得利本质上是一种利益，与当事人的意志无关，属于法律事实中的自然事实。

二、不当得利的构成要件

（一）一方取得财产上的利益

取得财产上利益，是指因一定事实而增加财产总额。

不当得利的成立须以一方取得财产利益为首要条件，若仅致他人损害，而自己并未获得利益，即使承担侵权责任，也不构成不当得利。

此处的利益，既包括财产的积极增加，也包括财产的消极增加。

1. 财产的积极增加，是指权利的增强或义务的消灭，使财产范围扩大。它包括：

（1）财产权利的取得，如所有权、知识产权及债权的取得。

（2）占有的取得，占有也是财产利益的一种。

（3）财产权的扩张及效力的增强，如因添附而扩张现存所有权的范围等。

（4）财产权限制的消除，如财产上负担的除去。

2. 财产的消极增加，是指财产本应减少而未减少所产生的利益。如本应支出的费用而没有支出，实际上等于增加了财产。它包括下列情形：

（1）本应承担的债务而不再承担。

（2）本应支出的费用而没有支出。

（3）本应设定的权利限制而未设定。

（二）他方受有损失

他方受有损失，是指因一定的事实，使他人的财产总额减少。若仅有一方获利而无他方受损，则不能构成不当得利。

此处的损失，既包括财产的积极减少，也包括财产的消极减少。财产的积极减少，是指现存财产的减少；财产的消极减少，是指财产本应增加而未能增加。

（三）取得利益与受损失之间有因果关系

不当得利的成立，以利益和损失之间存在因果关系为要件。即一方受损是他方获利所致。至于损失与利益的范围大小是否一致、形态是否相同、发生的时间是否一致，均在所不问。

在返还利益时，利益小于损失的，以利益为准；利益大于损失的，以损失为准。超出损失部分的利益，在扣除有关费用后，收缴国库。

（四）没有法律上的根据

没有法律上的根据，是指获得利益没有法律上的根据。可见没有法律上的根据，是对于取得的利益而言的，并不要求取得权利或财产也无合法根据。如加工人取得加工物的所有权是有合法根据的，但他取得的该项利益却无法律上的根据，因此应按不当得利制度返还该项利益。如果取得利益有法律上的根据，即使相对人受有损失，也不构成不当得利。如赠与。

没有法律上的根据，既包括利益取得时没有根据，也包括利益取得时有根据，尔后该根据消灭。如买卖合同嗣后被撤销，一方从对方获得的财产应当返还给对方。

三、不当得利的类型

（一）因给付产生的不当得利

此处的给付，是指有意识、基于一定目的而增加他人的财产。给付的目的有两种：一种是为清偿债务；另一种是为成立债的关系。欠缺给付目的而增加他人的财产，该他人即构成不当得利。欠缺给付目的有以下两种类型：

1. 自始欠缺给付目的。包括两种情形：

（1）非债清偿。即指不负有债务而以清偿之目的而为的给付。

（2）作为给付原因的行为未成立、无效或被撤销。如因买卖而交付物品，但买卖合同未成立。

2. 给付目的嗣后不存在。如附解除条件或终期的民事法律行为，条件成就或期限届满。

通常，给付因欠缺给付目的而成立不当得利，得利人应负返还义务。但下列情况，虽符合不当得利的要件，但法律排除其适用不当得利的规定：

1. 履行道德义务而为的给付。此种给付不得以不当得利请求返还。如养子女对生父母并无赡养义务而赡养。

2. 债务清偿期届至前的给付。债务人对未届清偿期的债务为期前给付的，债务人不得请求返还。债务因给付而消灭，期限利益视为自愿抛弃。

3. 明知无债务的给付。债务人明知无债务存在，而为清偿债务为给付的，视为赠与，不得请求返还。

4. 不法原因的给付。因不法原因而为的给付，给付人不得以对方不当得利为由请求返还。如赌债的给付、贿赂物的给付。

（二）因给付以外的事实而发生的不当得利

因给付以外的事实而发生的不当得利有以下几种：

1. 基于行为而发生的不当得利。

（1）基于受益人的行为而发生的不当得利。如出租他人之物、擅自利用他人的专利。

（2）基于受损人的行为而发生的不当得利。如将他人的牲畜误以为自己的牲畜而喂养、收款员因失误而多找给顾客价款。

（3）基于第三人的行为而发生的不当得利。如甲以乙之木料为丙做家具。

2. 基于法律规定而发生的不当得利。在添附情况下，法律规定，因添附丧失权利者（受损人）对新物所有人（受益人）有不当得利返还请求权。

3. 基于自然事件而发生的不当得利。即受益人因自然事件而取得应归属于受损人的利益的不当得利。如甲鱼塘中的鱼跃入相邻的乙鱼塘中，乙因此所获得的利益即为不当得利。

四、不当得利的效力

一旦符合不当得利的构成要件，当事人之间即发生以不当得利返还为内容的债权债务关系，其中受损人为债权人，得利人（受益人）为债务人。

（一）不当得利之债的客体

1. 返还原物。返还不当得利时，应返还原物及孳息，即利益的原来形态。

2. 偿还价款。当原物不能返还时，应偿还其价额。该价额依债务人所获利益之时的客观价值而定。

（二）利益返还的范围

不当得利返还的范围，因债务人主观为善意或恶意而不同：

1. 债务人为善意时，即在取得利益时不知道没有合法根据，仅于现存利益的范围内负返还义务；如利益已不存在，则不负返还义务。但其利益不存在是因为将该利益无偿让与第三人时，第三人应负返还该利益的义务。

2. 债务人为恶意时，即在取得利益时明知没有合法根据，不论所受利益是否存在，应将所受利益或其折价连同孳息一并返还。

3. 债务人在取得利益时为善意，嗣后为恶意，其返还范围应以恶意开始之时存在的利益为准。

第二节　无因管理之债

一、无因管理的概念和性质

无因管理，是指没有法律规定或当事人约定的义务，而为他人管理事务的行为。无因管理为事实行为，一旦发生，即依法在管理人与本人之间产生债权债务关系。其中，管理他人事物的人，称管理人；事物被管理的人，称本人。管理人有权要求本人返还因无因管理而支出的必要费用，而本人有返还的义务。《民法通则》第93条规定："没有法定的或者约定的义务，为避免他人利益受损失进行管理或者服务的，有权要求受益人偿付由此而支付的必要费用。"

二、无因管理的构成要件

法律设立无因管理制度的目的，在于解决尊重他人、不干预他人事务与社会成员间应互助合作、危难相助两种价值理念的冲突。法律一方面鼓励社会成员间互助合作，危难相助，另一方面又要限制对他人事务的过分干预。无因管理系对他人事务的干预，有其存在的必要，但法律也有对其加以规范的必要，否则，就会导致滥加干涉他人事务的后果。为此，无因管理应符合下列构成要件：

（一）管理他人事务

事务，是指能够满足人们生活需要并能成为债的客体的一切事项。在无因管理中，该事务应是他人的事务，如系自己的事务，不成立无因管理；该他人应为特定的人。管理，是指对事务的照管、料理等行为。它可以是事实行为，如抢救落水儿童；也可以是法律行为，如雇佣他人为邻居修缮房屋。管理的目的是否达到，不影响无因管理的成立。

（二）管理人有为他人管理的意思

管理意思，是指管理人有为他人谋利益的意思，即有使管理事务的行为所产生的利益归属于本人的意思。该意思属事实上的意思，而非效果上的意思，故无须表示。管理意思的存在，是认定因管理而"干预"他人事务的行为为合法的关键。管理人误将自己的事务认为是他人的事务而管理的，或为自己的利益而管理他人事务的，都不构成无因管理。

（三）管理人无法定或约定的义务

无因管理中的"无因"，即是指没有法定义务或约定义务。管理人因合同义务或法定义务而管理他人事务，不构成无因管理。如履行委托、保管等合同义务、履行监护义务等，虽系对他人事务的管理，但均不构成无因管理。

三、无因管理的类型

1. 管理事务有利于本人且又不违反本人明示或可推知意思的无因管理。此类无因管理，在主观上完全与本人的意思吻合。如抢救高呼救命的落水之人、将遇车祸受伤的行人送医院抢救等。

2. 管理事务违反本人的意思，但符合社会公共利益的无因管理。此类无因管理是对本人应尽公益上的义务或履行法定扶养义务的无因管理。如替他人代缴税款、赡养被子女遗弃的老人等。管理人以本人所负上述义务而为管理，虽违反本人的意思，但符合社会的公共利益，因此仍可构成无因管理。

四、无因管理的效力

无因管理成立，即在管理人和本人之间发生债权债务关系。

（一）管理人的义务

1. 管理义务。管理人应依本人的明示或可推知的意思，以有利于本人的方法为事务的管理，且须尽善良管理人应尽的注意义务。

2. 通知义务。管理人在开始管理事务时，应尽可能及时通知本人。由本人决定其是否继续管理。

3. 结算义务。在管理终止时，管理人应向本人报告管理情况，并将因管理事务所收取的金钱、物品交还本人。以自己的名义为本人取得的权利应移转给本人。管理人为自己利益而使用本人的金钱的，应支付利息。

（二）本人的义务

1. 支付管理人为管理事务支出的必要费用。

2. 偿还管理人因管理事务而负担的债务。

3. 赔偿管理人因管理事务所受之损害。

思考练习题

1. 简述不当得利的概念、构成要件、类型、法律效力。
2. 如何理解不当得利制度的价值?
3. 简述给付不当得利适用的排除。
4. 简述无因管理的概念、构成要件、类型、法律效力。
5. 如何理解无因管理制度的价值?
6. 什么是法定之债?

第十六章　合同总论

■ 学习目的和要求

　　合同是两个以上的民事主体设立、变更或终止债权债务关系的双方法律行为。合同作为法律行为的一种，是引起民事法律关系发生、变更、消灭的最主要的法律事实，实践当中，绝大多数民事法律关系是因合同而引起的。合同制度是重要的民法制度之一。

　　本章涉及合同概述、合同的分类、合同的成立、合同的效力及违约责任（合同的救济）五节内容。包含合同的概念、合同的特征、合同的分类、合同成立的一般和特殊程序、合同的效力及合同救济等重点内容，其中合同成立部分关于对要约与承诺的认知和把握是本章的难点。

　　通过本章的学习，认识和理解合同的本质和法律特征；了解合同的主要类型及各类型的特点；掌握合同订立的一般和特殊程序；明确合同成立与生效的区别；掌握合同的效力；掌握格式合同的相关理论及其法律规制；能够恰当运用合同救济；清楚认识合同与民法其他相关制度间的逻辑联系。

第一节　合同的概念和特征

一、合同的概念

　　合同，是指两个以上的民事主体设立、变更或终止债权债务关系的双方法律行为。

　　合同有广义和狭义之分。广义的合同，是指两个以上的民事主体设立、变更或终止民事权利义务关系的双方法律行为，包括物权合同、身份合同及债权合同。狭义上的合同仅指债权合同，即两个以上的民事主体设立、变更或终止债权债务关系的双方法律行为。《合同法》第 2 条规定，合同是平等主体的自然人、法人、其他组织之间设立、变更、终止民事权利义务关系的协议。婚姻、收养、监护等有关身份关系的协议，适用其他法律的规定。

我国《合同法》第 2 条对合同下的定义，明确排除了身份合同，故通说认为《合同法》调整的范围应主要限于债权合同。

二、合同的特征

1. 合同是一种法律事实。民法上，凡能引起民事法律关系发生、变更或消灭的客观事实，都是法律事实。

2. 合同属于法律事实中的行为。法律事实依其与人的意志是否有关，分为事件和行为。行为是指人有意识的活动。合同是具有行为能力的人在自己意识的支配下的活动，因而属于行为。

3. 合同属于法律行为。民法上的行为包括法律行为和事实行为。事实行为，是指基于事实的状态或经过而依法律的直接规定发生法律上效力的行为，如先占、埋藏物的发现、遗失物的拾得等。法律行为，是行为人旨在依其意思表示的内容发生法律效果的行为。法律行为不同于事实行为之处，在于其是以意思表示为要素的行为。合同是民事主体旨在设立、变更或终止民事权利义务关系的行为，以当事人的意思表示为基础，属于法律行为。

4. 合同是双方法律行为。民事法律行为依其意思表示的多少，分为单方行为、双方行为和多方行为。合同属于双方法律行为，即由两个方向相反的意思表示所构成的民事法律行为，双方当事人处于利害关系相对立的地位。通常双方当事人的意思表示达成一致，即合意，合同即告成立。

第二节　合同的分类

一、单务合同与双务合同

依合同当事人双方是否互负义务为标准划分。

单务合同，是当事人一方负担债务，而他方不负担债务的合同。如赠与合同、借用合同。

双务合同，是当事人双方互负债务的合同。如买卖合同、租赁合同。

此分类的意义在于：双务合同有对待给付及同时履行抗辩、不安抗辩等特殊规则；双务合同一方履行不能时，他方可解除合同，对方如已履约时，则应将所得利益返还。单务合同不发生上述问题。

二、诺成合同与实践合同

依合同成立于意思表示之外是否须交付物为标准划分。

诺成合同，是双方意思表示达成一致即可成立的合同。

实践合同，也称要物合同，是指于意思表示一致以外还须有物之交付方可成立的合同。

此分类的意义在于：确定合同的成立。在传统民法中，买卖、租赁、雇佣、承揽、委托等属于诺成合同；借用、借贷、保管、运送（客运合同）等属于实践合同。随着经济生活的发展，为充分保障营业者一方的利益，有些实践合同已变为诺成合同。如借贷合同中的银行信贷合同、保管合同中的仓储保管合同及运送合同中的铁路、航空等运输合同。

三、要式合同与不要式合同

依合同的成立是否须具备法定的形式和手续为标准划分。

要式合同，是指法律要求必须具备一定的形式和手续的合同。

不要式合同，是指法律不要求具备一定的形式和手续的合同。

在我国法律实践中，要式合同包括：法律规定应采用书面形式的合同、要求鉴证或公证的合同以及须经有关国家机关审批的合同。

此分类的意义在于：确定合同的成立或生效。

四、有偿合同与无偿合同

依当事人之间的权利义务是否互为对价为标准划分。

有偿合同，是指双方当事人之间互为对价给付的合同。如买卖、租赁、承揽等。

无偿合同，是指双方当事人之间的给付不成对价关系的合同。如赠与、借用等。

此分类的意义在于：①注意义务的轻重不同。有偿合同的当事人应对故意和一切过失负责；无偿合同的当事人仅对故意和重大过失负责。②限制行为能力人订立有偿合同时，须经法定代理人同意或追认才有效，而对于纯获利益的赠与等无偿合同，则可独自为之。③债权人撤销权行使，须债务人与第三人的合同以无偿为条件，债权人不得撤销非恶意的有偿行为。

五、有名合同与无名合同

依法律是否设有明文规定并赋予特定名称为标准划分。

有名合同，也称典型合同，是指法律设有明文规定并赋予一个特定名称的合同。如我国《合同法》中所规定的合同，皆为有名合同。

无名合同，也称非典型合同，是指法律未作明文规定，也未赋予特定名称，任由当事人自由创立的合同。

此分类的意义在于：有名合同的订立，当事人可以参照法律有关规定，在合同发生争议时，法院或仲裁机关应按照法律的有关规定裁判。无名合同，法律未作具体规定，其成立、生效及纠纷解决，除适用有关民事法律行为和合同的一般规定外，可以参照与之类似的有名合同的法律规定。

六、预约与本约

依合同的订立是否以订立另一合同为内容为标准划分。

预约，是约定将来订立相关联的另一个合同的合同。

本约，是履行预约而订立的合同。

此分类的意义在于：预约以订立本约为债务，属债权合同，重在当事人之间的信用，故预约的债权债务不得让与；本约可以是物权合同、身份合同、债权合同。

七、束己合同与涉他合同

依是否贯彻合同相对性原则为标准划分。

束己合同，是指严格遵循合同的相对性原则，合同当事人为自己约定并承受权利义务，第三人不能向合同当事人主张权利或追究责任，合同当事人也不得向第三人主张合同权利或合同义务的合同。此乃合同的常态。

涉他合同，也称为第三人合同，是指合同所生之债权债务由他人，即缔约人以外的第三人承受的合同。

涉他合同，根据其为第三人设定的是债权还是债务，分为两种：

1. 为第三人利益合同，也称利他合同，是合同之债务人向第三人为给付，使第三人取得债权的合同。如人寿保险合同。在利他合同中，债务人未向第三人履行债务或履行不完全的，应由债务人向债权人承担不履行债务的责任；在第三人拒绝受领债权时，应由债权人自己受领。

2. 第三人负担合同。也称负担合同，是由第三人向债权人为给付的合同。如融资租赁合同。在负担合同中，第三人未向债权人履行债务或履行不完全的，由债务人向债权人承担不履行债务的责任。

在涉他合同中，债权的受领或债务的履行由第三人特定行为完成，如第三人拒绝受领或不履行债务，则视为债权人或债务人本人的行为，由合同当事人承担责任。

此划分的法律意义在于：明确缔约目的的不同和合同效力范围的不同。

八、确定合同与射幸合同

依合同的效果在缔约时是否确定为标准划分。

确定合同，亦称"实定契约"，是指合同的法律效果在缔约时已经确定的合同。大多数合同都是确定合同。

射幸合同，也称"机会性合同"，是指合同的法律效果在缔约时不能确定的合同，即当事人双方或一方的给付，受将来不确定事件的发生决定的合同。如保险合同、赌博合同。

射幸合同是风险合同，是付小利博大利的商业活动，同时又有集小利助大事的公益功能。所以，在保险、福利抽彩领域被允许使用。在我国，除国家特许的社会福利彩票、体育彩票等有奖抽彩外，赌博合同受到法律严格限制。

此划分的法律意义在于：确定合同一般要求等价有偿，而射幸合同一般不能从等价与否的角度来衡量合同是否公平。

九、一时性合同与持续性合同

依合同所确定的给付的形态为标准划分。

一时性合同，是指债务因一次给付即履行完毕的合同，如买卖、互易、赠与等合同。须注意的是，分期交付合同，只要其总给付自始确定，分期给付的时间因素对给付的内容和范围不发生影响时，仍属一时性合同。如分期付款买卖。

持续性合同，是指债务须经持续给付才能履行完毕的合同。如租赁、委托等合同。

此划分的法律意义在于：

1. 持续性合同之债务不履行，常适用终止，一时性合同则适用解除；

2. 持续性合同的给付，不可以同时履行，必有先给付一方，所以，仅适用不安抗辩和先履行抗辩救济，而一时性合同的给付，还可以适用同时履行抗辩救济；

3. 持续性合同的当事人双方，多有信用关系，如合伙、雇佣、委托等，故其债权债务原则上不得任意转移，而一时性合同则无此限制。

十、定式合同

定式合同，也称定型化合同、标准合同、格式合同，是指一方当事人为重复使用而将对所有相对人采用的交易条件预先拟定，由相对人决定是否完全承诺的合同。

定式合同是随着社会化大生产而出现的，大量存在于金融、交通、保险、电力、煤气等公共服务领域。其在使经济流转简便、迅捷、提高交易效率、降低交易成本的同时，剥夺了合同相对人选择合同条款的自由权。相对人只能在下面两种情形中"自由选择"：全盘接受定式合同的既定条款而订立合同，或拒绝整个合同。正因为如此，为了保护相对人的利益，体现"契约正义"，法律对定式合同的条款、效力及合同的解释均有特别限制，如：

1. 定式合同不能排除法定条款的适用。

2. 定式合同须经主管部门或中介机构制定或审查。

3. 对定式合同条款的解释发生争议时，应从有利于相对人的立场解释。

4. 合同拟定人须以合理方式提请对方注意免除或限制其责任的条款、并应对方请求予以说明。

5. 合同中，格式条款与非格式条款不一致时，非格式条款效力优先。

第三节　合同的成立

合同是双方法律行为，合同的成立必须基于当事人的合意，即双方当事人意思表示达成一致。合意的形成过程，就是双方讨价还价、相互交换意思表示的过程。这一过程即是合同订立的一般程序，法律上称之为要约和承诺的过程。

一、合同订立的一般程序

（一）要约

要约，是一方当事人以订立合同为目的而发出的，由相对人受领的意思表示。其中，发出要约的人称要约人，受领要约的人称相对人或受要约人。在商业活动和对外贸易中，要约又称为报价、发价或发盘。

要约是一种进行交易的动议，是合同订立的起点。要约人必须表明接受自己要约内容的约束，即只要受要约人同意要约条款，合同即告成立。

1. 要约的构成要件。

（1）要约须是特定人作出的意思表示。要约可由未来合同当事人中的任何一方作出。发出要约的人须为特定，即必须是客观上能够确定之人，以便相对人承诺。

（2）要约须由要约人向其希望与之订立合同的相对人作出。当事人作出要约的目的，是为了让相对人对其承诺以成立合同，因此要约必须向相对人作出。相对人可以是特定人；也可以是不特定的人，如商店明码标价出售商品。

（3）要约须是受相对人承诺拘束的意思表示。要约的目的是订立合同，故要约成立时，要约人负有与相对人订立合同的义务，要约一旦被相对人承诺，合同即告成立，要约人就要受到拘束。

（4）要约须具备合同的各项必要条款。要约是对未来合同的设计，要约一旦被承诺，合同即告成立。而必要条款是任何合同都不可或缺的，否则相对人为承诺时，会因要约的意思残缺而无法成立合同。

2. 要约的法律效力。要约的法律效力，也称要约的拘束力，是指要约产生的法律效果。其内容包括对要约人的效力和对相对人的效力两方面。

（1）对要约人的效力。理论上称其为"要约的形式拘束力"。是指要约生效后，在其存续期间不得变更或撤回的效力。其目的在于保护相对人的利益，维护交易安全。

要约于到达受要约人时生效，我国《合同法》对要约生效的规定继受大陆法传统，采用到达主义。所谓到达，是指要约的意思表示传递到受要约人可控制的现实或虚拟空间，即要约只要传递至受要约人，不问其是否真实了解要约的意思，要约即生效。

要约生效，要约人有接受承诺的义务，不得随意撤回、撤销或变更要约。受要约人则因要约生效，而获得承诺的权利。要约人随意撤回、撤销或变更要约，构成违反前合同义务的，要承担缔约过失的损害赔偿责任。

（2）对受要约人的效力。理论上称其为"要约的实质拘束力"，是指要约经受要约人承诺，合同即告成立的效力。要约生效后，受要约人即获得承诺的权利。受要约人一旦承诺，合同即成立，受要约人就成为承诺人，与要约人共同成为合同当事人。

要约的法律效力有其存续期间，此期间是指要约人受承诺拘束的期间，亦称承诺期间。要约人在要约存续期间内受受要约人承诺的拘束，非于此期限内承诺，对要约人无拘束力。

要约于到达受要约人时生效，其存续期间有约定期间和法定期间两种。前者依意思自治原则，要约的存续期间由要约人自定，要约在约定的期限内受拘束。后者是在要约人未定有存续期间时，依法律规定确定的期间。法定期间因要约发出的方式不同而不同：以对话方式进行的要约，相对人须即时承诺；以非对话方式进行的要约，应以可期待承诺到达的"合理期间"为其存续期间。该"合理期间"通常包括要约到达受要约人的必要期间、受要约人考虑承诺与否的必要期间及承诺到达要约人所需的必要期间。

3. 要约的撤回和撤销。对于要约人确定有承诺期限或明示要约为不可撤销，或者受要约人有理由认为要约为不可撤销并为履约做了准备的，要约为不可撤销要约，要约人不得撤销要约，一旦受要约人承诺，合同即成立，要约人不履行合同的，负担不履行合同的责任。除此之外的要约，允许撤销。

要约的撤回，是指要约人对尚未生效的要约，阻止其发生法律效力的意思表示。撤回要约的通知必须在要约送达相对人之前或同时送达相对人，方能发生撤回的效力。

要约的撤销，是指要约人对业已生效但未获承诺的要约消灭其拘束力之意思表示。撤销要约的通知应在要约生效以后而相对人发出承诺通知之前送达相对人。

4. 格式合同要约的特别规则。格式合同的要约是由提供合同一方提出，与一般合同的订立不同，在格式合同缔约中，相对人一方是受要约人，对于格式合同只有承诺或不承诺的权利，而对要约内容无个别磋商的余地。所以，格式条款一经承诺，就成为有约束力的合同，为保护受要约人一方，法律对格式合同要约的意思规定有限制，如格式合同要约之意思违反法律的限制性规定，即使受要约人承诺，该意思仍不发生合同的约束力。

5. 要约的消灭。要约的消灭，是指要约丧失其法律效力，要约人和相对人均不再受其拘束。要约因下列原因而消灭：

（1）承诺期间届满。

（2）要约人撤销要约。

（3）要约被拒绝，即要约相对人对要约不予承诺。

（4）反要约，即相对人对要约内容进行扩张、限制或变更后而"承诺"，实质上构成对原要约内容的拒绝而形成一个新的要约。

6. 特殊要约。

（1）反要约，又称新要约。是指受要约人对要约的内容进行扩张、限制或变更后所作的"承诺"。因承诺须与要约的内容一致方能成立合同，对要约修改后所作"承诺"，实为一种新的要约，而非对要约的承诺。

《合同法》第30条对反要约作了明确规定，即受要约人的意思对要约提出的标的、数量、质量、价金或者报酬、履行期限、履行地点、履行方式、违约责任和解决争议的方式作出变更的，就是对要约的实质性变更，其意思表示属于反要约。

对于上述以外的要约意思，若要约人明示不能变更或受要约人变更后，要约人及时表示反对的，受要约人的变更要约意思，也为反要约。否则，承诺有效。

（2）交叉要约，也称交错要约。是指当事人双方互为意思内容相同的要约。交叉要约中的两个意思表示，是相向发出的，且均在收到对方要约之前发出，可谓"不谋而合"，故交叉要约互达于相对人时，合同即成立。

（3）悬赏广告，是指以广告的方式，对完成一定行为的人给予报酬的意思表示。悬赏广告，是对不特定的人发出的要约，相对人须以完成广告中指定的行为作承诺，方能成立合同。广告人对完成广告要求行为的人负有给付报酬的义务，行为人在完成广告中指定的行为时，对广告人有报酬请求权。

（4）现物要约，又称"无要约寄送"，是指未经订购而当事人一方向相对人径寄物品的行为。

对于现物要约，相对人不负有承诺义务，故要约人若附物表示"在某期间内不作拒绝表示或退货的，即为承诺"不具有法律效力。相对人虽不负有退回物品的义务，但不得丢弃、损毁，在要约人领回物品前，有保管义务。

7. 要约邀请。要约邀请，又称要约劝诱、要约引诱。是指表意人邀请他人向自己发出要约的意思表示。

要约邀请是当事人为唤起他人对其要约的意思表示，只是订立合同的准备行为，本身不发生要约的法律效力，其相对人须为不特定的人。要约邀请的内容不具备成立合同的全部必要条款。如《合同法》规定的寄送价目表、拍卖公告、招标公告、招股说明书、普通的商业广告等属于要约邀请。但对于内容符合要约成立要件的商业广告，则视为要约。

要约邀请是订立合同的准备行为，要约人应负前合同义务，如果不履行要约邀请之意思，致相对人损害的，应承担缔约过失的损害赔偿责任。

（二）承诺

承诺，是指受领要约的相对人为成立合同而同意接受要约的意思表示。要约一经承诺，合同即成立。受要约人发出承诺意思表示的，称承诺人。

在商业交易中，承诺又称为接受、还盘。

1. 承诺的构成要件。

（1）承诺须由受要约人向要约人作出。要约使受要约人产生承诺的权利，而这种权利对要约人来说即是这样一种义务：他必须接受受要约人行使这种权利的结果，因承诺而生的合同对其有约束力。这种权利只有受要约人才能行使。承诺只有针对要约人作出，才能形成意思表示的一致，才能成立合同。承诺的意思表示一般应以明示的方式作出，并于到达要约人时生效。但当事人约定或交易习惯允许默示的，承诺可采默示方式。承诺通常不必以要约的同一方式作出。

（2）承诺的内容须与要约的内容完全一致。承诺是受要约人愿意按照要约的全部内容与要约人订立合同的意思表示，因此，受要约人须对要约绝对和无条件地同意，否则，合同不能成立。在英美法系，这一规则被称为"镜像规则"，即承诺应如同镜子一样反射要约的内容。

（3）承诺须于承诺期间内作出。否则，不发生承诺的效力而视为新的要约。要约使受要约人获得了承诺的权利，但要约人给予受要约人的这一权利是有期限的，只有在要约规定的期间内作出，才能产生权利行使的预定结果。当要约没有规定承诺期限时，受要约人应当在合理的期间内作出承诺。我国《合同法》第23条规定，要约规定有期限的，应当在规定的期限内承诺并到达要约人。要约没有规定承诺期限的，应当在下列期限内承诺：①以对话方式发出的要约，应立即承诺，但当事人另有约定的除外；②以非对话方式发出的要约，承诺应当在合理期限内到达。该"合理期限"可以根据习惯、交易的性质及要约所使用的通讯方法的迅速程度予以确定。

2. 承诺的迟到和迟延。承诺应于承诺期间作出，才发生承诺效力。承诺的意思逾承诺期间作出时，本无承诺效力，但为交易上安全之考虑，对逾承诺期间到达要约人的承诺，法律特别规定其效力。

（1）承诺的迟到。即迟发迟到的承诺，指受要约人逾承诺期间所发出的承诺。迟到的承诺不能成立合同，被视为新要约；但要约人及时通知该承诺有效的，合同成立。

（2）承诺的迟延。即未迟发而迟到的承诺，是指受要约人于承诺期间发出并按通常情形可适时到达要约人，因传达障碍或其他原因而逾承诺期间到达要约人的承诺。对于承诺迟延，因承诺人不知其迟到，按诚实信用原则，要约人负有及时通知义务。要约人若怠于履行此项通知义务时，承诺视为未迟到；要约人及时通知受要约人不接受承诺的，承诺无效。

3. 承诺的撤回。承诺的撤回，是指承诺人阻止承诺发生法律效力的意思表示。

承诺于到达要约人时生效，因此，撤回承诺的通知须先于或同时与承诺到达要约人，才能发生撤回的效力。若撤回的通知虽然在承诺之后到达，但依通常情形应先时或同时到达的，要约人应向承诺人发迟到之通知，若其怠于履行此义务，则撤回有效，合同不成立。

4. 承诺的生效。《合同法》第25条规定，承诺生效，合同即告成立。可见，确认承诺生效的时间，即为认定合同成立的时间。

《合同法》第26条规定，对承诺生效时间，采取到达主义。但有例外，书面合同，自当事人双方完成签字或盖章时始成立。但在签字或盖章前当事人一方已经受领相对人主要给付的，合同得成立；对于以信件、数据电文等形式订立的合同，当事人要求签订确认书的，则于签订确认书时合同成立。

二、合同成立的时间

1. 要式合同的成立时间：要式合同除当事人之间意思表示一致外，还需完备特定的手续，故其成立时间应为完成特定手续的时间，如签名或盖章、签署确认书等，如果合同还须审核的，需完成审核等程序。

2. 不要式合同的成立时间：以要约与承诺的方式签订不要式合同，以承诺生效的时间为合同成立的时间。其中，以直接对话方式签订合同的，以受要约人作出承诺的时间为合同成立的时间；以非对话方式签订合同的，以承诺通知送达要约人的时间为合同成立的时间。

3. 交叉要约之合同的成立时间：非对话方式的交叉要约，以后到达要约的到达时间为合同的成立时间。

三、合同成立的地点

1. 要式合同成立的地点：要式合同因需完备特别手续，故以完成特别手续的地点，为合同成立的地点。书面合同须签字或盖章后方能成立，所以，以双方当事人签字或盖章的地点为成立地点。如签字或盖章是先后在不同地点进行的，则应该以后一签字或盖章的地点为成立地点；如果合同既签字又盖章，签字和盖章是在不同的地点，则应以完成其中第一个行为的地点为成立地点。

2. 不要式合同成立的地点：不要式合同的成立地点，通常由当事人约定（当事人约定合同成立地点，或为确定管辖、或为其他特殊需要），可以是要约生效地、或承诺生效地、或标的物所在地等；当事人无约定的，一般以承诺生效的地点为合同成立的地点。

3. 交叉要约之合同成立的地点：以后到达相对人的要约的到达地点为合同成立的地点；若双方要约同时到达相对人，则到达地点同时为合同成立的地点。

4. 电子合同的成立地点：电子合同是以电子邮件或其他数据电文形式订立，而数据电文运行于网络的虚拟空间，与书面或对话形式都不同。此类合同首先由当事人约定合同成立的地点，没有约定的，以受要约人的主营业地为合同成立的地点，没有主营业地的，以其经常居住地为合同成立的地点。

四、订立合同的具体方式

根据契约自由原则，当事人在订立合同时选择何种方式，应由当事人来决定。法律对此的唯一要求，就是所选择的方式须足以保证当事人合意。基于此理念，各国民法对法律行为方式的规定，往往将选择权赋予当事人而不作更多限制。

（一）谈判

谈判缔约方式适用于大宗交易。其缔约过程大致分为三个阶段：

1. 准备阶段。该阶段需做的工作有三项：①寻找合同对手，即选择自己需要的交易伙伴；②初步接洽，主要是通过面对面的交谈或实地考察等多种方式了解对手的情况；③准备合同文本，接洽后对交易伙伴满意，即着手准备合同文本。准备合同文本时，应先明确目标，即明确自己在交易中想得到的利益及其下限和为此准备付出的对价及其上限，然后再设计合同条款。

2. 谈判阶段。双方面对面坐到谈判桌前，进行讨价还价。该阶段是谈判缔约最重要的阶段，谈判技巧对决定合同能否成立至关重要。

3. 签约阶段。双方谈判达成合意，双双在合同文本上签字或盖章。签约完成合同即告成立。签约后的合同文本双方应各执一份。

（二）交换函电

交换函电缔约，是通过互相发出函电进行谈判订立合同。

函电一般包括信件、电报、电传、电子邮件及其他电子商务传递信息模式。国际上，把函电看作是书面合同的方式，我国《合同法》也把电报、电传、传真、电子数据交换以及电子邮件方式缔结的合同，看作是书面合同。交换函电缔约，其要约与承诺都是以函电方式进行，在当今商业社会是一种极为便利的缔约方式，但函电送达的安全性和可靠性值得注意。对函电要约承诺生效的时间，我国采取到达主义，其他国家也有采取投邮主义的。

（三）寄送订货单

订货单是销售商事先拟定的交易条件，属于定式合同条款。

如果订货单表明的交易条件齐备，则该订货单为要约。当相对人依订货单的要求，将签字盖章后的订货单回执发回，或将购货价金送达销售商时，合同即成立。

如果订货单的内容未包含合同的全部条款、或内容的含义含混不清、或订货单中有"欢迎洽购""售完为止"等声明不受拘束字样的，则该类订货单不为要约，仅为要约邀请。

（四）招标

招标缔约方式，是通过招标、投标和定标的竞争程序订立合同的方式。其缔约过程不是一对一进行的，而是当事人一方与相互竞争的多个人之间进行的，招标的竞争者是"卖方"，招标竞争的是最低出价。招标缔约的程序如下：

1. 招标。招标是当事人一方向数个特定的相对人（有限竞争性招标）或不特定的人（无限竞争性招标）公布的订立合同的意思表示。该公开意思表示的人，称招标人，记载意思表示的文件称"标书"。

在招标中，标底是不公开的，因此招标的意思表示不具备合同的全部必备条款，应属要约引诱。招标人对报价符合底价要求的最优者，有与其订立合同的义务。

2. 投标。投标是受招标人许可的人以接受标书为条件，向招标人发出的订立合同的意思表示。该意思表示人称投标人，记载投标人意思表示的文件称"标单"。

由于投标是向招标人发出的，且具备合同的全部必要条款，故属要约。投标人是以接受招标人确定的交易条件为基础而投标竞争的，故标单的内容不能与标书的内容相悖，否则将导致投标失败。

3. 定标。也称决标。是指招标人公布所有的投标（开标）并公开进行评比（评标），允诺与最优投标人订立合同的意思表示。定标对投标完全接受时，即为承诺。

（五）拍卖

拍卖，属于竞争缔约方式，是指卖方以公开竞价方式在众多的买方中，选定最高报价者并与之缔约的买卖方式。其中卖方称拍卖人，买方称竞买人。拍卖的竞争者是"买方"，竞争的通常是最高出价。拍卖有公开拍卖、封闭拍卖（招标式拍卖）、荷兰式拍卖（最低价拍卖）和强制拍卖等类型。

拍卖的程序如下：

1. 拍卖公告。是指拍卖人将拍卖的标的物的名称、数量、质量、拍卖场所及日期等事项以公开的方式所作的宣传。拍卖公告向不特定的人作出，属于要约引诱。

2. 竞买。是应买人以报价的方式向拍卖人所作应买的意思表示。应买的意思表示属于要约，应买一旦作出，即不得撤销。

3. 卖定。卖定是拍卖人同意与最后报价的应买人成交的意思表示。卖定依拍卖的惯例，由拍卖人以拍槌方式进行，故卖定亦称"拍定"。卖定属于承诺。

（六）即时交易

即时交易，即"一手换一手"的缔约方式，是最为便捷的缔约方式，限于一手交钱，一手交货的小宗交易。

第四节　合同的效力

合同的效力，是指合同在法律上所具有的债的效果。合同是债发生的原因之一，除具有前述债的效力之外，还具有下列各类合同的通共效力。

一、给付不能的效力

给付不能的效力有二：

（一）合同无效

合同作为法律行为的一种，其标的也须合法、确定、可能、妥当。合同的标的是给付，若以自始、永久或客观不能之给付为标的，合同无效。若标的属于部分不能，则合同部分无效。但标的不能经补正后仍能维持合同效力的，合同仍为有效。可见，给付不能可能导致合同无效，但并非导致合同一概无效。

（二）损害赔偿

合同因给付不能而无效，并非是无法律上的任何效力，只是不发生依当事人约定的履行效力。对于因给付不能而致合同全部或部分无效的，有过失的当事人一方对于无过失且因相信合同有效而受损害的他方当事人，负赔偿责任。该损害赔偿责任称为"缔约过失责任"。

二、合同的解除（单方解除）

合同的解除，是指当事人一方根据法律规定或合同约定行使解除权，使合同的效力溯及消灭的意思表示。

可见，解除合同的根据来自法律规定或当事人事先约定的原因，合同效力的消灭完全是基于解除权人一方的意思表示，故解除权是一种形成权。

（一）解除权发生的原因

解除权有约定解除权和法定解除权两种。

1. 约定解除权。约定解除权，是指合同当事人在合同成立后生效前约定为一方或双方保留解除合同的权利。在约定的解除事由发生后，一方或双方即可行使解除权，解除合同。约定解除权发生于解除事由发生以前。

2. 法定解除权。法定解除权基于法律的直接规定而发生。其发生原因如下：

（1）不可抗力。发生不可抗力导致给付不能，并使合同的既有目的不能达到的，当事人可以解除合同。

给付不能是免除履行原有债务的原因，但在债务人可归责时，仍负损害赔偿债务，债之关系并不消灭；而对于不可抗力，债务人可行使解除权，径直消灭债的关系，免除赔偿债务。

（2）迟延履行。债务人给付迟延的，债权人得行使解除权解除合同。但债权人得否径直解除合同，应区分两种情况：①无期限利益的给付迟延，债务人经适当期限催告仍不履行时，债权人方可解除合同；②有期限利益的给付迟延，因迟延使合同不能达到目的的，债权人可不经催告径行解除合同。

（3）违法履行。因当事人的违法履行使合同目的不能达到的，相对人可以径直解除合同。

（4）明示拒绝履行。债务人明确表示拒绝给付的，债权人可不经催告即解除合同。债务人若以默示行为表示拒绝给付的，债权人则应行使不安抗辩权，而不能径直解除合同。

（5）其他特殊解除原因。上述是法律规定的合同得以解除的通共原因，此外还有特殊类型合同的特殊解除原因，如不安抗辩权人的解除权、承揽人的解除权、保险人的解除权、雇佣人的解除权等。

（二）解除权的行使

解除权的原因发生后，并不当然发生合同解除的效力。只有当事人行使解除权后，合同才能解除。

解除权的行使，应由解除权人向相对人为解除的意思表示，该意思表示须以通知方式为之。就是说，合同的解除必须要有解除行为。在解除权人或相对人为多数人时，解除的意思表示应由全体或向全体为之，此乃"解除权行使不可分原则"。在多数人之债，解除权人中有一人丧失解除权的，解除权对其他人也消灭，此乃"解除权消灭不可分原则"。

（三）解除的效力

合同一经解除，其效力溯及地消灭，当事人回到未订合同的状态。但当事人之间如已有给付或当事人一方因相对人不履行而受损害的，则发生返还财产和损害赔偿的效力。

（四）解除权的消灭

1. 除斥期间届满。解除权有法定或约定期间的，如期间届满而未行使，则解除权消灭。

2. 经相对人催告而不行使。解除权无法定或约定期间的，相对人可以催告解除权人于一定的期间内行使解除权，解除权人逾期未行使的，解除权消灭。

3. 受领给付物返还不能。解除权人因可归责的事由致受领的财产毁损、灭失不能返还的，其解除权消灭。

4. 不履行之瑕疵已补正。在解除权人作解除的意思表示之前，对给付迟延或不完全给付的履行瑕疵，经由债务人补正时，解除权消灭。

5. 债之关系或债务不履行之情形消灭。以债务不履行为原因的解除权，因债之关系消灭或债务不履行之情形消灭而消灭。如债因抵销消灭时，解除权亦消灭。

三、合同的终止

（一）终止的含义

合同的终止，是指合同的当事人一方所作的合同效力向将来消灭的意思表示。其中得依一方当事人的意思表示而向将来消灭法律关系的权利，称终止权。终止权也属形成权。

（二）终止与解除

终止与解除在性质、发生原因、规范功能及行使方法等方面有共同之处，但也存在不同：

1. 解除有溯及既往的效力，而终止无此效力，仅使合同自终止后消灭。

2. 解除的发生主要是对债务不履行，而终止的发生理由颇多。

3. 解除有回复原状与损害赔偿的效力，而终止仅生损害赔偿效力。

4. 解除主要适用于一时性合同，终止主要适用于持续性合同。

（三）终止的效力

合同的终止多适用于持续性合同。合同终止无溯及既往的效力，因此仅产生损害赔偿效力，而不产生回复原状的效力。

合同及合同所生之债因终止而向将来发生消灭，已履行的债务或受领的债权仍然有效。

四、双务合同的特殊效力

双务合同，是双方当事人互负对待给付的合同。双方当事人互为债权人，同时又互为债务人。双务合同中，双方的债权债务在存续、履行上具有关联性。因此，双务合同具有其特殊的效力。

（一）同时履行抗辩权

同时履行抗辩权，是指无给付先后顺序的双务合同当事人一方在他方未为对待给付前，得拒绝他方给付请求的权利。

同时履行抗辩权的成立要件：

1. 对方之对待给付须为可能。此乃同时履行抗辩权的先决条件。

2. 双方当事人因同一合同而发生互为对价给付的债务。双方非因同一合同产生的债务，或虽系同一合同发生但不具有对价性的债务，不成立同时履行抗辩。合同因无效、被撤销、解除后的双方给付，也可以成立同时履行抗辩权。

3. 双方债务均已届清偿期，行使抗辩权的当事人无先为给付的义务。在有法定或约定的先为给付义务时，有先为给付义务的当事人不得以他方未为对待给付为由，拒绝履行债务。

4. 对方当事人未为给付或未提出给付。同时履行的提出是为了催促他方及时给付，当他方为给付或提出给付时，抗辩原因随即消灭。

（二）不安抗辩权

不安抗辩权，是指双务合同中，负有先为给付义务的一方当事人，在他方当事人因财产显著减少或经营状况恶化而出现难为对待给付的情形时，得在他方未为对待给付或提供担保前拒绝他方给付请求的权利。

不安抗辩权的成立要件：

1. 须当事人一方有约定或法定的先为给付的义务。不安抗辩权仅适用于给付有先后顺序的双务合同。

2. 须他方财产于订约后显著减少或经营状况恶化。具体包括四种情形。

（1）经营状况严重恶化。

（2）有转移财产、抽逃资金、逃避债务行为的。

（3）丧失商业信誉的。

（4）有丧失或可能丧失履行债务能力的其他情形的。

3. 须他方因财产显著减少或经营状况恶化而难为对待给付。不安抗辩权只有在他方财产的减少危及对待给付时，才有成立的必要。若他方财产的减少尚不危及对待给付时，当事人不得行使不安抗辩权。

4. 须他方未为对待给付或提供担保。

（三）先履行抗辩权

先履行抗辩权，是指在有先后给付顺序的双务合同中，负有后给付义务一方当事人在他方当事人给付前得拒绝他方给付请求的权利。

先履行抗辩权的成立要件：

1. 双方因同一合同互负债务。

2. 债务有先后履行顺序。先履行抗辩权是负有后履行义务一方当事人所享有的一项抗辩权。

3. 他方未为先给付义务。先履行抗辩权人只有在负有先给付义务一方当事人未给付或给付有瑕疵时，始得行使抗辩权。

先履行抗辩权的行使，发生阻却他方请求权的效力，即在他方先行给付前，可以拒绝自己给付，但无消灭他方请求权的效力。

第五节　违约责任

一、违约责任的概念及特征

违约责任，又称违反合同的民事责任。是指合同的当事人因违反合同债务，所应承担的赔偿损害、支付违约金等民事法律后果。违约责任具有以下特征：

1. 违约责任是民事责任的一种。依我国《民法通则》第106条的规定，民事责任是指民事主体在民事活动中，因实施违法行为而应承担的民事法律后果，包括违约责任和侵权责任两种。

2. 违约责任是合同当事人不履行债务所产生的责任。违约责任的产生以合同债务的存在为前提，以合同当事人不履行债务为条件。合同一经有效成立，即具有法律效力，当事人双方必须严格遵守，任何一方违反合同，都可能产生违约责任。

3. 违约责任只能在特定的当事人之间即合同关系的当事人之间发生，合同关系以外的人，不负违约责任。

4. 违约责任主要限于财产责任。违约责任的目的在于使当事人一方因他方违约所受损害及时得到恢复或补救，以维持当事人之间的利益平衡。

二、违约责任的构成要件

确定违约责任的构成要件，首先须明确违约责任的归责原则。

《合同法》第 107 条规定："当事人一方不履行合同义务或者履行合同义务不符合约定的，应当承担继续履行、采取补救措施或者赔偿损失等违约责任。"

《合同法》第 121 条规定："当事人一方因第三人的原因造成违约的，应当向对方承担违约责任。当事人一方和第三人之间的纠纷，依照法律规定或者按照约定解决。"

根据上述规定，可以认为现行《合同法》对违约责任是适用严格责任予以归责的。

依严格责任的逻辑，有违约即有责任。于是，违约责任的构成仅以"违约行为"为唯一要件。

违约行为，是指合同当事人违反合同债务而侵害合同债权或与此有关的法益的行为。包括给付迟延、给付拒绝、不完全给付和因债务人原因所致的给付不能几种情况。可见，违约行为以合同之债的有效存在为前提，违约人须为合同之债的债务人。

三、违约的免责事由

免责事由，是指对合同义务的不履行，债务人得以免除违约责任的事由。

由于合同法以契约自由为基本精神，所以允许当事人就风险作出事先的安排与约定；另一方面，法律基于对私权的救济，对当事人事先没有约定的风险也规定了分配制度。因此，在合同制度中，免责事由分为约定免责事由和法定免责事由两类。又由于合同法以任意规范为主，故在大多情况下，法律以尊重当事人的事先约定为先。在救济措施方面，如果当事人有约定的，从其约定；在没有约定的情况下，才适用法定救济。甚至在法定与约定不一致时，约定救济为先。

（一）不可抗力

不可抗力，是指不能预见、不能避免并不能克服的客观情况。如地震、台风、洪水、战争等。

《民法通则》第 107 条规定：因不可抗力不能履行合同或者造成他人损害的，不承担民事责任，法律另有规定的除外。

《合同法》第 117 条规定，当事人一方由于不可抗力的原因不能履行合同的，可根据情况部分或全部免予承担违约责任，但法律另有规定的除外。

（二）意外事件

意外事件，是指非因当事人的故意或过失而偶然发生的事故。

违约责任如果以过失责任（含过失推定）作为其归责原则，则过失是违约责任的构成要件之一。对于意外事件的发生，当事人没有过失，根据过失责任原则，在法律无特别规定或当事人无特别约定的情况下，意外事件可以作为免责事由。只是意外事件作为免责事由的适用范围受到严格的限制。

我国《合同法》对违约适用严格责任予以归责，但规定了不可抗力为免责事由，而意外事件则不能免责。

（三）当事人约定的免责事由

当事人约定的免责事由包括免责条款和当事人约定的不可抗力条款。

免责条款，是指当事人双方在合同中事先约定的，旨在限制或免除双方未来责任的条款；不可抗力条款，是当事人在合同中事先约定的，具体列举各种不可抗力事由和范围的条款。不可抗力条款是对法定的关于不可抗力的免责条件的补充，如果不违反法律规定，则在这些约定的事由发生后，法律承认其具有免责的效力。

（四）法律特别规定的免责事由

法律特别规定免责条件的，当发生违约又具备法律所规定条件时，违约方可免责。如运输合同中规定，在符合法律和合同规定条件下的运输，由于货物本身的自然性质、货物的合理损耗原因，造成货物灭失、短少、变质、污染、损坏的，承运方不承担违约责任。

四、违约责任的形式

（一）继续履行

继续履行，又称实际履行、强制履行。即违约行为发生后，如果非违约方请求违约方继续履行合同债务，且违约方能够继续履行合同，则违约方应当按照合同的内容为实际履行。实际履行可以使非违约方实现其预期的债权利益。

《合同法》第110条规定：当事人一方不履行非金钱债务或者履行非金钱债务不符合约定的，对方可以要求履行，但有下列情形之一的除外：①法律上或者事实上不能履行；②债务的标的不适于强制履行或者履行费用过高；③债权人在合理期限内未要求履行。

强制履行的适用条件：

1. 一方有违约行为。

2. 非违约方在合理期限内提出继续履行的请求。

3. 违约方能够继续履行合同。

4. 合同标的在市场上难以获得。

5. 合同适宜强制履行。

（二）支付违约金

只要违约行为发生，且无免责事由，则违约方即应向对方支付违约金。约定的违约金过分高于或低于违反合同所造成的损失的，当事人可以请求法院或仲裁机构予以适当减少或者予以增加。

（三）损害赔偿

违约行为发生后，如果因一方违约而给对方造成损害，则违约方应对其所造成的损害承担赔偿责任。

违约损害赔偿，只限于财产损失的赔偿，而不包括非财产损失的赔偿。依据我国现行法的规定，当事人违反合同的赔偿责任，应当相当于另一方因此所受到的损失，但不得超过违约方在订立合同时预见到或应当预见到的因违反合同可能造成的损失。在发生违约时，受害人负有防止损失扩大的义务。受害人未及时采取措施致使损失扩大的，无权就扩大的损失要求赔偿。法律允许当事人在合同中预先约定违约损害赔偿的责任范围，若合同中预先约定的赔偿额过高或低于造成的损失的，当事人可以请求法院或仲裁机构予以适当减少或者予以增加。

（四）采取补救措施

补救措施，是违约当事人为履行消除违约后果义务所采取的措施。

根据《合同法》第111条的规定，违约后可采取的补救措施主要有：修理、更换、重作、退货、减少价款或报酬等。

思考练习题

1. 简述要约的要件和效力。
2. 什么是格式合同？我国《合同法》对格式合同是如何规制的？
3. 要约和要约邀请有什么区别？
4. 订立合同的具体方式有哪些？
5. 简述不安抗辩权的成立要件。
6. 简述合同的解除。
7. 简述合同的分类及其分类标准。
8. 简述承担违约责任的形式。

第十七章 移转标的物所有权的合同

■ **学习目的和要求**

　　移转标的物所有权的合同，是指当事人双方约定，标的物所有者一方将物的所有权移转于他方，以使他方取得该标的物所有权的合同。包括买卖、互易和赠与。本章主要涉及这三类合同，其中，重点是买卖合同的相关理论。关于标的物所有权的转移时间及风险负担的转移时间是本章的难点。通过本章的学习，理解买卖合同的概念和特征；把握买卖合同的各种效力；掌握标的物所有权转移的时间以及风险负担分配的理论；了解特种买卖不同于一般买卖的特点；了解互易合同的概念和特点；了解赠与合同的概念和特点；掌握赠与合同撤销的相关规则。

第一节　买卖合同

一、买卖合同的概念和特征

　　买卖合同，是当事人双方约定，一方交付标的物并移转其所有权于他方，他方受领标的物并支付价金的合同。其中，负有移转标的物所有权义务的一方为出卖人；负有支付价金义务的一方为买受人。

　　买卖合同的内容，是双方当事人就标的物、价金、履行期限、履行地点等合同条款所达成的一致协议。

　　买卖合同的标的物，是出卖人依合同约定应移转给买受人的财产。该财产须是出卖人所有或有权处分的动产或不动产，且须是法律允许流通之物。

　　买卖合同的价金，是买受人因取得标的物所有权而支付给出卖人的货币。标的物价格在法律有限定时，双方当事人应于限定内确定价格。

　　买卖合同的履行期限决定标的物所有权的移转时间和标的物意外灭失的风险责任负担，因此，确定买卖合同的履行期限是合同成立的重要条件。

买卖合同具有下列特征：

1. 买卖合同是标的物所有权与价金对待给付的有偿合同。在买卖合同中，出卖人移转标的物所有权的给付义务与买受人给付价金的义务互为对价。

2. 买卖合同是双务合同。买卖合同双方当事人的权利义务是彼此对等的，一方的权利正是另一方的义务。

3. 买卖合同是诺成合同。买卖合同的双方当事人之间意思表示达成一致，无须交付实物，合同即告成立。

4. 买卖合同是不要式合同。买卖合同除法律另有规定或当事人另有约定外，其成立无须具备一定的形式和履行特定手续。

二、买卖合同的效力

（一）出卖人的义务

1. 交付标的物、移转标的物所有权。出卖人交付标的物时，必须按照买卖合同约定的种类、规格、数量、质量、期限、地点和方式进行交付。无相关约定的，依债务履行的一般规则确定，如仍不能确定，则依法定。标的物有从物的，应随主物一并交付。出卖人在交付标的物时，须将与标的物有关的单证一并交付。如发票、产品合格证、使用说明书等。标的物的交付，既可现实交付，也可观念交付。

买卖的交付不同于借用、租赁之处，就在于买卖的交付是所有权的交付。只有将所有权移转给买受人，买受人才能获得对价。买卖标的物为动产的，如无特别约定，所有权于交付时移转；标的物为不动产的，出卖人除交付外，还须协助买受人办理不动产权利移转登记（即过户登记），不动产所有权于登记完毕时移转。

2. 标的物品质瑕疵担保义务。标的物品质瑕疵担保，是出卖人就其所交付的标的物应保证其符合法定或约定的品质。即标的物交付于买受人之后，应保证不发生减少其价值和效用的瑕疵。标的物品质瑕疵，是指标的物欠缺法定或约定品质的情况。标的物存在品质瑕疵时，买受人可以请求减少价金或解除合同，也可以请求出卖人更换、修理，费用由出卖人承担。标的物为种类物时买受人可以请求出卖人另行交付无瑕疵的替代物。因品质瑕疵而致买受人或第三人损害的，出卖人应负损害赔偿责任。

标的物品质瑕疵的确定标准：合同有约定的，依合同约定；无约定或约定不明的，应按国家质量标准或行业标准；没有国家标准或行业标准的，则依通常标准或符合合同目的的特定标准。

3. 标的物权利瑕疵担保义务。标的物权利瑕疵担保，是出卖人就其所移转的标的物有保证其不受他人追夺以及不存在未告知的权利负担的义务。标的物权利瑕疵，是指出卖人对于标的物无处分权，从而标的物被他人主张权利或所移转的权利上存在未告知的负担，如标的物上存在为他人设定的抵押权、租赁权等。标的物存在权利瑕疵时，买受人可以请求出卖人除去权利负担，并可以依债务不履行的规定，向出卖人主张支付违约金、实际履行、解除合同、损害赔偿或其他权利。但买受人在订立合同时，知道或应当知道第三人对标的物享有权利的，出卖人得免除责任。

（二）买受人的义务

1. 支付价金。买受人应依合同关于价金数额、给付期限、地点和方式的约定为给付。

2. 受领标的物。对于出卖人交付的标的物及有关权利凭证，买受人应及时受领，否则将负受领迟延的责任。

3. 对标的物的检查通知和保管义务。买受人受领标的物后，应在法定或约定的期限内及时检查标的物。如发现存在应由出卖人负担责任的瑕疵时，应立即通知出卖人并妥善保管标的物（此项保管费用得请求出卖人赔偿）。若超过约定或法定期限，买受人不为通知的，交付的标的物视为无瑕疵。

三、标的物所有权转移的时间以及风险负担

（一）标的物所有权转移的时间

依我国《民法通则》、《合同法》及《物权法》的有关规定，标的物所有权自依法登记或交付时起转移，法律另有规定的除外。可见，通常情况下，登记完成的时间和交付时间即为标的物所有权的转移时间。登记针对的是不动产，交付针对的是动产。《物权法》第23条规定："动产物权的设立和转让，自交付时发生效力，但法律另有规定的除外。"《物权法》第9条第1款规定："不动产物权的设立、变更、转让和消灭，经依法登记，发生效力；未经登记，不发生效力，但法律另有规定的除外。"

标的物交付的时间，通常依法律的规定确定。法律没有明确规定时，一般以完成下列行为的时间推定为交付时间：

1. 出卖人送货的，出卖人将标的物运到预定地点，买受人验收完毕即为交付。

2. 出卖人代办托运或邮寄的，出卖人办理完托运或邮寄手续即为交付。

3. 买受人自己提货的，出卖人通知的提货时间为交付时间。

4. 标的物在订立合同前已为买受人实际占有的，合同生效的时间即为交付时间。

5. 标的物在订立合同前为第三人占有，双方约定由出让方向受让方转让对第三人的返还请求权代替交付的，合同生效时间即为交付时间。

6. 买卖合同签订时，双方约定标的物所有权转移，但由出让人继续占有该动产的，合同生效时间为交付时间。

7. 需要办理法定手续的，以办理完法定手续的时间为交付时间。

（二）标的物风险负担

标的物风险负担，是指买卖过程中发生的、标的物意外毁损灭失的风险归属。

标的物风险负担的分配原则和具体规定：

1. 交付原则。依我国《合同法》第142条规定，标的物毁损灭失风险的负担，对于动产，首先依意思自治，由当事人约定，法律有特别规定的依其规定；其次无

约定或法律规定情况的，风险负担移转以标的物的交付时间为准，即标的物交付前，风险负担由出卖人承担，标的物交付后，风险负担移转于买受人。而以登记为权利变动公示的不动产，风险则由所有权人负担。

2. 合同法有关风险负担分配的具体规定。

（1）买受人自提标的物的，出卖人将标的物置于约定或法定地点时起，风险由买受人负担。

（2）出卖在途标的物的，除有约定外，自合同成立时起，风险由买受人负担。

（3）对于需要运输的标的物，没有约定交付地点或约定不明的，自出卖人将标的物交付给第一承运人起，风险由买受人负担。

（4）买受人受领迟延的，自受领迟延时起负担标的物的风险。

四、特种买卖

（一）试用买卖

试用买卖，是指当事人双方约定，于合同成立时，出卖人将标的物交付买受人试用，并以买受人在约定期限内对所试用标的物的承认为该合同生效条件的买卖合同。

试用买卖是合同成立时以买受人对标的物认可的意思表示为附停止条件的买卖合同。合同的效力取决于买受人对标的物的承认。买受人的承认应在约定或出卖人规定的试用期限内以明示方式作出，超出试用期限未作承认的，视为承认；买受人于试用期内支付一部分或全部价金的，视为承认。

（二）分期付款买卖

分期付款买卖，是指当事人双方约定，出卖人先行给付标的物于买受人，而买受人分期给付价金的买卖合同。

分期付款买卖，对出卖人而言，有利于促销；对买受人而言，只给付总价金的一部分，即可占有和使用标的物。分期付款买卖一般用于房屋及高档耐用消费品的买卖。因买受人的价金是分期支付的，不利于出卖人的资金周转，故分期付款的总价金一般略高于一次性付款的价金。

分期付款买卖对出卖人而言，有不能获得全部价金的危险。为此，出卖人可采取下列担保方式以确保其债权：

1. 就所交付标的物设定第一顺序抵押权。

2. 保留标的物的所有权于全部价金清偿之前。

3. 特约保留出卖人对合同的解除权。

（1）买受人迟延给付，且已给付价金未达到全部价金的 1/5 的，出卖人可行使合同解除权或请求支付全部价金。

（2）出卖人基于其保留的所有权将出卖物取回的，视为行使合同解除权。

分期付款买卖解除后，标的物有损毁的，买受人应负担损害赔偿责任；出卖人可扣留其所受领的价金，但数额不得超过该标的物通常使用的代价。

（三）连续供给买卖合同

连续供给买卖合同，是指当事人双方约定，一方在一定期限内连续供给一定种类、品质和数量的物于他方，而由他方给付价金的买卖合同。如日常生活中的供电、供水、供天然气合同及订报、订牛奶合同等。

连续供给买卖合同有两种类型：一种是当事人已就标的物的总额、分批交付的次数及期限达成明确的协议，如前述年度订报、订牛奶合同；另一种是当事人并未就标的物交付的总量作出约定，而只是就每一次交付的数量和期限达成了合意，只要时间在继续，供给就一直会持续下去，如前述的供电、供水、供天然气合同。

连续供给买卖合同的当事人一方，负有先行给付的义务，合同效力因先行给付义务的负担者的不同而不同：

1. 当出卖人负有先行给付义务并为给付后，若买受人迟延给付价金时，出卖人有权拒绝次期给付并请求偿还已给付的对价。但对供水、供电等社会性福利给付，出卖人因买受人迟延而中止给付，须经催告后，买受人如在合理期限内不给付的，出卖人应按法定程序中止给付。

2. 当买受人负担先行给付义务并为给付后，若出卖人迟延给付，买受人有权请求出卖人补正给付或行使解除权。

3. 当事人一方迟延履行第一期给付义务，经催告而不补正者，他方即产生解约权。解约权一旦行使，合同即自始归于消灭。

4. 在第一期给付履行后，当事人一方迟延给付经催告而不补正者，他方即产生终止权。终止权一旦行使，合同即向将来消灭。

（四）样品买卖

样品买卖，也称"货样买卖"，是指买卖双方约定样品，出卖人应交付与样品质量相同的标的物的买卖。

样品买卖的特殊性在于，出卖人须按样品的品质标准交付标的物，实乃出卖人提供的一种质量担保。样品买卖的样品须于合同成立时就存在，且双方当事人须有对样品的约定，并可附加对样品的说明。样品确认后应予以封存。

在样品买卖中，出卖人交付的标的物的品质，必须与样品相符，即负特别担保责任。样品有隐蔽瑕疵的，如买受人无过失，出卖人仍需按通常标准的质量交付标的物。

第二节　互易合同

一、互易合同的概念和特征

互易合同，是指当事人双方约定互为移转金钱以外财产之所有权的合同。

互易合同是以物易物的实物直接交换合同，无价金的给付，是商品交换的最古老形式。合同的任何一方都可视为出卖人或买受人。互易合同准用买卖合同的规定。

二、互易合同的类型

1. 单纯互易。是指所交换的标的物价值相等，无须价金给付的互易。

2. 附补足价金的互易。是指双方所交换的标的物价值不相等，多得利益一方应向他方交付补足金的互易。此类互易可视为互易与买卖的混合合同。

第三节　赠与合同

一、赠与合同的概念和特征

赠与合同，是当事人双方约定，一方当事人将自己的财产无偿给予他方，而他方受领该赠与财产的合同。其中，将自己的财产无偿给予他方的当事人，称赠与人；无偿受领赠与财产的当事人为受赠人。

1. 赠与合同是无偿合同。但因赠与人的故意或重大过失给受赠人造成损失的，受赠人有权请求赔偿。如赠与人故意不告知受赠人赠与物存在瑕疵或保证无瑕疵的，对受赠人因物的瑕疵所受的损害负赔偿责任。

2. 赠与合同是单务合同。赠与合同的赠与人负有移转赠与物所有权于受赠人的义务，而受赠人则无须为取得赠与物支付对价。

3. 赠与合同为不要式合同。

4. 赠与合同为诺成合同。我国《合同法》第185条规定赠与合同为诺成合同，赠与自当事人意思表示一致起成立。

5. 赠与物所有权自赠与物交付或登记完成时移转。法律另有规定的除外。

二、附负担赠与合同

附负担赠与合同，是指以受赠人履行约定义务为赠与物所有权移转的延缓条件的赠与合同。所附负担不得违背公序良俗，且负担应在赠与物的价值限度内。

附负担赠与合同的受赠人，只有在履行了约定的义务后，才能取得该赠与物的所有权。受赠人不履行其负担时，赠与人有权请求受赠人履行负担或撤销赠与。

附负担赠与的赠与物如有瑕疵，在受赠人负担的限度内，赠与人承担赠与物瑕疵担保责任。

三、赠与合同的撤销

赠与的撤销分为任意撤销和法定撤销。

（一）任意撤销

赠与人在合同成立后，赠与物交付或登记前，得任意撤销赠与。但具有救灾扶贫等社会公益及道德义务性质的赠与合同或经过公证的赠与合同，不得任意撤销。

（二）法定撤销

出现下列情形之一，赠与人或其继承人、法定代理人即可撤销赠与：

1. 受赠人对于赠与人或其近亲属有严重侵害行为。

2. 对赠与人有抚养义务而不履行的。

3. 受赠人的违法行为造成赠与人死亡或丧失民事行为能力的。

4. 受赠人不履行赠与合同约定的义务。

赠与人的撤销权，自赠与人知道或应当知道撤销原因之日起1年内有效。

赠与人的继承人或法定代理人的撤销权，自知道或应当知道撤销原因之日起6个月内有效。撤销权人撤销赠与的，可以向受赠人要求返还赠与的财产。

思考练习题

1. 何谓买卖合同中的风险负担？

2. 简述合同法有关风险负担的分配原则及具体规定。

3. 简述我国现行法关于标的物所有权转移时间的规定。

4. 简述赠与合同撤销的类型和事由。

第十八章 移转标的物用益权的合同

■ **学习目的和要求**

移转标的物用益权的合同，是指当事人双方约定，一方在一定期限内移转标的物的占有于他方，他方对标的物为使用收益的合同。本章包括租赁合同、融资租赁合同、借用合同。前两者为有偿合同，后者为无偿合同。重点是租赁合同。融资租赁合同实质是买卖合同与租赁合同的混合物，较之一般的买卖合同、一般的租赁合同复杂，是本章的难点。通过本章的学习，了解租赁合同的概念和特征；掌握租赁合同的效力；明晰融资租赁合同与买卖合同、租赁合同的差异；清楚租赁合同、融资租赁合同、借用合同三类合同的共通之处。

移转标的物用益权的合同，是指当事人双方约定，一方在一定期限内移转标的物的占有于他方，他方对标的物为使用收益的合同。包括租赁合同、融资租赁合同和借用合同。

第一节 租赁合同

一、租赁合同的概念和特征

租赁合同，是指当事人双方约定，在一定期限内，一方移转特定物于他方占有、使用或收益，他方给付租金并于期限届满时返还该特定物的合同。其中，移转特定物的使用或收益的一方为出租人；出租人所移转的特定物为租赁物，租赁物须为法律允许自由流通的动产或不动产；对租赁物予以使用或收益的一方为承租人。租赁合同具有以下特征：

1. 租赁合同是标的物的使用收益与租金对待给付的合同。出租人保留租赁物的所有权。可见租赁有别于买卖、互易及借用。

2. 租赁合同是双务、有偿、诺成性合同。

3. 租赁合同的标的物须为有体物、特定物、非消耗物。租赁合同并不移转标的物的所有权，租期届满，承租人须返还租赁物。

4. 租赁权的物权化。承租人的租赁权可以对抗他人，具有物权的性质。如在租赁合同有效期内，出租人将租赁物再租给第三人的行为对承租人无效。又如在租赁关系存续期间，出租人出卖租赁物于第三人，租赁合同不受影响，对第三人继续有效。买受人作为新的所有权人，须尊重承租人的租赁权，即须取代原所有人地位而成为新的出租人。《合同法》第 229 条规定："租赁物在租赁期间发生所有权变动的，不影响租赁合同的效力。"民法理论上称此为"买卖不破租赁"。

二、租赁合同的期限和形式

（一）租赁期限

租期是由双方当事人协商确定的合同的重要条件之一。通常，不动产租赁多具长期性，而动产租赁多为短期。租赁合同期满，可以续订，根据我国《合同法》第 214 条的规定，租赁合同约定的期限不得超过 20 年，超过的部分，即使有约定，该超过部分也无效。

双方在合同中未约定租期的，为不定期租赁。对于不定期租赁，任何一方当事人都有权依自己的意愿随时解除合同，但出租人在解除合同之前，应预先通知对方，给其必要的准备时间。

（二）租赁合同的形式

1. 租赁合同的期限为 6 个月以上的，应订立书面合同。

2. 未采用书面合同的租赁，视为不定期租赁。

三、租赁合同的效力

（一）出租人的义务

1. 交付租赁物。出租人应依照合同约定的时间、方式交付租赁物。此处交付仅限于现实交付，不可以观念交付。出租带驾驶员的汽车、船舶、飞机的，即所谓"湿租"，出租人须派遣约定的驾驶员。

2. 继续性保持租赁物符合约定的使用、收益状态。此义务又称租赁物瑕疵担保义务。租赁合同是继续性合同，在其存续期间，出租人有继续保持租赁物的法定或约定品质的义务。如租赁物发生品质降低而害及承租人使用、收益时，出租人应予以维护修缮，恢复原状。当租赁物存在品质瑕疵或权利瑕疵使承租人不能依约为使用、收益时，承租人得解除或终止租赁合同。承租人因此受损失的，出租人应负赔偿责任，但承租人于订约时明知存在瑕疵的除外。

3. 返还担保物。承租人于订约时交付了押金或其他担保物的，合同终止时，出租人应予返还。

（二）承租人的义务

1. 给付租金。此乃承租人的主要义务。租金是承租人取得租赁物使用权所应支付的对价，承租人应依约定的租金标准、给付时间和方式交付。

2. 依照约定善意使用、收益和保管租赁物。承租人应按约定的方法或依租赁物的性质所确定的方法使用、收益租赁物，并应善意保管租赁物。承租人因过失致租赁物毁损灭失的，应负赔偿责任。

3. 通知义务。租赁关系存续期间，租赁物有修理、防止危害的必要，或第三人就租赁物主张权利，或出现其他应当通知的情况时，承租人应及时通知出租人。承租人怠于通知，致出租人不能及时救济而受损害的，承租人应负赔偿责任。

4. 返还租赁物。承租人在合同存续期间仅取得对租赁物的使用收益权，而无所有权。因此，租赁合同终止时，承租人应返还租赁物占有于出租人。否则，构成违约，须负补正给付、给付违约金或逾期租金等违约责任，并须负担逾期中的风险。

（三）承租人的转租权

承租人转租，须经出租人同意。非经出租人同意，承租人不得将租赁物转租，否则，出租人可解除合同。

承租人经出租人同意将租赁物转租于他人的，承租人与出租人的租赁关系继续存在。因次承租人的过错造成租赁物毁损的，由承租人对出租人负赔偿责任。

第二节　融资租赁合同

一、融资租赁合同的概念

融资租赁合同，是出租人根据承租人对出卖人、租赁物的选择，向出卖人购买租赁物，提供给承租人使用，承租人支付租金的合同。

融资租赁合同涉及两个合同：买卖合同和租赁合同，涉及三方当事人：出租人（买受人）、承租人、供货商（出卖人）。它既不同于一般的买卖合同，也不同于传统的租赁合同，是一种以融物代替融资、融物与融资相结合的信用形式。承租人只需交付约定的租金，就可取得租赁物的长期使用权，如同出租人向承租人提供了购买所需租赁物的全部信贷一样。而出租人往往通过收取租金的形式收回全部投资。

融资租赁合同的制度价值在于，对承租人而言，无须立即支付所需租赁物的全部价款，即可在较长期限内获得租赁物的使用、收益权，并利用租赁物生产所得利润支付租金。对出租人而言，则利用手中资金向承租人提供信贷，按承租人的选择购买资产，并将该资产交付租赁，期限可长达接近于该资产的经济寿命。在租赁期内，租赁资产的所有权虽属于出租人，但实质上，所有权的全部负担，包括维修、保管、保险等都移转给承租人。出租人从承租人分期给付的租金中收回投资。

融资租赁合同是不同于买卖和传统租赁的独立的合同类型。

二、融资租赁合同的特征

1. 融资租赁合同一般涉及三方当事人，即出租人（买受人）、承租人、供货商（出卖人）。出租人应承租人的要求为其融资购买租赁物，然后由供货商直接将租赁物交付于承租人使用。而传统的租赁合同一般只涉及出租人和承租人两方当事人。

2. 融资租赁合同一般涉及两个合同，即出租人与承租人之间签订的租赁合同和出租人与供货商之间签订的买卖合同。买卖合同的订立以租赁意向的表明为前提，出租人购买物件的行为与出租物件的行为是联系在一起的。出租人为满足承租人的需要而按承租人的要求购买物件，其目的是向承租人出租而非自用。融资租赁合同的承租人通过出租人的购买达到融资的目的，以解决自己一次性购买标的物所需资金的不足，采取租赁的形式取得标的物的使用权，以租金的形式偿还出租人为购买租赁物所付出的代价等费用。

3. 与买卖合同不同。融资租赁合同的出卖人是向承租人履行交付标的物和瑕疵担保义务，而不是向买受人（出租人）履行义务，即承租人享有买受人的权利但不承担买受人的义务。在融资租赁中，出租人虽为承租人的需要而融资购买租赁物，且须将租赁物交由承租人使用，但并不丧失对租赁物的所有权；承租人在使用期间仅享有使用权，并须对租赁物定期维修和妥善保管。

4. 与传统租赁合同不同。融资租赁合同的出租人对租赁物无瑕疵担保责任。由于租赁物是出租人完全按照承租人的要求和选择而融资购买的，所以除非承租人依赖出租人的技能确定租赁物或出租人干预选择租赁物以外，出租人对于租赁物的性能、物理性质、老化风险、缺陷及维修保养等均不负责任，但承租人须依约向出租人支付租金，承租人不得以上述理由拖欠或拒付租金。而传统租赁中，出租人须对租赁物负瑕疵担保责任。

5. 融资租赁合同的期限一般较长。这是由融资租赁的融物性质所决定的，出租人大都在一个租期内收回全部投资并盈利。

6. 承租人于租赁期满享有选择权。租赁期满时，承租人对租赁物享有留购、退租、续租三种选择。实践中通常的做法是由出租人通过收取名义货价的形式，将租赁物的所有权转移给承租人。

7. 融资租赁合同的出租人须为专营融资租赁业务的租赁公司，而不能是一般的公民或法人。这是由融资租赁合同的融资性所决定的。

8. 融资租赁合同为诺成、双务、有偿、要式合同。

三、融资租赁合同的效力

融资租赁合同的效力表现为出租人、承租人和出卖人三方当事人的权利与义务。

（一）出租人的权利

1. 取得租赁物的所有权且保有此权利于整个租赁期间。出租人作为买卖合同的买受人，自出卖人将标的物交付承租人时起，标的物的所有权即转归出租人享有。在租赁期限内，标的物的所有权归出租人，承租人只享有标的物的使用权和收益权。

2. 按合同约定收取租金。收取租金是出租人收回融资成本和获取利润的唯一途径，也是出租人参与融资租赁关系的主要目的。融资租赁中的租金并非是承租人使用租赁物的代价，而是融资的代价。因此，只要承租人接受了出卖人交付的标的物，不论其对标的物是否使用收益，出租人均有权请求承租人依合同约定的金额交付租金。

3. 租期届满时，有权收回租赁物。租赁期限届满时，承租人若不续租也不留购，则出租人有权收回租赁物。

（二）出租人的义务

1. 按合同的约定为承租人融资购买租赁物。

2. 保证在租赁期间承租人享有对租赁物的独占使用权。在融资租赁合同中，虽然承租人是通过融资租赁公司融通资金的，但承租人订立融资租赁合同的根本目的是要取得租赁物的使用权。所以，承租人在接受出卖人交付的标的物后，在租赁期间，出租人应当保证承租人享有对租赁物的独占使用权。

3. 向出卖人支付租赁物的价金。买卖合同是融资租赁合同的组成部分，出租人向出卖人履行付款义务与出卖人的交付义务相关联，涉及到承租人能否取得对租赁物的使用收益。可以说出租人向出卖人付款，不仅是其对出卖人的义务，也是其对承租人的义务。

4. 协助承租人向出卖人索赔。在融资租赁中，出租人对标的物的瑕疵一般不负担保责任，在出卖人交付的标的物不符合约定条件而存在瑕疵时，承租人有权直接向出卖人索赔。而出租人作为买卖合同的当事人，有义务协助承租人向出卖人索赔。

（三）承租人的权利

1. 选择租赁物的出卖人并决定租赁物的条件。融资租赁中，租赁物虽由出租人出资购买，但却是由承租人按自己的需要选择决定的。承租人不仅有权选定租赁标的物及供货商，而且有权直接与出卖人商定标的物的条件。

2. 验收并接受出卖人交付的租赁物。

3. 在租赁期间对租赁物享有独占使用权。承租人对租赁物的使用、收益权不仅可以对抗出租人的所有权，而且可以对抗对租赁物享有他物权人的他物权。如出租人将租赁物抵押时，承租人的使用收益权得对抗抵押权人的抵押权。

4. 租赁期间届满对租赁物有优先购买权。租赁期满后，出租人出卖租赁物时，在同等条件下，承租人享有对租赁物的优先购买权。

5. 对出卖人的索赔权。在融资租赁合同中，出租人、出卖人、承租人可以约定，出卖人不履行买卖合同义务的，由承租人行使索赔的权利。即承租人可依赔偿请求权的让渡条款直接向出卖人提出赔偿请求。

（四）承租人的义务

1. 按照约定验收、接受租赁物。融资租赁合同中，出卖人不是直接向出租人交付租赁物，而是直接向承租人交付标的物，因此，承租人须按合同的约定及时接受并验收出卖人交付的标的物。

2. 按照约定支付租金。融资租赁合同中，承租人所交付的租金不是承租人使用租赁物的对价，而是出租人向承租人提供融资的对价。出租人通过收取租金而收回其向出卖人购买租赁物所支付的价款。融资租赁合同中租金标准的确定一般高于传统租赁中的租金标准。

3. 妥善保管、合理使用、维修保养租赁物。

4. 租赁期满，返还租赁物于出租人。租赁期满，承租人若不续租，也不留购的，则须将租赁物返还给出租人。

（五）出卖人的权利义务

1. 向出租人收取价款的权利。

2. 按照约定及时向承租人交付标的物。

3. 对标的物的瑕疵负担保义务。

第三节　借用合同

一、借用合同的概念和特征

借用合同，也称使用借贷合同，是指当事人双方约定，一方将物无偿提供给他方使用，他方在使用后负返还义务的合同。其中提供物给他方使用的一方为出借人；使用他人之物的一方为借用人。借用合同的特征如下：

1. 借用合同是无偿合同。借用人使用他人之物无须支付对价。

2. 借用合同的标的物须为特定的非消耗物。借用合同终止后，借用人应将借用物返还出借人。

3. 借用合同为要物合同。借用合同除双方达成合意外，尚须将借用物交付于借用人始能成立。

4. 借用合同为不要式合同。

二、借用合同的效力

1. 借用人应依约定的方式或依物的性能和用途对物加以利用。

2. 借用人应善意保管和维护借用物。

3. 借用人未经出借人同意，不得将借用物转借他人。

4. 借用合同终止时，借用人应返还借用物。
5. 出借人对借用物承担瑕疵担保责任。

思考练习题

1. 简述租赁合同的概念、特征、法律效力。
2. 简述融资租赁合同与买卖合同、租赁合同的差异。
3. 移转标的物用益权类合同的标的物有何特点？

第十九章　给予信用合同

■ 学习目的和要求

　　给予信用的合同，是指以当事人一方给予信用为条件而成立的合同，包括借款合同和储蓄合同。法律对于民间借款合同的特别规制应当予以重点掌握。通过本章的学习，掌握借款合同的概念、特征、类型和效力；了解法律对民间借款合同的特别规制；掌握储蓄合同的概念、特征和效力；能够运用借款合同和储蓄合同理论解决实际问题。

　　信用，是指出借人对借款人的偿付能力和可靠性的积极判断。

　　给予信用的合同，是指以当事人一方给予信用为条件而成立的合同。包括借款合同和储蓄合同。

第一节　借款合同

一、借款合同的概念

　　借款合同，也称借贷合同，是指当事人双方约定，一方将一定种类和数额的货币的所有权移转于他方，他方于约定期间返还同种类同数额货币的合同。其中，提供货币的一方为贷款人；受领货币的一方为借款人。合同的标的是货币，在我国，主要是人民币，但也存在外汇贷款。

二、借款合同的主要类型和特征

　　1. 依借款期限为标准划分——短期借款合同、中期借款合同和长期借款合同。

　　2. 依贷款方式为标准划分——信用借款合同、担保借款合同。信用借款，是指基于对借款人信誉的信赖所发放的贷款。担保借款合同又分为信用担保借款合同（即保证借款合同）和财产担保借款合同（即抵押借款合同或质押借款合同）。

　　3. 依借款使用方向为标准划分——工业生产借款合同、供销及物资部门借款合同、商业借款合同、中短期设备借款合同、农业借款合同、技术改造借款合同、基本建设借款合同、经济开发借款合同、外汇借款合同、商品房借款合同。

4. 依贷款人性质为标准划分——商业借贷和民间借贷。商业借贷，是指由商业银行或国家认可的其他金融机构充任贷款人的借款。商业借款合同为有偿、诺成、要式合同。民间借贷，是指商业借贷以外的借贷，分为自然人与法人之间的借贷和自然人之间的借贷。自然人之间的民间借款合同为践成（自贷款交付借款人时起生效）、不要式合同，既可有偿也可无偿。

三、借款合同的效力

（一）贷款人的主要义务

1. 交付贷款。在商业借贷合同生效后，贷款人须将约定种类、数额的货币交付于借款人。在自然人之间的民间借贷，交付贷款则是合同的成立要件。

2. 不得滥用权利。依照法律的规定，贷款人有检查、监督贷款使用情况，了解借款人的计划执行、经营管理、财务活动、物资库存等情况的权利。但是，贷款人不得滥用上述权利。另外，贷款人不得利用优势地位预先在本金中扣除利息，不得将借款人的营业秘密泄露于第三人；否则，应承担相应的法律责任。

（二）借款人的主要义务

1. 前合同义务。订立借款合同前，贷款人有要求的，借款人应将与借款有关的业务活动和财务状况的资料提供给贷款人。

2. 依合同约定向贷款人提供担保。

3. 按约定用途使用贷款。

4. 接受贷款人的监督检查。

5. 按期归还贷款。当货币借贷为无偿时，只须归还贷款即可；当货币借贷为有偿时，除须归还原额贷款外，尚须按约定支付贷款利息。

四、民间借款合同

广义的民间借款，是指除商业借贷以外的借款。

狭义的民间借款，仅指自然人之间的借款。

依 1991 年《最高人民法院关于审理借贷案件的若干意见》及《合同法》的相关规定，我国对民间借贷利率的基本标准可归纳如下：

1. 民间借贷的利率由借贷双方约定，可以适当高于银行的利率，但最高不得超过银行同类贷款利率的 4 倍。

2. 不允许计算复利，即不允许利滚利；借贷双方对有无利率发生争议，又不能证明的，可参照银行同类贷款利率计息。

3. 借款合同对利息支付没有约定或约定不明的，视为无息借贷。

4. 如果借贷关系无效，是由债权人行为引起，仅返还本金；其无效是由债务人引起的，除追还本金外，须参照银行同类贷款利率计息。

第二节　储蓄合同

一、储蓄合同的概念和特征

储蓄合同，是指存款人将货币交付给银行、信用社等储蓄人，于约定期限届满时，由银行、信用社等储蓄人向存款人偿还本金并给付利息的合同。

储蓄合同中的存款利率为法定利率，当事人不得约定。

1. 储蓄合同的储蓄方必须是依法有权开办储蓄业务的金融机构，如银行、信用社及开办邮政储蓄业务的邮局等。存款人为自然人（采用储蓄实名制）或法人及其他组织。

2. 储蓄合同为要物、要式合同。储蓄合同以存款人交付货币，银行等金融机构向存款人填发固定格式的存折、存单为生效要件。

3. 储蓄合同为有偿合同。储蓄合同的存款人将货币所有权让渡给银行和信用社等储蓄机构，约定的储蓄期限届满后，银行等储蓄机构除要向存款人返还本金外，还须向存款人给付法定利息。法定利息可视为银行等储蓄机构使用存款人货币的对价。

二、储蓄合同的效力

（一）存款人的主要权利

1. 本息给付请求权。存款人对于存款本金及所生利息有请求储蓄方给付的权利。

2. 停止支付请求权。当存款人的存折、存单及印鉴遗失后，有声明挂失的权利。

3. 存款人得随时解除合同取回存款。

（二）储蓄机构的主要义务

1. 支付本息。当存款人要求取走本金利息时，储蓄机构须如数支付，不得拒绝。

2. 保密义务。储蓄机构须为存款人保密，不得非法泄露储户信息。

思考练习题

1. 简述借款合同的特征、效力。
2. 简述法律对民间借款合同的特别规制。
3. 简述储蓄合同的特征和效力。

第二十章　完成工作的合同

■ 学习目的和要求

　　完成工作的合同，是指当事人双方约定，一方完成他方特别指定的工作并交付工作成果，他方按约定接受该工作成果并支付酬金的合同，包括承揽合同和建设工程合同。建设工程合同属于承揽合同的一种。承揽合同的基本知识是本章应当重点掌握的，难点是承揽合同中工作成果和原材料的风险负担。通过本章的学习，了解完成工作类合同的特征；掌握承揽合同的效力；明确承揽合同中工作成果和原材料的风险负担的一般规则；了解建设工程合同与一般承揽合同之间的差异。

　　完成工作的合同，是指当事人双方约定，一方完成他方特别指定的工作并交付工作成果，他方按约定接受该工作成果并支付酬金的合同。

　　完成工作的合同，是买卖合同的变异。此类合同是完成工作的一方按相对方的特别指定，把自己的特定内容的劳务，与特定的物品相结合，形成物化工作成果，将该成果作为商品与相对方进行的买卖。

　　完成工作类合同的特征：

　　1. 对完成工作一方当事人有特殊要求。完成工作的一方，必须具备相应的人力、物力、技术条件、设备、资质等，以适应对方的特别指定，从而完成特定物品的生产或加工。

　　2. 接受工作成果的一方对该成果有特别指定。在订立合同时，接受工作成果的一方须对要求完成的工作成果提出定型化、定量化的特别指定。否则，对方没有工作成果的质量、规格、数量依据，便无法履行合同。

　　3. 合同标的物是特定的工作成果。完成工作合同的标的物为有体物，即是凝聚着完成工作人劳动的工作成果；并且为特定的工作成果，即在合同订立后，按照接受工作成果人的特别指定，生产、加工的新的物品；同时该标的物也蕴涵着接受工作成果一方的劳动，如对所需工作成果的事先设计、安排、规划等。

　　4. 合同具有人身信任的性质，完成工作一方须亲自履行。接受工作成果人相信完成工作人的技术条件、工作能力和信誉等均适合其要求，才与其订立合同。因此，完成工作人不得擅自转让合同，否则，接受工作成果人有权拒绝受领并拒付酬金。

5. 接受工作成果人有验收义务和按约定提供协助的义务。

6. 完成工作人独自承担工作中的意外风险责任。完成工作人是以独立权利义务人的地位，为接受工作成果人完成工作换取对价的，因此，须独自承担工作中的下列意外风险责任：

（1）因意外事故使工作失败，不能交付工作成果，无权收取酬金的风险责任。

（2）因意外事故或自身过错，造成人身伤亡的，无权要求接受工作成果人承担损失，须独自承担责任。

（3）因意外事故使自己提供的原材料、半成品毁损灭失的，以及工作成果为自己提供的原材料，但交付前已完成的工作成果毁损灭失的，独自承担损失，无权要求接受工作成果人承担责任。但原材料由接受工作成果人提供或其已付款购买的，意外风险损失由接受工作成果人承担。

7. 完成工作人对已交付工作成果的隐蔽瑕疵及该瑕疵所造成的损害承担责任。

8. 完成工作合同是诺成、有偿、双务合同，其形式依法律规定或约定，或要式或不要式。

第一节　承揽合同

一、承揽合同的概念

承揽合同，是指当事人双方约定，一方按他方的特别要求完成一定的工作并将工作成果交付他方，他方按约定接受工作成果并给付酬金的合同。

提出工作要求、按约定接受工作成果并支付酬金的一方当事人是定作人；按指定完成工作成果、收取酬金的一方当事人是承揽人。承揽工作包括加工、定作、修理、复制、测试、检验等。

承揽人为数人时，为共同承揽人，如无相反约定时，共同承揽人对定作人负连带赔偿责任。

二、承揽合同的种类

1. 加工合同，即由定作人提供原材料或半成品，承揽人按其具体指定进行加工，制成成品。如裁制衣服。

2. 定作合同，即承揽人按照定作人的具体指定，用自己的原材料制成成品交付定作人，取得定作物价金的合同。如定作家具。

3. 修理合同，即承揽人为定作人修理损坏的物品、设备，取得修理费的合同。

4. 建设工程合同，即承包人（承揽人）按照发包人（定作人）的具体指定，由发包人提供原材料或由承包人采购原材料，建筑房屋，收取报酬的合同。

5. 房屋修缮合同，即以维修房屋、装修室内设备等为标的的合同。

6. 其他承揽合同，包括各种为自然人、法人完成一定工作、交付工作成果的合同。如复制合同、设计合同、检验合同、翻译合同。

三、承揽合同的效力

(一) 承揽人的主要义务

1. 承揽人应按合同约定的时间、方式、数量、质量、品种等完成工作，并交付工作成果。

2. 承揽人应亲自完成约定的工作。未经定作人同意，承揽人无权将合同转让给第三人。承揽合同具有人身信任的性质，定作方通常基于对承揽方技术条件、工作能力及信誉的信任，方与其订立合同，如果承揽方擅自转让合同，可能导致定作方信任落空、利益受损。故承揽人须亲自履约。

3. 妥善保管、正当使用定作方提供的原材料或物品，不得以次充好偷换定作方提供的原材料或物品及零部件。

4. 由承揽人提供原材料的，应按合同规定选用原材料，并接受定作方的检验。

5. 承揽人在完成工作过程中，应将影响工作质量和进程的情况及时通知定作方，以便定作方及时采取措施排除影响。

6. 承揽人在工作期间，应接受定作人的监督、检查，以确保工作符合定作人的要求。

7. 承揽人须按定作人的要求，对承揽工作保密。未经定作人同意，不得将技术资料或复制品留存或转让于第三人。

8. 承揽人对其所完成的工作成果负瑕疵担保义务。

(二) 定作人的主要义务

1. 按照约定的地点、方式及时验收承揽人交付的工作成果。

2. 合同约定有协助义务的，或依承揽工作的性质需要协助的，定作人须协助。

3. 按约定的时间、数额和结算方式，向承揽人支付酬金。

4. 按约定提供原材料、相关物品及有关的技术资料、数据等。

5. 对工作成果提出具体要求或特别指定，以便承揽人工作。

6. 接受的工作成果存在瑕疵的，应在约定或合理的期限内，及时通知承揽人。

四、工作成果和原材料的风险负担

工作成果在交付定作人以前，风险由承揽人负担。但定作人受领迟延的，迟延期间的风险由定作人负担。

原材料由承揽人提供的，风险由承揽人负担；原材料由定作人提供或定作人已付款购买的，风险由定作人负担。

五、承揽合同当事人的特殊解约权

承揽合同的当事人除了可以依合同共通的法定或约定的原因解除合同外,还有其特殊解约权。

（一）承揽人的解约权

定作人不履行协助义务的,承揽人可催告其在合理的期限内履行,定作人逾期仍不履行的,承揽人可以解除合同。

（二）定作人的解除权

1. 承揽人未经许可将主要的承揽工作交由第三人完成的,定作人可解除合同。

2. 定作人可以不作解释任意解除合同,但解除造成承揽人损失的,定作人须负损害赔偿责任。

第二节　建设工程合同

一、建设工程合同的概念和特征

建设工程合同,是指施工人依约定完成建设工程,由建设人按约定验收工程并支付酬金的合同。其中,建设人称为发包人;施工人称为承包人。建议工程合同有以下特征:

1. 建设工程合同的签订和履行,受国家基本建设程序的严格管理和监督。

2. 建设工程合同的标的物,一般均是大型不动产建设项目,通常要涉及到对土地的利用,经济意义非常大。如矿井、港口、机场等。

3. 建设工程合同的承包人必须是经国家认可具有一定等级建设资质的法人。基本建设工程都是投资规模大、周期长、技术要求高的项目,非法人主体通常无力承包。

4. 建设工程合同须采用书面形式,即为要式合同。

二、建设工程合同的种类和效力

建设工程合同分为两大类,每一类又分为两种合同。

（一）建设工程勘察设计合同

建设工程勘察设计合同,是指发包人与承包人订立的,承包人为发包人完成建设工程的勘察、设计工作,发包人按约定验收工作并支付酬金的合同。它分为勘察合同和设计合同。其效力如下:

1. 发包方须提供勘察设计工程所需的有关基础材料。

2. 发包方对勘察设计结果不得擅自修改或转交他人重复使用。

3. 发包方应按约定向承包方支付勘察设计费。

4. 承包方须按合同的约定，完成勘察设计工作并交付于发包方。

5. 承包方对勘察设计成果的质量负担保责任。

（二）建筑安装工程合同

建筑安装工程合同，是指发包人与承包人订立的，承包人为发包人完成建设工程的建筑、安装工作，发包人按约定验收工程并支付酬金的合同。它分为建筑合同和安装合同。其效力如下：

1. 发包方须完成工程施工的前期准备工作。如办理施工范围内的土地征用、租用；申请施工许可执照；接通施工现场的水源、电源等。

2. 发包方应按合同约定提供材料、设备、图纸及其他技术资料。

3. 发包方应及时验收竣工工程并按约定支付工程价款。

4. 承包方应做好施工前的准备工作。如施工场地的平整、临时设施的施工等。

5. 承包方应及时向发包方提出开工通知，并就施工进度等事项向发包方报告。

6. 承包方在工程施工过程中，应随时接受发包方的监督、检查。

7. 承包方须按合同约定的时间交付竣工工程。

8. 承包方对建筑安装工程的质量负担保责任。

三、建设工程合同的订立

依我国基本建设程序，基本建设分为四个阶段：①立项，即建设项目从提出建议到设计被批准的过程；②施工准备，即进行筹建登记、领取筹建许可证、申请贷款、场地及材料准备等；③筹建单位与建设单位签订建筑、安装合同，由施工单位按约进行建设施工；④竣工验收，交付使用。

建设工程合同是在基本建设的不同阶段，由筹建单位与勘察、设计、建筑、安装单位之间签订的合同。建设工程合同可以发包给一个总承包商，签订一个总合同，也可以分别发包给不同的设计、建设单位，签订若干互相衔接的合同。

（一）勘察、设计合同的订立

勘察、设计单位接到发包人的要约和计划任务书、建设地址报告后，经双方协商一致，在书面合同上签字或盖章后合同生效。

（二）建筑、安装工程合同的订立

发包人和承包人根据已获批准的初步设计、技术设计、施工图纸和总概算等文件，就合同的内容协商一致时，即可签订建筑、安装工程合同。

（三）分承包的禁止

发包人可以将全部工程发包给一个承包人总承包，也可以发包给几个单位分别承包。

一个承包人总承包的，可以将承包的工程部分分包给其他分包单位，签订分包合同。总承包人对发包人负责，分包人对总承包人负责并对发包人负连带责任。

但是，根据建设工程的性质，对于应当由一个施工人完成的工作，总承包人不得将工程肢解发包给若干个分承包人；总承包人经发包人许可，可以将承包的部分工作交由第三人完成，但不得将全部工程转包或将其肢解后以分包的名义转包给第三人完成。

思考练习题

1. 简述完成工作合同的特征。
2. 简述承揽合同的效力。
3. 承揽合同中工作成果和原材料的风险负担如何分配？
4. 简述建设工程合同的种类。

第二十一章　提供劳务的合同

■ **学习目的和要求**

　　提供劳务合同，是指当事人双方约定，一方完成他方所需的服务或特定行为，他方支付劳务报酬的合同，包括运送合同、委托合同、行纪合同、居间合同、保管合同、仓储合同、雇佣合同。重点是运送合同、保管合同、仓储合同，难点是委托合同、行纪合同、居间合同三者之间的区别。通过本章的学习，掌握七类合同各自的特征、效力；把握委托合同、行纪合同、居间合同三者之间存在的差异；了解间接委托中受托人承担的披露义务。

　　提供劳务合同，是指当事人双方约定，一方完成他方所需的服务或特定行为，他方支付劳务报酬的合同。

第一节　运送合同

一、运送合同的概念和特征

　　运送合同，也称"运输合同"，是指当事人双方约定，一方按约定的时间、方式将他方或他方的货物安全运送到约定地点，并获得报酬的合同。其中将物品或旅客运送到约定地点的人为承运人；将物品或旅客托付于承运人运送并支付运费的人为托运人。运送合同有以下特征：

　　1. 运送合同的标的是承运人的运送行为。运送合同双方当事人的权利义务共同指向运送行为。

　　2. 运送合同为双务、有偿合同。托运人有义务支付运费，同时有权要求承运人完成运送行为；承运人有义务为托运人运送物品或旅客，同时有权获得报酬。任何一方取得利益必须支付相当的对价。

　　3. 运送合同以诺成为主，践成为辅。运送合同的成立，在客运合同中可为诺成或践成，生活中通常依交易惯例确定；货运合同，通常为诺成合同，承运人接受托运人发出的要约，即形成承诺，承运人与托运人达成合意，运送合同成立，无须以交付运送对象为成立要件。

4. 运送合同多为定型化合同，即标准合同。合同条款一般由承运人事先拟定，托运人仅在全部接受或全部不接受之间作出选择。但实践中，也不排除非标准合同的适用。

运送合同，属于公共服务领域，因此，承运人对于托运人和旅客的合理运送要求不得拒绝。即对于相对人的要约，承运人无拒绝承诺权。

二、运送合同的种类

1. 依运送对象不同，运送合同分为货物运送合同和旅客运送合同。
2. 依运送方式不同，运送合同分为单一运送合同和联合运送合同。后者也称联运合同，即由两种以上交通工具进行运送的合同。
3. 依运送工具不同，运送合同分为铁路运送合同、公路运送合同、水路运送合同、航空运送合同及管道运送合同等。

三、旅客运送合同

（一）旅客运送合同的概念、成立及生效时间

旅客运送合同，简称客运合同，是指当事人双方约定，由承运人将旅客及其携带的物品运送到约定地点，旅客支付相应报酬的合同。

客运合同的成立时间：除有特别约定或交易习惯外，客运合同自承运人向旅客交付客票时成立。①先购票者，自取得所购客票时起合同成立；②后购票者，自登上运送设备时起合同成立。

客运合同的生效时间：①先购票者，为检票时间；②后购票者，为登上运送设备补得客票的时间。

（二）旅客运送合同的效力

1. 承运人的主要权利义务。
（1）有权收取运费。
（2）有权检票、验票。
（3）有义务按约定的时间、运输工具和服务标准运送。
（4）有义务将旅客及其行李、物品安全运抵目的地。
（5）有义务免费运送限量携带的行李和办理托运。
（6）有义务对旅客携带和托运的行李安全运送和妥善保管。
（7）强制缔约义务。对于旅客通常、合理的要约，承运人不得拒绝承诺。
2. 旅客的主要权利义务。
（1）旅客有权按约定的时间、班次乘坐约定的运送设备抵达目的地。

（2）旅客有权免费携带限定重量的行李或包裹；免费或半价携带一名儿童。

（3）旅客须按规定支付票价、行李运费等费用。

（4）旅客不得携带违禁品乘坐运送设备。

四、货物运送合同

（一）货物运送合同的概念和种类

货物运送合同，是指当事人双方约定，由承运人将货物运送到约定地点，托运人支付相应运费的合同。货物运送合同除托运人和承运人外，有时还包括收货人。它有以下种类：

1. 依运输方式划分——铁路、公路、水路、航空运送合同及联运合同。

2. 依运送的货物性质划分——一般、危险、鲜活物品运送合同。

3. 依装卸方式划分——整机、整车、整船物品运送合同、集装箱物品运送合同、零担物品运送合同。

不同类型的运送合同，在订立、受公法干预的程度等方面有很大不同，如空运、危险品运送，因涉及公共安全，法律干预较多。除短途、零星运送等当事人可以即时清结者外，运送合同通常要签订书面协议，合同依双方当事人的合意而成立。

（二）货物运送合同的效力

1. 承运方的主要义务。

（1）须按约定的时间、地点、方式，安全无损地将货物运抵目的地。

（2）货物运到约定地点后，应在法定或约定的时间内向收货人发出到货通知。

（3）须对承运的货物妥善保管。从收到托运人的货物时起至交给收货人时止，在此期间若发生货物灭失、短少、变质、污染、损坏的，承运人应负赔偿责任。

（4）应向收货人交付货物及与货物有关的相关凭证。

（5）强制缔约义务。即对托运人合理的要约，承运人不得拒绝。

（6）多个运送人的连带责任。两个以上的同一种方式承运人承运货物的，由与托运人订立合同的承运人对全程运输承担责任。运送货物有损害的，缔约的承运人与致害的运送人负连带赔偿责任。

2. 托运方的主要义务。

（1）须按约定的时间和要求向承运方提交托运的货物。

（2）须按约定支付运费和其他有关费用。

（3）须按国家规定的标准包装货物。

（4）须准确申报货物情况。

（5）向承运人告知收货人的姓名、名称、地址或其他联络方法。

3. 收货方的主要义务。

（1）须按约定时间、地点领取货物。

（2）须按合同约定支付相关费用。

（3）应按约定或交易习惯验收货物，有异议的，应在约定或合理期限内提出。

五、联合运送合同

联合运送合同，即联运合同，是指采用两种以上不同运送方式运送货物的运送合同。

联运合同的特征如下：

1. 承运人的权利义务由多式联运的经营人享有，多式联运的承运人之间的内部责任划分的约定，不得对抗托运人。

2. 费用支付的总括性。托运人将全程不同运送设备的运费一次性支付给多式联运经营人，并取得多式联运单据。

3. 对于联运过程中发生的货物灭失或毁损的赔偿责任以及赔偿额，首先适用法律的特别规定或国际公约的规定；发生损害的运输区段不能确定的，由多式联运经营人负赔偿责任，承运人之间的内部责任依约定或法定分配。

第二节　委托合同

一、委托合同的概念、类型和特征

（一）概念

委托合同，又称委任合同，是指当事人双方约定，一方为他方处理事务的合同。其中，委托他人为自己处理事务的人称委托人（委任人）；接受委托的人称受托人（受任人）。

（二）类型

1. 直接委托，也称直接委任，是受托人以委托人的名义处理委托事务，其效果直接归属于委托人。直接委托合同是委托代理的代理权的基础。

2. 间接委托，也称间接委任，是受托人以自己的名义处理委托事务，其效果间接或直接归属于委托人。

所谓"间接"，是受托人以自己的名义承受处理事务的效果后，再转给委托人。

所谓"直接"，是在特定情形下，因委托人主张权利或被披露，委托事务的效果直接对其发生。

（三）委托合同的特征

1. 委托合同的标的是处理事务的行为。所处理的"事务"可以是法律行为（如缔约），也可以是事实行为（如清理财产、探望病人）。但委托合同不适用于人身性质的身份行为，如婚姻登记行为；也不适用于履行人身性质的债务行为，如演唱行为。

2. 在直接委托合同中，受托人以委托人名义处理事务；在间接委托合同中，受托人以自己的名义处理事务。受托人须在委托人授权范围内进行活动，其活动的法律效果包括风险在内均由委托人承担。

委托处理下列事务，应有委托人的特别授权：①不动产出售、出租或就不动产设定抵押；②赠与；③和解；④提交仲裁。

3. 委托合同是诺成性、不要式合同。双方当事人达成合意，合同即告成立。除法律有特别规定外，合同的形式可由当事人自由协商，书面、口头均无不可。

4. 委托合同既可以是双务有偿合同，也可以是单务无偿合同。对此，应依意思自治原则由当事人自由约定。

二、委托合同的效力

（一）受托人的主要义务

1. 依委托人指示处理事务的义务。受托人应在委托人授权范围内妥善处理所受托的事务，不得擅自改动或曲解委托人的指示。只有在情况紧急难以与委托人联系时，为了委托人的利益可因势变更委托人的指示。原则上，受托人应当亲自处理所受托的事务，不得随意转托他人。但经委托人同意或遇紧急情况，为保护委托人利益可以转委托。

2. 报告义务。受托人应将事务处理的进展情况随时向委托人报告。事务处理终结，应当向委托人汇报最终结果。

3. 交付财产的义务。受托人在处理事务过程中所收受的物品、孳息及其他财产，应当交还委托人。

4. 注意义务和赔偿损失的义务。受托人处理委托事务，应尽必要的注意义务。在有偿委托合同中，受托人负善良管理人的注意义务，过失违反此义务的，负损害赔偿责任；在无偿委托合同中，受托人应负与处理自己事务同样的注意义务，因故意或重大过失给委托人造成损失的，应承担赔偿损失的责任。

5. 披露义务。在间接委托，因受托人是以自己的名义为委托人处理事务，在处理事务遇有障碍时，为了实现委托人的介入权和第三人的选择权，受托人负有披露义务。

（1）向委托人披露第三人。因第三人的原因使受托人不能对委托人履行义务时，受托人应当向委托人披露第三人，委托人因此可以行使受托人对第三人的权利。但第三人与受托人缔约时如果知道该委托人就不会订立合同的除外。

（2）向第三人披露委托人。因委托人的原因使受托人不能对第三人履行义务时，受托人应当向第三人披露委托人，第三人因此可以选择受托人或委托人作为相对人主张权利。但第三人一旦选定相对人，即不得变更。

（二）委托人的主要义务

1. 支付费用的义务。委托人应当支付受托人为处理事务而需要的必要费用。

2. 清偿债务的义务。受托人在授权范围内处理事务所产生的债务属于委托人的债务，委托人有义务清偿。

3. 支付报酬的义务。对于有偿的委托合同，委托人应依约定向受托人如数支付报酬。

4. 赔偿的义务。受托人在处理受托事务过程中，因不可归责于自己的事由而受到损失的，委托人应当赔偿。

（三）间接委托中委托人的介入权

《合同法》引进英美法隐名代理制度，明确规定间接委托中委托人的介入权。

1. 自动介入权。即第三人在与受托人缔约时知道受托人是为委托人处理事务的，该合同亦对委托人有约束力。委托人可以介入委托事务，直接对第三人行使受托人的权利，包括请求权、抗辩权等，同时负担受托人对第三人应负的义务。

2. 被动介入权。即在受托人因委托人的原因不能履行对第三人的义务，而向第三人披露委托人时，第三人因行使选择权选定委托人为相对人的，委托人成为债务人。委托人对第三人享有和负担受托人对第三人的权利和义务。

三、委托合同的终止

委托合同通常因下列原因而终止：

1. 委托事务处理完毕或委托期限届满。

2. 委托人取消委托或受托人辞去委托。

3. 受托人死亡或丧失民事行为能力；作为受托人的法人终止。但当事人另有约定或委托事务的性质不宜终止的除外。

4. 委托人死亡或丧失行为能力，或作为委托人的法人终止，但当事人另有约定或者根据委托事务的性质不宜终止的除外。

这里须注意的是，委托人死亡或丧失民事行为能力，并不当然导致委托合同终止。在受托人不知道委托人死亡、或委托关系终止将会对委托人的继承人的利益不利时，受托人继续处理事务的行为应当是有效的。

第三节 行纪合同

一、行纪合同的概念和特征

行纪合同，是指当事人双方约定，一方接受他方的委托，以自己的名义用他方的费用，为他方从事贸易（办理购销、寄售）等业务并获得报酬的合同。其中接受委托以自己名义实施一定行为的人称行纪人；委托别人为自己的利益实施行纪行为的人称委托人。行纪合同具有以下特征：

1. 行纪人是以自己的名义为委托人实施一定的法律行为。行纪人与第三人之间的权利义务由行纪人自己享有和承担。委托人与第三人之间不存在直接的权利义务关系，委托人亦不对行纪人的行为承担责任。

2. 行纪合同是双务、有偿、诺成性和不要式合同。

3. 行纪合同的标的是行纪人为委托人进行的代购、代销、寄售等法律行为，限于商业活动。而委托合同的标的范围很广，包括商业、诉讼等法律行为，还包括事实行为（管理财产、探望病患）。

4. 行纪人代购、代销物品的所有权属于委托人，并不因行纪行为而移转于行纪人。因此，在行纪行为实施过程中非因行纪人的原因而发生的毁损、灭失的风险，由委托人承担。

二、行纪合同的效力

（一）行纪人的主要权利和义务

1. 报酬请求权。行纪人有向委托人请求支付约定报酬的权利。行纪人高于指定价格卖出或低于指定价格买入，可按约定增加报酬。

2. 介入权。行纪人实施行纪行为时，是以自己的名义介入买卖活动。行纪人买入或卖出市场定价的商品时，只要委托人没有相反的意思，可以自己作为买受人或出卖人。但在委托代理，介入权则构成自己代理，为法律所不允。

3. 留置权与提存权。委托人拒绝支付报酬的，行纪人对委托物有留置权；委托人拒绝受领买入物品或未卖出物品的，行纪人有权提存委托物。

4. 行纪人应按委托人的指示完成行纪行为，并尽自己的注意，维护委托人的利益。

5. 行纪人须负担行纪费用。行纪人对于在处理行纪事务中发生的费用，如无特别约定，由行纪人负担。

6. 行纪人应当妥缮保管委托物。对于存在瑕疵或不宜久存之物，行纪人应为委托人利益而进行合理适当的处置。

7. 委托物处置义务。委托物品有瑕疵或不宜久存的，经委托人同意可以处分，不能及时取得联系，为了委托人的利益，行纪人有合理处分权。

（二）委托人的主要权利和义务

1. 验收权。对于行纪结果，委托人有权检验。

2. 支付报酬及其他费用。

3. 及时接受行纪人完成行纪行为的结果。

第四节　居间合同

一、居间合同的概念和特征

居间合同，也称中介合同，是指双方当事人约定，一方为他方提供与第三人订约的机会或为订约提供媒介服务，他方给付一定报酬的合同。其中，为他方提供机会或充当媒介的人称居间人；向居间人支付报酬的人称委托人。居间合同有以下特征：

1. 居间合同为双务、有偿合同。

2. 居间合同为诺成性、不要式合同。

3. 居间合同的居间人对委托人与第三人之间的合同，没有介入权。居间人只负责向委托人报告订约机会或充当委托人与第三人订约的媒介，不参与委托人与第三人订约的具体活动。此乃居间合同与行纪合同的主要区别。

二、居间合同的效力

（一）居间人的主要义务

1. 报告缔约机会或提供缔约服务。居间人为委托人提供缔约机会或提供缔约服务，是居间人获取报酬的对价，不履行该义务，居间人无权获得报酬，即佣金。

2. 忠实介绍和尽力服务。对于订立合同的注意事项和有关商业信息，居间人要依诚实信用原则如实介绍，不得弄虚作假，隐瞒真实情况，更不得介绍第三人与委托人竞争。否则，造成委托人损失的，居间人负损害赔偿责任。

3. 保密义务。当委托人要求居间人不得将其姓名或名称、商号等隐名事项告知对方时，居间人负有不告知的保密义务。

4. 负担居间费用。居间人促成合同订立的，居间活动的费用，由居间人负担。

（二）委托人的主要义务

1. 支付报酬的义务。委托人成功订立合同后，应按合同约定的数额支付居间人应得的报酬。

2. 偿付费用的义务。居间人未促成合同订立的，居间人可以请求委托人支付从事居间活动支出的必要费用。

第五节　保管合同

一、保管合同的概念和特征

保管合同，也称寄托合同，是指当事人双方约定，一方将物品交付他方给予保管的合同。其中，对他人物品进行保管的人称保管人或受寄人；将自己的物品交托于保管人保管的人称寄存人。保管合同具有以下特征：

1. 保管合同是践成合同。除当事人另有约定外，保管合同自寄存物交付时起成立。

2. 保管合同的标的是保管行为。保管合同的目的在于保管物品，故保管人不得对寄存人的物品进行利用和改造。

3. 保管合同可以有偿，也可以无偿。此由当事人自由约定，但法律另有规定的除外。

4. 保管合同为不要式合同。

二、保管合同的效力

（一）保管人的主要义务

1. 保管义务。①保管人须以有利于寄存人的保管方式保管物品。②对寄存物须尽必要程度的注意。在无偿保管合同，保管人应尽与保管自己所有物同样的注意，负重大过失责任；在有偿保管合同，保管人应尽善良管理人的注意，负一般过失责任。③保管人应当亲自为寄存人保管物品，非经寄存人同意或有不得已的事由，不得转托第三人保管。

2. 不得使用寄存物。非经寄存人同意，保管人不得擅自使用寄存物品。

3. 返还寄存物的义务。保管事务完成，保管人应将寄存物及其所生孳息全部返还给寄存人。即使有第三人对寄存物主张权利，非经执行程序强制，保管人仍应向寄存人返还寄存物。

4. 告知义务。当寄存物发生危险、或被法院保全、强制执行时，保管人应及时通知寄存人。

（二）寄存人的主要义务

1. 支付报酬的义务。当保管合同为有偿合同时，寄存人应向保管人支付约定的报酬。寄存人不支付报酬，保管人有权留置寄存物。

2. 偿还费用的义务。寄存人应当偿还保管人为保管寄存物而支出的必要费用。

3. 告知义务。寄存物有瑕疵，或需采取特殊措施保管的，应将情况告知保管人。否则，寄存物因此而受的损害，保管人不负赔偿责任；保管人因寄存物的自身性质或带有瑕疵而遭受损害的，寄存人应当给予赔偿。

4. 贵重物品声明义务。寄存物是货币、有价证券、金银等贵重物品的，寄存人应向保管人声明。未声明的，对寄存物发生的毁损、灭失，保管人可以按一般物品赔偿。

第六节　仓储合同

一、仓储合同的概念和特征

仓储合同，也称仓储保管合同，是指存货人与保管人（仓储营业人）约定，由保管人（仓储营业人）有偿为存货人提供仓储保管服务的合同。仓储合同属于保管合同的特殊类型，有其自己的特征：

1. 仓储保管人须是经仓储营业登记，专营或兼营仓储保管业务的人。

2. 仓储保管人须具有仓储设备。仓储是商事行为，有无仓储设备是仓储保管人是否具备营业资格的重要表征。仓储设备，是指供储存和保管物品用的设施，须能够满足堆藏和保管物品的需要。

3. 仓储保管的标的物须为动产。

4. 存货人的货物交付或返还请求权以仓单为凭证。仓单，是指表示一定数量货物交付或返还请求权的文书，属于有价证券的一种，为物权凭证。

5. 仓储保管合同是双务、有偿、诺成性合同。

二、仓储合同的效力

（一）仓储营业人的主要义务

1. 验收和接受寄存物并交付寄托凭证即仓单于存货人的义务。

2. 储存和保管义务。仓储营业人应按约定的储存条件和保管要求，以恰当的方式管理仓储物品。仓储物品在保管过程中，因仓储营业人的过失造成毁损灭失的，仓储营业人应当赔偿损失。

3. 危险通知义务。仓储营业人如发现仓储物品出现异状或仓储物品临近失效期时，应及时通知存货人或仓单持有人；因情况紧急，保管人可自行作必要处置，事后告知相对人。

4. 返还仓储物品的义务。仓储营业人应依存货人的要求，随时返还仓储物品，而不论存储期限是否届满。期满未提的，保管人可以提存。

5. 容忍义务。存货人或仓单持有人要求对所存物品检查或提取样品的，保管人应当允许并积极协助。

（二）存货人的主要义务

1. 支付报酬的义务。应按约定给付报酬；逾期提货的，应给付增加的仓储费；提前提货的，不得减少仓储费。存货人不履行该义务，仓储营业人有权留置寄存物。

2. 提供资料或说明的义务。对于危险品、易腐品等需要保管人特别注意的物品，存货人应提供该物品的特性、保管等资料，并作必要的说明。

3. 偿还费用的义务。存货人应偿还仓储营业人为堆藏、保管寄存物所支出的必要费用。

4. 赔偿损失的义务。仓储营业人因寄存物自身性质或瑕疵而遭受损失的，存货人应予以赔偿。但仓储营业人于合同成立时，已知寄存物存在瑕疵而接受寄存的，不在此限。

第七节　雇佣合同

一、雇佣合同的概念和特征

雇佣合同，是指当事人双方约定，一方向他方提供劳务，他方给付报酬的合同。其中，提供劳务的人为受雇人，给付报酬的人为雇佣人。雇佣合同的特征如下：

1. 雇佣合同的标的是给付劳务。
2. 雇佣合同是双务、有偿合同。
3. 雇佣合同是诺成性、不要式合同。
4. 雇佣合同是持续性合同。

二、雇佣合同的效力

（一）受雇人的义务

1. 给付劳务。此乃受雇人的基本义务。受雇人应当按照合同约定的内容和方式给付劳务，且应亲自实施而不得随意将此义务转让他人。

2. 诚实义务。受雇人于提供劳务期间，应服从雇佣人的指示，为雇佣人保守秘密，并应尽善良管理人的注意。

3. 保证技能的义务。订立合同时，受雇人应当保证自己确有雇佣人所需的技能或专门知识。否则，雇佣人有权终止合同。

（二）雇佣人的义务

1. 雇佣人须按合同约定的期限、数额、方式向受雇人给付报酬。
2. 雇佣人应提供合理的劳动条件和安全保障。

思考练习题

1. 比较委托合同、居间合同和行纪合同三者之间的异同。
2. 简述合同法关于间接委托中受托人披露义务的规定。
3. 比较保管合同与仓储合同的异同。
4. 比较客运合同与货运合同的异同。

第二十二章　技术合同

■ **学习目的和要求**

　　技术合同，是当事人就技术开发、转让、咨询或服务订立的确立相互之间权利和义务的合同，包括技术开发合同、技术转让合同、技术咨询合同与技术服务合同。技术合同中的风险负担及技术成果归属是本章的难点。通过本章的学习，掌握技术合同的共同特征；掌握四类技术合同各自的含义、特征和法律效力；了解四类技术合同中风险负担及技术成果归属的一般规则。

第一节　技术合同概述

一、技术合同的概念

　　技术合同，是当事人就技术开发、转让、咨询或服务订立的确立相互之间权利和义务的合同。

　　技术合同的当事人具有广泛性与限定性。技术合同的当事人是技术合同的法律关系的主体，自然人、法人、非法人组织均可担当。但技术合同法律关系的客体是技术贸易行为，这就决定技术合同的当事人至少一方是能够利用自己的技术力量从事技术开发、技术转让、技术服务、技术咨询的组织和个人，否则将导致合同履行不能，正因如此，技术合同的当事人又具有一定的限定性。

　　《合同法》规定了技术开发合同、技术转让合同、技术咨询合同和技术服务合同四大类。

　　技术合同的订立通常以招标、投标方式进行，其履行须遵循诚实信用原则、专有技术的保密原则及不得妨碍科技进步原则。

二、技术合同的特征

1. 技术合同的标的为提供技术的行为。所谓技术，是指根据生产实践经验和科学原理而形成的、作用于自然界一切物质设备的操作方法与技能。包括专利技术和专有技术（技术秘密）两大类。技术是人类脑力劳动的产物，具有无形性，包含价值和使用价值，集知识性与商品性于一体，是一种特殊的商品。

专有技术，是指单独或结合在一起，为了完成某种具有工业目的的技术，或者是为实际应用这种技术所必需的秘密技术知识和经验。

所谓提供技术的行为，包括提供现存的技术成果、对尚未存在的技术进行开发、提供与技术有关的辅助性帮助等行为。如技术开发、技术转让、技术咨询、技术服务等行为。

所谓技术成果，是指利用科学技术知识、信息和经验作出的产品、工艺、材料及其改进等技术方案。与一般的知识、技术和经验相比，技术成果具有相对的完整性、适用性和一定范围内的新颖性。技术成果分职务技术成果和非职务技术成果两大类。

技术合同的性质属于特种买卖或承揽合同。

2. 技术合同的法律调整具有多样性。技术作为人类脑力劳动的产物，属于智慧产品，而技术合同又是合同的一种，因此技术合同既要受合同法的约束，又要受知识产权法的规范。

3. 技术合同是双务、有偿、诺成合同。技术开发、转让合同还是要式合同。

第二节　技术开发合同

一、技术开发合同的概念

技术开发合同，是指当事人之间就新技术、新产品、新工艺或者新材料及其系统的研究开发所订立的合同。

技术开发合同包括委托开发合同和合作开发合同两种。

委托开发合同，是指当事人一方（委托方）委托另一方（研究开发方）进行技术研究开发所订立的合同。

合作开发合同，是指当事人各方就共同进行技术研究开发所订立的合同。

二者的区别在于：①合作开发合同的当事人须共同从事研究开发工作，而委托开发合同只需研究开发方一方进行研究开发工作；②合作开发合同的当事人都必须具备一定的技术能力、提供一定的科技工作人员以及共同提供一定的技术设备，而委托开发合同只需研究开发方一方具备上述能力、人员和条件；③合作开发合同的当事人共享技术开发成果，而委托开发合同一般是委托方当事人享有技术开发成果，而另一方当事人则是为了得到相应的报酬。

二、技术开发合同的特征

1. 技术开发合同的标的物具有新颖性、创造性。技术开发合同的标的物是技术成果，包括新技术、新产品、新工艺或新材料及其系统。这些技术成果是当事人在订立技术开发合同时尚不存在、尚不掌握，须经研究开发方的长期创造性劳动才能取得的。

2. 技术开发合同是双务、有偿、诺成、要式合同。

3. 技术开发合同的履行具有协作性。当事人订立技术开发合同的目的，是要在高技术、高知识领域有所突破，有所创新。为实现此目的，双方当事人须通力合作。

4. 技术开发合同的当事人须共担风险。技术开发合同中的风险，是指在履行技术开发合同过程中，遇到人类目前尚无法克服的技术难关，导致开发工作全部或部分失败。此种风险要由合同的当事人双方共同承担。

三、技术开发合同的效力

（一）委托开发合同的效力

1. 委托方的义务：

（1）按照约定支付研究开发经费和报酬。

研究开发经费，是指完成研究开发工作所需要的成本。当事人可以约定研究开发经费，如无约定，委托方应提供全部研究开发经费。

研究开发报酬，是指研究开发成果的使用费和研究开发人员的科研补贴。合同约定以研究开发经费的一定比例作为使用费和科研补贴的，可以不单列报酬。

（2）按照约定提供技术资料、原始数据并完成协作事项，从而保证研究开发方顺利进行研究开发工作。

（3）按期接收研究开发成果。

2. 研究开发方的义务：

（1）亲自完成技术开发工作，制定和实施研究开发计划。

（2）合理使用研究开发经费。

（3）按期完成研究开发工作，交付研究开发成果。

（4）为委托方提供技术资料和具体技术指导，帮助委托方掌握研究开发成果。

（5）不得对第三人泄露所开发的技术秘密，除有约定外，不得向第三人提供该项技术成果。

（二）合作开发合同的效力

合作开发合同当事人的义务如下：

1. 按照约定进行投资。所谓投资，是指合作开发合同的当事人以资金、设备、材料、场地、试验条件、技术情报资料、专利权、非专利技术成果等方式对研究开发项目所作的投入。

2. 按照约定分工参与研究开发工作。包括按照约定的计划和分工共同或分别承担设计、工艺、试验、试制等研究开发工作。

3. 协作配合研究开发工作。合作开发合同的订立目的是合作开发各方以各自的技术力量创造性地共同完成一个研究开发项目，为实现这一目标，合作各方必须相互协作、配合。

4. 保守技术情报和资料的秘密。

四、技术开发合同中技术成果的归属、分享原则及风险承担

1. 委托开发合同中，开发完成的发明创造，除当事人另有约定的以外，申请专利的权利属于研究开发人。研究开发人取得专利权的，委托人可以免费实施该专利；研究开发人转让专利申请权的，委托人享有以同等条件优先受让的权利。

2. 合作开发合同中，开发完成的发明创造，除当事人另有约定的以外，申请专利的权利属于合作开发的当事人共有。当事人一方转让其共有的专利申请权的，其他各方享有以同等条件优先受让的权利；合作开发的当事人一方声明放弃其共有的专利申请权的，可以由另一方单独申请或者由其他各方共同申请；申请人取得专利权的，放弃专利申请权的一方可以免费实施该专利；合作开发的当事人一方不同意申请专利的，另一方或者其他各方不得申请专利。

3. 委托开发合同或合作开发合同中，开发完成的技术秘密成果的使用权、转让权以及利益的分配办法，由当事人约定。没有约定或不能按习惯确定的，则当事人均有使用和转让的权利。但委托开发的研究开发人不得在向委托人交付研究开发成果前，将研究开发成果转让给第三人。

4. 风险的负担。在技术开发合同履行过程中，因出现无法克服的技术困难，致使研究开发失败或部分失败的，该风险责任由当事人约定。没有约定或者约定不明确，依照《合同法》第61条的规定仍不能确定的，风险责任由当事人合理分担。

第三节　技术转让合同

一、技术转让合同的概念

技术转让合同，是指合同一方当事人将一定的技术成果交给另一方当事人，而另一方当事人接受这一成果并为此支付约定的价款或费用的合同。

技术转让合同包括四类：

1. 专利权转让合同。它是指专利权人作为让与人，将其发明创造专利的所有权或持有权移交受让人，受让人支付约定价款所订立的合同。

2. 专利申请权转让合同。它是指让与人将其就特定的发明创造申请专利的权利移交受让人，受让人支付约定价款所订立的合同。

3. 技术秘密转让合同。它是指让与人将其拥有的技术秘密提供给受让人，明确相互间技术秘密使用权、转让权，受让人支付约定使用费的合同。技术秘密包括未申请专利的技术成果、未授予专利权的技术成果以及专利法规定不授予专利权的技术成果。

4. 专利实施许可合同。它是指专利权人或其授权的人作为让与人，许可受让人在约定的范围内实施专利，受让人支付约定使用费的合同。实为专利权的"租赁"。

二、技术转让合同的特征

1. 技术转让合同的标的物是特定的、现有的技术成果。

2. 技术转让合同所移转的是技术成果的使用权或所有权。

3. 技术转让合同是双务、有偿、诺成、要式合同。

三、技术转让合同的效力

（一）专利权转让合同的效力

1. 转让方的主要义务：①将合同约定的专利权移交受让人所有或持有；②保证所移转的专利权真实、有效。

2. 受让方的主要义务：按照合同约定向转让方支付约定的价款。

（二）专利申请权转让合同的效力

1. 转让方的主要义务：①将合同约定的发明创造申请专利的权利移交受让人；②提供申请专利和实施发明创造所需要的技术情报和资料。

2. 受让方的主要义务：按照合同约定向转让方支付约定的价款。

（三）技术秘密转让合同的效力

1. 转让方的主要义务：①按照合同约定提供技术资料，进行技术指导；②保证技术的实用性、可靠性；③承担保密义务。

2. 受让方的主要义务：①按照合同的约定使用技术；②按合同约定支付使用费；③承担保密义务。

（四）专利实施许可合同的效力

1. 许可方的主要义务：①按照合同约定许可受让人在约定的范围、期限内实施专利；②交付与实施专利有关的技术资料；③提供必要的技术指导。

2. 受让方的主要义务：①按照合同约定实施专利；②按照约定支付使用费。

第四节　技术咨询合同和技术服务合同

一、技术咨询合同的概念和效力

技术咨询合同，是指当事人一方为他方就特定技术项目提供可行性论证、技术预测、专题技术调查、分析评价报告等咨询服务，他方支付报酬的合同。

技术咨询合同的效力如下：

1. 委托方的主要义务：①按照合同约定阐明咨询的问题，提供技术背景材料及有关的技术资料、数据；②按时接收咨询工作成果并支付报酬。

2. 受托方的主要义务：①利用自己的技术知识，按照合同约定如期完成咨询报告或解答问题；②提出的咨询报告应当达到合同的要求。

二、技术服务合同的概念和效力

技术服务合同，是指当事人一方以技术知识为另一方解决特定技术问题，他方支付报酬的合同。技术培训合同、技术中介合同也属于技术服务合同。

技术服务合同的效力如下：

1. 委托方的主要义务：①按照合同约定为服务方提供工作条件，完成配合事项；②按时接收工作成果并支付报酬。

2. 受托方的主要义务：①按照合同约定，如期完成服务项目，解决技术问题，保证工作质量；②传授解决技术问题的知识；③保守委托方的技术秘密或商业秘密。

三、技术咨询合同与技术服务合同的区别

技术咨询合同与技术服务合同均属于当事人运用自己的技术知识、信息为另一方当事人的技术问题提供技术服务，但两者存在区别：

1. 技术咨询合同的受托方仅为委托方进行决策提供参考性意见和方案，并不具体从事合同所指向的具体技术工作；而技术服务合同的受托方不仅要向委托方传授技术知识和经验，而且还要为委托方解决特定的技术问题。

2. 技术咨询合同的受托方按照约定的条件向委托方提供参考性的咨询报告和意见，一般不承担决策失误造成损失的责任；而技术服务合同的受托方对为委托方完成的工作成果应当保证质量，并对实施结果承担责任。

3. 技术咨询合同多发生在研究开发技术成果和技术项目实施之前；而技术服务合同一般发生在研究开发成果转让和技术项目实施之后。

四、技术咨询合同与技术服务合同的风险负担及技术成果归属

1. 风险负担。委托人按照受托人符合合同要求的咨询报告和意见作出决策所造成的损失，由委托人承担，但合同另有约定的除外。

2. 新技术成果的归属。在履行技术咨询合同、技术服务合同的过程中，受托人利用委托人提供的技术资料和工作条件所完成的新技术成果，属于受托人；委托人利用受托人的工作成果所完成的新技术成果，属于委托人。但合同另有约定的除外。

思考练习题

1. 简述技术合同的特征、种类。
2. 简述技术咨询合同与技术服务合同的区别。
3. 简述技术合同中的风险负担及技术成果归属的一般规则。
4. 为什么说技术合同的性质属于特种买卖或承揽合同？

第二十三章　保险合同

■ **学习目的和要求**

　　保险合同，是指当事人双方约定，一方向他方支付保险费，他方于约定的损害事故或事实条件出现时，给付保险金的合同。保险分为人身保险和财产保险两类，两类保险适用的规则存在差异。保险合同中当事人及关系人之间的关系是本章的难点。通过本章的学习，了解保险合同的特征；明晰保险合同中当事人及各关系人之间的相互关系；把握财产保险合同与人身保险合同各自的特点及适用规则的差异。

第一节　保险合同概述

一、保险合同的概念和特征

　　保险合同，是指当事人双方约定，一方向他方支付保险费，他方于约定的损害事故或事实条件出现时，给付保险金的合同。

　　其中，支付保险费的一方，为投保人；承担赔偿或给付保险金义务的一方，为保险人；投保人依合同定期或不定期地支付给保险人的货币，为保险费；保险人于约定事故发生时承担赔偿责任或给付投保人的最高货币限额，为保险金；被保险人对保险标的的实际投保金额，为保险金额，是计算保险费的依据；保险合同约定的保险责任范围内的事故，为保险事故（保险危险）；保险合同的标的，为保险利益（即投保人或被保险人对保险标的具有的法律上承认的利益）。保险合同具有以下特征：

　　1. 保险合同是双务、有偿合同。投保人负有支付保险费的义务，保险人则负有当合同约定的保险事故发生时支付保险金或赔偿金的义务。双方当事人之间的义务存在对价关系。

　　2. 保险合同是诺成性、要式合同。保险合同于投保人与保险人之间意思表示达成一致时成立，且须采取书面形式订立。

　　3. 保险合同为格式合同。格式合同，又称附合合同，是指一方当事人只限于服从、接受或拒绝他方提出的条件而成立的合同。保险合同的基本条款由保险人事先拟定，并以格式化形式出现。投保人在申请保险时，只能决定是否接受保险人出具的保险条款，而没有拟定或充分磋商保险条款的自由。故保险合同为典型的格式合同。

4. 保险合同为射幸合同。射幸合同，是指以机会利益为标的的合同，当事人义务的履行常取决于机会的发生或不发生。保险合同的投保人支付保险费的义务，在保险合同成立时已为确定，而保险人仅在特定的不确定的危险发生时或在合同约定的给付保险金的条件具备时，才承担给付保险金的义务。可见，投保人和保险人的利益丧失或取得，取决于保险事故或给付保险金的条件发生与否。

二、保险的分类

（一）财产保险与人身保险

这是依保险标的为标准所作的划分。

1. 财产保险，是指以财产及其有关利益为保险标的的保险。包括财产损失保险、责任保险、信用保险、保证保险等。

（1）财产损失保险，是保险人在保险事故发生时，于保险责任范围内，对被保险人所受财产损失负赔偿责任的保险。

（2）责任保险，是被保险人依法应对第三人负赔偿责任，当第三人向被保险人提出赔偿请求时，由保险人承担赔偿责任的保险。

（3）信用保险，是指当债务人不履行或不能清偿债务时，由保险人向信用放款或信用售货的被保险人赔偿所受损失的保险。

财产保险的赔偿原则，是以所受的实际损失为限，赔偿的保险金最高限额，不得超过保险价值。

2. 人身保险，是指以人的身体和寿命为保险标的的保险。包括人寿保险、健康保险、意外伤害保险等。

（1）人寿保险，是以被保险人的寿命为保险标的，当被保险人的生命发生保险事故时，由保险人给付保险金的保险。常见的有：

死亡保险，是保险人在被保险人死亡时给付保险金的保险。

生存保险，是保险人在被保险人达到合同约定的年龄、期限时给付保险金的保险。

生死两全保险，是指被保险人在保险期内死亡或生存达到合同约定的期限时，均由保险人给付保险金的保险。

（2）健康保险，又称疾病保险，是指保险人对被保险人因疾病致残或死亡而向被保险人或受益人给付约定保险金的保险。

（3）意外伤害保险，是指被保险人遭受意外事故致残或死亡时，保险人向被保险人或受益人支付约定保险金的保险。

（二）自愿保险与强制保险

这是依保险关系发生的效力为标准所作的划分。

自愿保险，是指投保人与保险人依自愿订立的合同而产生的保险。

强制保险，也称法定保险，是指由国家法律直接规定的保险。凡符合法定条件的投保人必须投保。

（三）普通保险与重复保险

这是依承保同一风险的保险人的人数为标准所作的划分。

普通保险，也称单保险，是指投保人对同一保险标的、同一保险利益、同一保险事故，与一个保险人订立保险合同的保险。

重复保险，也称复保险，是指投保人对同一保险标的、同一保险利益、同一保险事故与数个保险人分别订立数个保险合同，且保险金额总和超过保险价值的保险。重复保险的目的在于被保险人在保险事故发生时，有获得充分赔偿的保障。

（四）原保险与再保险

这是依保险责任发生的先后次序为标准所作的划分。

原保险，是指保险人与投保人之间订立的、由保险人对被保险人因保险事故所致的损害，承担直接的原始保险责任的保险。

再保险，又称分保险，是指保险人以其承担的保险责任的一部或全部为保险标的，向其他保险人转保而订立的保险合同。再保险的投保人实际上是原保险中的保险人。原保险与再保险是两个保险关系，原保险中的投保人与再保险中的再保险人无直接的权利义务关系。因此，再保险人不得向原保险的投保人要求支付保险费，原保险中被保险人或受益人也不得向再保险人提出赔偿或支付保险金的请求。

三、保险合同的当事人和关系人

（一）保险合同的当事人

1. 保险人。又称承保人，是指经过国务院保险监督管理机构核准经营保险业，依照保险合同的约定收取保险费，在保险事故发生或约定的保险期间届满时，对被保险人或受益人承担赔偿或给付保险金责任的保险公司。

2. 投保人。又称要保人，是指对保险标的有保险利益而与保险人订立保险合同并负担交纳保险费义务的人。

（二）保险合同的关系人

1. 被保险人。是指其财产或人身受保险合同保障，在保险事故发生或约定的保险期间届满时，对保险人享有保险金给付请求权的人。投保人可以是被保险人。

2. 受益人。是指人身保险合同中由投保人或被保险人指定的，在保险事故发生时，享有保险金给付请求权的人。投保人、被保险人可以是受益人。

四、保险合同中的几个相关概念

1. 保险标的。它是指投保人申请保险而由保险人承担风险的财产或利益，包括物质财富、物质利益、人的寿命或身体。

2. 保险利益。它是指投保人或被保险人对保险标的所具有的法律上承认的利益，即保险标的的存在与损失对投保人或被保险人具有的利害关系。

3. 保险事故。它是指保险人按照保险合同的约定承担保险责任的各种事故或事件。保险事故是导致保险标的发生损害的原因。

4. 保险费。它是指投保人为使保险人承担保险责任而向保险人支付的费用。保险费是保险人按照保险合同的约定承担保险责任的代价。

5. 保险期限。它是指保险合同的有效期限，是保险人对保险事故承担责任的起讫期间。只有在保险期间内发生的保险事故，保险人才负保险责任。

第二节　财产保险合同

一、财产保险合同的概念和特征

财产保险合同，是指投保人以支付保险费为条件同保险人约定的，保险人在被保险人的财产发生保险事故范围内的损失或被保险人依法应当承担民事责任时，承担保险赔偿责任的合同。包括财产损失保险合同、责任保险合同及信用保险合同等。财产保险合同具有以下特征：

1. 财产保险合同的标的为财产或财产利益。

2. 财产保险合同的目的在于填补损害。投保人以支付保险费为代价，使被保险人在发生保险事故范围内的损失或责任时，可以从保险人处获得保险赔偿，从而填补被保险人所受损害。

3. 财产保险合同中的保险人享有保险代位权。保险人因合同约定的保险事故发生而向被保险人支付保险金后，在赔偿的保险金范围内，对造成保险标的的损害并应负赔偿责任的第三人，享有代位求偿权。

二、财产保险合同的效力

（一）投保人的主要义务

1. 交纳保险费的义务。

2. 保险标的变更的通知义务。

3. 危险变更的通知义务。

4. 维护保险财产安全的义务。

5. 保险事故的通知义务。

6. 避免损失扩大的义务。

7. 单证提示和协助义务。

（二）保险人的主要义务

1. 向投保人说明保险合同条款的义务。

2. 保险事故发生后的保险理赔义务。

3. 当保险标的的危险程度明显减少或保险标的的价值明显减少等事由发生时，保险人有减少保险费的义务。但合同另有约定的除外。

4. 对投保人、被保险人的业务和财产情况负有保密义务。

三、保险人的免责条件

1. 保险事故发生后保险人理赔前，被保险人放弃对第三人的赔偿请求权的，保险人可以全部免责；因被保险人的过错而使保险人无法行使代位权的，视过错程度，保险人可以部分或全部免责。

2. 投保人、被保险人或受益人故意制造保险事故的，保险人可全部免责；保险事故发生后，投保人、被保险人或受益人虚报事故原因或夸大损失的，保险人对不实的部分免责。

3. 保险事故发生后，被保险人未采取必要措施以减少损失发生的，保险人对扩大的损失免责。

第三节　人身保险合同

一、人身保险合同的概念和特征

人身保险合同，是指投保人以自己或他人的寿命或身体为保险标的，向保险人交纳保险费，在被保险人死亡、伤残、疾病或达到约定的年龄时，保险人按约定向被保险人或受益人给付保险金的合同。包括人寿保险合同、意外伤害保险合同和健康保险合同。人身保险合同具有以下特征：

1. 保险利益的非金钱化。人身保险合同以人的寿命或身体为标的，而人的寿命或身体不能用金钱价值予以衡量，其保险利益难以用金钱价值予以评价。

2. 保险金定额化。即人身保险属于定额保险，不同于财产保险。人的寿命或身体无法用金钱衡量，因此，各类人身保险合同不可能有保险价值的约定，投保人和保险人只能约定保险金额，保险人在保险金额的范围内给付保险金。保险金额是保险人给付保险金的最高限额，而非被保险人的寿命或身体的金钱价值。

3. 保险费不得强制请求。人身保险合同的投保人不支付保险费，经催告仍不支付的，保险人可以中止合同或解除合同，但不得以诉讼方式请求投保人支付保险费。

4. 受益人的指定。受益人可由被保险人指定，也可由投保人指定。在发生保险事故时，保险人应当向受益人给付保险金。如果未指定受益人，则被保险人本人为受益人。

5. 人身保险合同中的保险人不享有保险代位权。人身保险是一种定额保险，保险金的给付，并非对损害的填补。保险人给付保险金，并不影响被保险人对有损害赔偿责任的第三人行使求偿权。

二、人身保险合同的效力

（一）投保人的主要义务

1. 交纳保险费的义务。投保人可以一次性支付全部保险费，也可以按约定分期支付保险费。

2. 投保人须对保险标的有保险利益。人身保险合同的投保人对下列人员具有保险利益：①本人；②配偶、子女、父母及与投保人有抚养、赡养或扶养关系的其他家庭成员或近亲属；③同意投保人为其订立人身保险合同的被保险人；④与投保人有劳动关系的劳动者。

3. 如实告知义务。投保人应当如实向保险人告知被保险人的年龄、职业、健康等情况。

（二）保险人的主要义务

1. 向投保人说明人身保险合同条款的义务。

2. 保险事故发生后给付保险金的义务。

三、保险人的免责条件

1. 投保人故意造成被保险人死亡、伤残或疾病的，保险人免责。但投保人已交足两年以上保险费的，保险人应按照合同约定向其他权利人退还保险单的现金价值。

2. 以被保险人死亡为给付保险金条件的合同，被保险人自杀的，保险人免付保险金，但应按照合同约定退还保险单的现金价值。该类合同自成立之日起满两年的，如果被保险人自杀，保险人可以按合同约定给付保险金。

3. 被保险人因故意犯罪而导致自身死亡、伤残的，保险人免付保险金。但投保人已交足两年以上保险费的，保险人应按照合同约定退还保险单的现金价值。

思考练习题

1. 简述保险合同的特征。
2. 简述保险合同中当事人及各关系人之间的相互关系。
3. 比较财产保险合同与人身保险合同在适用规则上的差异。
4. 简述财产保险合同与人身保险合同各自的特征。

第四编 知识产权

第二十四章 知识产权通论

■ 学习目的和要求

　　本章主要介绍知识产权的一般理论，包括知识产权的概念、特征、种类、我国的立法保护和知识产权的国际保护。通过本章的学习，应对知识产权有一个整体的界定，掌握知识产权的特征和种类。

一、知识产权的概念

知识产权是权利人直接支配特定智力成果享受其利益的权利。

该定义说明：

(一) 知识产权的客体是特定智力成果

智力成果是人的智力活动所创造的非物质型财富。例如，文学艺术作品、技术发明、商标等。这些非物质财富，能够为权利人带来财产利益和精神利益。如专利权人凭借其专利权能收取专利技术使用报酬，著作权人能够因作品的发表取得稿酬；并且，知识产权人还得对其智力成果享有署名权而享受精神利益。

能够作为知识产权客体而受法律保护的智力成果，只是人类智力成果中的一部分，并非所有的智力成果都可以作为知识产权的客体，法律认可并予以保护的智力成果，才能成为知识产权的客体。

(二) 知识产权的内容是对智力成果的专有性权利

知识产权属于创造智力成果或者合法取得智力成果的人，知识产权人才有权支配其创造的或者合法取得的智力成果并独占地享有该智力成果带来的财产利益和精神利益。

(三) 除法律另有规定外，知识产权的取得须按法定程序取得

知识产权中，专利权、商标权须依法定程序，经国家主管机关登记才能生效，智力成果的创造者不能无条件地取得某种知识产权，而是需要由一国的知识产权法予以确认。惟著作权例外，作品完成时著作权自动发生。

二、知识产权的特征

根据我国法律的规定，知识产权是与物权、债权并列的独立的民事权利。与其他的民事权利相比，知识产权具有如下法律特征：

（一）知识产权的客体具有无形性

知识产权是无体财产权，客体是智力成果，是没有形体的财富。客体的非物质性是知识产权与其他有形财产权的最本质的区别。不过，知识产权虽具有非物质性的特点，但它必须通过一定的形式（载体）表现出来，而这一载体是有形的、能为人们感知的，如发明创造须用文字表述，商标要用图文表现等。

（二）知识产权具有排他性

主要表现在两个方面：一是权利人对其权利客体享有独占权，非经权利人许可或经法律的特别规定，其他任何人不得任意使用有关的智力成果。二是对同一项智力成果，不允许有两个以上的同种知识产权并存，如一个专利权排斥关于同一发明的另一专利权。

（三）知识产权具有时间性

知识产权在法定期限内受到保护，超过法定有效期限就自行消灭，知识产权的客体即进入公有领域，成为社会的共有财产，任何人均可使用。

（四）知识产权具有地域性

知识产权作为专有权，空间上的适用范围并不是无限的，是受地域限制的。依一国法律取得的知识产权，仅在该国领域内有效，在其他国家原则上不发生效力。除签订有关知识产权的国际公约或双边互惠协定的国家外，知识产权要在其他国家取得法律保护，则要另行获得该国法律的确认。

（五）知识产权包括人身权和财产权两方面的权利

这是知识产权最基本的法律特征，也是其与其他民事权利的区别所在。知识产权的人身权表现于：特定的知识产权专属于特定的权利人，该权利人对其知识产权的客体有署名权等人身性质的权利。除法律有特别规定外，知识产权的财产权性质表现于：知识产权的客体具有使用价值和价值，知识产权人享有取得报酬权等财产权。

三、知识产权的种类

不同国家或者地区的法律，对于哪些智力成果可获得知识产权保护的规定并不一致。依据不同的标准可以将知识产权进行不同的分类。

（一）著作权与工业产权

知识产权可以分为著作权和工业产权两大部分。

著作权是基于特定作品的人格权以及直接支配文学艺术作品并获取其利益的知识产权类型，包括著作权的邻接权在内。

工业产权是指人们在生产实践中基于智力劳动所产生的一种特殊权利，它是知识产权的重要组成部分，主要包括科学技术发明、实用新型、工业品外观设计、商标、服务标记、商品名称和产地标记或原产地名称、禁止与知识产权有关的不正当竞争（对商业秘密的保护）等等。

著作权和工业产权的区别主要可以概括为：

1. 著作权和工业产权的客体所反映的领域和作用不同，其表现形式也有所区别。工业产权的客体是以一定的产品和工艺方法以及标记为表现形式，其作用也主要在物质生产和生活的实用性以及商品流通方面用以满足人类的物质需求，改善人们的衣食住行等生产和生活条件。著作权的客体以作品为表现形式，作品则主要反映在文学艺术和科学范围之内，用以丰富人类的精神生活。比如，文学艺术作品可以令人赏心悦目，科学作品则帮助人们认识和理解人与自然。

2. 与工业产权相比，著作权的独占性和排他性程度弱一些。著作权的效力只排斥那些对自己有独创性的表现形式未经许可的利用，不能排斥他人独立完成的与之相近似和相同的作品也取得同样的权利。所以，只要是独立完成而非抄袭他人之作，就同样的表现形式的作品，允许两个以上的著作权存在。工业产权的保护对象除商业秘密外，其独占性和排他性远较著作权强。不管有多少相同构思的表现形式产生，法律只保护其中的一个，赋予其独占排他的权利，并排除其他表现形式再享有同样权利的可能。比如，发明创造专利权只赋予最先完成发明创造或就其发明创造最先提出专利申请的人，商标权赋予最先使用该商标或最先申请该商标注册的人。

（二）创造性智力成果权与工商业标记权

根据财产价值的来源不同，也可以将知识产权分为创造性智力成果权与工商业标记权两大部分。前者主要包括著作权、专利权、商业秘密权、集成电路布图设计权、植物新品种权等；后者主要包括商标权、商号权、产地标记权、与制止不正当竞争有关的识别性标记权等。

创造性智力成果权的价值直接来源于对创造性智力成果的商业性利用。比如技术发明被用于生产产品，可以获得巨额利润；文学艺术作品的复制发行，可以给作者带来财产收益。工商业标记所显示的财产性，其价值量并不是源于标记的商业性利用，而是来自市场对它们所标记的特定产品、服务或营业主体的评价。人们对产品、服务和商业主体的市场评价反映或折射到它们各自所使用的标记上，这种信誉作为一项财产，储存到标记上，该标记就成了产品、服务或营业主体市场价值的符号。

四、我国对知识产权的立法保护

我国十分重视对知识产权的立法保护，先后颁行了《中华人民共和国著作权法》及《中华人民共和国著作权法实施条例》、《中华人民共和国专利法》及《中华人民共和国专利法实施细则》、《中华人民共和国商标法》及《中华人民共和国商标法实施条例》等法律法规，并且进行了与时俱进的修订。最高人民法院根据知识产权审判工作的实际，也公布了相关的司法文件。这些立法和司法解释，共同构建了我国知识产权的法律制度体系。

科学技术不断发展，社会成员的创造力不断提升，会出现许多崭新的智力成果和智力成果社会关系，需要更加周全的知识产权法律制度及时予以调整，所以，应当不断完善我国的知识产权立法。

五、知识产权的国际保护

由知识产权的客体的易拷贝性和易传输性所决定，智力成果能够轻易地跃过国境传往国外。因此，对于知识产权仅有国内保护是远远不够的，还需要国际性的保护。

（一）知识产权国际保护组织

1. 世界知识产权组织。该组织作为联合国的一个专门机构，其总部设在日内瓦，在纽约的联合国总部设有联络处。

2. 世界贸易组织。

（二）知识产权国际保护的公约、条约、协定

1. 1883 年《保护工业产权巴黎公约》，我国于 1985 年参加该公约。

2. 1886 年《保护文学艺术作品伯尔尼公约》，我国 1992 年参加该公约。

3. 1967 年《成立世界知识产权组织公约》，我国于 1980 年参加。

4. 1952 年《世界版权公约》，我国于 1992 年参加。

5. 1971 年《保护录音制品制作者防止未经授权复制其制品公约》，我国于 1993 年参加。

6. 1891 年《商标国际注册马德里协定》，我国于 1989 年参加。

7. 1989 年《关于集成电路的知识产权条约》，我国于 1990 年参加。

8. 1970 年《专利合作条约》，我国于 1993 年参加。

9. 1957 年《商标注册用商品和服务国际分类尼斯协定》，我国于 1994 年参加。

10. 1991 年"乌拉圭回合"谈判达成的《与贸易有关的知识产权（包括假冒商品贸易）协定》，我国已参加。

思考练习题

1. 知识产权的客体是什么？

2. 如何理解知识产权的特征？

第二十五章　著作权

第一节　著作权概说

一、著作权的概念

　　著作权，是指作者对其创作的特定的文学、艺术和科学作品依法所享有的人格权和财产权的总称。可见，著作权的主体一般是作者；著作权的客体是特定的作品；著作权的内容兼有人格权和财产权。

二、著作权的取得

　　对著作权的取得，我国采取的是依法自动产生和自动保护主义。

　　《中华人民共和国著作权法》第 2 条规定："中国公民、法人或者其他组织的作品，不论是否发表，依照本法享有著作权。"《著作权法实施条例》第 6 条规定："著作权自作品创作完成之日起产生。"这就是说，著作权的产生，既不以作品的发表为前提条件，也不必履行登记或批准等手续，只要作品被创作完成即自动地产生著作权。

　　在我国，著作权依法自动产生，但是同时也规定了著作权自愿登记的制度。国家版权局于 1994 年公布了《作品自愿登记试行办法》，指出"进行作品自愿登记是为了有助于解决因著作权归属造成的著作权纠纷，并为解决著作权纠纷提供初步证据"。

三、我国著作权的立法概况

我国著作权立法走上正轨始于 80 年代。从 1980 年开始，我国陆续颁布了一系列有关著作权的法律、法规：

1. 1980 年国家颁布了《关于书籍稿酬的暂行规定》。

2. 1982 年广电部颁布了《录音录像出版物版权保护暂行条例》。

3. 1984 年文化部颁布了《图书、期刊版权保护试行条例》，并于 1985 年颁布了该条例的实施细则。

4. 1986 年国家颁布了《中华人民共和国民法通则》，同年，最高人民法院对其作出司法解释，即《关于贯彻执行〈中华人民共和国民法通则〉的若干问题的意见》。

5. 1990 年颁布了《中华人民共和国著作权法》以及实施条例、《计算机软件保护条例》。

6. 2001 年修正《中华人民共和国著作权法》，2002 年国务院公布《中华人民共和国著作权法实施条例》，同时废止 1991 年发布的《中华人民共和国著作权法实施条例》。

7. 2010 年修正《中华人民共和国著作权法》。

四、我国著作权法的基本原则

1. 维护作者的权益为核心原则。维护作者的权益就是维护他的人格权和财产权。文学、艺术和科学作品是作者通过艰苦的思维，运用抽象的手段创造出来的智力成果。任何一件作品都是作者脑力劳动的结晶，都渗透着作者的个性与风格。可以说，一部作品既是作者人格的标志，也是他的一项财富。只有作者的权益得到充分有效的保护，才会激励人们的创作热情，使社会得以获得更多、更好的精神财富。

2. 作者权益与社会公益平衡原则。作品是作者的个人财富，同时也是一项社会财富。优秀作品是社会文明的标志，保护作者权益的最终目的是鼓励其创作出更多、更好的作品，为社会增加精神财富，以此推动整个社会的文明和进步。作者权利的充分实现有赖于良好的社会环境，即有赖于对作者权益的充分保护，但是若过分强调作者的权益，就会阻碍社会对作品的公平利用和广泛传播，有违著作权法的立法精神。因此，各国著作权法都对作者的权利规定了一定的限制，以平衡作者权益与社会公益之间的关系，作品的合理使用制度就是该原则的具体体现。

3. 与国际保护接轨原则。任何主权国家都是国际社会的一员，在国际交往中遵循国际活动的共同准则是对现代国家的基本要求。目前，国际上在著作权保护方面已形成了一系列为世界各国所普遍接受的基本准则，如《保护文学艺术作品伯尔尼公约》和《世界版权公约》等。我国为了加强国际交流，方便与世界大多数国家进行著作权贸易，已经加入了这两个公约。

第二节　作　品

一、作品的概念

作品，是指文学、艺术和科学领域内，具有独创性并能以一定的客观形式表现出来的反映作者思想和情感的智力成果。

可见，作品由特定的内容和将特定内容进行表达的客观形式两大要素构成。

二、作品的法律要件

（一）作品须具有文学、艺术或科学内容

文学、艺术和科学领域内的作品，才属于著作权法所保护的作品。易言之，其他领域的作品不在著作权法保护之列。

（二）作品须表现一定的思想或情感

作品之所以受著作权法的保护，在于作品本身蕴含着对社会有益的价值。这些价值体现在作品所内含的思想或情感之中，而这些思想或情感作为无形的信息通过一定的客观形式表达出来，传输给他人，从而对他人产生一定的影响。一件作品如果不包含任何对社会有益的思想或情感，法律对其加以保护也就无任何意义。思想或情感的产生是一个极为复杂的心理和实践活动过程，是作者的智慧投入的结果。因此，受著作权法保护的作品必须是能够表现作者的一定的思想或情感的智力成果。

（三）作品须具有独创性

作品的独创性，又称原创性，是指作品须是作者运用自己的方法和习惯将其思想或情感通过文学、艺术等形式表达出来的结果。即作品须是作者独立创作的而非剽窃他人的，应当是作者独具匠心的智力成果，而非他人作品的"复制"。

作品的独创性要求作品的表达形式必须是独创的，而非要求作品的思想内容必须具有新颖性或前所未有性。因为著作权法所保护的是作品的表现形式而非作品的思想内容。相同的思想或情感，只要不同的作者以不同的方式表现出来，那么，他们的作品同样会得到法律的保护。

（四）作品须具有一定的客观表现形式

作品作为著作权法的保护对象指的是赋予思想或情感以文学、艺术外观的表达，而不是指被表达的思想或情感本身。思想或情感是作者的智力活动的产物，内存于作者的头脑之中。这些思想或情感如果不以一定的方式外化，他人是无从感知的。因此，作者若想把他的思想或情感传输给他人，使他人能够感知，就必须以一定的客观表现形式将这些思想或情感表达出来，如文字作品、口述作品等。

三、作品的表现形式（类型）

根据我国法律的规定，文学、艺术和自然科学、社会科学、工程技术领域内创作的作品，均属于著作权法保护的范围。

（一）文字作品

文字作品是指小说、诗词、散文、论文等以文字形式表现的作品。

（二）口述作品

口述作品是指口头语言形式的演说、授课、法庭辩论等作品。

（三）音乐、戏剧、曲艺、舞蹈、杂技艺术作品

音乐作品，是指歌曲、交响乐等能够演唱或者演奏的带词或者不带词的作品。戏剧作品，是指话剧、歌剧、地方戏等供舞台演出的作品。曲艺作品，是指相声、快书、大鼓、评书等以说唱为主要形式表演的作品。舞蹈作品，是指通过连续的动作、姿势、表情等表现思想情感的作品。杂技艺术作品，是指杂技、魔术、马戏等通过形体动作和技巧表现的作品。

（四）美术、建筑作品

美术作品，是指绘画、书法、雕塑等以线条、色彩或者其他方式构成的有审美意义的平面或者立体的造型艺术作品。建筑作品，是指以建筑物或者构筑物形式表现的有审美意义的作品。

（五）摄影作品

摄影作品，是指借助器械，在感光材料或者其他介质上记录客观物体形象的艺术作品。

（六）电影作品和以类似电影的方法创作的作品

电影作品和以类似摄制电影的方法创作的作品，是指摄制在一定介质上，由一系列有伴音或者无伴音的画面组成，并且借助适当装置放映或者以其他方式传播的作品。

（七）工程设计图、产品设计图、地图、示意图等图形作品和模型作品

图形作品，是指为施工、生产绘制的工程设计图、产品设计图，以及反映地理现象、说明事物原理或者结构的地图、示意图等作品。模型作品，是指为展示、试验或者观测等用途，根据物体的形状和结构，按照一定比例制成的立体作品。

（八）计算机软件

指计算机程序以及解释和指导使用程序的文档的总和。

计算机软件不同于传统的文字作品，也与其他形式的文学、艺术作品有很大的区别。因此，我国将其作为特殊类型的作品，由国务院另行颁布《计算机软件保护条例》加以规范。

（九）法律、行政法规规定的其他作品

著作权法的保护对象是一个发展着的体系，随着人类科学技术的发展，新的作

品形式还会出现，新的作品在条件成熟时可能成为著作权法的保护对象。

四、作品的分类

按照不同的标准，可以对作品作不同的分类。

1. 根据作品的功能可以将作品分为文学、艺术作品，自然、社会科学作品，工程技术作品。

2. 依作品是否为一人独立创作为标准，可将作品分为独立作品和合作作品。这两类作品在法律效果上各不相同。

3. 依在作品创作之际有无基本法律关系为标准，可以将作品划分为独立人作品和委托作品。委托作品是受托人基于授权而创作的作品，而独立人作品是在创作之际无上述基本法律关系的作品。这两种作品的法律效果不同。

4. 依作品在创作上的彼此关联关系，分为基础作品（原创作品）和演绎作品。凡是依据既有作品而演绎创作的作品，是演绎作品，被演绎的既有作品是基础作品。这种划分对于保护两种作品各自的著作权有益。

5. 依是否因履行职务而创作，分为职务作品与非职务作品。职务作品是指工作人员履行自己的职务而创作的作品。职务作品的要件是：①由法人或其他组织的工作人员，即领薪职工创作；②创作作品的行为须是履行其在团体担任的职务；③作品发表时由其实际创作人员以作者资格署名。

非职务作品是指不以履行职务为目的而创作的作品。

五、不受著作权法保护的作品

虽然某些作品具备了著作权法规定的作品的法定条件，但国家从社会公共利益出发，仍将这些作品排斥在著作权法的保护范围之外，不受著作权法的保护。

依我国《著作权法》的规定，不受著作权法保护的作品主要有：

（一）依法禁止出版、传播的

依法禁止出版、传播的作品，违反了宪法、法律，损害了社会公共利益，所以不受著作权法保护。

（二）不适于著作权法保护的

主要包括：法律、法规，国家机关的决议、决定、命令和其他具有立法、行政、司法性质的文件及其官方正式译文；时事新闻；历法、通用数表、通用表格和公式。时事新闻是指通过报纸、期刊、电台、电视台等传播媒体报道的单纯事实消息。如果在新闻报道中夹叙夹议，以综述、评述、特写等表达方式加以报道，则应受著作权法保护。

上述不适于著作权法保护的作品，或者是其本身就必须让广大人民群众了解和掌握，复制、传播和使用不应受限制，如法律等文件；或是事关每一个社会成员的权利，不允许独占，否则就损害了社会公共利益，如时事新闻；或是通过历代人民群众积累而产生的，是人类社会的公共财富，如果允许对其独占，会损害人们的正常工作和生活，而且，它们也不存在独创性的表达方式，因此，也不应受著作权法保护，如历法、数表等。

（三）已过著作权保护期的

著作权的保护有期限限制，超过保护期的作品，便为社会公有，惟作者人身权中的署名权、修改权、保护作品完整权不受保护期限的限制，将永久受到法律保护。

第三节 著作权

著作权包括著作人身权和著作财产权两个方面的权利。

一、著作人身权

包括四个方面的权利：①发表权，是指决定作品是否公之于众的权利。发表的方式主要有：出版、发行、公开展示和表演。②署名权，是指表明作者身份，在作品上署名的权利。③修改权，是指修改或者授权他人修改作品的权利。④保持作品完整权，是指保持作品不受歪曲、篡改的权利。

二、著作财产权

可以分为两大方面的权利：

（一）作品使用权

作品使用权，是指依照作品的性能和用途加以利用，以实现其使用价值的权利。具体样态如下：

1. 复制权，指以印刷、复印、拓印、录音、录像、翻录、翻拍等方式将作品制成一份或多份的权利。

2. 发行权，指以出售或者赠与方式向公众提供作品的原件或者复制件的权利。

3. 出租权，指有偿许可他人临时使用电影作品和以类似摄制电影的方法创作的作品、计算机软件的权利，计算机软件不是出租的主要标的的除外。

4. 展览权，指公开陈列美术作品、摄影作品的原件或者复制件的权利。

5. 表演权，指公开表演作品，以及用各种手段公开播送作品的表演的权利。

6. 放映权，指通过放映机、幻灯机等技术设备公开再现美术、摄影、电影和以类似摄制电影的方法创作的作品等的权利。

7. 广播权，指以无线方式公开广播或者传播作品，以有线传播或者转播的方式向公众传播广播的作品，以及通过扩音器或者其他传送符号、声音、图像的类似工具向公众传播广播的作品的权利。

8. 信息网络传播权，指以有线或者无线方式向公众提供作品，使公众可以在其个人选定的时间和地点获得作品的权利。

9. 摄制权，指以摄制电影或者以类似摄制电影的方法将作品固定在载体上的权利。

10. 改编权，指改变作品，创作出具有独创性的新作品的权利。

11. 翻译权，指将作品从一种语言文字转换成另一种语言文字的权利。

12. 汇编权，指将作品或者作品的片段通过选择或者编排，汇集成新作品的权利。

13. 应当由著作权人享有的其他权利。

（二）收益权

收益权，是指收取作品的法定孳息的权利。如收取稿费、收取表演的票房收入。

著作权人可以许可他人行使上述使用权所规定的权利，并依照约定或者著作权法的有关规定获得报酬。

著作权人可以全部或者部分转让上述使用权所规定的权利，并依照约定或者著作权法的有关规定获得报酬。

三、著作权的取得

（一）原始取得

依《著作权法》的规定，著作权的取得采取"自动发生主义"，即著作权因著作行为而当然取得，无需履行任何手续，诸如登记、加注标记等。

著作权产生于作品创作之时。作品不论是否完成、是否发表，均不影响其著作权的取得。在作品创作过程的每一个时点上，作者均可就已完成的部分取得著作权。

（二）继受取得

著作权可因下列法律事实而继受取得：

1. 依法律行为。

2. 依继承。

3. 依法律规定。

四、著作权的限制

为了平衡著作权人的利益和社会公众的利益，著作权法对著作权中的财产权规定了必要的限制，体现为对作品的"合理使用"、"法定许可使用"和"强制许可使用"三项制度。

（一）合理使用制度

合理使用制度，是指在法律规定的条件下，直接无偿使用已发表的有著作权的作品，无需经由著作权人许可的著作财产权限制制度。

合理使用作品须尊重作品的人格权状态。

合理使用的适用范围：

1. 为个人学习、研究或欣赏，使用他人已发表的作品。

2. 为介绍、评论某一作品或说明某一问题，在作品中适当引用他人已发表的作品。

3. 为报道时事新闻，在报纸、期刊、广播电台、电视台等媒体中不可避免地再现或者引用已经发表的作品。

4. 报纸、期刊、广播电台、电视台等媒体刊登或播放其他报纸、期刊、广播电台、电视台等媒体已发表的关于政治、经济、宗教问题的时事性文章，但作者生命不许刊登、播放的除外。

5. 报纸、期刊、广播电台、电视台等媒体刊登或播放在公众集会上发表的讲话，但作者声明不许刊登、播放的除外。

6. 为学校课堂教学或科学研究，翻译或少量复制已发表的作品，供教学或科研人员使用，但不得出版发行。

7. 国家机关为执行公务在合理范围内使用已发表的作品。

8. 图书馆、档案馆、纪念馆、博物馆、美术馆等为陈列或保存版本的需要，复制本馆收藏的作品。

9. 免费表演已发表的作品，该表演未向公众收取费用，也未向表演者支付报酬。

10. 对设置或陈列在室外公共场所的艺术作品进行临摹、绘画、摄影、录像。

11. 将中国公民、法人或者其他组织已发表的以汉族语言文字作品创作的作品翻译成少数民族语言文字作品在国内出版发行。

12. 将已发表的作品改成盲文出版。

（二）法定许可制度

法定许可制度，是指在法律规定的条件下，直接有偿使用有著作权的作品，而无需经由著作权人许可的著作财产权限制制度。

法定许可的适用范围：

1. 著作权人向报社、杂志社投稿的，作品刊登后，其他报刊可以转载或作为文摘、资料刊登。但著作权人声明不得转载、摘编的除外。

2. 表演者可以使用他人已发表的作品进行营业性演出。但著作权人声明不许使用的除外。

3. 录音制作者可以使用他人已发表的作品进行录音制品的制作。但著作权人声明不得使用的除外。

4. 广播电台、电视台可以使用他人已发表的作品制作广播、电视节目。但著作权人声明不许使用的除外。

5. 表演者为制作录音、录像和广播、电视节目进行表演可以使用他人已发表的作品。但著作权人声明不许使用的除外。

6. 为实施九年义务教育和国家教育规划而编写出版教科书，除作者事先声明不许使用的外，可以不经著作权人许可，在教科书中汇编已经发表的作品片段或者短小的文字作品、音乐作品或者单幅的美术作品、摄影作品，但应当按照规定支付报酬，指明作者姓名、作品名称，并且不得侵犯著作权人依照著作权法享有的其他权利。

（三）强制许可制度

强制许可制度，是指在法律规定的条件下，经政府批准而有偿取得有著作权作品翻译权和出版权的著作财产权限制制度。

五、著作权的保护期限

著作权的保护期限因著作人格权和著作财产权的性质和所要保护的角度不同而有所区别。

（一）无具体期限限制的权利

作者的署名权、修改权、保护作品完整权的保护期不受限制。

（二）有具体保护期限的权利

作者的发表权和著作财产权的保护期限及其计算方法依作品的不同情况而有所不同：

1. 自然人的作品。发表权和著作财产权的保护期为作者终生及其去世后50年，截止于作者去世后第50年的12月31日。如果是合作作品，截止于最后去世的作者去世后的第50年的12月31日。

2. 作者身份不明的作品。即作者使用假名、笔名发表的作品或未署名发表的作品，其著作财产权的保护期是50年，截止于作品首次发表后第50年的12月31日。但在这50年中，作者的身份一旦明确，著作财产权的保护期则应按照作者终生加去世后50年计算，截止于作者去世后第50年的12月31日。

3. 法人或其他组织的作品、著作权（署名权除外）由法人或其他组织享有的职务作品。发表权和著作财产权的保护期为50年，截止于作品首次发表后的第50年的12月31日，但是作品自创作完成后50年内未发表的，《著作权法》不再给予保护。

4. 电影作品和类似摄制电影的方法创作的作品、摄影作品。发表权、著作财产权的保护期为50年，截止于作品首次发表后第50年的12月31日，但是作品自创作完成后50年内未发表的，《著作权法》不再给予保护。

5. 作者生前未能发表的作品。如果作者未明确表示不发表，作者去世后50年内，其发表权可由继承人或者受遗赠人行使；没有继承人或者又无人受遗赠的，由作品原件的所有人行使。

（三）外国人作品的保护期限的计算

外国人的作品首先在中国境内出版的，其著作权保护自首次出版之日起计算。

外国人的作品在境外首先出版后，30日内在中国境内出版，视为该作品同时在中国境内出版。外国人未发表的作品经授权改编、翻译后首先在中国境内出版的，视为该作品首先在中国境内出版。

第四节　著作权人

著作权人是作品的创作者和依约定或者法律规定从原始著作权人合法取得著作权的人。分为原始著作权人和继受著作权人。以自己创作的作品依法获得著作权的人是原始著作权人。通过合同、继承等方式而取得著作权的人，称为继受著作权人。原始著作权人享有著作权的全部权益，即著作人身权和著作财产权，继受著作权人只能享有著作财产权而不能享有著作人身权。

一、一般情况下的著作权人

（一）作者——原始性著作权人

根据著作权法的规定，著作权首先属于作者。依"自动发生"原则，自作品创作完成之后，作者即自动获得其作品的著作人身权和著作财产权，成为著作权的最初的、原始的享有者。

作者是指创作作品的自然人。著作权法上的作者必须具备三个条件：①作者是具有创作能力的人，即须掌握一定的文学、艺术或科学知识并具备将这种知识以一定的形式表现出来的能力和技巧；②作者是从事实际创作活动的人；③作者是创作了作品的人。

创作是指作者通过独立的构思，运用自己的能力和技巧表达思想或情感，从而直接产生文学、艺术和科学作品的行为。只有自然人才能从事智力成果的创作活动，成为事实上的作者。但在特定情况下，法律也把某些社会组织认定为作者。《著作权法》第11条规定，由法人或其他组织主持，代表法人或其他组织意志创作，并由法人或其他组织承担责任的作品，法人或其他组织视为作者。这就是说，在特定情况下，某些社会组织也可以成为作者，成为原始性著作权人。

综上所述，作者分为两类：

1. 自然人。因创作行为是事实行为，所以，未成年人也可能成为作者。

2. 法人或其他组织。

关于作者的认定，依《著作权法》第11条的规定，如无相反证明，在作品上署名的自然人，法人或其他组织为作者。

（二）非作者——继受著作权人

继受著作权人，是指依照法律规定或通过特别约定，从原始著作权人处获得著作财产权或部分著作人身权之人。

继受著作权人包括自然人、法人、其他组织和国家。他们取得著作权或得行使著作权中的某项权利的途径既可能是依据合同，也可能是依据法律的直接规定。如自然人作者去世后，其所享有的著作财产权依继承法和著作权法的规定，由其继承人继承。又如依《著作权法实施条例》第 17 条的规定，作者生前未发表但未明确表示不发表的作品，其发表权由他的继承人或受遗赠人行使。

依《著作权法实施条例》第 13 条的规定，作者身份不明的作品，除署名权外的其他权利由原件的所有人行使。作者身份确定后，由作者或者其继承人行使著作权。

二、几种特殊作品的著作权人

（一）合作作品的著作权人

二人以上共同创作的作品是合作作品。合作作品的著作权人为全体合作作者，即合作作品的著作权由全体合作作者共同享有。如果合作作品可以分割使用，作者对各自创作的部分可以单独享有著作权，但在行使时不得侵犯合作作品整体的著作权。

合作作品的构成要件：

1. 合作作者之间须有共同创作一件作品的合意，即须各方意思表示达成一致。

2. 在创作过程中合作人应有共同创作行为，即有意识地共同贯彻合作创作的意图，使他们各自的创作成果相互照应、衔接、协调和统一。

3. 合作成果中应包含每个合作人创造的价值，且该合作成果整体应该符合作品的构成要件。

（二）职务作品的著作权人

公民为完成法人或者其他组织工作任务所创作的作品是职务作品。职务作品与非职务作品在表现形式，即作品本身的属性上没有任何区别，只是在创作过程和权利归属上处于与非职务作品不同的一种社会关系中。

依《著作权法》的规定，职务作品的著作权人有下列三种情况：

1. 一般情况下，职务作品的著作权归属于自然人作者。但是，作者所在单位有权在其业务范围内优先使用，在作品完成后 2 年内，未经单位许可，作者不得允许第三人以与单位使用的相同方式使用该作品。

2. 主要是利用法人或其他组织的物质技术条件创作，并由法人或其他组织承担责任的工程设计图、产品设计图、计算机软件、地图等职务作品，以及法律、行政法规规定或合同约定著作权由法人或其他组织享有的职务作品，作者享有署名权，著作权的其他权利由法人或其他组织享有，法人或其他组织可以给予作者奖励。

3. 由法人或其他组织主持，代表法人或其他组织的意志创作，并由法人或其他组织承担责任的职务作品，著作权由被视为作者的法人或其他组织享有。作为实际作者的自然人不享有著作权，但是可依劳动合同产生劳动报酬请求权以及获得奖励权。

（三）演绎作品的著作权人

改编、翻译、注释、整理已有作品而产生的作品，其著作权由改编、翻译、注释、整理人享有，但行使著作权时不得侵犯原作品的著作权。

（四）汇编作品的著作权人

汇编若干作品、作品片段或者不构成作品的数据或者其他材料，对其内容的选择或者编排体现独创性的作品，为汇编作品，其著作权由汇编人享有，但行使权利时，不得侵犯原作品的著作权。

（五）委托作品的著作权人

受人委托创作的作品为委托作品。

依《著作权法》第17条的规定，委托作品的著作权人根据委托合同的约定，可以是委托人，也可以是受托人；合同未明确约定或者未订立合同的，委托作品的著作权人为受托人。

（六）影视作品的著作权人

影视作品是将众多的作者和表演人以及其他创作活动和技术活动凝结在一起的复杂的集合体，大多数作者的创作不可分割地融进同一个表现形式中，除去音乐、剧本或美术等作品外，每个作者的创作成果都无法从影视作品整体中分割出来获得独自的表现形式，因而，这些作者都无法单独行使其著作权。

对此，《著作权法》第15条规定："电影作品和以类似摄制电影的方法创作的作品的著作权由制片者享有，但编剧、导演、摄影、作词、作曲等作者享有署名权，并有权按照与制片者签订的合同获得报酬。电影作品和以类似摄制电影的方法创作的作品中的剧本、音乐等可以单独使用的作品的作者有权单独行使其著作权。"

第五节　著作邻接权

一、邻接权的概念

邻接权，是指作品的传播者对其在作品传播过程中的创造性劳动成果依法享有的权利。

邻接权是随着传播科技的发展和广泛运用而出现的。目前，几乎所有的国家都认识到作品的传播者在传播作品时付出了创造性的劳动。在大陆法系国家，认为传播者的这种创造性劳动尚达不到创作作品那样的智慧高度，因此，对传播者的这种创造性劳动尚不能以著作权来加以保护，而只能以"邻接权"这种邻近著作权的权利来加以保护。而在美国及受其影响的国家，则将传播者的创造性劳动的产品均视为作品，施之以著作权保护，故在美国及受其影响的国家无"邻接权"的术语和制度。

在我国《著作权法》中，没有使用"邻接权"这一概念，而是使用"与著作权有关的权利"这一概念。

二、邻接权的主体、客体和内容

（一）邻接权的主体

根据我国《著作权法》的规定，邻接权的主体有：

1. 出版者，即各种出版图书、杂志、报纸的出版社、杂志社和报社。

2. 表演者，即通过演奏、歌唱、朗读及各种形体动作再现文学艺术作品的人。

3. 录音制作者，即首次将表演的声音或其他声音录制下来的人。

4. 录像制作者，即制作录像制品的人。

5. 广播电台、电视台。

（二）邻接权的客体

依据我国《著作权法》的规定，邻接权的客体为：

1. 演艺表演。

2. 音像制品。

3. 广播电视节目。

4. 图书的装帧版式设计。

（三）邻接权的内容

1. 表演者权。①表明表演者身份；②保护表演形象不受歪曲；③许可他人从现场直播和公开传送其现场表演，并获得报酬；④许可他人录音录像，并获得报酬；⑤许可他人复制、发行录有其表演的录音录像制品，并获得报酬；⑥许可他人通过信息网络向公众传播其表演，并获得报酬。

2. 音像制作者权。①署名权，即在音像制品的原件和复制品上标记制作人姓名的权利；②录音录像制作者对其制作的录音录像制品，享有许可他人复制、发行、出租、通过信息网络向公众传播并获得报酬的权利。

3. 广播电视节目制作者权。①署名权，即在所创作的广播电视节目原件上署上创作人姓名，及在使用中标记或宣示该姓名的权利；②播放权，即以无线、有线和电视传播手段使用节目的权利；③许可权，即许可他人使用节目的权利；④复制权，即以录音、录像手段和其他手段对节目实施复制的权利；⑤收益权，即在许可他人使用时收取使用费的权利。

4. 出版者权。①专有出版权；②对作品的修改、删节权。图书出版者经作者许可，可以对作品修改、删节。报社、期刊社可以对作品作文字性修改、删节。对内容的修改，应当经作者许可；③转载权；④版式设计专有权。

思考练习题

1. 著作权的客体是什么？

2. 哪些对象是不受著作权保护的？

3. 著作人身权包括哪些权利？著作财产权包括哪些权利？

4. 什么是职务作品？职务作品的著作权如何确定？

5. 什么是著作权的合理使用？包括哪些情形？

6. 著作邻接权包括哪些内容？

第二十六章　专　利　权

■ 学习目的和要求

　　本章是关于专利权的内容。通过本章的学习，应当掌握专利权的法律特征、专利权的主体、内容、客体类型，以及发明专利、实用新型、外观设计取得专利权在实质要件和程序上的区别。

第一节　专利权概述

一、专利权的概念与特征

专利权，是指发明创造人依法对其公开的发明创造享有的专有权（即独占权）。专利权除具有知识产权的一般特征外，还具有以下法律特征：

1. 独占性，同一内容的发明或设计只能授予一项专利，且只能授予先申请之人。发明或设计人一旦获得专利，即在法律许可的范围内享有垄断权。

2. 公开性，专利授予的目的是为了实施，即让公众能够使用发明，从发明中受益，而不仅仅是为了让专利权人能够独占使用发明。实施专利的前提是公开专利成果，以便于公众了解，方便实施。

3. 授予性，专利权须经政府授予，经公告生效，而非自动产生。

二、我国对专利权的立法保护

我国专利立法由三部分组成，即《民法通则》、《专利法》和《专利法实施细则》，最高人民法院有关专利权的司法解释。

第二节 专利权的主体

一、专利权主体的概念

专利权的主体，是指能够取得专利权资格的人。

只有作出发明创造的人，才有可能成为专利权的主体。

二、专利权主体的类型

（一）发明人或设计人

发明人是指发明或实用新型的创造人。

设计人是指外观设计的制作人。

发明创造是人脑的专利，因此，发明人或设计人只能是自然人。

（二）社会组织

发明创造是人脑的专利，社会组织不具有生物学意义上的"大脑"，因此不可能作出发明。但依照法律的规定，在社会组织中供职的自然人基于职务所作出的发明，归属其所在的社会组织。就是说，社会组织可因职务发明而成为专利权的主体。

根据《专利法》第6条的规定，职务发明是指自然人在执行本单位的任务或主要是利用本单位的物质条件所完成的发明创造。

依《专利法实施细则》第12条的规定，职务发明包括以下几种：

1. 在本职工作中作出的发明创造。

2. 履行本单位交付的本职工作以外的任务所作出的发明创造。

3. 退休、调离原单位后或劳动、人事关系终止后1年内作出的，与其在原单位承担的本职工作或原单位分配的任务有关的发明创造。

（三）合法受让人

合法受让人，是指依有偿或无偿转让、继承等方式承受专利权的自然人和社会组织。专利权经合法受让后，受让人就成为专利权的主体。

（四）外国人与外国组织

外国人，指不具有中国国籍的自然人；外国组织，指依外国法律在外国注册的法人或非法人组织。依我国《专利法》及国际公约的规定：

1. 对于在中国境内有经常的居所或营业所的外国人或外国组织，可以享受和中国公民或社会组织相同的待遇，即国民待遇。

2. 对于在中国境内没有经常的居所或营业所的外国人或外国组织，依双边协议、国际条约或互惠原则确定其专利权主体资格。

第三节　专利权的客体

一、专利权的客体的概念

专利权的客体，是指依法授予专利权的发明创造，即依法以专利形式保护的发明创造成果。

依《专利法》的规定，专利权的客体有 3 种：发明、实用新型和外观设计。

二、专利权的客体的类型

（一）发明

发明，是指受专利法保护的，对产品、方法或其改进所提出的新的技术方案。

依上述定义可知，发明包括三种类型：

1. 产品发明，是指发明人在创造性劳动中得到的一种前所未有的且具有实际应用价值的产品。发明人的思想是通过具体的产品体现出来的，如计算机的发明。

2. 方法发明，是指在已有的产品上应用和体现出来的一种前所未有的创造性方法。发明人的思想是通过制作产品的具体过程体现出来的，如产品的制造方法、化学方法、生物方法、光纤通讯方法等。

3. 改进发明，是指对产品发明或方法发明进行应用、改良过程中所作出的具有实质性革新的发明。

（二）实用新型

实用新型，是指对产品的形状、构造或其结合所提出的适于实用的新的技术方案。

实用新型在技术思想水平上略低于发明，有"小发明"之称，但在实用性要求方面则高于发明。

（三）外观设计

外观设计，是指对产品的形状、图案、色彩或其结合所作出的富有美感并适于工业应用的新设计。

外观设计是将图案、色彩、造型或其结合表现于工业品的外部，其功能在于美化工业产品，而不涉及产品的技术性能。

三、不授予专利权的对象

《专利法》第 5 条和第 25 条规定，下列各项不授予专利权：

1. 违反法律、社会公德或者妨害公共利益的发明创造。例如，伪造人民币的方法或工具；吸毒的工具等。

2. 违反法律、行政法规的规定获取或者利用遗传资源，并依赖该遗传资源完成的发明创造。

3. 科学发现。发明是创造前所未有的东西，而非对前所未知的自然规律的认识。

4. 智力活动的规则和方法。智力活动的规则和方法是指人们进行推理、分析、判断、记忆等思维活动的规则和方法。但有关进行智力活动的新工具、新设备或者新装置的技术方案，符合授予专利的条件时，可以获得专利保护。

5. 疾病的诊断和治疗方法。需要注意的是，对于血液、毛发、尿样等脱离了人体的物质的化验方法则不属疾病诊断和治疗方法，可授予专利权。此外，药品或者医疗器械也可以申请专利。

6. 动物和植物品种。但是对于动物和植物品种的生产方法，可以依法授予专利权。需要注意的是，"动植物品种"不同于"动植物品种的生产方法"。

7. 用原子核变换方法获得的物质。

8. 对平面印刷品的图案、色彩或者二者的结合作出的主要起标识作用的设计。

第四节　专利法律关系的内容

一、专利权人的权利

依我国专利法的规定，专利权人的权利主要包括：

1. 署名权。是指发明人或设计人在专利文件上署上自己姓名以标记表彰的权利。

2. 独占使用权。是指专利权人对其发明创造享有的制造、使用和销售的垄断权。

3. 标记权。是指专利权人在其专利产品或该产品的包装上标明专利标识和专利号的权利。

4. 实施权。是指实现专利使用权中的各项具体权能。专利的实施是实现专利使用权中各项具体权能的途径。专利的实施，可以依专利权人自己的愿望而实施，还可以依强制和指定而实施。专利既可以由专利权人自己实施，也可以许可他人实施，还可以与他人合作实施。

5. 收益权。是指通过实施专利取得经济利益的权利。

6. 处分权。是指专利权人对其发明创造的专利归属所作处置的权利。处分方式有放弃（事实处分）和转让（法律处分）两种。

二、专利权的限制

（一）不视为侵犯专利权的实施专利行为

依《专利法》第69条的规定，有下列情形之一的，不视为侵犯专利权：

1. 权利用尽限制。即专利产品或者依照专利方法直接获得的产品，由专利权人或者经其许可的单位、个人售出后，使用、许诺销售、销售、进口该产品的，不构成侵权。

2. 先用权限制。在专利申请日前已经制造相同产品、使用相同方法或者已经作好制造、使用的必要准备，并且仅在原有范围内继续制造、使用的，不视为侵权。

3. 临时过境限制。这是指临时通过中国领陆、领水、领空的外国运输工具，依照其所属国同中国签订的协议或者共同参加的国际条约，或者依照互惠原则，为运输工具自身需要而在其装置和设备中使用有关专利的，也不视为侵权。

4. 专为科学研究或实验目的而使用有关专利的，不构成侵权。

5. 为提供行政审批所需要的信息，制造、使用、进口专利药品或者专利医疗器械的，以及专门为其制造、进口专利药品或者专利医疗器械的，不构成侵权。

（二）专利实施的强制许可

专利实施的强制许可，是指国务院专利行政部门不经专利权人同意，经强制许可程序许可非专利权人实施发明或实用新型专利的许可。因其有"不经专利权人同意"的强制性，也可认为专利权的限制。不过，根据强制许可取得专利实施权的人并不是无偿实施他人的专利，而是须向专利权人支付实施费。

强制许可的适用情形有：

1. 对滥用专利权的强制许可。包括：①专利权人无正当理由未实施或者未充分实施其专利达到法定期间，具备实施条件的单位或者个人申请的；②专利权人行使专利权的行为被依法认定为垄断行为，为消除或者减少该行为对竞争产生的不利影响的。

2. 对从属专利的强制许可。一项取得专利权的发明或者实用新型比前已经取得专利权的发明或者实用新型具有显著经济意义的重大技术进步，其实施又有赖于前一发明或者实用新型的实施的，国务院专利行政部门根据后一专利权人的申请，可以给予实施前一发明或者实用新型的强制许可。按对等原则，前一项专利的专利权人也可以申请实施后一项专利的强制许可。

3. 国家出现紧急状态或非常情况时，或为了公共利益目的的。

三、专利权的期限

专利权的期限，是专利权存续的最长有效期限。专利权仅在法定期限内有效，逾此期限，发明创造即进入公有领域，成为全人类的共同财产。

依专利法的规定，专利权的期限自申请日起计算，发明专利权的期限为20年；实用新型、外观设计专利权的期限为10年。

四、专利权人的义务

1. 缴纳年费。专利权人逾期不缴纳年费，其专利权即告终止。所谓年费，是指为维持专利权的效力，专利权人按照《专利法》的规定，自被授予专利权的当年开始，在专利权期限内逐年向国务院专利行政部门缴纳的费用。缴纳年费的意义主要在于：一是增加国务院专利行政部门的财政收入，以达到收支平衡。二是促使专利权人每年认真考虑是否需要维持专利权的效力，从而淘汰已经变得无价值或经济效益不大的专利。三是减少国务院专利行政部门处理毫无意义的专利权的维持事宜。

2. 保持充分公开专利。专利权人应当在说明书中对权利要求书请求保护的发明创造的内容按照《专利法》的规定做出清楚、完整的说明，以使所属技术领域的技术人员能够理解和实施。

3. 正确实施专利权。我国主张实际实施，不仅要求专利权人有实施的意图，而且要求实施达到一定的规模。对于专利权人而言，实施专利既是其应尽的义务，也是其行使专利权并从中受益的手段。

4. 在职务发明中，作为专利权人的单位有向发明人或设计人给予精神和物质奖励和在实施专利后给予法定报酬的义务。

第五节 专利权的取得

一、专利权取得的条件

依《专利法》的规定，发明、实用新型取得专利权的条件是新颖性、创造性和实用性，即"三性"；外观设计取得专利权的条件是新颖性。

（一）新颖性

新颖性，是指拟申请专利的发明创造与已有技术相比的前所未有性。

发明、实用新型的新颖性的判断标准：

1. 未被公知。即在申请日以前没有同样的发明或实用新型在国内外出版物上公开发表过或在国内公开使用过或以其他方式为公众所知。

2. 未有同样的申请。即在申请日以前，没有同样的发明或实用新型由他人向国务院专利行政部门提出过申请并记载在申请日以后公布的专利申请文件中。外观设计的新颖性的判断标准是应当同申请日以前在国内外出版物上公开发表过或者国内公开使用过的外观设计不相同和不相近似，并不得与他人在先取得的合法权利相冲突。

依《专利法》第24条的规定，申请专利的发明创造，在申请日以前6个月内有下列情况的，不丧失新颖性：①在中国政府主办或承认的国际展览会上首次展出的；②在规定的学术会议或技术会议上首次发表的；③他人未经申请人同意而泄露其内容的。

（二）创造性

创造性，是指同申请日以前已有的技术相比，拟申请专利的发明须有突出的实质性特点和显著进步，拟申请专利的实用新型须有实质性特点和进步。

"实质性特点"，是指比已有技术具有新的、本质上的突破。

"进步"，是指比现有技术先进。

（三）实用性

实用性，是指拟申请专利的发明或实用新型能够制造或使用，并且能够产生积极效果。

二、专利权取得的原则

1. 一发明一专利原则。一件发明或实用新型专利申请应当限于一项发明或实用新型。但属于一个总的发明构思的两项以上的发明或实用新型，可以作为一件申请提出。

一件外观设计专利申请应当限于一种产品所使用的一项外观设计。但用于同一类别并且成套出售或使用的产品的两项以上的外观设计，可以作为一件申请提出。

2. 先申请原则。两个以上的申请人分别就同样的发明创造申请专利的，专利权授予最先申请的人，而不问发明的先后次序。

3. 优先权原则。①国外优先权：申请人自发明或实用新型在外国第一次提出专利申请之日起 12 个月内，或自外观设计在外国第一次提出专利申请之日起 6 个月内，又在中国就相同主题提出专利申请的，依照该外国同中国签订的协议或共同参加的国际公约，或依照相互承认的优先权原则，可以享有优先权。②国内优先权：申请人自发明或者实用新型在中国第一次提出专利申请之日起 12 个月内，又向国务院专利行政部门就相同主题提出专利申请的，可以享有优先权，此乃"期限优先权"。据此，申请人有权要求将第一次提出申请的日期作为后来提出申请的申请日。

三、专利权取得的程序

一项专利权的取得，通常经历申请和审批两道程序。

（一）申请

申请是申请人以书面方式向国务院专利行政部门作出的要求承认其发明创造为专利的意思表示。申请书包括请求书、说明书及其摘要、权利要求书、附图、优先权声明等文件。

（二）审批

1. 审查，是指对拟申请专利的发明创造是否符合专利权的客体、取得条件和原则等的查验、核实。

依《专利法》的规定，我国对发明专利申请采取实质审查制度；对实用新型和外观设计专利申请采取形式审查制度。

2. 批准，专利申请经审查合格后，由国务院专利行政部门授予专利权，并发给专利证书。

思考练习题

1. 简述专利权的法律特征？
2. 专利权的客体有哪些？
3. 不予授予专利权的情形有哪些？
4. 对专利权的限制有哪些？
5. 发明、实用新型、外观设计在新颖性的要求上有何不同？

第二十七章　商标权

■ 学习目的和要求

　　本章是关于商标权的内容。通过本章的学习，应当掌握商标权的内容，掌握商标的种类，不予注册为商标的情形及例外，掌握商标权的取得程序、保护期限和续展。

第一节　商标权概述

一、商标的概念与作用

　　商标，是指任何能够将自然人、法人或者其他组织的商品与他人的商品区别开的可视性标志，包括文字、图形、字母、数字、三维标志和颜色组合，以及上述要素的组合。其作用如下：

　　1. 商标具有区别不同生产者或经营者生产或经营同类商品的作用。

　　2. 商标具有反映生产者或经营者技术及管理水平的作用，以及监督商品质量、指导消费的作用。

　　3. 商标本身具有价值和使用价值，是可供交换的商品。

　　4. 商标具有广告宣传作用。

　　5. 商标是时代文化的折射。

二、商标权的概念

　　商标权，是指注册商标权人对其注册商标所享有的专有权。包括：

　　1. 独占使用权，是指注册商标权人在核定商品上排他性使用注册商标的权利。只有注册商标权人才有权将注册商标与核定的商品相结合。

　　2. 许可使用权，是指注册商标权人许可他人使用其注册商标的权利。注册商标权人对许可使用人的商品负有质量监督及保证义务。

3. 处分权，是指注册商标权人对注册商标的归属得依其意志而为决定的权利，如续展、放弃或转让。

4. 禁用权，是指注册商标权人有权禁止他人未经许可，使用与其注册商标相类似的商标，有权禁止他人擅自制造或销售其注册商标标识，有权禁止他人在同一或类似商品上，用与其注册商标相同或近似的文字、图形作为商品名称或商品装潢。

三、我国对商标权的立法保护

我国有关商标权的立法主要有：《民法通则》、《中华人民共和国商标法》、《中华人民共和国商标法实施条例》、《中华人民共和国企业法人登记管理条例》、《企业名称登记管理规定》等。

第二节 商标权的主体与客体

一、商标权的主体

商标权的主体，是指依法享有商标专用权的人，即注册商标的所有人。依《商标法》第4条和第17条的规定，商标权的主体有：

1. 自然人。

2. 法人或其他组织。

3. 外国人、外国企业，即按照双边条约或共同参加的国际公约的规定，或按照对等原则，允许在中国境内申请注册商标的具有外国国籍的自然人和经济组织。

二、商标权的客体

商标权的客体为注册商标。

（一）注册商标的构成要件

1. 注册商标须具有构成要素，即注册商标须由文字、图形、字母、数字、三维标志和颜色组合，以及上述要素的组合。

2. 注册商标须具有显著特征。即注册商标的构成要素须有明显的特色，以便于消费者识别。

（二）注册商标的禁忌

1. 依《商标法》第10条的规定，下列标志不得作为商标使用：

（1）同中华人民共和国的国家名称、国旗、国徽、军旗、勋章相同或近似的，以及同中央国家机关所在地特定地点的名称或者标志性建筑物的名称、图形相同的。

（2）同外国的国家名称、国旗、国徽、军旗相同或近似的，但该国政府同意的除外。

（3）同政府间国际组织的名称、旗帜、徽记相同或近似的，但经该组织同意或者不易误导公众的除外。

（4）与表明实施控制、予以保证的官方标志、检验印记相同或者近似的，但经授权的除外。

（5）同"红十字"、"红新月"的名称、标志相同或近似的。

（6）带有民族歧视性的。

（7）夸大宣传并带有欺骗性的。

（8）有害于社会主义道德风尚或有其他不良影响的。

（9）县级以上行政区划的地名或公众知晓的外国地名，不得作为商标。但是，地名具有其他含义或者作为集体商标、证明商标组成部分的除外；已经注册的使用地名的商标继续有效。

2. 依《商标法》第 11 条，下列标志不得作为商标注册，但经过使用取得显著特征，并便于识别的，可以作为商标注册：

（1）仅有本商品的通用名称、图形、型号的。

（2）仅仅直接表示商品的质量、主要原料、功能、用途、重量、数量及其他特点的。

（3）缺乏显著特征的。

3. 依《商标法》第 12 条，以三维标志申请注册商标的，仅由商品自身的性质产生的形状、为获得技术效果而需有的商品形状或者使商品具有实质性价值的形状，不得注册。

4. 依《商标法》第 13 条，就相同或者类似商品申请注册的商标是复制、模仿或者翻译他人未在中国注册的驰名商标，容易导致混淆的，不予注册并禁止使用。就不相同或者不相类似商品申请注册的商标是复制、模仿或者翻译他人已经在中国注册的驰名商标，误导公众，致使该驰名商标注册人的利益可能受到损害的，不予注册并禁止使用。

（三）注册商标的类型

1. 依注册商标的构成要素划分。文字商标、图形商标、字母商标、数字商标、三维标志商标和颜色组合商标，以及上述要素的组合的商标。

2. 依注册商标使用人划分。生产商标、商业商标、报刊商标和集体商标。

集体商标，是指以团体、协会或者其他组织名义注册，供该组织成员在商事活动中使用，以表明使用者在该组织中的成员资格的商标。

3. 依注册商标的功能划分。

（1）联合商标，是指同一人在同类商品上使用的一组近似的商标。如杭州娃哈哈营养食品厂注册的"娃哈哈"、"哈哈娃"、"娃娃哈"商标就是联合商标。

（2）防御商标，是指同一人在不同类别的商品上使用的同一个商标。如"可口可乐"为防止他人使用啤酒类影射，而在酒类注册，形成防御商标。

4. 其他类型。

（1）驰名商标，是指公众所知的享有卓越声誉的商标，俗称"名牌"。依《保护工业产权巴黎公约》的规定，驰名商标由各国商标主管机关来认定，对驰名商标应给予特别保护。

（2）证明商标，是指由对某种商品或者服务具有监督能力的组织所控制，而由该组织以外的单位或者个人使用于其商品或者服务，用以证明该商品或者服务的原产地、原料、制造方法、质量或者其他特定品质的标志。如"纯羊毛"、"绿色食品"、"真皮"等标志。

（3）服务商标，是用来识别不同服务特征的标记。服务商标相对于商品商标，是无形商品的标记。商标法有关商品商标的规定，适用于服务商标。关于服务的种类，《尼斯协定》分为八类：广告、金融、电信、运输、教育、修理、餐饮、杂项服务等。

第三节　商标权的取得

一、商标权取得的条件

商标权的客体是注册商标。依《商标法》第4条规定，需要取得商标专用权的，应当向商标局申请注册。可见，取得商标权的唯一条件即是申请商标注册。这就是说，未经注册的商标，不受法律保护，其使用人只享有商标使用权而不享有商标所有权，不得对抗第三人使用相同或相似的商标。

二、商标注册的原则

1. 自愿注册原则。除法律另有规定外，商标使用人是否申请商标注册完全由其自由决定，他人不得干涉。依《商标法》的有关规定，对人用药品和烟草制品采取强制注册，即这两类商品的商标未经注册时，其商品不得在市场上销售。

2. 申请在先原则。当两个以上的人在同种或同类商品上以相同或类似的商标申请注册时，申请在先的人取得商标权。如系同日申请，则使用在先的人取得商标权。如同日申请又同日使用或均未使用的，由申请人协商，协商不成的，由商标局裁定。

3. 单一性原则。在办理商标注册时，采取一类商品一件商标一份申请的办法。如果需要在几类商品上使用一件商标或在一类商品上使用几件商标时，应分别提出申请。

三、商标权取得的程序

1. 申请，是指申请人向商标局作出的请求注册商标的意思表示。该意思表示以向商标局递交法定文件的方式为之。

2. 审查，是指对商标注册申请是否符合商标的构成要件、注册原则等的检查，包括实质审查和形式审查。

3. 核准注册，商标注册经审查合格后，予以核准注册，发给商标注册证并予以公告，自此申请人取得商标所有权。

四、商标权的期限与续展

依《商标法》第37条的规定，商标权的期限即商标权存续的有效期限，自核准注册之日起计算为10年。

依《商标法》第38条的规定，注册商标有效期满，需要继续使用的，应当在期满前6个月内申请续展注册；在此期间未能提出申请的，可以给予6个月的宽展期。宽展期满仍未提出申请的，注销其注册商标。每次续展注册的有效期为10年。续展的次数，法律没有限制。

思考练习题

1. 简述商标权的概念。
2. 商标的种类有哪些？什么是集体商标、证明商标？
3. 联合商标和防御商标的区别何在？
4. 不得注册为商标的情形有哪些？有哪些例外情形？
5. 商标权的有效期限、续展期、宽展期各是什么？

第二十八章　发明权、发现权及其他科技成果权

■ 学习目的和要求

　　本章是关于著作权、专利权、商标权之外的其他知识产权的内容。通过本章的学习，应当掌握发明权、发现权、其他科技成果权的相关内容。

一、发明权

发明权，是指发明人对其发明成果依法所享有的权利。

我国对发明采取专利法和发明法共同调整的双轨制，对于一项发明，发明人可依其意愿在发明权与专利权之间择一申请。

发明权的主体、客体和内容：

1. 主体，即发明权人，是指能够申请并依法获得发明权的人，包括对发明作出创造性贡献的集体和个人。

2. 客体，即发明，是指前人所没有的、先进的、经实践证明可以应用的重大科技新成就。

3. 内容，主要有署名权，发明证书、奖章、奖金的受领权。

二、发现权

发现权是指发现人对其科学发现成果依法享有的权利。

发现是对自然界及其规律的新认识，是对既存的事物或规律的认识，是变"未知"为"已知"的过程。

发现权的主体、客体与内容：

1. 主体，即发现人，既可以是集体或个人，也可以是华侨或外国人。

2. 客体，即科学发现，须是在科学技术的发展中有重大意义的，阐明自然的现象、特性或规律的科学研究成果。

3. 内容，主要有对发现成果的署名权，荣誉证书、奖章、奖金的受领权。

三、其他科技成果权

其他科技成果权，是指对发明、发现以外的科技成果享有的权利。

其他科技成果权由《民法通则》及系列特别法加以规定，如《合理化建议和技术改进奖励条例》。

其他科技成果权的客体有三类：

1. 科技进步，是指应用于社会主义现代化建设的新的科学技术成就，推广、采用已有的先进科学技术成果，科学技术管理以及标准、计量、科学技术情报工作等。

2. 合理化建议，是指有关改进和完善企业、事业单位生产和经营管理方面的办法和措施。合理化建议须同时具有进步性、可行性和效益性。

3. 技术改进，是指对机器设备、工具、工艺技术等方面所作的改进和革新。技术改进也须同时具有进步性、可行性和效益性。

其他科技成果权的权利内容：

1. 科技进步的创造者享有科学技术进步奖的奖励证书和奖金的受领权。

2. 合理化建议的建议人和技术改进的改进人享有荣誉奖状和奖金的受领权。

思考练习题

1. 发明权的主体、客体、内容是什么？
2. 发现权的主体、客体、内容是什么？
3. 其他科技成果权的类型有哪些？

第五编 继 承 权

第二十九章 继承法总论

■ 学习目的和要求

　　本章内容丰富，知识点多，而且具有较强的实践性，所以，除对基本概念进行准确记忆外，理解法律规定的精神以及运用知识解决实际问题是对本章学习的要求。通过学习，要掌握遗产的概念和范围、继承权的概念、继承权丧失的几种原因，掌握被继承人债务的清偿原则。理解继承法的基本原则、遗产分配的原则。

第一节　财产继承的概念及种类

一、继承的概念

　　继承有广义和狭义之分。广义的继承是指后人对前人的科学、文化、艺术、思想、财产、事业等的承袭。如某人死后，后人经常说"继承某某的遗志"等。狭义的继承仅指财产继承。

二、财产继承的概念

　　财产继承，是指把自然人死亡时遗留的个人合法财产转归有权接受该项财产的人所有的法律制度。其中，遗留财产的死者叫被继承人；自然人死亡时遗留的财产叫做遗产；依法取得遗产的人（死者的近亲属）叫做继承人；自然人依法承受死者财产的权利叫做继承权；调整财产继承法律关系的法律规范的总称叫做继承法。

　　从财产继承的定义中可以看出，继承必须具备以下条件：

　　1. 须有被继承人死亡事实的发生。继承是对死者的继承，所以，有死亡事实的发生是财产继承的前提，活着的人之间的财产移转，不能称为继承。这里的死亡包括生理死亡和宣告死亡。

2. 死者须留有遗产。财产继承的客体是财产，死者没有留下财产，当然也就不发生财产继承。死者留有遗产是财产继承的物质条件。

3. 须有合法的继承人。继承人是继承法律关系的主体，没有继承人或继承人丧失继承权时，不发生继承，死者的财产由有关组织或国家承受。

三、财产继承的种类

财产继承依据不同的标准可以有不同的分类，常见的有以下几种：

1. 依继承是否按被继承人意思分为法定继承和遗嘱继承，后文将详细介绍。

2. 依继承人人数分为单独继承和共同继承。当继承人为一个人时的继承叫做单独继承；当继承人为两个以上的人时的继承叫做共同继承。

3. 依是否继承人本人继承分为本位继承、代位继承和转继承，后文将详细介绍。

第二节　我国财产继承的基本原则

我国财产继承的基本原则，是指在制定、实施、解释和研究我国继承法过程中，必须遵守的、贯穿整个继承法的基本准则。

基本原则本身具有法律效力，处理一切继承纠纷案件，凡法律、法规有具体规定的，适用这些具体规定；没有具体规定的，就应当依照基本原则来处理。根据我国《继承法》的规定，我国继承法的基本原则有以下几项：

一、继承权男女平等原则

《继承法》第9条规定："继承权男女平等。"这是公民在法律上一律平等的具体体现。法律规定这一原则的出发点是要保护妇女的继承权。奴隶社会、封建社会中公开规定男女不平等，所谓的"宗祧继承"、"嫡长子继承"都是以男子为中心的家长制的产物。我国长期受封建社会的影响，反封建仍然是现在社会主义条件下的一项任务。男女平等是宪法确认的一项重要原则，在继承法中男女平等主要表现在以下几个方面：

1. 在法定继承人的范围上男女平等。每一类法定继承人中，男性与女性都是相对应的，如夫和妻、父和母、兄弟和姐妹等都是平等的。

2. 在确定法定继承人的继承顺序上男女平等。在亲等相同的情况下，适用于男性的继承顺序，同样适用于女性；适用于父系的顺序，也适用于母系。如儿子和女儿都列入第一顺序；祖父母和外祖父母都平等地列入第二顺序。

3. 在代位继承中男女平等。凡是适用于男性的代位继承，也适用于女性；凡是适用于父系的代位继承，也同样适用于母系。

4. 在遗嘱继承中男女平等。无论男女，都有权按照自己的意志依法订立遗嘱，处分个人财产；也不论男女，都可以成为被继承人指定的遗嘱继承人。

二、养老育幼、保护缺乏劳动能力又没有生活来源人利益的原则

养老育幼、照顾病残是社会主义家庭的神圣职责，是社会主义制度优越性的体现。这一原则在《继承法》中主要体现在：

1. 在遗产分配上，对生活有特殊困难，又缺乏劳动能力的继承人应当予以照顾；对继承人以外的依靠被继承人扶养的缺乏劳动能力又没有生活来源的人，可以分给他们适当的遗产。

2. 被继承人以遗嘱方式处分财产时，应当对缺乏劳动能力又没有生活来源的继承人保留必要的遗产份额，以保障他们的基本生活需要。

3. 保护被继承人死亡后出生的新生儿利益。遗产分割时，应当保留胎儿的继承份额。

4. 自然人可以通过与扶养人或集体所有制组织签订遗赠扶养协议的方式，使自己的生活得到保证。

三、权利与义务相一致原则

权利与义务相一致原则表现在：

1. 在遗产分配上，对被继承人尽了主要扶养义务的人，可以多分；对于有扶养条件和能力而不尽扶养义务的继承人，应当不分或少分。

2. 对公、婆或岳父、岳母尽了主要赡养义务的丧偶儿媳或丧偶女婿，也被赋予继承权。

3. 在有遗赠扶养协议时，扶养人按照协议履行了扶养义务的，有权受遗赠，不履行协议的，不享有受遗赠的权利。

4. 继承人在继承了被继承人财产权利的同时，也应偿还被继承人的债务。

5. 遗嘱继承或遗赠中附有义务的，继承人或受遗赠人应当履行义务，否则，法院可以取消其接受遗产的权利。

四、保护公民私有财产继承权原则

保护公民私有财产继承权，是我国宪法规定的内容，也是继承法立法的依据，继承法的基本任务和宗旨就是保护公民私有财产的继承权。这一原则的基本含义是，赋予公民继承权，保障公民能够对其死亡的近亲属的遗产依法继承。当继承权受到侵害时，权利人有权请求人民法院以强制力予以保护。

第三节　继承权

一、继承权的概念

继承权是自然人依法享有的，能够无偿取得其死亡近亲属遗产的权利。这一定义表明：

1. 继承权是自然人独自享有的权利。法人、其他组织以及国家等都不得享有此项权利。它们在有些情况下也可以承受死者所遗留的财产，但都不是以继承人的身份，依据继承权而取得，而是依法律规定对无人继承财产的承受，或者是以受遗赠人的身份取得遗赠财产，或者是以遗赠扶养协议的一方当事人的身份取得财产所有权的。

2. 继承权是财产权。继承权的内容是由继承人取得被继承人所遗留的财产，虽然继承权的发生以一定的亲属身份为前提，但继承人不得继承被继承人的人身权，更不能认为继承权是身份权。

3. 继承权是近亲属之间发生的财产权。能够继承死者遗产的人必须是与死者之间有近亲属关系的人。近亲属的这种权利是法律直接规定的，无需当事人之间约定，也无需权利人实施某种特别行为。

4. 继承权是由继承人无偿取得的一项财产权。继承人取得遗产无需对价给付义务，是无偿的。

5. 继承权有两种形态。一种是表明继承人法律地位的继承权，是一种继承资格，它是在被继承人尚未死亡时的一种继承权，这时，继承人并不能实际享有财产权，而必须等待被继承人死后才能实际享有。所以，这时的继承权又称做"期待继承权"。另一种是表明继承开始后，继承人实际享有的取得遗产的现实的权利，也称作"继承既得权"。

二、继承权的取得和丧失

（一）继承权的取得

继承权是近亲属之间存在的一项权利，因有近亲属关系而相互之间取得继承权，所以，继承权的取得从近亲属关系形成之时自然取得。自然血亲者从出生时，取得继承权；拟制血亲者从拟制血亲关系形成时，取得继承权；因婚姻关系而形成的近亲属，自婚姻关系成立时起，取得继承权。

（二）继承权的丧失

继承权的丧失，是指依照法律规定，在发生法定事由时，取消继承人的继承权。继承权的丧失，实质是对继承权的剥夺。根据《继承法》第7条的规定，在有下列情形之一的，丧失继承权：

1. 故意杀害被继承人的。继承人故意杀害被继承人，是一种严重的刑事犯罪行为，它不仅触犯了刑法，而且也违反了继承法的宗旨，对家庭关系也是重大伤害。所以，决不能使故意杀害被继承人的人，再取得被继承人的遗产。

在这里需要注意以下方面：①该继承人的杀害行为，在主观上是故意的，不管是直接故意，还是间接故意，也不管其动机是什么，都不影响这一条件的成立。②继承人只要实施了以剥夺被继承人生命为目的的杀害行为，就构成丧失继承权的要件，而不管该杀害行为是既遂还是未遂。③该剥夺被继承人生命的行为是违法的。合法的剥夺其生命的行为不构成丧失继承权的要件，如执行枪决命令、正当防卫等。

2. 为争夺遗产而杀害其他继承人的。如果是因为其他目的而杀害其他继承人，不构成丧失继承权。

3. 遗弃被继承人的，或者虐待被继承人情节严重的。遗弃被继承人，是指继承人对没有独立生活能力的被继承人，拒不履行扶养义务的行为。被继承人必须是没有独立生活能力的人，如果被继承人有独立生活能力，继承人对其不尽扶养义务，尽管不合法，但不构成遗弃。另外需要注意的是，如果继承人本身没有独立生活能力，无力尽扶养义务的，不构成遗弃。虐待，是指对被继承人以各种手段进行肉体或精神上的摧残、折磨的行为。构成丧失继承权的虐待行为，必须达到情节严重。是否情节严重一般看虐待时间长短、手段轻恶、后果是否严重，只是一时不关心、不照顾，不能认定为情节严重。

那么，是不是只要遗弃被继承人，或虐待被继承人情节严重，就一定丧失继承权呢？回答是否定的。根据《最高人民法院关于贯彻执行〈继承法〉若干问题的意见》（以下简称《继承法意见》），如果继承人"以后确有悔改表现，而且被虐待人、被遗弃人生前又表示宽恕的"，可不确认其丧失继承权。

4. 伪造、篡改或者销毁遗嘱，情节严重的。伪造遗嘱，根本不能体现遗嘱人的意愿，篡改遗嘱则改变了遗嘱人的意愿，而销毁遗嘱则是剥夺了遗嘱人对其遗产的处分权，所以，法律确认以上行为情节严重时，继承权就要被剥夺。

如何认定情节严重，法律没有具体规定，最高人民法院在解释时，也仅列举了一类，即"继承人伪造、篡改或者销毁遗嘱，侵害了缺乏劳动能力又无生活来源的继承人的利益，并造成其生活困难的，应认定其行为情节严重"。对此，应具体问题具体分析，根据个案的具体情况来认定。

三、继承权的放弃

继承权的放弃指继承开始后，遗产分割以前，继承人作出的不继承遗产的意思表示。作为一项权利，继承人既可以行使继承权，也可以放弃继承权。放弃继承权是一种单方民事法律行为，只要权利人自己作出放弃的意思表示，就发生法律效力。但是，作为一项法律行为，放弃继承权必须具备一定的条件，这些条件包括：①继承人必须作出明确的意思表示，没有明确意思表示的，视为接受继承。②放弃继承权的意思表示须在继承开始以后，遗产分割以前作出。在继承开始以前作出放弃继承权的意思表示，是无效的；而在遗产分割后再表示放弃遗产，就是放弃自己的所有权了。继承人放弃继承权的效力，溯及到继承的开始，即该继承人自始不参加继承。

需要注意的是，继承人不得因放弃继承权而逃避履行法律规定的义务。按照《继承法意见》："继承人因放弃继承权，致其不能履行法定义务的，放弃继承权的行为无效。"这里的法定义务主要包括：①支付被继承人丧葬费的义务；②赡养或扶养其他人的法定义务；③清偿被继承人生前因继承人不履行赡养或扶养义务，而为生活之所需所欠债务的义务等。

第四节 遗 产

一、遗产的概念

遗产是指自然人死亡时所遗留的个人合法财产。从该定义可以看出：①遗产是自然人死亡时所遗留的财产，如果没有死亡事实，不能称其财产为遗产；②遗产是自然人死亡时遗留的个人合法财产，非法财产不得作为遗产；③遗产必须是死亡自然人的个人财产，其他人的财产不得作为遗产。

另外需要注意的是遗产中既包括财产权利，也包括财产义务，有的教材中称"积极遗产"和"消极遗产"，是指我国的继承法采取的是概括继承，即被继承人死亡时遗留的财产权利和财产义务一并由继承人承受。

二、遗产的范围

根据《继承法》第 3 条的规定，遗产的范围包括以下几项：①公民的收入；②公民的房屋、储蓄和生活用品；③公民的林木、牲畜和家禽；④公民的文物、图书资料；⑤法律允许公民所有的生产资料；⑥公民的著作权、专利权中的财产权利；⑦公民的其他合法财产。

法律的这种列举有其积极的因素，同时也有其不足之处。随着社会的不断发展和进步，可以作为遗产的内容越来越多。对《继承法》第 3 条第 7 项的"其他合法财产"，最高人民法院进行了解释，即"其他合法财产包括有价证券和履行标的为财物的债权等"。

在司法实践中，对遗产的范围应注意以下几个方面：

1. 他人的财产不能作为遗产。在确定遗产范围时，尤其应注意将夫妻共同财产和家庭共同财产与死者的遗产区分开。继承开始后，应先析产，将属于他人的财分出来，以确定死者个人的财产。

2. 承包经营权、房屋租赁权等不得作为遗产。承包经营的内容如土地、荒山、果树、企业的经营管理权等是属于国家或集体所有的，不是承包者个人的财产，不能作为遗产进行继承，当然其承包应得的收益是遗产。承包权是由于承包合同而产生的，是不能通过继承取得的，实践中死者的近亲属继续承包的，也不是基于继承，而是按照承包合同办理的。房屋租赁权也不是遗产，不能基于继承而继续租赁，而必须与出租人重新订立租赁合同。

3. 有关单位发给死者家属的抚恤金不是遗产。这部分财产不是死者的个人财产，而是有关单位给予死者生前扶养、赡养的家属的经济补偿和精神抚慰，是给予特定人的，不能作为遗产在全体继承人中分配。

4. 有人身保险合同的人死后，其保险合同中注明了受益人的，保险金不得作为遗产。该保险金是合同中所注明的受益人的财产，而不是遗产。

5. 人身权不能继承。例如，公民的姓名权、名誉权、荣誉权等人身权都是与公民的人身不可分离的，权利人死后，任何人都不能继承这种权利。

三、遗产的分割和分配

遗产的分割，是指共同继承人或继承人与其他遗产取得人按照各自应得的遗产份额分配遗产的法律行为。在继承开始后，遗产分割前，遗产属于有权取得遗产的人共同所有的形式，各个共有人可以随时请求分割遗产。

对遗产的分割，应注意以下几个问题：①被继承人死后，应先析产。即把不属于遗产而属于他人财产的部分从共同财产中分离出来，如夫妻共同财产，家庭共同财产等。②遗产分割时，应为胎儿保留应继承的份额。③遗产分割的原则，应当有利于生产和生活需要，不损害遗产的效用，不宜分割的，可采取折价、适当补偿或共有等方法处理。④对无人继承，又无人受遗赠的遗产，归国家所有；死者生前是集体组织成员的，由该集体组织承受。

遗产的分配，依据《继承法》第 13 条的规定，应按照以下规则进行：①同一顺序继承人继承遗产的份额，一般应当均等。继承人协商同意的，也可以不均等。②对生活有特殊困难的缺乏劳动能力的继承人，分配遗产时，应当予以照顾。③对继承人尽了主要扶养义务或者与被继承人共同生活的继承人，分配遗产时可以多分。④有扶养能力和扶养条件的继承人，不尽扶养义务的，分配遗产时，应当不分或者少分。⑤继承人协商同意的，也可以不均等。

以上的"应当予以照顾"实质就是要多分遗产，多分遗产的具体标准，要视具体情况而定，不能一概而论。"尽了主要扶养义务"，是指对被继承人生活提供了主要经济来源，或在劳务等方面给予了主要扶助。

四、债务的清偿

对被继承人生前所欠的税款和债务，应当用遗产予以偿还。我国实行概括继承原则，继承人对被继承人的财产权利和财产义务是一并继承的。当然，行为人仅应当对自己的债务负责，而不能使其以本人的财产负担他人的债务。因此，被继承人生前所欠个人债务，应以其遗产偿还。对被继承人生前所欠的税款和债务的清偿，应遵循以下规则：

1. 我国实行"限定继承"原则，即继承人对被继承人应清偿的税款和债务，以遗产实际价值为限，负有限清偿责任。

2. 几种继承方式并存时，债务的清偿顺序是：有法定继承又有遗嘱继承和遗赠的，首先由法定继承人以其所得遗产清偿，不足时，由遗嘱继承人和受遗赠人按比例用其所得遗产清偿；只有遗嘱继承和遗赠时，由他们按比例用所得遗产偿还。

3. 清偿被继承人所欠的税款和债务不能影响缺乏劳动能力又没有生活来源的继承人的基本生活需要。也就是说，即使遗产的实际价值不足于清偿债务，也应首先考虑他们的基本生活需要。

4. 国家或集体组织作为无人继承又无人受遗赠的遗产的承受者，对死者所欠的税款和债务也应当负责缴纳和清偿。

5. 执行遗赠，应当在清偿完应缴纳税款和债务之后进行。

第五节　继承的开始

《继承法》第2条规定："继承从被继承人死亡时开始。"所以，继承开始的时间，应以被继承人死亡的时间为准。死亡包括生理死亡和宣告死亡。生理死亡以医学上公认的方法来确认；宣告死亡以人民法院判决书中认定的时间为准。

在某些意外事件中，有数人死亡于同一事件但难于查明每个人确切的死亡时间的，依照最高人民法院的解释意见，应按照下列规则进行推定：相互有继承关系的几个人在同一事件中死亡，如不能确定死亡先后时间的，推定没有继承人的人先死亡。死亡人各自都有继承人的，如几个死亡人辈分不同，推定长辈先死亡；几个死亡人辈分相同，推定同时死亡，彼此不发生继承，由他们各自的继承人分别继承。

确定自然人死亡的具体时间即继承开始的时间有重要的法律意义：

1. 继承开始的时间是确定继承人范围的时间。不论是法定继承人还是遗嘱继承人，只有在继承开始时尚生存的人，才能享有继承权，才能有资格取得被继承人的遗产。先于被继承人死亡的，除了其为被继承人子女，则有可能发生代位继承的以外，其余继承人的继承资格随其本人的死亡而消灭。

2. 继承开始的时间是确定遗产范围的时间。被继承人活着的时候，其作为遗产的财产项目、数额等是无从得知的。只有在其死后，才能确定哪些是其遗留的财产。

3. 继承开始的时间是继承期待权转为既得权的界限。在继承开始之前的继承权是一种继承资格，是期待权，继承人并不能实际取得遗产。只有在被继承人死亡时，即继承开始时，这种期待权才转化为既得权。

4. 在遗嘱继承中，继承开始的时间是确定遗嘱是否具有执行效力的时间。遗嘱是在立遗嘱人生前订立、而在其死时发生法律效力的民事法律行为，所以，遗嘱是否具有执行力，应以继承开始的时间为准。

5. 继承开始的时间是继承权时效的起算点。

思考练习题

1. 简述继承权丧失的原因。
2. 我国法律规定的遗产包括哪些内容？
3. 简述继承法的权利义务相一致原则的含义。
4. 简述确定继承开始的时间的意义。

第三十章　法定继承

■ **学习目的和要求**

　　掌握法定继承人的范围、继承顺序，代位继承和转继承的内容和二者的区别，理解法定继承的适用范围。

第一节　法定继承的概念和法律特征

一、法定继承的概念

　　法定继承是继承人的范围、继承人的顺序以及继承遗产的份额都由法律直接规定的继承方式。法定继承是相对遗嘱继承而言的。从历史上看，法定继承早于遗嘱继承，但从效力上看，遗嘱继承优于法定继承。继承开始后，没有遗赠扶养协议，又没有遗嘱的，才适用法定继承。我国目前以法定继承为主。

二、法定继承的适用范围

　　根据《继承法》第 27 条的规定，有下列情况之一的，遗产中的有关部分按照法定继承办理，适用法定继承：

1. 遗嘱继承人放弃继承或者受遗赠人放弃受遗赠的。
2. 遗嘱继承人丧失继承权的。
3. 遗嘱继承人、受遗赠人先于遗嘱人死亡的。
4. 遗嘱无效部分所涉及的遗产。
5. 遗嘱未处分的遗产。

三、法定继承的特征

　　1. 继承人范围法定。在法定继承中，什么人有继承遗产的权利是由法律明确规定的，在被继承人有遗嘱的情况下，什么人有取得遗产的权利是根据遗嘱确定的。根据我国《继承法》的规定，法定继承人的范围包括：配偶、父母、子女、兄弟姐妹、祖父母、外祖父母、代位继承人，以及对公、婆尽了主要赡养义务的丧偶儿媳和对岳父、岳母尽了主要赡养义务的丧偶女婿。这个范围是法定的，任何人不得随意增加或减少。

2. 继承人的继承顺序法定。在法定继承中，如果有多位继承人，其继承的顺序是由法律来规定的，在遗嘱继承中，继承的顺序则是由遗嘱来确定的。

3. 遗产的分配原则法定。《继承法》第13条具体规定了法定继承中遗产的分配原则，任何人不得违反这些规定而任意多分或不让其他继承人分得应得的遗产份额。

第二节　法定继承人的范围和顺序

一、法定继承人的范围

法定继承人，是指法律直接规定的可以依法继承被继承人遗产的公民。根据《继承法》的有关规定，我国法定继承人范围包括：配偶、父母、子女、兄弟姐妹、祖父母、外祖父母、代位继承人，以及对公、婆尽了主要赡养义务的丧偶儿媳和对岳父、岳母尽了主要赡养义务的丧偶女婿。这个范围的确定是根据我国的实际情况进行的，长期以来我国人民一般生活在三代同堂的家庭中，民事法律在确定亲属之间的扶养权利和义务时，也以此为根据。

（一）配偶

在继承法中，配偶是指在被继承人死亡时，与被继承人有合法婚姻关系的人之间的称谓。对配偶，在实践中应注意以下方面：①被继承人死亡时，已经与被继承人解除婚姻关系的人，不再是被继承人的配偶；②建国以前遗留的一夫多妻的婚姻关系，按照国家法律和政策，当事人没有解除婚姻关系的，仍认定为互为配偶，不论妻还是妾都是夫的法定继承人；③没有配偶的男女，未办理结婚登记手续即以夫妻名义同居生活的，这期间一方死亡，另一方要求继承遗产的，要具体分析，如果能认定为事实婚姻，可以按配偶对待，列为法定继承人，如果认定为非法同居，则不是配偶关系，不能列为法定继承人；④正在办理离婚、但尚未办理完手续的夫妻，仍互为配偶，如一审法院已经作出准予离婚的判决，但判决书还没有生效时，一方死亡，那么，另一方仍然是其配偶，是其法定继承人。

（二）子女

这里的子女包括婚生子女（旧社会的一夫多妻制中，妾所生的子女也属于婚生子女）、非婚生子女、养子女和形成扶养关系的继子女。继子女在继承了继父母遗产以后，不影响其继承生父母的遗产。

胎儿不具备民事主体资格，所以胎儿没有继承权。但为了保障胎儿出生后的生活需要，获得其应得的遗产份额，法律作了特别规定。根据《继承法》第28条的规定："遗产分割时，应当保留胎儿的继承份额。胎儿出生时是死体的，保留的份额按照法定继承办理。"

（三）父母

父母包括生父母、养父母、有扶养关系的继父母。

（四）兄弟姐妹

这里的兄弟姐妹包括同父母的兄弟姐妹、同父异母、同母异父的兄弟姐妹、养兄弟姐妹以及有扶养关系的继兄弟姐妹。

（五）祖父母、外祖父母

（六）丧偶儿媳和丧偶女婿

姻亲关系的人之间，通常是没有继承权的。但是，为了让老人在丧失子女后，生活上得到照顾，精神上得到慰藉，同时，也使尽了主要赡养义务的丧偶儿媳或女婿，在财产利益上得到报偿，也是为了发扬中华民族赡养老人的传统美德，我国《继承法》规定，对公、婆尽了主要赡养义务的丧偶儿媳和对岳父、岳母尽了主要赡养义务的丧偶女婿，赋予其继承权，而且作为第一顺序的继承人。

在这个问题上，应当注意：①只有丧偶的儿媳和丧偶的女婿才有资格继承公、婆或岳父、岳母的遗产。没有丧偶的儿媳或女婿不具有这种资格。②只有尽了主要赡养义务的丧偶儿媳和丧偶女婿才能作为继承人。是否尽了主要赡养义务的标准是，视其是否对被继承人的生活提供了主要经济来源，或在劳务等方面给予了主要扶助。一般与被继承人共同生活的，就应认定尽了主要赡养义务。③丧偶儿媳和丧偶女婿作为第一顺序继承人时，不影响其子女代位继承。④不管丧偶的儿媳或女婿是否再婚，只要对公、婆或岳父、岳母尽了主要赡养义务的，都可以作为第一顺序的继承人。

二、法定继承顺序

根据《继承法》第10条的规定，我国的法定继承分为两个顺序。第一顺序的继承人包括：配偶、子女、父母；第二顺序的继承人包括：兄弟姐妹、祖父母、外祖父母。除此之外，对公、婆或岳父、岳母尽了主要赡养义务的丧偶儿媳或丧偶女婿，作为第一顺序继承人参加继承。这样规定的效力是，有第一顺序继承人时，第二顺序的继承人不能继承；只有在没有第一顺序继承人或第一顺序继承人全部丧失或全部放弃继承权时，才能由第二顺序继承人继承。

第三节　代位继承

一、代位继承的概念

被继承人的子女先于被继承人死亡时，由被继承人子女的晚辈直系血亲代替被继承人的子女继承其应继承的遗产份额的继承制度叫做代位继承。其中，先于被继承人死亡的子女叫做被代位继承人；被代位继承人的晚辈直系血亲叫做代位继承人；代位继承人所享有的代替被代位继承人继承遗产的权利叫做代位继承权。

二、代位继承的特征

1. 被代位继承人仅限于被继承人的子女。

2. 被继承人的子女必须是先于被继承人死亡。如果其后于被继承人死亡，那么，其应作为第一顺序继承人参加继承，不需要、也不允许他人代位继承。

3. 代位继承人的代位继承权是基于被代位继承人的继承权而成立的。如果被代位继承人丧失了继承权，代位继承权也就不能成立。

4. 代位继承人只限于被继承人子女的晚辈直系血亲，至于晚到几辈，法律上没有限制。

5. 不论代位继承人人数多少，只能继承被代位继承人有权继承的遗产份额。

6. 代位继承只适用于法定继承，不适用于遗嘱继承或遗赠。遗嘱继承人或受遗赠人先于遗嘱人死亡的，遗产中的有关部分，按照法定继承办理。

三、代位继承与转继承的区别

转继承是指继承人或受遗赠人在继承开始后，分割遗产前死亡，其应得的遗产份额，转由其法定继承人、遗嘱继承人或受遗赠人的继承。转继承和代位继承都不是由继承人本人承受被继承人的遗产。但二者却有很大的区别，主要表现在以下几个方面：

1. 继承人死亡的时间不同。在代位继承中，被代位人（继承人）先于被继承人死亡；在转继承中，第一次继承中的继承人后于被继承人死亡。

2. 继承的次数不同。代位继承是一次性继承，是由代位继承人直接从被继承人那里取得遗产的；转继承则是二次继承。

3. 继承适用的范围不同。代位继承只适用于法定继承；而转继承可以发生在法定继承中，也可以在遗嘱继承或遗赠中发生。

4. 继承的主体不同。代位继承人只限于被继承人的子女的晚辈直系血亲；而转继承的继承主体包括法定继承人、遗嘱继承人和受遗赠人。

思考练习题

1. 简述法定继承的适用范围。
2. 简述代位继承和转继承的区别。

第三十一章　遗嘱继承

■ 学习目的和要求

　　掌握遗嘱的有效条件、遗嘱继承与遗赠以及遗赠与赠与的区别，掌握被继承人债务的清偿原则。理解遗嘱的形式和继承的开始。

第一节　遗嘱继承的概念和法律特征

一、遗嘱

　　遗嘱，是公民生前依法定方式处分自己的财产及有关事务，而于其死后发生效力的单方行为。广义上的遗嘱指死者生前对死后一切事务的安排，如遗言死后不开追悼会，不举行遗体告别等。狭义的遗嘱仅指对其死后财产的处理，是民法上的遗嘱，这种遗嘱具有以下法律特征：

　　1. 遗嘱是单方法律行为。遗嘱人有权处分自己的财产，而并不需要经过任何人的同意。只要他自己作出意思表示就发生法律效力，是单方法律行为。

　　2. 遗嘱是要式的民事法律行为。遗嘱必须具备法律规定的形式，才能有效。例如，口头遗嘱只能在危急情况下订立，没有危急情况，订立口头遗嘱是无效的；以录音方式订立遗嘱须有其他见证人见证等。订立遗嘱必须符合法律规定的各种条件和形式。

　　3. 遗嘱是遗嘱人生前订立而于死后才发生执行力的行为。遗嘱并不是一经订立就可以执行的，须待遗嘱人死后才发生执行效力，才能取得遗产。

　　4. 遗嘱是具有人身性的民事法律行为。遗嘱是重要的民事行为，必须由遗嘱人自己订立，而不能由他人代理。代书只是代替遗嘱人书写，而不能代替遗嘱人进行意思表示。

二、遗嘱继承的概念

　　遗嘱继承，是指按照被继承人生前所立合法遗嘱继承遗产的继承方式。

遗嘱继承是与法定继承相对应的，是现代世界各国都承认的一种继承制度。它起源于罗马法，盛行于资本主义社会。遗嘱自由原则是对个人权利的尊重，是各国普遍采用的。但大多数国家又对此进行了一定的限制，我国法律对遗嘱继承的限制主要有：①遗嘱不得违反宪法和法律；②遗嘱继承不得违背社会主义道德和善良风俗；③遗嘱不得剥夺法定继承人中缺乏劳动能力又没有生活来源人的必要的继承份额。

三、遗嘱继承的法律特征

遗嘱继承的法律特征是与法定继承相比较得出的，二者的区别即是遗嘱继承的特征，主要有以下两点：

1. 遗嘱继承除了须有被继承人死亡事实外，还必须有被继承人的合法有效遗嘱存在；法定继承只有被继承人死亡一个事实即可。

2. 遗嘱继承中的继承人范围、继承顺序、继承份额等都由遗嘱人自己来确定；而法定继承中，这些内容则都是由法律直接规定的。

虽然遗嘱继承与法定继承是两种继承制度，二者是有区别的，但它们也是有联系的。对一项继承来说，有合法遗嘱的，适用遗嘱继承，没有合法遗嘱的，就要适用法定继承；同时，遗嘱继承人只能是法定继承人中的人，而不得是超出法定继承人范围的人。

第二节　遗嘱的有效条件

遗嘱的有效条件包括实质要件和形式要件：

一、遗嘱的实质要件

（一）遗嘱的主体合法

1. 立遗嘱人必须具有完全民事行为能力。即立遗嘱人必须是年满 18 周岁、精神正常的人，无民事行为能力人或限制民事行为能力人所立的遗嘱无效。所谓具有完全民事行为能力，是指在订立遗嘱时，当事人具有完全民事行为能力。如果订立遗嘱时其为无民事行为能力人或限制民事行为能力人，后又成为完全民事行为能力人的，其所订立的遗嘱无效；反之，如果订立遗嘱时为完全民事行为能力人，而后又丧失民事行为能力的，其原所订立的遗嘱有效。

2. 立遗嘱人的意思表示必须真实。受胁迫、欺骗所立的遗嘱无效；被篡改的遗嘱、假造的遗嘱无效。

（二）遗嘱的客体合法

遗嘱所处分的财产必须是立遗嘱人个人的合法财产。处分了国家、集体或他人的财产的，其所立遗嘱无效或部分无效。

（三）遗嘱的内容合法

遗嘱必须遵守法律的限制，不得取消缺乏劳动能力又没有生活来源的继承人的继承权；必须为胎儿保留必要的遗产份额；遗嘱的内容不得违反法律规定的精神和社会主义道德的要求等。

二、遗嘱的形式要件

遗嘱是要式的法律行为，法律对遗嘱的各种形式都有明确的规定，违反这些规定的遗嘱无效。根据《继承法》的规定，遗嘱有口头遗嘱、自书遗嘱、代书遗嘱、录音遗嘱和公证遗嘱等形式。

1. 口头遗嘱。遗嘱人用口头形式对其死后财产的处理情况所作的意思表示，是口头遗嘱。口头表述的遗嘱容易发生纠纷，而且举证困难，所以，法律对这种形式的遗嘱采取了严格的限制：①口头遗嘱只能在危急情况下订立。不是在危急情况下订立的遗嘱无效。危急情况是指生命垂危或随时有死亡危险，而当时又没有条件采用书面或录音等形式。②若"危急情况"解除，被继承人没有危险后，其所订立的口头遗嘱即失效。危急情况解除后，被继承人如果要订立遗嘱须采取其他形式。③订立口头遗嘱时，还必须有两个以上的见证人在场见证。

见证人是证明遗嘱真实合法的证明人，其证明直接关系遗嘱的效力，所以，见证人须有合法的资格。下列人员不得作为见证人：①无行为能力人、限制行为能力人；②继承人、受遗赠人；③与继承人、受遗赠人有利害关系的人（包括其近亲属以及与其有财产上权利义务关系的其他人）。口头遗嘱的见证人资格对代书遗嘱、录音遗嘱也都适用。

2. 自书遗嘱。指遗嘱人生前亲笔书写的遗嘱。根据《继承法》第17条的规定，自书遗嘱必须由遗嘱人亲笔书写、签名，并注明年、月、日。在遗书中涉及到死后个人财产处分的内容，确为死者本人真实意思表示，有本人签名并注明了年、月、日，又无相反证据的，根据最高人民法院的解释意见，可以按自书遗嘱对待。

3. 代书遗嘱。指由遗嘱人口述，而由他人代为书写形成的遗嘱。代书遗嘱要求有两个以上的见证人在场见证，并由代书人和其他见证人、遗嘱人在遗嘱上签名、盖章。

4. 录音遗嘱。指通过录音设备，由遗嘱人表达其对死后财产处理的意思的遗嘱形式。录音遗嘱也必须要有两个以上的见证人在场见证。

5. 公证遗嘱。指遗嘱人将其所立的自书遗嘱、代书遗嘱经过国家公证机关办理公证的遗嘱。公证是由公证机关对法律事实的真实性和合法性进行证明的程序。公证遗嘱具有最高的证明力，所以，它是需要提倡的一种遗嘱形式。

第三节　遗嘱的变更和撤销

遗嘱的变更，是指在遗嘱订立以后，生效以前，遗嘱人对其内容进行部分修改的行为。遗嘱的撤销指遗嘱人取消原订立的遗嘱或对所订立的遗嘱内容进行全部修改的行为。遗嘱是立遗嘱人依法处分自己财产的法律行为，其有权订立遗嘱，当然也有权修改或撤销遗嘱。

变更或撤销遗嘱有两种形式：一是明示的变更或撤销；二是推定的变更或撤销。明示的变更或撤销是基于被继承人明确的意思表示的变更或撤销，如可以发表声明直接说明变更部分遗嘱内容或撤销遗嘱等。但以明示的方式进行的变更或撤销，必须符合法律规定的程序和要求，否则不发生法律效力，法定的程序和要求是与遗嘱订立时的要求相一致的。而且，遗嘱人不得以自书、代书、录音、口头遗嘱撤销或变更公证遗嘱，即公证遗嘱的撤销或变更须经过公证机关的公证才能有效。推定的形式是指根据遗嘱人的行为，法律上推定遗嘱人变更或撤销遗嘱的形式。即遗嘱人生前的行为与遗嘱的意思表示相反，而使遗嘱处分的财产在继承开始前灭失、部分灭失或所有权转移的，法律上推定遗嘱人撤销或变更遗嘱内容。

应当指出，当遗嘱人对其财产立有数份内容相抵触的遗嘱的，应以最后所立的合法有效遗嘱为准；但有公证遗嘱时，应以公证遗嘱为准。

第四节　遗　赠

一、遗赠的概念

遗赠，是指遗嘱人用遗嘱方式，把财产无偿地赠送给国家、集体或者是法定继承人以外的人，并于立遗嘱人死亡后发生法律效力的一种民事法律行为。

二、遗赠的法律特征

遗赠具有以下法律特征：

1. 遗赠是单方法律行为。遗赠是遗赠人用遗嘱方式将自己的财产赠给他人的法律行为，它不需要任何人的同意，只要其本人依法定方式作出意思表示即可成立。

2. 遗赠是无偿行为。遗赠人在以遗嘱方式给予他人遗产时，一般不得附有义务，应当是无偿遗赠。有时即使附有义务，也不得是对等的。

3. 遗赠是在遗赠人死后发生法律效力的行为。这是遗嘱本身的特征，这表明受遗赠人只有在遗赠人死后才能取得遗产。如果受遗赠人先于遗赠人死亡，则会因遗嘱尚未生效而不能成为受遗赠人。

4. 受遗赠人是国家、集体或者是法定继承人以外的人。法定继承人不能作为受遗赠人。如果遗赠人在遗嘱中指定了法定继承人范围内的人继承其遗产，那么他即是遗嘱继承人。

三、遗赠与遗嘱继承、赠与的区别

遗赠和遗嘱继承都是以遗嘱方式处分遗产的行为，而且都是在遗嘱人死后发生法律效力的行为，二者有很多相似之处，但二者毕竟不同，表现在：

1. 遗赠受领人和遗嘱继承人的范围不同。遗赠中受遗赠人可以是国家、集体或者是法定继承人以外的人；而遗嘱继承中的继承人则是法定继承人范围内的人。

2. 法律对受遗赠权和遗嘱继承权的接受和放弃的规定不同。受遗赠人应当在知道受遗赠后的 2 个月内，作出接受或放弃受遗赠的表示，没有表示的，视为放弃受遗赠；而在遗嘱继承中，遗嘱继承人在继承开始后、遗产处理前没有表示放弃的，视为接受继承。

赠与是将自己的财产权利送与他人所有的民事法律行为。赠与和遗赠是有区别的：

1. 法律行为的性质不同。遗赠是单方法律行为，是只要有遗嘱人一方的意思表示就可成立的行为；而赠与则是双方法律行为，赠与人和受赠与人是合同关系。

2. 发生效力的时间不同。赠与是在赠与人交付赠与物后即发生法律效力的行为，而遗赠是在遗赠人死后生效的法律行为。

3. 意思表示的方式不同。赠与没有严格的形式，可以由双方当事人以口头形式进行，也可以用书面形式进行，是不要式的法律行为；遗赠则必须按照法律规定的遗嘱形式进行，是要式的法律行为。

第五节　遗赠扶养协议

一、遗赠扶养协议的概念和法律特征

遗赠扶养协议，是指遗赠人与扶养人签订的，由遗赠人将自己的合法财产的一部分或全部于死后转移给扶养人所有，而由扶养人承担遗赠人生养死葬义务的协议。它具有以下法律特征：

1. 遗赠扶养协议的主体。被扶养的一方一般是没有人对其承担法定赡养义务的孤寡老人；承担扶养义务的一方是有关集体组织或被扶养人的法定继承人以外的公民，特殊情况下，虽有法定继承人，但不能履行义务的，也可以与他人签订该协议。

2. 遗赠扶养协议从签订时起生效，但双方履行义务的时间不同。扶养人应从协

议生效时起履行义务，而在被扶养人死亡时实现权利；被扶养人则从协议生效时起享受权利，死亡后，其财产转移给扶养人。

3. 遗赠扶养协议是双务、有偿的法律行为。遗赠扶养协议是一种合同，虽然它与一般合同所要求的等价不同，但其成立也必须在平等的基础上，由双方当事人经过协商，取得一致意见后才能有效。协议生效后，双方都应遵守协议的规定，任何一方不得单方解除协议。

4. 遗赠扶养协议是继承法规定的几种遗产转移方式中优先适用的一种。按照《继承法》第 5 条的规定，继承开始后，按照法定继承办理；有遗嘱的，按照遗嘱继承或者按遗赠办理；有遗赠扶养协议的，按照协议办理。

二、遗赠扶养协议与遗赠的区别

遗赠扶养协议和遗赠都是以遗嘱方式，将自己的财产在其死后给予法定继承人以外的人所有的法律行为，但二者有很大的区别，主要表现在：

1. 遗赠是一种单方民事法律行为，是遗赠人一方的意思表示，只要遗赠人以书面或口头形式作出了，自己死后要将财产的全部或部分遗赠给受遗赠人的意思表示，该遗赠即成立，不需要征求任何人的意见；而遗赠扶养协议是一种合同，是双方民事法律行为，以双方的合意为成立要件。

2. 遗赠是一种无偿的民事法律行为，即使附有义务也不是财产上的给付；而遗赠扶养协议则是一种有偿的民事法律行为。在通常情况下，这种有偿性并不以"等价"为特点，而只是在一定程度上给扶养人的一种经济补偿，但总是有偿的。

3. 遗赠在遗赠人死亡前还可以随意变更，甚至撤销；而遗赠扶养协议的变更或解除，则须经过另一方的同意。

4. 遗赠是死后生效的民事法律行为；而遗赠扶养协议中的遗赠部分虽然也属于死亡后生效行为，但其扶养部分，则在协议成立并生效后就开始执行了。

思考练习题

1. 简述遗嘱继承与法定继承的区别。
2. 简述遗嘱的有效条件。
3. 遗赠与遗嘱继承有何区别？

第六编 侵权责任法

第三十二章 侵权责任法总论

■ **学习目的和要求**

　　民法是权利法，有权利即有救济。本章所涉就是权利救济法——侵权责任法之总论的内容。包括侵权行为、侵权责任及侵权责任法概述、侵权责任的归责原则、侵权责任的构成、减免责事由、侵权责任的承担方式等内容。重点是归责原则和侵权责任的构成。

　　通过本章的学习，掌握侵权行为、侵权责任、侵权责任法的概念；理解和掌握侵权责任的归责原则；准确掌握侵权责任的构成要件；掌握各种减免责事由及其适用条件；运用本章知识分析解决侵权实务问题。

第一节　侵权行为与侵权责任概述

一、侵权行为的概念和特征

侵权行为，是指行为人侵害他人民事权益依法须承担侵权责任的行为。

（一）侵权行为是侵害或者损害他人民事权益的行为

侵权行为是一种不法行为，侵害的对象是法律保护的各种民事权益，如人身权、物权、知识产权、股权、继承权等权利，以及死者的人格利益、尚未形成权利的占有状态等等，行为的直接后果是导致受害人的民事权益受到损害。

侵权行为是不法致人损害的行为，其构成要件中不需要意思表示，因此，侵权行为的直接实施者不受行为能力的限制，既可以是完全行为能力人也可以是行为能力欠缺者。

侵权行为包括作为和不作为两种方式。前者违反的是法定的不作为义务，后者违反的是法定的作为义务。不作为侵权通常是依法律的具体规定，在特定情形下发

303

生的，如《中华人民共和国侵权责任法》（简称《侵权责任法》）规定的违反安全保障义务的责任、教育机构对第三人侵害学生权益的责任、地面施工侵权责任等。

侵权行为分为"侵害型"和"损害型"两类，二者的责任构成不同。

（二）侵害型侵权行为以行为人的故意或者过失为构成要件

《侵权责任法》第6条规定："行为人因过错侵害他人民事权益，应当承担侵权责任。根据法律规定推定行为人有过错，行为人不能证明自己没有过错的，应当承担侵权责任。"该条规定采用"侵害"民事权益的表述，这是从行为人行为的角度所进行的描述，体现了法律对行为人行为的否定性评价，而"过错"则明示了行为人在此类行为中主观上的可非难性，行为人也正是因此"过错"而依法担责。

（三）损害型侵权行为不以行为人的故意或者过失为构成要件

《侵权责任法》第7条规定："行为人损害他人民事权益，不论行为人有无过错，法律规定应当承担侵权责任的，依照其规定。"该条规定采用"损害"民事权益的表述，这是从受害人状态的角度所进行的描述，体现的是法律对受害人利益减损这一既成事实的客观描述。在此类行为中，行为人是因其所致的"既成损害事实"而依法担责，法律并不究其行为之际主观上是否存在故意或者过失。

（四）侵权行为的法律后果是依法承担侵权责任

侵权行为属于民事法律事实中的事实行为。依我国《侵权责任法》第2条的规定，侵权行为一旦发生，侵权人即应依法承担侵权责任。于是，在侵权人和受害人之间便发生了侵权责任关系。

在大陆法系的民法中，侵权行为规定为债的发生原因之一。侵权行为发生后，即在侵权人和受害人之间产生以损害赔偿为内容的债权债务关系，且因侵权行为之债是基于法律的直接规定而发生，属于法定之债。因侵权行为所生之债，只是以侵权人承担债务的方式填补受害人所受的损害。可见，依大陆法系的民法传统，侵权法是作为债法的一部分而存在的。

《民法通则》从侵权行为违反法定义务发生侵权责任与违反约定义务发生违约责任这一点出发，将二者从债法中独立出来，另立"民事责任"一章独立规定。2010年7月1日实施的《中华人民共和国侵权责任法》（简称《侵权责任法》）则作为单行法单独颁行，在我国未来民法典中，侵权责任法可能脱离债法体系而独立成编。

二、侵权行为与其他违法行为

（一）侵权行为与违约行为

1. 违反的义务不同。侵权行为违反的是法律直接规定的、针对一般人的义务，即法定义务；而违约行为违反的是合同当事人约定的、针对特定当事人的合同义务，即约定义务。

2. 成立的前提条件不同。违约行为以合同有效存在为前提，没有合同或当事人订立的合同无效，则不能发生违约行为；而侵权行为的发生则不以当事人之间存在有效合同为前提。

3. 侵害的对象不同。违约行为侵害的是合同债权；而侵权行为侵害的是人身权、物权、知识产权、股权、继承权等绝对权，以及死者的人格利益等受法律保护的利益。

4. 行为主体的范围不同。违约行为的主体一般仅限于合同当事人，即合同之债的债务人。合同是双方法律行为，其当事人须是具有民事行为能力的人；而侵权行为属于事实行为，其行为主体是否具有民事行为能力，并不影响受害人享有的损害赔偿请求权。

5. 主观要件不同。违约行为适用不问过错责任原则，即不问违约人有无故意或者过失，只要违约事实发生，违约行为即成立；而侵权行为则以过错责任原则为一般原则（无过错即无责任），以不问过错责任原则为例外。

6. 法律效果不同。实施侵权行为将依法承担侵权的民事责任；实施违约行为则承担违约责任，两种责任在性质、构成、范围上均有差别。

违约的损害赔偿仅限于财产的损害赔偿，因为违约造成的损失并不都是由违约方赔偿的。只有那些违约方能够合理预见到的损失，才由违约方赔偿，且主要限于财产赔偿，对于违约造成的精神伤害、人身伤害，一般要由侵权法来提供补救。侵权损害赔偿包括了受害人的全部损失，违约责任所提供的补救范围有严格限制，而侵权责任的补救范围则更为广泛。

7. 规范功能不同。违约行为的规范功能在于确保合同债权的不可侵性；侵权行为的规范功能则在于保障非合同债权的民事权益的不可侵性。

（二）侵权行为与犯罪行为

1. 规范功能不同。犯罪行为属于刑法范畴，其规范功能在于维护公共秩序，保卫社会安全；侵权行为是民法概念，其规范功能在于为受害人提供直接的和同质的法律救济。

2. 客体范围不同。犯罪行为的客体比侵权行为的客体要广泛。侵权行为的客体限于特定人的特定权益；而犯罪行为的客体除特定人的特定权益之外，还包括法律所保护的各种社会关系。

3. 客观要件不同。侵权行为多以损害的发生为要件；而犯罪行为则不以损害的发生为要件，犯罪的预备和未遂，虽无损害发生，但仍构成犯罪。

4. 主观要件不同。犯罪行为的主观要件以故意为原则，以过失为例外。有的犯罪以行为人故意为主观要件，过失行为则不构成犯罪；而侵权行为则以故意或过失为一般侵权责任的原则，故意或者过失均能成立侵权行为，仅在法律具体规定的几种例外情形中，行为人无论有无故意或者过失都构成侵权行为。

5. 法律效果不同。犯罪行为的法律效果是刑罚；而侵权行为的法律效果则为同质救济，即通过侵权行为人向受害人承担侵权责任弥补受害人所受损失。

三、侵权责任的概念和特征

侵权责任，是指因侵害他人民事权益而依法由侵权人承担的不利法律后果。

《侵权责任法》第2条规定："侵害民事权益，应当依照本法承担侵权责任。"可见，侵权责任是侵害民事权益所应承担的民事责任。

1. 侵权责任的法律基础是侵权行为。侵权行为一旦发生，行为人即依法承担侵权责任。侵权行为是引发侵权责任的法律事实，无侵权行为即无侵权责任。

2. 侵权责任的法律依据是侵权责任法规范。《民法通则》、《侵权责任法》和其他民事单行法、特别法中的侵权责任法规范皆是侵权责任承担的法律依据。其中，《侵权责任法》是侵权责任法规范最为集中的一部法律文件。本法共设92个条文，明确规定了侵权责任的归责原则、构成要件、免责事由等，为侵权责任提供了充分的法律依据。

3. 侵权责任的方式多样。侵权责任的方式以损害赔偿为主，但又不限于损害赔偿。《侵权责任法》第15条规定了8种责任方式：①停止侵害；②排除妨碍；③消除危险；④返还财产；⑤恢复原状；⑥赔偿损失；⑦赔礼道歉；⑧消除影响、恢复名誉。包括了财产责任和非财产责任，体现了侵权责任方式的多样性。

4. 侵权责任的发生以违反法定义务为前提。侵权责任不同于违约责任，后者的发生以违反有效合同的约定义务为前提，而侵权责任的发生不要求当事人之间存在合同关系。

5. 侵权责任的损害赔偿不限于财产损害赔偿，还包括精神损害赔偿。而违约责任的损害赔偿仅限于财产损害赔偿。

6. 侵权责任是对受害人的直接救济，不同于行政责任和刑事责任。后者是行为人对国家所承担的责任而非对受害人承担的责任。

四、侵权责任与刑事责任、行政责任的关系

民事责任、行政责任和刑事责任是三种性质不同的法律责任，各有其特点。

（一）侵权责任与刑事责任

刑事责任是行为人因其行为违反刑事法律构成犯罪而依法应当承担的不利后果。

1. 救济的对象不同。刑事责任体现的是国家对犯罪行为人的追诉，是犯罪行为人对国家承担的责任，是对受到侵害的社会管理秩序的救济。而侵权责任是对民事权益受到侵害的自然人、法人的直接救济，即通过侵权责任的承担，使受害人受损害的权益尽可能回复到损害发生前的状态。

2. 责任主体与行为主体能否分离不同。刑事责任的责任主体与行为主体不能分离，即刑事责任的承担者只能是犯罪行为的实施者，这体现了刑事责任的主要功能在于惩罚。侵权责任的责任主体与行为主体可以同一，也可以分离。在有些侵权类型中，侵权责任的承担者与侵权行为的实施者是同一的，而在有些侵权类型中，二

者却是分离的，比如，被监护人侵权，依法由未尽到监护职责的监护人承担侵权责任。侵权责任中责任主体与行为主体的分离说明了侵权责任的功能重在弥补损害而非惩罚。

3. 责任性质不同。刑事责任属于公法上的责任，是国家通过司法机关对犯罪行为人追究的责任，是国家公权力行使的结果、刑事法律关系的结果，具有不平等性。侵权责任属于私法上的责任，是受害人对侵权人追究的责任，是私权利行使的结果，体现的是受害人与侵权人之间的关系，具有平等性。

4. 功能不同。刑事责任的主要功能在于惩罚犯罪行为人，其责任形式表现为罚金、没收财产、有期徒刑、无期徒刑等。而侵权责任的功能在于弥补受害人的损失，以损害赔偿为主要形式，使受害人受损之权益回复到侵权行为发生之前的圆满状态。

（二）侵权责任与行政责任

行政责任是行为人因其行为违反行政法律、法规而依法应当承担的不利后果。

1. 救济的对象不同。行政责任是违反行政管理法律法规的行政相对人对国家承担的责任，是国家公权力行使的结果，是对国家行政管理秩序的救济而非对受害人的救济。侵权责任是对民事权益受到损害的自然、法人的直接救济。

2. 责任主体与行为主体能否分离不同。行政责任的责任主体与行为主体不能分离，即责任的承担者只能是行政违法行为人，体现行政责任的主要功能在于惩罚。侵权责任的责任主体与行为主体可以同一，也可以分离。在有些侵权类型中，侵权责任的承担者与侵权行为的实施者是同一的，而在有些侵权类型中，二者却是分离的，比如，上述被监护人侵权责任。

3. 责任性质不同。行政责任是行政法律关系产生的责任，属于公法上的责任，是国家对违反行政法律法规的相对人的惩戒。侵权责任属于私法上的责任，是受害人对侵权人追究的责任，是私主体权利行使的结果，体现的是受害人与侵权人之间的关系，具有平等性。

4. 功能不同。行政责任的主要功能在于惩罚违法的行政相对人，其责任形式表现为没收违法所得、罚款、行政拘留、吊销营业执照等。侵权责任的主要功能在于弥补受害人损失，以损害赔偿为其主要责任形式。

（三）侵权责任与刑事责任、行政责任聚合时，侵权责任具有优先效力

1. 责任聚合。侵权责任、行政责任、刑事责任虽然各有其功能，各司其职，无法相互替代，但是，在某些场合，会发生"责任聚合"。所谓"责任聚合"，即行为人的同一行为同时符合两个以上不同性质的法律责任的构成要件，行为人须承担多种不同性质的法律责任的现象。比如，重伤他人的，同时构成刑事责任和侵权责任，即为刑事责任和侵权责任的聚合。再如，行为人的同一行为违反民法的同时又违反了行政法或者刑法，责任聚合由此产生。

2. 侵权责任的优先效力。《侵权责任法》第4条规定："侵权人因同一行为应当承担行政责任或者刑事责任的，不影响依法承担侵权责任。因同一行为应当承担侵

权责任和行政责任、刑事责任，侵权人的财产不足以支付的，先承担侵权责任。"

该规定确定了侵权责任的优先效力，彰显了法律对受害人民事权益保护的重视。因为，在这三种法律责任中，唯有侵权责任是对受害人的直接救济。

第二节　侵权责任法概述

一、侵权责任法的概念和特征

侵权责任法是调整侵权责任关系的法律规范的总和。凡是有关侵权责任的法律法规、司法解释等，都是侵权责任法。名称为《侵权责任法》的立法是其主要的法律渊源。

侵权责任法是民法的重要组成部分，旨在保护民事主体的合法权益，明确侵权责任，预防并制裁侵权行为。《侵权责任法》第 2 条明确规定，侵害民事权益，应当承担侵权责任。

1. 侵权责任法是权利救济法。有权利即有救济。民法是权利法，在赋予民事主体丰富权利的同时，又为权利提供了周到而细致的保障。在权利受到侵害或有受侵害的可能时，为民事主体提供相应的救济。侵权责任法正是这种救济与保障的体现，其通过明确侵权责任、规定多种侵权责任的方式，为民事主体提供多元的救济机制。

2. 侵权责任法兼具强行性与任意性。侵权责任法关于侵权责任的构成、侵权责任的主体、侵权责任的免责事由、各类型侵权责任的归责原则等的规定属强制性规范，不允许当事人选择适用。但对于侵权责任的方式、赔偿范围、责任的减轻或免除等问题，不禁止处于平等法律地位的侵权人与受害人之间通过协商方式予以解决。

3. 侵权责任法是行为法亦是裁判法。侵权责任法对侵权责任的构成要件、侵权责任的主体、侵权责任的方式、侵权责任的免责事由等都做出了明确的规定。一方面，为人们的社会交往活动提供了行为规范，使人们知晓何种行为可为、何种行为不可为。另一方面，也为法官认定侵权责任提供了裁判规范，使法官得以在清晰、明确的法律体系和责任框架内对侵权行为做出准确、合理的裁判。

二、侵权责任法的功能

关于侵权责任法的功能，学界有不同学说：①单一功能说。认为侵权责任法的功能在于补偿，即通过侵权人对受害人进行赔偿来保护受害人的合法权益。否认侵权责任法具有制裁功能，理由是平等者之间不应存在制裁。②二元功能说。认为侵权责任法除具有损害补偿、保护受害人合法权益的功能外，还具有预防损害发生及惩罚侵权行为的功能。③多元功能说。其中，有学者认为侵权责任法具有补偿功能、预防功能和惩罚功能；另有学者认为侵权责任法具有补偿与预防功能、创设与保护民事权益功能、分散与平衡社会利益功能；还有学者认为侵权责任法具有补偿功能、保护与创造民事权利功能、维护行为自由功能、制裁和教育功能、预防和遏制侵权行为的功能。根据《侵权责任法》第1条的规定，该法采多元功能说，即侵权责任法具有保护民事主体合法权益功能、明确侵权责任功能、预防侵权行为功能、制裁侵权行为等功能。

（一）保护民事主体的合法权益

保护民事主体的合法权益是侵权责任法的主要功能。民法是权利法，其制度设计皆围绕权利展开。除主体制度、取得权利的法律行为制度、权利制度、时效制度外，还专设权利救济制度——责任制度，以充分体现"有权利即有救济"的法律理念。

侵权责任法所保护的民事权益包括各种人身、财产权益，其保护方法周到而细致，既有事前的预防、亦有事后的救济。事前预防体现在停止侵害、排除妨碍、消除危险等责任方式的规定上，以期"防患于未然"。事后救济则体现在返还财产、恢复原状、赔偿损失等财产责任方式及赔礼道歉、消除影响、恢复名誉等非财产责任方式的规定上，以期受损害的权益回复到损害发生之前的状态。

（二）明确侵权责任

侵权责任法明确规定了侵权责任的构成要件、主体、责任方式、免责事由等，使人们清楚在何种情况下行为人须对其致人损害的行为负担侵权责任、负何种范围的责任。这些规定为侵权责任的认定提供了明确的标准和尺度，有助于司法的公正裁判。

（三）预防侵权行为

侵权责任法对侵权责任的明确规定有助于人们准确把握自己行为的自由度，为人们的社会交往明示了行为范导，引导人们正确行为，以期避免和减少损害的发生，从而达到预防和遏制各种侵权行为的目的。

（四）制裁侵权行为

侵权责任法通过强制侵权人承担相应的侵权责任，实现对民事主体合法权益的保护。侵权责任作为民事责任之一种，本属同质救济，原则上不具有惩罚性。侵权责任的结果主要是填补受害人因侵权行为所受之损害，故其实质功能在于救济而非惩罚与制裁。然侵权行为毕竟是侵害他人财产和人身的不法行为，具有一定的社会危害性，法律理当予以适当制裁。是故，侵权责任的确定，一般以行为人故意或者过失地侵害他人民事权益为原则，特殊情形的侵权才适用不问过错、有侵害即应承担侵权责任的原则，分别称为"过错责任原则"、"不问过错原则"也叫"无过错原则"。过错又分为故意和过失两种样态，前者较之后者主观恶性更大，更具可惩罚性。《侵权责任法》第47条所规定的惩罚性赔偿责任，即是侵权责任法制裁功能的具体体现。

三、侵权责任法的体系

侵权责任法的体系，指侵权责任法律规范的体例布局和结构安排。科学的体例布局与合于逻辑的结构安排有助于形成合理的法律制度。

《侵权责任法》由第十一届全国人民代表大会常务委员会第十二次会议通过、2009年12月26日中华人民共和国主席令第二十一号公布，自2010年7月1日起实施。

《侵权责任法》共设12章、92个条文。采用的是"一般规定与类型化规定"相结合的体例模式，共分三个部分：

第一部分，一般规定，也就是所谓的侵权责任法总则，包括第一章、第二章、第三章，自第1条至第31条；这一部分宣示了侵权责任法的立法宗旨，明确了侵权责任法的保护范围，规定了侵权责任的构成条件、责任方式以及减免责事由等。

第二部分，各种具体侵权责任的规定，也就是所谓的侵权责任法分则，包括第四章至第十一章，自第32条至第91条。这一部分以"类型化"方式规定了各类具体侵权责任的构成与责任承担，是对一般规定部分中关于责任构成规定的具体化，该部分没有明确规定的侵权情形即统统适用一般规定部分的规定。

第三部分，本法的生效时间。有第92条一个条文。

第三节　侵权责任的归责原则

一、归责原则的含义

"归责"在法律上的涵义，是指依据某种事实状态确定责任的归属。

归责原则，是确定责任归属所依据的标准或准则，即行为人须就自己行为所导致的损害负责的依据。归责原则所要解决的是行为人承担责任的依据与基础问题，体现的是法律在责任归属问题上的价值判断。

《侵权责任法》第6条规定："行为人因过错侵害他人民事权益，应当承担侵权责任。根据法律规定推定行为人有过错，行为人不能证明自己没有过错的，应当承担侵权责任。"本法第7条规定："行为人损害他人民事权益，不论行为人有无过错，法律规定应当承担侵权责任的，依照其规定。"

依本法第6条，《侵权责任法》对一般侵权行为以"过错"作为归责依据，即以"过错责任原则"作为归责原则，从而构成"过错责任"类型；而第7条的规定又表明在法律有明确规定的特定情形下，例外地不以"过错"作为归责的依据，即构成"无过错责任"类型，"无过错责任"亦称"不问过错责任"。

二、归责原则体系

理论上，关于侵权责任归责原则体系存在若干学说。

(一) 单一归责原则说

单一归责原则说认为"过错责任原则"应当是侵权责任唯一的归责原则，否认在过错责任原则之外存在其他归责原则。

(二) 二元归责原则说

二元归责原则说主张"过错责任原则"和"无过错责任原则"同为侵权责任的归责原则。一般侵权适用过错责任原则，特殊侵权适用无过错责任原则。适用无过错责任原则的，需有法律的特别规定。

(三) 三元归责原则说

三元归责原则说内部又有下列分歧：一种观点认为归责原则包括过错责任原则、过错推定责任原则和公平责任原则；另一种观点认为归责原则包括过错责任原则、无过错责任原则和公平责任原则；第三种观点认为归责原则包括过错责任原则、无过错责任原则和推定过错责任原则。

根据《侵权责任法》第6、7两条的规定，多数学者认为该法采用了过错责任和不问过错责任相结合的二元归责体系。即将过错责任原则作为侵权责任的一般归责原则，"无过错即无责任"，同时，在法律有明确规定的特定情形下，例外地实行不问过错责任原则。

三、过错责任原则

过错责任原则，是指以过错作为归责依据的归责原则。

此归责原则以行为人主观上有"过错"作为归责依据，无过错即无责任。行为人仅在主观上有过错的情况下，才对其致害行为承担侵权责任。没有过错即不承担侵权责任。

《侵权责任法》第6条的规定表明现行立法以过错责任原则作为归责原则。过错责任原则是侵权责任的一般归责原则。过错责任实行谁主张谁举证原则，受害人须就加害人的过错进行举证。

过错责任有一种特殊形态，即过错推定责任。过错推定责任是指法律推定特定加害行为的行为人于行为之际主观有过错，因此须对其加害行为负责的责任形态。依此责任制度，加害行为人致人损害的，推定其有过错，加害行为人不能证明自己无过错，即应承担侵权责任。此种责任形态中加害行为人的过错是由法律推定的，加害行为人欲不承担侵权责任的，须证明自己没有过错，而受害人则被法律免除了举证责任。由于该种责任类型将举证责任转由加害行为人承担，在法理上称之为"举证责任倒置"。过错推定责任实质上仍是过错责任，由于加重了加害行为人的举证负担，为求公平正义，仅适用于法律有明确规定的特定情形。

四、不问过错责任原则

不问过错责任原则，是指不以过错作为归责依据的归责原则。

此归责原则不以行为人主观上有过错作为归责依据，即不问行为人于行为之际是否具有过错，均须对其致害行为承担侵权责任。《侵权责任法》第7条的规定表明，不问过错责任作为一种加重责任仅适用于法律有明确规定的特定情形，是特定类型侵权责任的归责原则。该归责原则免除了受害人对行为人过错的举证责任，有利于保护处于弱势地位的受害人。

第四节　侵权责任的构成要件

《侵权责任法》第6条规定："行为人因过错侵害他人民事权益，应当承担侵权责任。根据法律规定推定行为人有过错，行为人不能证明自己没有过错的，应当承担侵权责任。"《侵权责任法》第7条规定："行为人损害他人民事权益，不论行为人有无过错，法律规定应当承担侵权责任的，依照其规定。"根据上述法律关于侵权责任构成的规定，可将侵权责任分为三种样态，即过错责任、过错推定责任和不问过错责任。另外，《侵权责任法》第8条至第12条对几种数人侵权的责任构成和责任承担也分别作出了明确规定。

一、过错责任的构成要件

过错责任的构成，须同时具备以下四个要件：

（一）须有损害事实

损害，是指民事权益被侵害的事实状态，包括已发生的现实损害和尚未发生的现实威胁。前者通常表现为财产数量的减少或品质的降低、生命丧失、身体残疾、名誉受损、精神痛苦等，后者则表现为财产或人身权益处于可能受损害的危险。

1. 财产损害、人身损害和精神损害。财产损害，是指发生在财产权利和财产性利益上的损害。人身损害，是指发生在人身权利和利益上的损害，包括身体的受损害和精神损害。所谓精神损害，是指人格、尊严、心理健康等无形利益的损害；表现为人身权益受损害时的精神痛苦和肉体痛苦。

2. 直接损害和间接损害。直接损害，也称积极损害，是指现存财产、人身权益的损害。如物的毁损灭失、身体受到伤害等。间接损害，也称消极损害，是指期待利益的损害。期待利益，也称期得利益、可得利益，是指在正常情况下能够得到的利益。如利润、利息、劳动报酬等。

（二）须加害行为违法

加害行为违法，是指加害行为损害他人民事权益、违反法律的属性。包括作为的违法行为和不作为的违法行为两种样态。

作为的违法行为，是指违反法律，以积极的活动方式所实施的加害行为。典型如恶意砸坏他人汽车。

不作为的违法行为，是指未履行法定的作为义务，以消极的活动方式致使他人损害的行为。典型如监护人对危险环境中的被监护人漠然处之，以至于被监护人受到伤害。

不作为的违法行为以负有特定的作为义务为前提，此种特定义务通常产生于三种情形：一是法律上的直接规定；二是职务上或业务上的要求；三是先前的某些特定事实而引起的继发性义务。

有损害事实但是加害行为不违法的，除法律另有规定者外，行为人不承担侵权责任。典型如医生抢救肾脏病危者而摘除其肾脏、被抢劫人正当防卫击伤抢劫者等。

（三）须违法加害行为与损害事实之间存在因果关系

此所谓因果关系，是指按照一般规律和社会共同经验，违法加害行为是造成损害事实的原因，损害事实是违法加害行为的结果。

现代侵权责任法在因果关系理论上，多采"相当因果关系说"，依据该学说，在损害发生后，确定有某违法加害行为的，按照一般规律和社会共同经验判断，该行为必然造成该损害事实的，违法加害行为与损害事实之间就有因果关系；相反，如果某行为不必然造成某损害结果的，行为和损害之间即无因果关系。

按照"因果关系"要件，损害发生后，首先要查明引起损害发生的全部条件，并把对损害的发生起一定作用的因素都作为原因对待，然后从因果关系的链条中孤立地抽象出一个或几个环节，从而确定因果关系。在因果链条中，如果某一事实具备，依一般规律和社会共同经验，足以导致与损害事实同样的结果，则可认定二者之间具有因果关系。在确定因果关系时，往往需要考虑行为人对损害后果的认识、预见能力和态度等因素。既不能扩大原因的范围，也不能缩小原因的范围，而应将原因控制在一个适当的范围内以维护当事人之间的利益平衡。例如，甲的小轿车被砸坏后，根据摄像头摄录的信息，能够确定乙实施过砸车行为，第三人丙也曾经往轿车上扔过许多香蕉皮，就此，乙的行为必然会造成轿车的损害，加害行为与损害事实之间有因果关系，而丙的行为则无此结果。

因果关系要件的价值，旨在说明每个人仅对自己行为的后果负责，不能要求他对与自己行为无因果关系的损害负责，此亦意思自治原则中"自己行为、自己负责"精神的体现。

（四）须行为人于行为之际具有过错

过错，是指行为人对其行为造成他人损害的内心认知状态。包括故意和过失两种形态。

故意，是指行为人预见到自己行为的能够造成他人损害，希望或放任损害后果发生而实施加害行为的心理状态。希望者为直接故意，放任者为间接故意。

过失，是指行为人对自己行为的损害后果应当预见或能够预见而没有预见，或者已经预见却轻信可以避免的心理状态。前者为疏忽大意的过失，后者为轻信的过失或懈怠的过失。行为人是否有过失，一般以行为人是否应当注意或能够注意为依据来判断，即以行为人是否依法或依事理负有注意义务为标准来判断。

在法律未予特别规定的情形下，一项加害行为发生后，如果同时具备上述四项要件，行为人即须对受害人承担侵权责任（过错责任）。

二、过错推定责任的构成要件

1. 须有损害事实；
2. 须加害行为与损害事实之间存在因果关系；
3. 须加害行为违法；
4. 须行为人不能证明自己没有过错；

过错推定责任仅适用于法律有明确规定的特定情形。

三、不问过错责任的构成要件

1. 须有损害事实；
2. 须加害行为违法；
3. 须违法加害行为与损害事实之间有因果关系；
4. 须有法律明确规定的承担侵权责任的特定情形；

该类特定情形，在《侵权责任法》中有具体规定，如本法第65条的规定，因污染环境造成损害的，污染者应当承担侵权责任。又如本法第69条规定，从事高度危险作业造成他人损害的，应当承担侵权责任。

四、数人侵权责任的构成要件

（一）狭义共同侵权责任的构成要件

数人侵权责任，是指数人共同实施侵权行为而应当承担的侵权责任。

从侵权行为角度讲，数人侵权责任的行为要件是数人共同实施了侵权行为，构成共同侵权行为。共同侵权行为有广义、狭义之分。

1. 广义共同侵权行为。广义共同侵权行为，是指数人共同实施的导致同一损害结果的侵权行为。包括：①有意思联络的数人共同侵权。如甲、乙合谋损害丙的财产。②共同危险行为。如李、马二人分别把自己的易爆物品悄然放置于A公司的地下车库，后来发生爆炸损害但无法辨认是谁的物品引爆的情形。③教唆、帮助型共同侵权行为。如孙某教唆沙某打伤阮某。

广义共同侵权行为的特征是：①主体的复合性。即加害人为二人以上；②行为的共同性。即数人之加害行为相互联系，构成一个统一的致害原因；③结果的单一性。即共同加害行为所生之损害结果是统一而不可分的整体。

2. 狭义共同侵权行为。狭义共同侵权行为，指数人共同故意或过失地直接实施加害行为的情形。亦称"共同加害行为"。其仅属前述广义共同侵权行为中的有意思联络的共同侵权。《侵权责任法》第 8 条即是对狭义共同侵权行为的规定。

狭义共同侵权行为的构成要件：

（1）须有损害事实；

（2）须侵权主体为二人以上；

（3）须加害行为违法；

（4）须违法加害行为与损害事实之间有因果关系；

（5）须数人共同实施加害行为且存在共同故意或共同过失；

（6）须数人的共同违法加害行为导致同一损害后果。

满足上述要件即构成狭义共同侵权，共同侵权人依法对受害人承担连带责任。

（二）教唆、帮助型共同侵权行为的构成要件

教唆、帮助型共同侵权行为，是指一方教唆或帮助他方实施侵权行为的情形。《侵权责任法》第 9 条第 1 款的规定即是。其构成要件是：

1. 须有损害事实；

2. 须加害行为违法；

3. 须违法加害行为与损害事实之间存在因果关系；

4. 须加害行为由被教唆、帮助人直接实施；

5. 须被教唆、帮助人为完全民事行为能力人；

6. 须教唆、帮助人具有教唆、帮助的故意且实施了教唆、帮助行为；

7. 须行为人因被教唆或帮助而实施了违法加害行为。

满足上述要件即构成教唆、帮助型共同侵权，教唆、帮助人与行为人对受害人承担连带责任。

被教唆人、帮助人为无行为能力人或限制行为能力人的，由教唆、帮助人承担侵权责任。被教唆人、帮助人的监护人未尽到监护责任的，应当承担相应责任（见《侵权责任法》第 9 条第 2 款）。

（三）共同危险侵权的构成要件

共同危险侵权，是指数人共同实施侵害他人民事权益的危险行为，对所造成的损害后果不能判明谁是加害人的共同侵权行为。《侵权责任法》第 10 条的规定即是。其构成要件是：

1. 须有损害事实；

2. 须加害行为违法；

3. 须违法加害行为与损害事实之间有因果关系；

4. 须数人共同实施加害行为；

5. 须数人的加害行为均具有危险性；

6. 须不能确定损害由何人的危险行为所致，即加害人不明；

7. 须数人具有共同过失；

8. 须数人的共同危险行为导致同一损害后果发生。

满足上述要件即构成共同危险侵权，实施危险行为的数人依法对受害人承担连带责任。共同危险侵权行为的规范意旨在于免除受害人举证加害人为谁的责任，从而对其提供更充分的保护。

（四）无意思联络数人侵权的构成要件

无意思联络数人侵权，是指数人虽无意思联络，但各自独立实施的加害行为偶然结合造成他人同一民事权益损害的数人侵权类型。该侵权类型依数人行为与损害后果间的因果联系方式又区分为"聚合因果关系的无意思联络数人侵权"和"累积因果关系的无意思联络数人侵权"两种类型，该两种类型的数人侵权分别由《侵权责任法》的第11条和第12条规定，二者的构成要件及责任承担方式均有不同。

1. 聚合因果关系的无意思联络数人侵权的构成要件。

（1）须有损害事实；

（2）须加害行为违法；

（3）须违法加害行为与损害事实之间有因果关系；

（4）须数人无意思联络且分别实施加害行为；

（5）须数人的加害行为偶然结合导致同一损害后果发生；

（6）须数人的各个行为均足以单独导致损害的发生。

满足上述要件即构成聚合因果关系的无意思联络数人侵权，数人依法对受害人承担连带责任。

2. 累积因果关系的无意思联络数人侵权的构成要件。

（1）须有损害事实；

（2）须加害行为违法；

（3）须违法加害行为与损害事实之间有因果关系；

（4）须数人无意思联络分别实施加害行为；

（5）须数人的加害行为偶然结合导致同一损害后果发生；

（6）须数人的各个行为合力导致损害的发生。

满足上述要件即构成累积因果关系的无意思联络数人侵权，能够确定责任大小的，数人各自承担相应的责任；难以确定责任大小的，平均承担赔偿责任。

第五节 侵权责任的减免事由

侵权责任的减免事由是指减轻或者免除行为人侵权责任的理由。减免责事由通常由法律明确规定。《侵权责任法》第26条至第31条明确规定了被侵权人也有过错、受害人故意、第三人原因、不可抗力、正当防卫、紧急避险六种减免责事由。

其中，被侵权人也有过错是减轻责任的事由，后五种是免除责任的事由。

一、被侵权人也有过错

《侵权责任法》第26条规定："被侵权人对损害的发生也有过错的，可以减轻侵权人的责任。"该减责事由适用于行为人和被侵权人的行为均为同一损害后果的发生原因的情形。在此情形下，各方依其行为对损害后果的原因力大小分担损害。

二、受害人故意

受害人故意，是指受害人预见到自己行为的致害结果，仍然希望或者放任该结果发生的主观心态。《侵权责任法》第27条规定："损害是因受害人故意造成的，行为人不承担责任。"该免责事由适用于损害完全是因为受害人的故意造成的情形，即受害人故意的行为是损害发生的唯一原因的情形。

三、第三人原因

《侵权责任法》第28条规定："损害是因第三人造成的，第三人应当承担侵权责任。"该免责事由适用于损害完全是因为第三人的行为造成的情形，即第三人的行为是损害发生的真正原因的情形。该情形下，名义侵权人通常只是第三人侵权行为实施的媒介，因而法律作出免除名义侵权人的责任而由第三人承担侵权责任的特别规定。

四、不可抗力

《民法通则》第153条规定，不可抗力是指不能预见、不能避免并不能克服的客观情况。《侵权责任法》第29条规定："因不可抗力造成他人损害的，不承担责任。法律另有规定的，依照其规定。"该免责事由适用于损害完全由不可抗力所致的情形，即不可抗力是损害发生的唯一原因的情形。须注意的是，对不可抗力免责，法律若有例外规定的，应当优先适用该例外规定。

五、正当防卫

正当防卫，是指当公共利益、他人或本人的人身或财产受到不法侵害时，行为人所采取的一种防卫措施。

《侵权责任法》第30条规定："因正当防卫造成损害的，不承担责任。正当防卫超过必要的限度，造成不应有的损害的，正当防卫人应当承担适当的责任。"

正当防卫的适用条件是：

1. 须存在侵害自己权利或他人权利的不法行为；

2. 须不法侵害正在实施、如不反击就可能到来或扩大损害；

3. 须防卫不超过必要限度。

六、紧急避险

紧急避险，是指为了使公共利益、本人或他人的合法权益免受现实的和紧急的损害危险，不得已而采取的加害他人的行为。

紧急避险是在迫不得已的情况下采取的行为，目的在于以损害较小的利益来保全较大的利益，因此，只要避险行为没有超过必要的限度，则避险行为不具有违法性。《侵权责任法》第31条规定："因紧急避险造成损害的，由引起险情发生的人承担责任。如果危险是由自然原因引起的，紧急避险人不承担责任或者给予适当补偿。紧急避险采取措施不当或者超过必要的限度，造成不应有的损害的，紧急避险人应当承担适当的责任。"

紧急避险的适用条件是：

1. 须存在正在发生并威胁公共利益、本人或者他人权益的急迫危险；
2. 须为避免自己或他人生命、身体、自由及财产上的危险；
3. 须是在不得已情况下为之，即避险行为确属必要；
4. 须避险行为不超过必要的限度，即避险行为带来的损害不超过危险所能导致的损害。

第六节　侵权责任的承担方式

侵权责任的承担方式，是指侵权人就自己实施的侵权行为应当承担的具体责任的形式。各种责任形式适用于不同类型的侵权行为，它们既可以单独适用，亦可以合并适用。《侵权责任法》第15条规定："承担侵权责任的方式主要有：①停止侵害；②排除妨碍；③消除危险；④返还财产；⑤恢复原状；⑥赔偿损失；⑦赔礼道歉；⑧消除影响、恢复名誉。以上承担侵权责任的方式，可以单独适用，也可以合并适用。"本法关于侵权责任方式的规定，不仅确认了赔偿损失等传统的责任方式，而且将消除影响、恢复名誉及赔礼道歉作为责任方式加以规定。

一、停止侵害

当侵权人正在对受害人实施侵害时，受害人得依法请求停止侵害。停止侵害适用于各种正在进行的侵权行为，对于已经终止和尚未实施的侵权行为，不适用该责任方式。停止侵害的请求由权利受到侵害的当事人或其监护人、利害关系人提出。这种请求首先可以直接向加害人提出，以图迅速及时制止侵害行为，防止损害后果之扩大。也可直接向法院提出，要求加害人停止侵害。

二、排除妨碍

当行为人实施妨害他人正常行使权利或妨害他人合法利益的行为时，受害人有权请求将妨碍其权利实施的障碍予以排除。行为人的妨碍既可能针对受害人财产权利，也可能针对受害人人身权。在实践中，设置障碍影响他人通行、妨碍他人通风采光、截流河水影响他人的用水等均属妨碍行为。排除妨碍针对的应当是已经实际存在或者即将必然出现的违法行为，对权利的正当行使行为不得请求排除"妨碍"。

三、消除危险

当行为人的行为或其管领下的物件对他人的人身或财产安全构成威胁时，受到威胁的人有权请求将具有危险因素的行为或物件予以消除，从而避免损害的现实发生。这种威胁可以是已经存在的，也可以是即将必然出现的。该责任方式适用于危险存在且确有可能造成损害的情形，即损害尚未发生的情形，属于妨碍防止的有效措施。

四、返还财产

当行为人非法侵占他人财产时，财产权利人有权请求返还财产。在这里，财产可以是动产或不动产；可以是种类物，也可为特定物。财产的权利人既包括财产的所有权人，也包括他物权人及其他合法占有人。该责任方式适用于财产被不法占有的情形，对于合法占有不得请求返还。权利人请求返还财产的前提是财产尚存在，否则，权利人只能请求赔偿损失。

五、恢复原状

行为人的加害行为致他人财产损害的，受害人得请求恢复原状。恢复原状旨在使受到损害的财产通过修理、重作等方式尽可能回复到受损害前的状态。因此，该责任方式仅适用于财产受到现实损害且有恢复原状的可能和必要的情形。

六、赔偿损失

赔偿损失，是指行为人因其侵权行为给他人造成损害，应以其财产赔偿受害人所受损失的责任方式。该责任方式是最主要、最基本的侵权责任方式，通常是指以金钱赔偿受害人的损失，但不限于金钱赔偿。赔偿损失这一侵权责任方式广泛适用于人身损害、财产损害和精神损害领域。赔偿损失旨在救济损害，故以损害的发生为必要前提。

在此种责任方式中，权利主体主要是受害人，在特定情况下也可以是受害人的利害关系人、死者的近亲属。义务主体主要是加害人本人，在特定情况下也可是其他替代责任人。

赔偿范围包括直接损害（积极损害）和间接损害（消极损害）。前者指侵权行为直接作用于受害人的财产所造成的损害或受害人为了补救民事权益所支出的必要费用；后者指因侵权行为所致的可得利益的丧失。在人身损害情形下，应当赔偿医疗费、护理费、交通费等合理费用及因误工而减少的收入。造成残疾的，还应赔偿残疾生活辅助具费和残疾赔偿金。造成死亡的，还应赔偿丧葬费和死亡赔偿金。造成严重精神损害的，还应赔偿精神损害慰抚金。

赔偿损失适用全部赔偿、损益相抵、过失相抵原则。全部赔偿是指加害人对其给受害人所造成的财产损害应予全面和完全赔偿，对人身损害、精神损害的金钱赔偿则以法律、法规有规定者为限。损益相抵是指若受害人遭受损害之际获有利益的，应将其所获利益从应赔金额中扣除。过失相抵是指受害人对损害的发生也有过错的，可以相应减轻侵权人的责任。即受害人须对自己过错致害的部分担责。

七、赔礼道歉

赔礼道歉，是指责令行为人向受害人认错以表歉意。该责任方式多适用于侵害姓名、肖像、名誉、隐私等人格权的情形。赔礼道歉可以采取书面形式，也可以采取口头形式。赔礼道歉作为承担侵权责任的一种法定方式，是由国家的强制力保障实施的。

八、消除影响、恢复名誉

消除影响，是指行为人因侵害他人人格权而给他人造成不良影响，应在不良影响波及的范围内予以消除。恢复名誉，是指行为人因侵害他人人格权而致他人名誉受损，应在受损波及的范围内为受害人恢复，使受害人的名誉得以回复到损害发生前的状态。该责任方式适用于侵害他人人格权的情形。

消除影响、恢复名誉可采用书面形式或口头形式。作为承担侵权责任的一种法定方式，亦如赔礼道歉一样，由国家的强制力保障实施。侵权行为人若拒不执行生效判决，不为受害人消除影响、恢复名誉，人民法院即可以采取公告、登报等方式，将判决的主要内容和有关情况公布于众，达到消除影响、恢复名誉之目的，公告、登报费用由侵权人承担。

思考练习题

1. 简述侵权责任的构成要件。
2. 比较侵权行为与违约行为的异同。
3. 简述侵权责任的归责原则及各种责任形态。
4. 简述侵权责任的减免责事由。
5. 简述各类数人侵权责任的构成要件。

第三十三章　侵权责任法各论

■ 学习目的和要求

　　本章内容包括侵权责任法具体规定的多种类型的侵权责任的构成要件及其免责事由。重点是各个类型侵权责任的构成。

　　类型侵权责任，是指法律具体规定了构成要件和法律效果的侵权责任。每一种类型侵权责任的构成要件和法律效果均由法律明确、具体规定，不同的类型侵权责任具有各自特定的构成要件和法律效果。通常，侵权责任以"过错责任原则"作为归责原则，而类型侵权责任多属"无过错责任（不问过错责任）"或"推定过错责任"。侵权责任法各论部分对各具体类型侵权责任构成要件的规定是对总论部分侵权责任构成要件一般规定的具体化。

　　通过本章学习掌握各个类型侵权责任的构成要件、免责事由；运用本章知识分析解决侵权实务问题。

第一节　监护人的侵权责任

　　监护人的侵权责任，是指监护人因其监护下的无民事行为能力人、限制民事行为能力人造成他人损害而依法对受害人所承担的侵权责任。《侵权责任法》第 32 条规定了监护人责任。

一、监护人责任的构成要件

1. 须有损害事实；
2. 须加害行为违法；
3. 须违法加害行为系无民事行为能力人或限制民事行为能力人实施；
4. 须违法加害行为与损害事实之间有因果关系。

二、监护人责任的承担

依《侵权责任法》第 32 条的规定，无民事行为能力人、限制民事行为能力人造成他人损害的，由监护人承担侵权责任。监护人尽到监护责任的，可以减轻其侵权责任。有财产的无民事行为能力人、限制民事行为能力人造成他人损害的，从本人财产中支付赔偿费用。不足部分，由监护人赔偿。

第二节 用人单位的侵权责任

用人单位的侵权责任，是指用人单位对其工作人员在执行工作任务中实施的不法加害行为依法所承担的侵权责任。

一、用人单位责任的构成要件

1. 须有损害事实；
2. 须加害行为违法；
3. 须违法加害行为系用人单位的工作人员执行工作任务的行为；
4. 须违法加害行为与损害事实之间有因果关系。

二、用人单位责任的承担

依《侵权责任法》第 34 条的规定，用人单位的工作人员因执行工作任务造成他人损害的，由用人单位承担侵权责任。劳务派遣期间，被派遣的工作人员因执行工作任务造成他人损害的，由接受劳务派遣的用工单位承担侵权责任；劳务派遣单位有过错的，承担相应的补充责任。

第三节 网络侵权责任

网络侵权责任，是指行为人对发生在互联网上的各种侵害他人民事权益的行为所依法承担的侵权责任。包括网络用户和网络服务提供者的直接侵权责任和网络服务提供者的间接侵权责任两类。其中，后者属于不作为侵权责任。

一、网络用户和网络服务提供者的直接侵权责任的构成要件及责任承担

1. 须有损害事实；
2. 须加害行为违法；
3. 须违法加害行为系网络用户和网络服务提供者利用网络所实施；

4. 须违法加害行为与损害事实之间有因果关系；

5. 须网络用户和网络服务提供者有过错。

依《侵权责任法》第 36 条第 1 款的规定，网络用户、网络服务提供者利用网络侵害他人民事权益的，应当承担侵权责任。

二、网络服务提供者的间接侵权责任的构成要件及责任承担

1. 须有损害事实；

2. 须加害行为违法；

3. 须违法加害行为系网络服务提供者的不作为；

4. 须违法加害行为与损害事实之间有因果关系；

5. 须网络服务提供者有过错；

6. 须网络服务提供者限于提供信息平台或者信息通道服务（如信息存储、搜索、链接服务等）的网络服务提供者。

依《侵权责任法》第 36 条第 2 款和第 3 款的规定，网络用户利用网络服务实施侵权行为的，被侵权人有权通知网络服务提供者采取删除、屏蔽、断开链接等必要措施。网络服务提供者接到通知后未及时采取必要措施的，对损害的扩大部分与该网络用户承担连带责任。网络服务提供者知道网络用户利用其网络服务侵害他人民事权益，未采取必要措施的，与该网络用户承担连带责任。

第四节　未尽安全保障义务的侵权责任

未尽安全保障义务的侵权责任，是指行为人因未尽安全保障义务致他人民事权益遭受损害，依法所应承担的侵权责任。

安全保障义务，是指宾馆、商场、银行、车站、娱乐场所等公共场所的管理人或者群众性活动的组织者所负有的在合理限度范围内保护他人人身和财产安全的义务。

负有安全保障义务的人包括两类：一类是宾馆、商场、银行、车站、娱乐场所等公共场所的管理人；另一类是群众性活动的组织者。

一、未尽安全保障义务侵权责任的构成要件

1. 须有损害事实；

2. 须加害行为违法；

3. 须违法加害行为系安全保障义务人的不作为；

4. 须违法加害行为与损害事实之间有因果关系；

5. 须安全保障义务人有过错。

二、未尽安全保障义务侵权责任的承担

依《侵权责任法》第37条的规定，宾馆、商场、银行、车站、娱乐场所等公共场所的管理人或者群众性活动的组织者，未尽到安全保障义务，造成他人损害的，应当承担侵权责任。若损害系第三人的行为造成，由第三人承担侵权责任；管理人或者组织者未尽到安全保障义务的，承担相应的补充责任。

第五节　教育机构的侵权责任

教育机构的侵权责任，是指无行为能力人、限制行为能力人在教育机构学习、生活期间遭受人身损害，教育机构对此损害所应承担的侵权责任。包括教育机构的推定过错责任、教育机构的过错责任和教育机构的补充责任。三者皆属于不作为侵权。

一、教育机构推定过错责任的构成要件和责任承担

1. 须有无行为能力人遭受人身损害的事实；
2. 须加害行为违法；
3. 须违法加害行为系教育机构的不作为；
4. 须违法加害行为与损害事实之间有因果关系；
5. 须教育机构不能证明自己没有过错。

依《侵权责任法》第38条的规定，无民事行为能力人在幼儿园、学校或者其他教育机构学习、生活期间受到人身损害的，幼儿园、学校或者其他教育机构应当承担责任，但能够证明尽到教育、管理职责的，不承担责任。

二、教育机构过错责任的构成要件和责任承担

1. 须有限制民事行为能力人遭受人身损害的事实；
2. 须加害行为违法；
3. 须违法加害行为系教育机构的不作为；
4. 须违法加害行为与损害事实之间存在因果关系；
5. 须教育机构有过错。

依《侵权责任法》第39条的规定，限制民事行为能力人在学校或者其他教育机构学习、生活期间受到人身损害，学校或者其他教育机构未尽到教育、管理职责的，应当承担责任。

三、教育机构补充责任的构成要件和责任承担

1. 须有无民事行为能力人、限制民事行为能力人遭受人身损害的事实；
2. 须加害行为违法；
3. 须违法加害行为系教育机构以外的人员实施；
4. 须违法加害行为与损害事实之间存在因果关系；
5. 须教育机构对第三人的违法加害行为不作为；
6. 须教育机构有过错。

依《侵权责任法》第40条的规定，无民事行为能力人或者限制民事行为能力人在幼儿园、学校或者其他教育机构学习、生活期间，受到幼儿园、学校或者其他教育机构以外的人员人身损害的，由侵权人承担侵权责任；幼儿园、学校或者其他教育机构未尽到教育、管理职责的，承担相应的补充责任。

第六节　产品侵权责任

产品责任侵权，是指因产品存在缺陷造成他人民事权益损害，产品的生产者、销售者依法所应承担的侵权责任。

一、产品责任的构成要件

1. 须产品存在缺陷。此处的产品是指经过加工、制作，用于销售的制造物。产品须具备两个条件：一是经过加工、制作，即须是生产活动的产出物，未经加工制作的自然物，不是产品；二是用于销售，用于销售是指生产、制造该产品的目的，即产品是可以进入流通领域的物。缺陷，是指产品存在危及人身、他人财产安全的不合理的危险或者不符合保障人体健康、人身和财产安全的法定标准。缺陷分为三种：一是设计缺陷，二是制造缺陷，三是经营缺陷。
2. 须存在民事权益的损害事实。损害事实包括人身损害、财产损害和精神损害。该损害事实不包括缺陷产品本身的损害。
3. 须产品缺陷与损害事实之间存在因果关系。即致害源是产品缺陷。

二、产品责任的承担

依《侵权责任法》的相关规定，因产品存在缺陷造成他人损害的，生产者应当承担侵权责任；因销售者的过错使产品存在缺陷，造成他人损害的，销售者应当承担侵权责任。销售者不能指明缺陷产品的生产者也不能指明缺陷产品的供货者的，销售者应当承担侵权责任；因产品存在缺陷造成损害的，被侵权人可以向产品的生产者请求赔偿，也可以向产品的销售者请求赔偿。产品缺陷由生产者造成的，销售

者赔偿后，有权向生产者追偿。因销售者的过错使产品存在缺陷的，生产者赔偿后，有权向销售者追偿；因运输者、仓储者等第三人的过错使产品存在缺陷，造成他人损害的，产品的生产者、销售者赔偿后，有权向第三人追偿；因产品缺陷危及他人人身、财产安全的，被侵权人有权请求生产者、销售者承担排除妨碍、消除危险等侵权责任；产品投入流通后发现存在缺陷的，生产者、销售者应当及时采取警示、召回等补救措施。未及时采取补救措施或者补救措施不力造成损害的，应当承担侵权责任。

三、产品责任的免责事由

1. 产品尚未投入流通的；
2. 产品投入流通时，引起损害的缺陷尚不存在的；
3. 将产品投入流通时的科学技术水平尚不能发现缺陷的存在的。

第七节　机动车交通事故责任

机动车交通事故责任，是指因机动车交通事故造成他人民事权益损害，相关人员依法所应承担的侵权责任。包括过错责任和无过错责任两类。

一、机动车交通事故过错责任的构成要件及责任承担

1. 须有损害事实；
2. 须加害行为违法；
3. 须违法加害行为系机动车在使用或运行中发生交通事故所致；
4. 须交通事故发生在机动车之间；
5. 须违法加害行为与损害事实之间有因果关系；
6. 须机动车一方或双方有过错。

依《侵权责任法》和《道路交通安全法》的相关规定，机动车之间发生交通事故造成人身伤亡、财产损失的，由保险公司在机动车第三者责任强制保险责任限额范围内予以赔偿；不足的部分，由有过错的一方承担赔偿责任；双方都有过错的，按照各自过错的比例分担责任。

二、机动车交通事故无过错责任的构成要件及责任承担

1. 须有损害事实；
2. 须加害行为违法；
3. 须违法加害行为系机动车在使用或运行中发生交通事故所致；
4. 须交通事故发生在机动车与非机动车驾驶人、行人之间；

5. 须违法加害行为与损害事实之间存在因果关系；

6. 须非机动车驾驶人、行人没有过错。

依《侵权责任法》和《道路交通安全法》的相关规定，机动车与非机动车驾驶人、行人之间发生交通事故造成人身伤亡、财产损失的，由保险公司在机动车第三者责任强制保险责任限额范围内予以赔偿；不足的部分，若非机动车驾驶人、行人没有过错，则由机动车一方承担赔偿责任。

法律在规定上述机动车交通事故无过错责任的同时，还规定了机动车一方的减免责事由：有证据证明非机动车驾驶人、行人有过错的，根据过错程度适当减轻机动车一方的赔偿责任；机动车一方没有过错的，承担不超过10%的赔偿责任。交通事故的损失是由非机动车驾驶人、行人故意碰撞机动车造成的，机动车一方不承担赔偿责任。

三、机动车交通事故责任主体的特别规定

1. 因租赁、借用等情形机动车所有人与使用人不是同一人时，发生交通事故后属于该机动车一方责任的，由保险公司在机动车强制保险责任限额范围内予以赔偿。不足部分，由机动车使用人承担赔偿责任；机动车所有人对损害的发生有过错的，承担相应的赔偿责任。

2. 当事人之间已经以买卖等方式转让并交付机动车但未办理所有权转移登记，发生交通事故后属于该机动车一方责任的，由保险公司在机动车强制保险责任限额范围内予以赔偿。不足部分，由受让人承担赔偿责任。

3. 以买卖等方式转让拼装或者已达到报废标准的机动车，发生交通事故造成损害的，由转让人和受让人承担连带责任。

4. 盗窃、抢劫或者抢夺的机动车发生交通事故造成损害的，由盗窃人、抢劫人或者抢夺人承担赔偿责任。保险公司在机动车强制保险责任限额范围内垫付抢救费用的，有权向交通事故责任人追偿。

5. 机动车驾驶人发生交通事故后逃逸，该机动车参加强制保险的，由保险公司在机动车强制保险责任限额范围内予以赔偿；机动车不明或者该机动车未参加强制保险，需要支付被侵权人人身伤亡的抢救、丧葬等费用的，由道路交通事故社会救助基金垫付。道路交通事故社会救助基金垫付后，其管理机构有权向交通事故责任人追偿。

第八节　医疗损害责任

医疗损害责任，是指医疗机构对患者在诊疗活动中受到的损害依法所承担的侵权责任。

一、医疗损害责任的构成要件

1. 须有损害事实；
2. 须加害行为违法；
3. 须违法加害行为系医疗机构医务人员的诊疗行为；
4. 须违法加害行为与损害事实之间存在因果关系；
5. 须医疗机构及其医务人员有过错。

二、医疗损害责任的承担

依《侵权责任法》第54条的规定，患者在诊疗活动中受到损害，医疗机构及其医务人员有过错的，由医疗机构向患者承担赔偿责任。

三、医疗损害责任的免责事由

依《侵权责任法》第60条的规定，患者有损害，因下列情形之一的，医疗机构不承担赔偿责任：

1. 患者或者其近亲属不配合医疗机构进行符合诊疗规范的诊疗。
2. 医务人员在抢救生命垂危的患者等紧急情况下已经尽到合理诊疗义务。
3. 限于当时的医疗水平难以诊疗。

第九节 环境污染责任

环境污染责任，是指污染人因违反国家保护环境防止污染的规定，污染环境造成他人财产、人身损害，而依法所应承担的侵权责任。

一、环境污染责任的构成要件

1. 须有环境污染的损害事实。

环境，是指影响人类生存和发展的各种天然的和经过人工改造的自然因素的总体，包括大气、水、海洋、土地、矿藏、森林、草原、野生生物、自然遗迹、人文遗迹、自然保护区、风景名胜区、城市和乡村等。

环境污染，是指由于人为的原因致使环境发生化学、物理、生物等特征上的不良变化，从而影响人类健康和生产活动，影响生物生存和发展的现象。因环境污染造成他人财产、人身损害，是环境污染侵权的前提条件。

2. 须有污染环境行为。

污染环境行为，是指废气、废水、废渣、粉尘、垃圾、放射性物质等有害物质及噪声、震动、恶臭等污染源排放或传播到大气、水、土地等环境中，使人类生存环境受到一定程度危害的行为。

3. 须污染环境的行为与污染损害事实之间存在因果关系。

二、环境污染责任的承担

依《侵权责任法》第65条的规定，因污染环境造成损害的，不问污染人是否有过错，皆由污染人承担侵权责任。

第十节　高度危险责任

高度危险责任，是指作业人因从事高度危险作业给他人造成损害，依法所承担的侵权责任。

一、高度危险责任的构成要件

1. 须存在高度危险作业。高度危险作业，是指高空、高压、易燃、易爆、剧毒、放射性、高速运输工具等对周围环境有高度危险的作业。

2. 须存在损害事实或存在严重危险。

3. 须高度危险作业与损害事实或严重危险之间有因果关系。

二、高度危险责任的承担

依《侵权责任法》第69条的规定，从事高度危险作业致他人损害，由作业人承担侵权责任。此处的作业人是指作业所归属的人，而非指具体操作者。

三、高度危险责任的免责事由

《侵权责任法》区分不同类型的高度危险责任分别规定了免责事由。

1. 民用核设施致害的免责事由：①战争；②受害人故意。

2. 民用航空器致害的免责事由：受害人故意。

3. 易燃、易爆、剧毒、放射性等高度危险物质致害的免责事由：①受害人故意；②不可抗力。

4. 高空、高压、地下挖掘、高速轨道运输工具致害的免责事由：①受害人故意；②不可抗力。

5. 未经允许进入高度危险场所致害的减免责事由：高度危险场所的管理人已经采取安全措施并尽到警示义务。

四、高度危险侵权责任主体的特别规定

1. 遗失、抛弃高度危险物造成他人损害的，由所有人承担侵权责任。所有人将高度危险物交由他人管理的，由管理人承担侵权责任；所有人有过错的，与管理人承担连带责任。

2. 非法占有高度危险物造成他人损害的，由非法占有人承担侵权责任。所有人、管理人不能证明对防止他人非法占有尽到高度注意义务的，与非法占有人承担连带责任。

第十一节 饲养动物致害责任

饲养动物致害责任，是指占有人因其占有下的饲养动物造成他人民事权益损害，依法所承担的侵权责任。

一、饲养动物致害责任的构成要件

1. 须致害动物为饲养的动物。饲养的动物，是指由人工喂养和管束的动物，包括家畜、家禽、宠物及驯养的野兽等。饲养动物的饲养者或管理者对动物具有适当程度的控制力。

2. 须存在动物致害他人的行为。动物致害，须为动物基于其本能而加害于他人。动物加害可能是自主加害，也可能是在外界刺激下加害。须注意的是，唆使动物加害，即利用动物加害他人的，不构成动物侵权。这种情况下，动物只是加害人的工具而已。

3. 须发生损害事实。

4. 须动物加害行为与损害事实之间有因果关系。

二、饲养动物致害责任的承担

依《侵权责任法》第78条的规定，动物致害由动物的饲养人或管理人承担侵权责任。

三、第三人过错造成的饲养动物致人损害的责任

因第三人的过错致使动物造成他人损害的，被侵权人可以向动物饲养人或者管理人请求赔偿，也可以向第三人请求赔偿。动物饲养人或者管理人赔偿后，有权向第三人追偿。

四、饲养动物致害责任的减免责事由

1. 损害是由于被侵权人的故意或者重大过失造成。

2. 动物园动物致害，动物园能够证明自己已经尽到管理职责。

第十二节　物件致害责任

物件致害责任，是指因物件致害他人，相关人员依法所应承担的侵权责任。包括搁置物、悬挂物脱落、坠落致害责任；建筑物、构筑物或其他设施倒塌致害责任；建筑物使用人补偿责任；堆放物倒塌致害责任；公共道路妨碍通行致害责任；林木折断致害责任；地面施工致害责任；地下设施致害责任等八类。

一、搁置物、悬挂物脱落、坠落致害责任的构成要件及责任承担

1. 须有损害事实。

2. 须有建筑物、构筑物或其他设施及其搁置物、悬挂物的致害行为。此处的致害行为表现为脱落、坠落等。

建筑物、构筑物或其他设施，是指附着于土地或与土地相结合的，人工建造或安装的工作物，如房屋、桥梁、堤坝、隧道、纪念碑、路标、广告牌、缆车、护路树等。

搁置物、悬挂物，是指搁置或悬挂于建筑物等设施之上而又非其组成部分，并可以独立存在的物。

3. 须致害行为违法。

4. 须违法致害行为与损害事实之间有因果关系。

5. 须所有人、管理人或者使用人不能证明自己没有过错。

依《侵权责任法》第85条的规定，建筑物、构筑物或其他设施及其搁置物、悬挂物发生脱落、坠落造成他人损害，所有人、管理人或者使用人不能证明自己没有过错的，应当承担侵权责任。该责任为过错推定责任。

二、建筑物、构筑物或其他设施倒塌致害责任的构成要件及责任承担

1. 须有损害事实。

2. 须有建筑物、构筑物或其他设施的致害行为。此处的致害行为表现为倒塌。

建筑物、构筑物或其他设施，是指附着于土地或与土地相结合的，人工建造或安装的工作物，如房屋、桥梁、堤坝、隧道、纪念碑、路标、广告牌、缆车、护路树及地上堆放物等。

3. 须致害行为违法。

4. 须致害行为与损害事实之间有因果关系。

依《侵权责任法》第86条的规定，建筑物、构筑物或其他设施倒塌造成他人损害的，由建设单位与施工单位承担连带责任。建设单位、施工单位赔偿后，有其他责任人的，有权向其他责任人追偿。该责任为无过错责任。

三、建筑物使用人补偿责任的构成要件及责任承担

1. 须有损害事实；
2. 须有从建筑物中抛掷物品或从建筑物上坠落物品的致害行为；
3. 须致害行为违法；
4. 须违法致害行为与损害事实之间有因果关系；
5. 须建筑物使用人不能证明自己不是侵权人。

依《侵权责任法》第 87 条的规定，从建筑物中抛掷物品或从建筑物上坠落的物品造成他人损害，难以确定具体侵权人的，除能够证明自己不是侵权人的外，由可能加害的建筑物使用人给予补偿。

四、堆放物倒塌致害责任的构成要件和责任承担

1. 须有损害事实；
2. 须有堆放物倒塌的致害行为；
3. 须致害行为违法；
4. 须违法致害行为与损害事实之间有因果关系；
5. 须堆放人不能证明自己没有过错。

依《侵权责任法》第 88 条的规定，堆放物倒塌造成他人损害，堆放人不能证明自己没有过错的，应当承担侵权责任。该责任为过错推定责任。

五、公共道路妨碍通行致害责任的构成要件及责任承担

1. 须有损害事实；
2. 须有在公共道路上堆放、倾倒、遗撒妨碍通行物品的致害行为；
3. 须致害行为违法；
4. 须违法致害行为与损害事实之间有因果关系。

依《侵权责任法》第 89 条的规定，在公共道路上堆放、倾倒、遗撒妨碍通行的物品造成他人损害的，有关单位或个人应当承担侵权责任。该责任为无过错责任。

六、林木折断致害责任的构成要件及责任承担

1. 须有损害事实；
2. 须有林木折断的致害行为；
3. 须致害行为违法；
4. 须违法致害行为与损害事实之间有因果关系；
5. 须林木的所有人或管理人不能证明自己没有过错。

依《侵权责任法》第 90 条的规定，因林木折断造成他人损害，林木的所有人或管理人不能证明自己没有过错的，应当承担侵权责任。该责任为过错推定责任。

七、地面施工致害责任的构成要件及责任承担

1. 须在公共场所或道路上挖坑、修缮安装地下设施。公共场所，是公众聚集、公共活动的场所；道路，是公众通行的地段。

2. 须施工未设置明显标志和采取安全措施。设置明显标志和采取安全措施，是法律对施工人规定的作为义务，违反此义务，即构成不作为的违法行为。

3. 须致害行为违法。

4. 须发生损害事实。此处的损害事实，是指施工人以外的、其他人的人身伤害或财产损害。

5. 须施工而未设置明显标志和采取安全措施与损害事实之间有因果关系。

依《侵权责任法》第91条的规定，在公共场所或道路上挖坑、修缮安装地下设施等，没有设置明显标志和采取安全措施造成他人损害的，施工人应当承担侵权责任。该责任为过错推定责任。此处的施工人指施工作业的整体承担人，而非指具体进行该项劳动的人。

八、地下设施致害责任的构成要件及责任承担

1. 须有损害事实；

2. 须有地下设施的致害行为；

3. 须致害行为违法；

4. 须违法致害行为与损害事实之间有因果关系；

5. 须地下设施的管理人不能证明自己尽到管理职责。

依《侵权责任法》第91条第2款的规定，窨井等地下设施造成他人损害，管理人不能证明尽到管理职责的，应当承担侵权责任。该责任属过错推定责任。

思考练习题

1. 简述网络用户和网络服务提供者责任的构成要件。
2. 简述机动车交通事故责任的构成要件。
3. 简述医疗损害责任的构成要件及免责事由。
4. 简述高度危险责任的构成要件及免责事由。
5. 简述各类物件致害责任的构成要件。

图书在版编目（CIP）数据

中国民法 / 刘心稳主编． —3版． —北京：中国政法大学出版社，2012.3
ISBN 978-7-5620-4200-6

Ⅰ.中… Ⅱ.刘… Ⅲ.民法 - 中国　Ⅳ.D923

中国版本图书馆CIP数据核字(2012)第036417号

出版发行	中国政法大学出版社
经　　销	全国各地新华书店
承　　印	固安华明印刷厂

720mm×960mm　　16开本　　21.75印张　　450千字
2012年4月第3版　　2014年1月第2次印刷
ISBN 978-7-5620-4200-6/D•4160
印　数：4 001-7 000　　定　价：35.00元

社　　址	北京市海淀区西土城路25号
电　　话	(010)58908435(编辑部)　58908325(发行部)　58908334(邮购部)
通信地址	北京100088信箱8034分箱　邮政编码 100088
电子信箱	fada.jc@sohu.com(编辑部)
网　　址	http://www.cuplpress.com　(网络实名：中国政法大学出版社)